펀드 경영론

Fund Management

노 희 진

博 英 社

머 리 말

우리나라는 금융산업이 제조산업보다 상대적으로 낙후되어 있는 것으로 인식된다. 제조산업에서는 각 산업 영역에서 세계적으로 경쟁력 있는 국내 회사들을 쉽게 찾을 수 있지만, 금융산업에서는 그러하지 못하다.

왜 이러한 현상이 발생한 것일까? 우리나라가 1960년대 이후 정부 주도로 경제개발 계획을 수립하여 경제 개발을 하면서, 제조산업을 발전시키기 위한 수단적 산업으로 금융산업을 인식하여, 금융산업이 독립된 산업으로 발전할 기회가 크지 않았다. 1998년 외환위기 이후에 금융산업이 독립적으로 발전되지 않으면, 제조산업이 발전하여도 국가 부도의 위기를 맞을 수 있다는 교훈을 얻은 바 있다. 2008년의 글로벌 금융위기를 한국이 비교적 쉽게 극복한 것도 이전의 외환위기로부터의 교훈이 많이 작용하였다고 생각된다.

저명한 금융경제학자인 Franklin Allen과 Douglas Gale은 그들의 저서인 *Comparing Financial Systems*(2000)에서 자본시장과 은행이 한 국가의 경제에서 점하는 중요도, 외부기업지배구조의 역할 등에 근거하여, 미국, 영국, 일본, 프랑스, 독일 순으로 시장중심 국가와 은행중심 국가의 분류를 하고, 시장중심 국가와 은행중심 국가에 있어 금융시스템의 역사적 발전과정을 분석하면서, 금융시스템에 대한 변화의 방향은 자본시장을 중시하는 쪽으로 움직이고 있다고 밝히고 있다.

우리나라는 1960년대 경제개발 계획이 추진되어 온 이후 정부 주도로 은행을 통하여, 전략적으로 필요한 산업에 자본을 집중적으로 투입하는 정책을 취하여 금융시스템이 정부 주도하의 은행중심형으로 발전되어 왔다.

우리나라의 금융산업은 1997년도 금융위기 이후, 금융시장 특히 자본시장의 제도에 관한 많은 변화가 있었지만, 금융 선진국에 비하여 여전히 뒤쳐진 측면이 크다.

금융위기 이후 우리나라 금융산업은 과거와는 완전히 다른 새로운 환경에 직면하게 되었다. 금융산업이 폭넓게 개방되어 외국금융기관과 자본의 국내진출이 활발하게 이루어져 금융산업 내의 경쟁이 심화되고 금융산업에 대한 감독자로서 정부의 입김이 줄어들게 되었다.

또한 주식시장 개방 이후, 외국인의 주식시장 지배력이 높아짐으로 생기는 문제도 우려할 만하다. 즉 제조산업에서 창출된 부가 배당 등으로 외국으로 빠져나가고 국내에 재투자되지 않을시 성장 잠재력 또한 약화될 우려가 있다. 또한 우리가 통제할 수 없는 외부 환경에 의해 외국투자자들이 한꺼번에 빠져 나가게 되면 우리 경제에 미치는 영향은 충격적일 것이다.

우리나라 기업은 차입금 의존도가 높으므로 다른 국가의 기업들에 비해 높은 타인자본비용을 부담하고 있다. 이러한 상황에서는 주식시장을 발전시킬 필요가 있으므로 외국인의 국내 주식시장 투자를 줄인다는 것은 설득력이 없다. 실제 주식시장을 발전시키면서 외국인 의존도를 낮추기 위해서는 주식시장에 대한 외국인의 투자를 줄이기보다는 우리나라의 개인 및 기관투자자의 주식투자 증가가 필요하다. 그렇게 되면 외국자본의 급격한 이탈시에도 국내 투자자들이 완충 역할을 할 수 있을 것이다.

국내 기업의 적절한 자본구조 구성을 위한 금융 인프라 구축과 부동산 투기 등 경제에 미치는 부정적 영향이 우려되는 800조원 이상의 부동자금을 산업 자금화시키는 노력이 필요하다. 따라서 자본시장의 효율성 및 신뢰성 증진으로 자본시장을 발전시키기 위한 노력이 필요하다.

외국투자자들은 한국의 주식시장이나 채권시장 모두 투자할 수 있지만 주식시장에 주로 투자하는 데 비하여, 국내 기관투자자들의 투자 행태는 그 반대이다. 한국의 주식시장이 채권시장에 비하여 상대적으로 더 부담하는 위험에 대하여 외국투자자들은 충분히 보상받을 수 있는 자신이 있는 데 비하여, 국내 기관투자자들은 리서치 능력, 투자 기법, 위험에 대한 평가 및 국내의 제도상의 문제점 등에서 자신이 없어 주식 투자를 망설이는 것으로 보인다. 국내 자산운용업의 한 단계 도약이 필요한 시점이다.

2009년도 2월 자본시장법의 시행으로 자본시장의 금융상품제조 권한이 민간으로 이양되어 민간의 창의성을 발휘할 기회를 맞게 되었다. 자본시장 발전의 핵심분야가 자산운용업이라고 하여도 과언이 아니다. 본 서에서는 자산운용업의 주류인 일반 펀드 경영에 대한 원리와 헤지펀드, SRI 펀드, ETF 등 최근 관심을 끌고 있는 특수한 형태의 펀드들에 대한 개념 정립과 발전 방안을 제시하고자 하였다.

재무분야의 학교교재 영역에서는 일반적으로 투자론이나 재무관리로 투자와 재무관리의 이론적 사항을 담고 있다. 본 서에서는 보다 구체적인 펀드운용의 원리와 특수한 펀드에 내재된 구체적 비교우위적 요소를 설명하고자 하였다.

아무쪼록 본 서가 우리나라 자산운용업의 발전에 일조를 하기 바라며, 본 서의 출판을 맡아준 박영사에 감사드린다.

2009년 8월

노 희 진

차 례

I.

펀드경영 일반

III.

사회책임투자펀드

그림 차례

표 차 례

I

펀드경영 일반

01 펀드의 기능과 역할

02 펀드의 구조

03 펀드 관련 규제

04 가치평가 및 가격산정

05 펀드의 발행과 환매

06 펀드의 운용

07 펀드의 마케팅

08 투자자와의 의사소통

09 투자자의 욕구 충족

1. 펀드의 기능과 역할

(1) 주요 기능

1) 기본 목표

다수의 투자자의 자금을 모아서 운용하고 운용결과에 따라 수익을 배분하는 금융상품을 집합적 투자펀드(Collective Investment Fund: CIF)라고 부르는데, 우리가 흔히 사용하는 펀드의 개념과 동일하다. 단독사모펀드는 엄밀한 의미에서 CIF라고 할 수 없다. CIF는 원칙적으로 2인 이상의 투자자를 필요로 한다. 본 서에서 사용하는 펀드의 개념은 CIF와 동일하다

CIF의 기본 목표는 투자자의 효용을 만족시키는 것이다. 즉, 투자자의 효용을 극대화 시키는 수탁자의 책무가 펀드운용의 핵심이다. 펀드의 설립 및 운용을 위한 기본사항은 다음과 같다.

- ○ 펀드의 설립과 광고를 통한 자금의 유치, 판매, 투자자들에 대한 정보제공 (마케팅)

○ 다양한 투자자들로부터의 자금 모집과 적정한 기록, 투자과정과 정보에 대한 적절한 공개 (관리)

○ 펀드의 투자목표와 일치하고, 훌륭한 수익을 가져다 줄 수 있으며 필요한 경우에는 포트폴리오의 조정이 가능한 자산에 투자자들의 자금 투자 (투자운용)

이러한 것들은 펀드가 운용되기 위해서 수행되어야만 하는 기본 사항들이다.

2) 규제의 필요성과 주요 기능

투자자 보호를 위해 펀드 운용에 관한 규제 필요성이 있다. 전세계에서 지속적으로 피라미드나 폰지 조직이 성공하는 것처럼, 단기간 지나치게 낙관적인 일반인들로부터 대규모의 자금이 유치되기도 한다. 매도프의 사기사건[1]의 경우를 보면 펀드에서의 규제적 필요성이 왜 필요한 것인가를 알 수 있다. 이러한 투자가 지속됨에 따라 정부는 이와 관련된 각종 스캔들에 대처해 나가게 되고 법규를 도입하기도 했다(예를 들어 미국의 1940년 투자회사법과 영국의 1986년 금융서비스 법과 한국의 자본시장법).

따라서 펀드 운용자들은 —일반인들에게 서비스를 판매하도록 허용된 다른 금융상품 공급자들과 마찬가지로— 금융서비스 제공을 위한 정부 승인의 대가로 영업활동에 대한 많은 법적·규제적 제약을 받는다. 이러한 요구사항은 보통 증권시장이나 금융부문에 대한 규제에서 요구되는 것들로, 국가별로 다양한 규제가 존재한다.

규제자는 막대한 규모의 자금을 운용하는 것은 누구에게나 유혹적이라는 것을 잘 알고 있다. 그리고 개인이나 회사(즉, 펀드 운용자)가 이러한 자금에 자유롭게 접근할 수 있는 것은 문제의 소지가 있다. 이러한 이유로 펀드 자산에 대한 절도나 남용을 막기 위해 펀드와 관련하여 또 다른 기능인 '보관(custody)'이 필요한데, 이는 결국 펀드 자산의 안전한 보관을 의미하는 것으로, 이해상충을 감소시키기 위해서는 펀드 운용자를 보관업무에서 분리하기 위한 —완전히 독립

1) 국제금융 위기 이후 2009년 미국에서 발생한 폰지형 형태의 대표적 헤지펀드 사기사건.

하면 더 좋음— 규정도 필요하다.

펀드 자금이 부적절하게 유용되었는가의 여부를 검사하기 위해, 펀드에 대해 독립적이고 자격 있는 감사인의 감사가 이루어지도록 하는 규정이 부과된다.

요약하면, 많은 국가에서 다양한 방식으로 운용되는 펀드 목표의 효과적 달성을 위해 다음과 같은 기능들이 필요하다.

○ 마케팅(marketing)
○ 관리(administration)
○ 투자운용(investment management)
○ 보관(custody)
○ 감사(audit)

(2) 펀드 구성원의 주요 역할

펀드의 발전은 펀드가 운용되는 지역의 금융 환경과 관계가 깊다. 어느 지역에서나 펀드에서 핵심적인 역할을 수행하는 기능들이 있다. 이러한 기능들이 어떻게, 누구에 의해 수행되는가, 이러한 기능의 수행에 관련된 권한과 책임은 어떠한가는 각 국가별로 상이하다. 보통 관련된 국가의 법률 및 금융형태는 펀드의 형태에 영향을 미치는 주요 요소가 된다.

일반적으로, 펀드는 다음과 같이 구성된다.

○ 회사-회사의 이사는 주주들 즉 펀드 투자자들에 대해 책임을 진다
○ 수탁자-수탁자는 신탁자인 펀드 투자자들의 이익을 추구해야 할 의무를 가진다
○ 계약-펀드 투자자들의 의무는 운용자와 투자자의 계약상에 구체적으로 명시되어야 한다

회사형 및 신탁형 펀드는 모두 회사의 임원이나 신탁의 수탁자에게 펀드

투자자들의 이익을 우선으로 하는 명확한 수탁의무(fiduciary duty)를 설정하고 있다는 점에서 본질적으로 유사하다.

각각의 펀드구조는 펀드의 운용과 관련된 조직의 역할 및 의무와 연관이 있는바, 각국의 규제자에 의해 설정되어 있는 요구사항에 의해서도 영향을 받는다. 이러한 역할과 의무에 대한 세부사항은 [그림 I-1]과 같이 표현될 수 있다.

그러나 이러한 주제와 관련하여 많은 변수가 있고, 국가간 뿐만 아니라 국가 내에서도 펀드의 유형은 상이하며 다양하다.

그림 I-1 펀드의 규제 구조

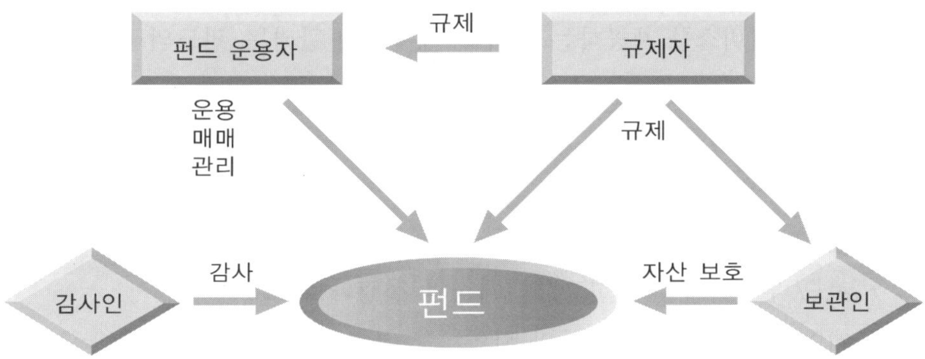

1) 펀드 운용자의 역할

펀드 운용자의 의무는 형성되는 펀드의 구조에 따라 매우 좁은 범위(오직 펀드의 설정과 마케팅)에서 매우 넓은 범위(감사와 보관을 제외한 모든 업무)까지 다양하다. 다음에 열거된 기능들은 펀드 운용자에 의해 수행되는 최대한의 기능이라고 할 수 있다. 본서에서는 '펀드 운용자'와 '펀드 운용회사'의 용어는 동일한 개념으로 사용한다.

가) 마케팅(Marketing)

매우 광범위한 활동영역이며, 다음의 활동을 포함한다.

○ 시장조사
○ 펀드의 설정
○ 잠재적인 투자자들에게 일반적인 정보 제공
○ 펀드의 판매
○ 투자자들과의 의사소통

이러한 활동의 일부는 다른 기관에 위탁될 수도 있다.

나) 관리(Administration)

관리는 업무에 있어 두 개의 상이한 영역을 포함한다. 외부적인 관리는 펀드 투자자들에게 서비스를 제공하는 것이고, 내부적인 관리는, 펀드의 관리와 회계이다.

○ 외부적인 관리
- 펀드에 유입되고 유출되는 자금흐름에 대한 관리
- 펀드 투자자들을 위한 개인 계정의 설정과 유지
- 계약과 관련된 세부사항의 확인
- 펀드 등록 및 유지
- 투자자들에 대한 모든 금전출납의 기록

○ 내부적인 관리
- 펀드 가치평가와 가격산정
- 투자자들에 대한 배당의 분배나 재투자에 대한 처리
- 투자 이용가능하거나 불가능한 자금규모에 대하여 펀드운용자들에게 조언
- 포트폴리오 거래의 기록
- 실현된 이익이나 손실과 받은 수입을 포함하여 펀드 계정의 운용
- 보관자(custodian)와 감사인(auditor)의 연결

이러한 업무의 일부 또는 전부는 위탁될 수 있다.

다) 투자운용

투자운용은 일반적으로 다음의 활동을 포함한다.

○ 조사
○ 투자 목표와 형태 정의
○ 투자 분석
○ 포트폴리오 선택 및 운용

이러한 업무의 일부 또는 전부가 위탁될 수 있다.

펀드 운용사업은 법률가, 증권 브로커 또는 회계사와 같은 개별적인 전문가들로부터 국제적인 금융회사와 소비자 브랜드를 지닌 기관에 이르기까지 광범위한 사람들과 기관들에 의해 시작되었다.

2) 보관자(custodian)의 역할

펀드에 대한 보관자의 역할과 책임은 펀드의 법적 구조에 따라 다양하다. 즉, 펀드가 회사형, 신탁형 또는 계약형 중 어떤 형태로 구성되어 있는가에 따라 다르다. 또한 여러 가지 기능에 대한 관련 법률과 규정에 의해 주어진 의무조항에 따라 달라진다. 보관(custody)을 포함하는 기능에 대해서는 여러 가지 다른 용어들이 사용되고 있다.

○ 수탁자(trustee): 본서에서는 이 용어를 신탁약관에 의한 수익자, 즉 펀드 투자자들의 이익을 보호하는 책무가 있는 단일 수탁자를 언급하는 경우에 사용함
○ 보관자(custodian): 자산의 보호자 —본서에서는 예탁자(depositary)와 보관자를 동일한 의미로 사용함(중앙 예탁기관이 언급된 경우는 제외)
○ 예탁자(depositary): 넓은 의미로는 보관자(custodian)와 같은 의미이므로, 본서에서는 전체적으로 보관자의 용어가 사용됨

본질적으로 수탁자 또는 보관자의 역할은 세 부분으로 분류될 수 있으며, 이 중 두 가지만 규제와 관련되어 있다.

가) 자산의 보호

펀드 관련 규정에서는 현금이나 유사현금(near cash), 증권, 부동산 증서나 기타 다른 자산의 권리증서 등 펀드의 모든 자산이 보관자에 의해 보관되도록 요구한다. 보통 무권화 시스템(dematerialized system)하에서는 이러한 자산들이 보관자의 이름으로 등록되어 있다. 따라서 운용자는 보관자의 동의 없이는 자산을 사거나 팔 수 없다. 이는 펀드의 이사나 펀드 운용사업이 펀드 자산을 함부로 사용하는 것을 막기 위한 장치이다.

나) 펀드의 투자 행위에 대한 감독

신탁약관이나 다른 기초적인 문서 또는 규정(때로는 '제3자 감독'이라고 언급되는)에 의한 펀드의 투자와 운용자 및 내부통제(compliance)의 행위에 대한 감독은 보관자에게 부과되는 또 다른 의무중의 하나이다. 신탁의 경우, 신탁약관에 의한 수탁자의 의무가 된다. 이러한 감독역할은 회사형 펀드의 경우, 보관자에게 부과되지 않는바, 이사에게 감독의 책임이 있다. 펀드가 계약형일 경우, 감독역할은 이해상충을 초래할 수 있다. 즉, 펀드 운용자에 의해 계약된 실체가 고용주의 투자행위에 대한 감독을 하도록 요구받고 있다는 것을 의미한다. 이러한 이유로 오직 펀드 투자자들의 이익을 위해 펀드 운용자와 보관자 모두에게 부과되는 의무는 유용하고 확실한 수단이 된다.

다) 부가적인 상업적 서비스의 제공

보관제도의 세 번째 요소는 부가적인 상업적 서비스의 제공인데, 이러한 서비스는 펀드의 운용을 지원하기 위해 펀드 운용자에 의해 요구될 수도 있고, 보관자에 의해 부가적인 서비스로써 제공되기도 한다. 상업적 서비스는 현금운용 같은 운용서비스와 등록과 같은 펀드 관리서비스를 포함한다.

통상적으로 보관자에게 부과되는 규제를 유형별로 요약하면 [표 I-1]과 같다.

표 I-1 펀드 유형에 따른 보관자의 다양한 역할

유 형	보관 역할	감독 역할
회사형 펀드	보관자에 의해 보관되도록 요구됨	보관자가 아닌 펀드 이사의 책임
신탁형 펀드	수탁자나 수탁의 의무가 있는 보관자에 의해 보관되도록 요구됨	수탁자의 책임
계약형 펀드	보관자에 의해 보관되도록 요구됨	경우에 따라 보관자에게 책임이 부과되기도 함

몇몇 국가들의 펀드규제제도하에서는 펀드에 대한 감독위원회의 구성이 필요하다. 감독위원회의 역할은 펀드 운용사업의 실적과 때로는 보관자의 실적을 감독하여, 또 다른 형태의 제3자 감시를 제공한다. 그러나 감독위원회가 접하는 정보는 펀드 운용자나 보관자들이 제공하는 것들이므로, 이러한 감독의 유효성은 한계가 있다.

수탁자와 보관자 기능은 과거에는 다양한 개인들과 기관에 의해 행해졌다. 오늘날에는 더욱 세계화되고 있는 펀드사업의 특성, 기술 투자, 그리고 거래방침 등으로 인하여 은행이나 은행 자회사들이 보관과 수탁의 주된 역할을 하게 되었다. 게다가, 보관역할은 그러한 기관들이 제공하는 다른 자금운용서비스에도 부합되는 업무이다.

3) 감사인(auditor)의 역할

펀드가 독립적이고 자격을 갖춘 감사인에 의해 감사를 받아야 한다는 것은 대부분의 규제당국이 요구하는 사항이다. 이러한 감사인들은 펀드 운용회사를 감사하는 감사인과 같을 수도 있고 다를 수도 있다. 규정이나 회계 전문의 윤리강령에서는 일반적으로 감사인이 펀드 운용사업과 펀드로부터 독립적일 것을 요구한다.

감사인이 지켜야 하는 기준은 국내의 회계기준에 의해 설정될 것이다. 통상적으로 펀드를 위해 특별회계기준이 만들어지는데 그 이유는 펀드의 기능이 일반적인 회사 혹은 다른 신탁과는 다르기 때문이다.

규정에서는 부가적인 감독요소로서, 펀드 감사인이 발견한 위반사항을 펀드 규제자에게 보고하는 책임을 부과하고 있다.

(3) 규제자의 역할

펀드 규제자의 역할은 광범위한 규제의 주체로써의 역할을 의미한다.

○ 규제자에 의한 승인, 등록 또는 허가는 펀드의 공식적인 판매 이전에 필요함
○ 규제자에 의한 면허나 등록은 펀드 운용자가 제시하는 펀드에 대한 승인 요청을 허용하기 전에 요구됨
○ 규제자는 펀드와 펀드 운용자들의 활동을 감시·감독함
○ 규제자는 펀드 내에서의 배임행위에 대한 책임이 있는 사람을 징계하고 펀드 투자자들에게 입힌 손실에 대한 보상을 지시하는 권한이 있음

펀드 규제자는 또한 보관업(custody business)의 행위를 규제할 수도 있고(이는 때때로 은행 관련 법률이나 규정으로 대신 통제됨), 펀드 수탁자의 행위를 규제하기도 한다. 이러한 규제자는 종종 일반적인 증권시장의 규제자이다. 왜냐하면 펀드는 보통 증권으로 정의되기 때문이다. 본서에서 '규제자' 또는 '증권 규제자'라는 용어는 펀드의 규제자를 의미한다.

(4) 의무나 책임의 위임 가능성

펀드 운용자들이 제3자에게 일정 업무를 위임할 수 있다는 것은 앞서 언급된 바 있으며, 수탁 업무와 보관 업무가 이에 해당된다. 그러나 이러한 위임(delegation)이 허용되기는 해도 규제원칙은 존재한다.

○ 수탁이나 보관 업무가 적절한 기관에 의해 수행된다는 것을 명확히 하기 위해 위탁계약한 기관을 명시하도록 함
○ 수탁이나 보관 업무가 감독 법규와 규정에 의해 수행된다는 사실을 명확히 하도록 하는 의무조항도 위탁계약 내용에 포함시킴

○ 위탁계약의 종료가 원만하게 이루어지지 못했을 때 위탁계약자는 책임을 져야만 함

보통 규정에서는 업무를 위탁계약하는 기관의 개인에게까지 위탁계약에 의해 발생하는 잠재적인 이해상충의 가능성에 대한 책임을 지도록 의무화하고 있다.

2. 펀드의 구조

펀드의 법적 구조 —회사형, 신탁형, 계약형— 에 관한 사항은 본서의 앞부분에서 이미 언급되어 있다. 본 장에서는 상이한 법적 환경에서 발전해 온 다양한 펀드 구조의 의미를 보다 자세히 설명한다.

130여 년전에 영국에서 최초로 설립된 펀드는 신탁형과 회사형의 두 가지 형태로 구성되어 있었다. 이후, 오늘날에는 펀드의 설립자들이 그들에게 이용가능한 법적 구조, 각 구조별 기능과 조세 측면에서의 상대적인 장점 등을 조사하여 잠재적인 투자자들에게 가장 매력적으로 받아들여질 수 있는 것을 선택하고 있다.

펀드를 설립할 때 기본적인 선택사항은 다음과 같다.

○ 법적 구조(legal structure): 회사형, 신탁형 또는 계약형
○ 운영 구조(operating structure): 개방형, 중간형, 폐쇄형
○ 운용 구조(management structure): 내부형, 외부형
○ 펀드의 범주(category of fund): 투자자산의 종류별

사용되는 구조의 범위는 펀드를 규율하는 법률과 규제에 의존하게 될 것이다. 이러한 법률과 규제는 펀드가 만들어지고, 판매되는 각국 법률의 틀에 따라

다르다. 일부 국가들의 법률 구조는 다른 국가들에 비해 유연하다. 가장 유연한 형태는 '낮은 세금(low tax)'지역이나 '역외(offshore)'시장에서 종종 발견된다. 이러한 지역은 펀드운용자들에게 매력적인 법률과 금융상의 환경을 조성하기 위해 전략적인 결정을 한 국가나 국가내의 지정된 지역이나 몇몇 섬들(대표적인 예로 룩셈부르크, 더블린에 있는 아일랜드의 국제 금융 서비스 센터, 버뮤다)이다. '헤지펀드'는 —보통 다음에 설명하고 있는 구조 중의 하나로 만들어지는데, 전문적인 투자자들에게로 범위가 제한되어 있고, 투자의 유연성을 필요로 한다— 종종 이러한 '낮은 세금' 지역에서 만들어지고, 다양한 펀드 구조를 이용한다.

본 장에서는 또한 펀드가 투자하는 자산과 관련하여 규제자가 관여하는 펀드의 종류에 대해 간략히 검토한다.

(1) 펀드의 법적 구조

회사형 펀드는 전세계적으로 가장 일반적인 형태이며, 한 국가내에서 종종 신탁형이나 계약형 펀드와 함께 존재하고 있다. 신탁형과 계약형 펀드가 공존하는 경우는 흔하지 않다. 왜냐하면 보통 신탁의 관습법 개념이 부족하여 신탁형 펀드를 허용하지 않는 법률적 환경은 계약형을 대체수단으로 사용하는 것이 일반적이기 때문이다. 계약형 펀드는 대륙법의 전통(Civil Code tradition)을 갖는 국가에서 가장 일반적인 형태이다. 그러나 영국의 법률체계의 영향을 받는 일부 국가들에서는 영국의 판례에 의해 신탁의 개념을 적용하는 경우가 있다.

1) 회사형 펀드

회사형으로 구성된 펀드는 일반적으로 특정한 부가적인 규정과 재무 조항이나 이들을 일반적인 회사와 구별시켜 주는 예외 조항의 제약을 받긴 하지만, 기본적으로 해당 국가의 회사법에 기초하고 있다. 이러한 예외 조항의 적용은 펀드가 상품을 생산하거나 서비스를 제공하여 수익을 창출하는 일반적인 회사가 아니기 때문이다. 대신, 회사형 펀드는 투자를 결정하고 운용하여 주주들에게 고수익을 제공하는 것을 목표로 한다.

펀드 운용상의 실용성과 투자자들을 모집하기 위해 다음의 사항이 요구된다.

○ '폐쇄형'이 아닌 '개방형'을 요구함: 왜냐하면 폐쇄형 회사는 보유주식의 매도를 원하는 모든 주주에게 매도 전에 다른 주주들의 승인을 받도록 요구하기 때문임. 이러한 승인은 수천명, 수만명의 투자자를 가지고 있는 펀드에 대해서는 실현가능성이 없음

○ 주식회사의 형태를 요구함: 즉, 주주들의 의무는 그 회사의 주식을 매입하기 위해 지불한 금액으로 한정됨. 명백하게 제한되지 않은 의무는 잠재적인 투자자들에게 매력이 없음

기업과 마찬가지로 회사형 펀드는 투자한 회사의 성과에 대해 주주에게 책임이 있는 이사회를 갖는다. 이러한 이사들은 주주들에 대한 의무가 있는데, 이들은 본질적으로 주주들의 돈을 자신들의 것처럼 주의깊게 운용하도록 하는 의무를 갖는다. 이사회는 펀드 운용회사, 보관자와 감사인 같은 펀드에 대한 서비스 제공자와 계약을 맺고 성과를 감독하는 법적인 책임을 갖는다.

일반적으로 새로운 펀드의 발매(이것은 보다 많은 운용수수료를 가져다 줌)를 주도하는 주체가 펀드 운용회사이기 때문에, 펀드 운용주체가 펀드의 이사를 선정하는 것이 일반적이다. 펀드 이사들이 갖는 편향성을 없애기 위해 미국에서는 대부분의 펀드 이사들이 펀드 운용회사와 독립적이어야 하고, 특정한 결정은 펀드 운용사업과 독립적으로 사외이사들에 의하여 이루어져야 한다. 이러한 요구사항들은 모든 제도에서 필요로 하는 것은 아니지만, 일반적으로 이상적인 관행으로 받아들여지고 있다.

회사형 펀드 투자자들의 권리는 종종 회사법에 명시된 권리와 의결권으로 주어지기는 하지만, 이들의 권리는 주주로서 다른 기업의 투자자들과 기본적으로 동일하다. 추가사항에는 투자목표의 변화와 펀드에 부과되는 수수료의 증가 등의 문제를 포함되어 있다.

회사형 펀드와 관련하여 일반적인 경우는 아니지만, 회사형 펀드는 한정된 만기를 가지고 만들어질 수 있으며 —일반적으로 5~25년— 만기시에는 현금화

하여 주주들에게 자산을 분배한다. 한정된 만기를 갖는 회사형 펀드들은 보다 복잡한 구조와 보증형 펀드를 제공할 수 있다.

회사형 펀드는 전세계적으로 가장 일반적인 형태이며, 가장 큰 규모는 일반적으로 '뮤추얼펀드'로 알려져 있는 미국의 개방형 투자회사들이다.

그림 Ⅰ-2 회사형 펀드와 투자자와의 관계

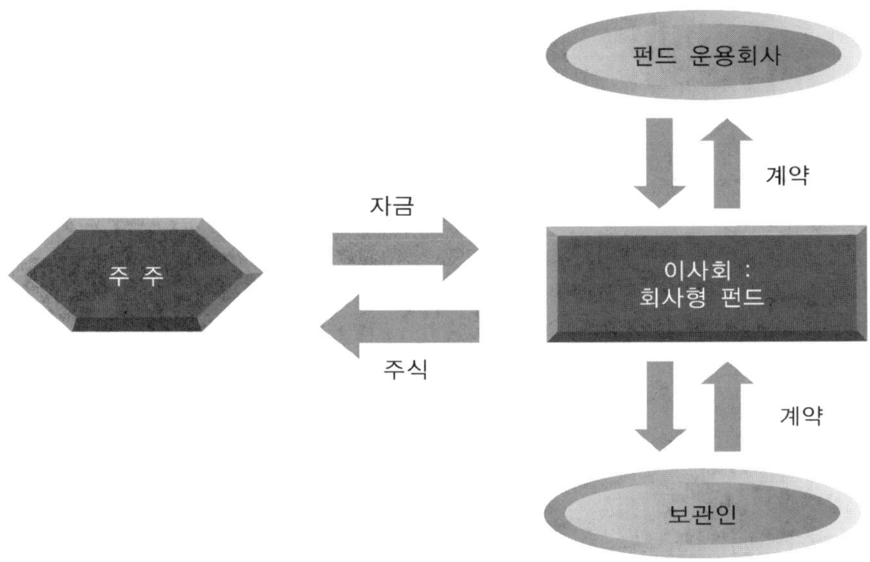

2) 신탁형 펀드

신탁형 펀드는 영국식 법률구조의 영향을 받는 국가에서 가장 일반적으로 발견되고 있다. 주로 과거의 영연방 국가(또는 관습법 국가로 언급되기도 함)에서 발견된다. 신탁을 간단히 설명하면, 한 사람(수탁자)이 다른 사람(수익자)의 이익을 위해 자산을 보유하고 있는 것으로 법률 내에서의 협약(arrangement)이라고 할 수 있다.

신탁형 펀드는 종종 '단위신탁(unit trust)'로 알려져 있다. 이들은 펀드 운용회사와 수탁자가 신탁약관에 서명함으로써 만들어진다. 투자자는 펀드에 청약하고 청약 단위(units)를 보유함에 따라 신탁의 수익자가 된다.

단위신탁의 수탁자는 펀드 운용사업이 펀드 규정과 신탁약관에서 요구하고 있는 의무를 적절히 수행하는 데 실패한 경우 운용회사를 해고할 수 있는 권한을 부여받는다. 따라서 이러한 형태의 펀드에서 수탁자의 업무는 회사형 펀드의 이사 업무와 마찬가지이며, 펀드 투자자들에게도 대체로 동일한 의무를 갖는다.

회사형 펀드 투자자들이 반드시 투표해야 하는 예외적인 사안과 유사하게 단위신탁의 투자자들도 특정한 회의에서 투표할 것을 요구받는 경우가 있지만, 이들의 표결권은 회사형 펀드의 주주들보다 더 제한되어 있다.

그림 I-3 신탁형 펀드와 투자자와의 관계

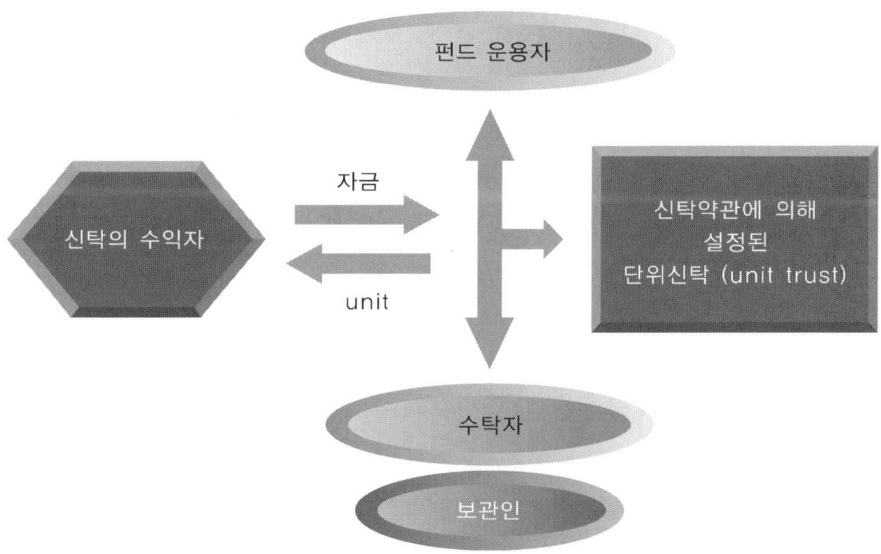

3) 계약형 펀드

이러한 형태의 펀드는 투자자와 운용회사간의 계약에 의해 설정되는데 회사측에서는 펀드의 일반 준수사항과 계약에 따라 투자자금을 운용한다. 규제자의 펀드의 승인 과정중의 일부로서, 운용회사는 펀드자산의 보관을 위해 보관자와 계약을 맺어야만 한다.

투자자의 펀드에 대한 관심은 펀드 참여 액수에 비례한다. 이러한 펀드에서 투자자의 권리는 운용회사와의 계약에 의해, 그리고 종종 이러한 계약 관련 사항을 명시하는 투자펀드의 법규와 규정에 의해 정의된다. 이러한 권리는 종종 신탁형 펀드의 수익증권이나 회사형 펀드의 주주에 비해 약하다. 이와 다르게, 계약형 펀드의 투자자들은 종종 이익에 실질적인 영향을 미치는 펀드의 변화에 대해 표결권을 갖지 못하고 있다(예를 들어 수수료의 증가).

그림 Ⅰ-4 계약형 펀드와 투자자와의 관계

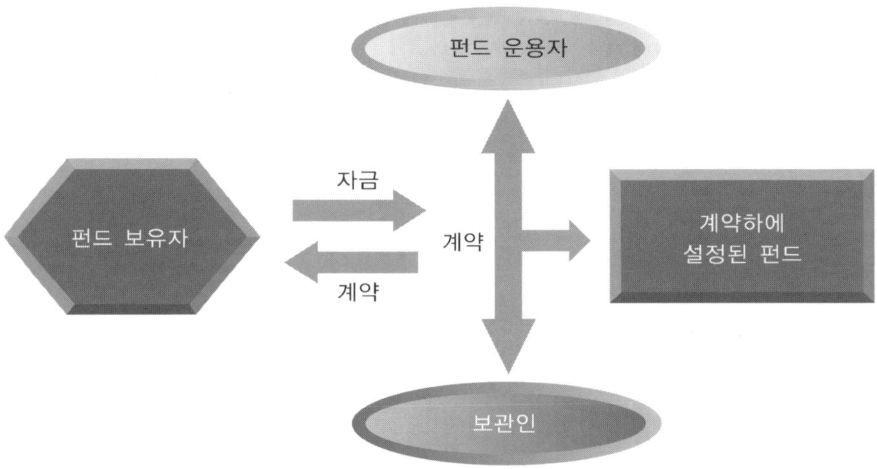

4) partnership 펀드

펀드의 또 다른 형태는 partnership 펀드로, 펀드가 일반인을 모집할 때는 통상적으로 이용하지 않고 있지만, 대규모나 전문적인 투자자들을 유치하기 위해 고안된 펀드에서는 종종 이용하고 있다. 이러한 펀드의 운용 또한 펀드 관련 법규와 규정에 의하여 감독을 받는다. 그리고 일반적으로 운용회사가 일반 파트너(general partner)가 되어 한정 파트너(limited partner)가 되는 상대적으로 적은 수의 투자자들에게 펀드를 제공한다.

이러한 펀드는 광범위한 자산 보유를 가능케 해주는 보다 유연한 규정을 가지고 있는 저세금 지역에서 만들어지는 것이 일반적이다.

표 I-2 형태별 법적 구조의 요약

	회사형 펀드	신탁형 펀드	계약형 펀드
법적 형태	회사	신탁	종종 법적으로 정의되지 않고 있음
감독 법규	회사법 또는 상법, 펀드 법규, 상장된 경우 증권 거래 규정	신탁법규 또는 판례와 펀드 법규	계약 관련 법규
발행	주(shares)	좌(units)	좌(units 또는 participations)
펀드자산에 대한 권리	발행된 총 펀드 주식에 대한 비율로서, 소유한 펀드 주식의 수에 비례하여, 각각의 펀드 자산과 이에 따른 수입에 비례	발행된 총 펀드 주식에 대한 비율로서, 소유한 펀드 주식의 수에 비례하여, 각각의 펀드 자산과 이에 따른 수입에 비례	모든 펀드 투자자들이 집합적으로 갖거나, 각각의 펀드의 지분율에 따라 수입과 자본에 대해 권리를 가짐
투자자 지위	주주	신탁의 수익자 (unit 소유자)	unit 소유자 또는 지분 참여자
보유자 의결권	일반적인 주주와 펀드 법률과 규정에 의해 임명된 자들	신탁약관과 펀드 법률과 규정에 의해 임명된 자들	없거나 펀드 법규나 규정에 의해 정해진 자
보유자 모임	연도별 및 임시	임시	없거나 임시
투자자에 대한 수탁자의 의무	펀드의 임원	수탁자	펀드 법규나 투자자와의 계약에서 규정된 사항이 없는 경우에는 아무런 의무도 갖지 않음
펀드자산의 보유자	보관자	수탁자 또는 수탁자를 대신한 보관자	보관자
등록된 자산의 명의	펀드 또는 펀드를 대신한 보관자	수탁자 또는 수탁자를 대신한 보관자	운용회사 또는 펀드를 대신한 보관자
기초자료	정관 및 이에 상응하는 것	신탁약관	계약과 펀드의 규정
제공자료	투자설명서	투자설명서	투자설명서

(2) 발행과 환매상의 구조

회사형, 신탁형 또는 계약형 펀드는 일반적으로 개방형이나 폐쇄형으로 운용된다. 몇몇 규제체계에서는 인터벌(interval)형 또는 개방폐쇄형(clopen)도 허용하고 있다.

1) 개방형 펀드

개방형 펀드는 규칙적으로 좌수(shares/units)를 발행(매도)하고 환매(재매입)하는 의무를 가진다. 일반적으로, 대부분의 개방형 펀드들은 발행과 환매를 일별로 하고 있지만, 규정에 의해 이와 다른 최소한의 기간을 정할 수 있다 —예를 들어 개방형 펀드는 적어도 2주에 한번씩 동시에 발행과 환매를 할 수도 있다. 이것이 정기적으로 행해지고 명시되어 있다는 점이 중요하다.

이러한 정기적인 발행과 환매는 새로운 투자자들이 펀드에 대해 투자를 하고 또 다른 투자자들이 펀드를 떠나기 때문에 매일 펀드의 자본이 변화한다는 것을 의미한다. 회사형으로 설정된 개방형 펀드들이 종종 '다양한 자본의 회사'로 표현되는 이유가 여기에 있다.

이러한 펀드들은 매일 펀드의 좌수를 발행하고 취소할 수 있어야만 하는데, 때때로 일반적인 회사법하에서는 이를 달성하기가 매우 어렵다. 따라서 회사형의 개방형 펀드는 특정한 법안이 통과되지 않는 한 운용될 수 없는 경우가 종종 있다.

매일 펀드 포트폴리오의 자산을 매매하는 것이 가능한 개방형 펀드가 필요로 하는 기본적인 사항들은 새로운 자금의 투자나 자산의 매도와 환매를 쉽게 할 수 있도록 하기 위해서이다. 이는 개방형 펀드가 우선적으로 유동자산 —쉽게 매입할 수 있고 빠르게 매도할 수 있는 자산— 에 투자하도록 규정하는 주요 이유가 된다.

개방형 펀드는 국제적으로 펀드의 상당 부분을 차지하고 있으며, 투자자들이 빠르고 쉽게 펀드를 사거나 팔 수 있는 상당히 매력적인 특징을 가지고 있다.

대부분의 선진 금융시장에서 개방형 펀드는 회사형, 신탁형 또는 계약형으로 운용되고 있다.

2) 폐쇄형 펀드

폐쇄형 펀드는 회사형 또는 신탁형, 계약형 등으로 운용할 수 있지만, 기업과 마찬가지로 발행시 정해진 자본이 있다. 이러한 펀드는 최초 공모기간과 마지막 공모기간이 있으며, 더 이상의 청약은 할 수 없도록 하고 있다. 보통 기존 주주들의 동의가 없이는 추가적인 발행을 할 수 없다. 펀드는 환매의무를 갖지 않기 때문 에 —즉, 투자자들로부터 좌수를 재 매입하는 것— 자산을 현금화하고자 하는 요구가 없다. 이는 또한 차입이나 부채비율을 높게 할 수 있는데, 그 이유는 자본 기반이 안정적이기 때문이다.

이러한 펀드는 유동자산뿐만 아니라 비유동자산에 대한 투자에도 적합하며, 신흥시장에 대한 투자에서도 일반적이다. 많은 국가들의 초기 펀드는 폐쇄형의 회사형 펀드 형태로 설정되었는데, 이는 개방형 펀드보다 폐쇄형 펀드가 기존의 법률에 보다 잘 부합되었기 때문이며 그 당시의 자산들은 상대적으로 덜 유동적이었기 때문이다. 폐쇄형 펀드는 유동적인 금융시장에서도 지속적으로 설정되어 왔는데, 채권에 투자하는 펀드, 투자자에게 특정한 수익을 보증하는 펀드, 또는 단일 펀드내에서 상이한 권리를 요구하는 투자자들의 수요에 부합되는 다양한 권리를 갖는 주식을 발행하는 회사형 펀드 등의 설정시 유용성을 갖기 때문이다.

3) 폐쇄개방형(clopen) 또는 인터벌형(interval) 펀드

보다 다양한 형태로 소위 폐쇄개방형(clopen) 또는 인터벌형(interval) 펀드로 불리는 펀드가 있다. 이러한 펀드들은 정기적이라는 전제하에 때때로 판매나 재매입이 개방되기도 한다. 통상적으로 부과되는 최소한의 요구사항은 이러한 펀드들은 최소한 일년에 한번은 개방되어야만 한다는 것이다. 일부는 월별로 또는 분기별로 개방하기도 한다.

이러한 펀드는 폐쇄형과 개방형 사이의 절충형이라고 할 수 있으며, 다음과 같은 장점을 갖는다.

○ 때때로 순자산가치로 환매할 수 있어, 펀드가 해체되는 경우를 제외하고는 순자산가치로 환매되는 경우가 없는 폐쇄형 펀드보다 매력적임
○ 정기적인 환매를 할 필요가 없기 때문에 개방형 펀드보다 덜 유동적인 자산에 투자할 수 있으며, 이러한 점은 신흥시장이나 과도기의 시장에서 유리함

현재까지는 이러한 펀드는 일반적인 평범한 투자자들보다는 전문적인 투자자들에 의해 이용되고 있다.

4) 개방형 펀드와 폐쇄형 펀드의 주요 차이점

개방형 펀드와 폐쇄형 펀드의 운용상의 가장 중요한 차이점은 개방형에 대해서는 정기적인 발행과 환매가 의무화된다는 것이다.

개방형 펀드는 최초 공모시 고정된 가격이 결정되고 나면, 매일 좌수에 대한 발행과 환매를 하기 때문에 유동자본을 갖게 된다. 따라서 언제든지 매입을 희망하는 신규 투자자와 매도하고자 하는 기존 투자자, 그리고 지속적으로 보유하고자 하는 투자자들의 요구에 대한 균형을 이뤄야만 하지만, 자산의 가치는 매일 변화한다는 사실에 유의해야 한다. 이와 같은 자산가치의 변화가 반드시 투자자들에게 설명되어야 신규 투자자들이 지나치게 많은 비용을 지불하거나 기존 투자자들이 너무 적게 지불하고 많은 배당을 받거나 또는 보유를 지속하고 있는 투자자들이 불이익을 당하는 일이 발생하지 않을 것이다.

개방형 펀드의 좌수에 대한 매입과 매도에 대해 법규나 규정에서 요구하고 있는 핵심적인 원리는 등가(equality)라고 할 수 있다. 펀드는 판매시 순자산가치의 현금이 들어오고, 환매시 순자산가치의 현금이 나간다. 주당 순자산가치는 펀드의 총자산에서 부채를 빼고 이를 다시 산정 당시의 발행된 전체 주식 수로 나누어서 산출한다.

따라서 개방형 펀드는 무제한의 주식을 발행할 수 있고, 특정한 시점에서 각 주의 순자산가치는 모두 동일하게 된다.

이와 대조적으로 폐쇄형 펀드는 제한된 수의 주식만을 발행할 수 있어 종료일 전까지의 특정한 기간 내에서만 발행이 가능하다(즉, 고정된 자본을 갖게 되는 것이다). 그리고 폐쇄형 펀드의 소유자는 이 펀드의 매입자를 발견한 경우에만 판매할 수 있다. 이는 통상적으로 증권거래소와 같은 유통시장에서만 거래된다. 폐쇄형 펀드가 상장되어 시세가 형성되는 것은 규정에 의해 가능하고, 재무상의 필요성이 존재한다. 그렇지 않다면 매입자를 발견하기 힘들어 투자자들에게 매력적이지 못하게 될 것이다. 펀드의 매입자가 시장에 지불하게 될 가격은 펀드의 수요와 공급의 수준에 달려 있다. 만약 적은 수의 펀드만이 있는데, 수요는 높다면 가격이 상승할 것이고, 많은 수의 펀드가 있는데 수요가 낮으면 가격은 하락할 것이다. 따라서 지불된 가격이 펀드의 순자산가치와 같은 경우는 거의 없고, 순자산가치보다 높거나 낮은 경우가 대부분이다.

고정된 자본을 기반으로 하는 폐쇄형 펀드는 보다 많은 자산을 매입함으로써 펀드의 성과를 향상시키는데 이용하는 자금의 차입을 가능하게 한다. 자본의 가변성이 있는 개방형 펀드는 자본의 갑작스런 변화에 따른 위험 때문에 한정된 범위 내에서만 자금의 차입이 허용된다.

따라서 폐쇄형 펀드의 고정된 자본구조는 가변적인 자본을 갖는 개방형 펀드의 자본구조와는 다른 차이점을 갖는다. 일반적으로, 폐쇄형 펀드는 포트폴리오와 등록이 더욱 안정적이기 때문에 개방형 펀드보다 운용상의 비용이 적게 든다.

5) 상이한 운용구조에 대한 펀드 운용회사 측면의 찬반론

각각의 운용구조는 펀드가 운용되는 방식에 있어 그 차이가 있다. 펀드 운용회사의 입장에서는 폐쇄형 펀드와 개방형 펀드 모두 장단점이 있다. 개방형 펀드는 시간이 지남에 따라 지속적으로 모집될 수 있고, 단일 펀드 내에서 운용되는 자산을 충분히 증가시킬 수 있다. 반면, 투자자들은 투자패턴이 바뀌거나 시장이 하락장세일 경우 펀드로부터 떠날 수 있다. 폐쇄형 펀드는 통상적으로 첫 번째 판매시기에 모집되고 운용된 자산의 가치를 제외하고는 시간이 지남에 따라 증가시키지 못한다. 그러나 투자패턴이 바뀌거나 시장이 하락장세가 되면 투자자들은 다른 매입자를 발견한 경우에만 펀드로부터 떠날 수 있다. 따라서 폐쇄형 펀드의 운용수수료는 상하 제한이 있다.

표 I-3 개방형과 폐쇄형

법적 구조	개 방 형	폐 쇄 형
회사형	- 변화가능한 자본 - 지속적으로 발행되고 환매됨 - 운용회사를 통해 순자산가치와 가장 근접한 가격으로 발행되고 환매됨 - 상장되거나 매매되는 것이 일반적이지 않음 - 유동자산에 대해 우선적으로 투자하도록 요구됨 - 매우 제한적이거나 차입능력이 없음 - 외부에서 운용됨 - 개방형 펀드의 가장 일반적인 형태	- 고정된 자본 - 고정가격에 최초 자본을 늘린 후 일반적으로 신주를 발행할 수 있거나 주주의 동의하에 기존 주를 환매함 - 유통시장에서 수요와 공급에 따라 결정된 가격으로 주가 거래됨 - 통상적으로 상장되거나 거래됨 - 유동자산이나 비유동자산에 투자할 수 있음 - 종종 강력한 차입능력을 가짐 - 내부적 또는 외부적으로 운용가능함 - 폐쇄형 펀드의 주요 형태
신탁형	- unit가 지속적으로 발행되고 환매됨 - 운용회사나 수탁자에 의해 순자산가치와 가장 근접한 가격에 발행되고 환매됨 - 상장되거나 매매되는 것이 일반적이지 않음 - 유동자산에 대해 우선적으로 투자하도록 요구됨 - 매우 제한적이거나 차입능력이 없음 - 외부적으로 경영됨 - 영국적 전통에 의해 영향을 받는 법적 구조를 가진 국가에서 가장 일반적인 형태로 단위신탁으로 불림	- 펀드가 보다 많은 unit를 발행할 수 있지만 이러한 능력을 이용할 수는 없음 - 유통시장에서 수요와 공급에 의해 결정된 가격으로 unit가 거래됨 - 유동자산이나 비유동자산에 투자할 수 있음 - 종종 강력한 차입능력을 가짐 - 내부적 또는 외부적으로 운용가능함 - 기관투자자들이 주로 이용하는 펀드의 형태가 아니며 IFSC Dublin, Channel Islands, Bermuda와 같은 역외 지역에서 주로 발행됨
계약형	- 좌수가 지속적으로 발행되고 환매됨 - 운용회사를 통해 순자산가치와 가장 근접한 가격으로 발행되고 환매됨 - 상장되거나 매매되는 것이 일반적이지 않음 - 유동자산에 대해 우선적으로 투자하도록 요구됨 - 매우 제한적이거나 차입능력이 없음 - 외부적으로 경영됨 - 유럽 대륙과 로마-게르만의 법적 구조를 채택한 국가들의 가장 일반적인 형태	- 좌수의 발행 - 유통시장에서 수요와 공급에 의해 결정된 가격에 의해 좌수가 거래됨 - 때때로 상장되거나 매매됨 - 유동자산이나 비유동자산에 투자할 수 있음 - 종종 강력한 차입능력을 가짐 - 내부적 또는 외부적으로 경영가능함 - 드문 형태이지만, 유럽대륙과 로마-게르만의 법적 구조를 채택한 국가들에서 발견되고 있음

6) 상이한 운용구조에 대한 투자자 입장에서의 장단점

개방형과 폐쇄형 펀드는 모두 투자자들에게 동일한 서비스를 제공하기 위해 만들어진 것이지만, —본질적으로 포트폴리오 운용— 양자의 운용상 차이점에 대해서는 각각 장단점이 있다.

일반적으로, 개방형 펀드에 투자하는 것이 보다 더 엄격하다. 운용회사는 순자산가치에 기초하여 규정에 의해 요구되어지는 가격으로 좌수를 매일 매입하고 다시 매도한다. 이러한 펀드의 순자산가치는 발행된 단위(units)의 수에 의해 나누어진다.

이와 대조적으로, 투자자들이 폐쇄형 펀드의 최초 공모에 출자하지 않고 기존의 폐쇄형 펀드 자산의 매입을 희망한다면, 그들은 판매를 희망하는 기존의 투자자를 발견해야만 한다. 따라서 유통시장에서 펀드 자산의 가격은 수요와 공급에 의해 결정되는 것이지 펀드의 가치와 반드시 관련을 가지고 있는 것은 아니다. 이러한 점은 대부분의 폐쇄형 펀드는 순자산가치(이것은 '순자산가치에 대한 할인율'로 알려져 있으며, 할인율은 순자산가치의 %로 표현될 수 있다 —반대로, 펀드의 가격이 순자산가치보다 높을 때에는 '순자산가치의 프리미엄'이라고 표현되며 역시 순자산가치의 %로서 표현될 수 있다) 보다 낮은 가격으로 매입될 수 있기 때문에 투자자들에게는 장점으로 작용할 수 있다. 따라서 순자산가치 120의 펀드에 100만큼 지불할 용의가 있는 투자자는 100이 아니라 120에 대한 배당을 받을 것이다. 물론, 자신의 자산을 매도해야 할 때 동일한 문제에 직면하고 가치보다 낮은 가격으로 매도해야만 할 것이다. 유통시장에서의 매매는 투자자가 주식브로커를 이용해야만 한다는 것을 의미한다고 할 수 있다.

(3) 운용방법상의 구조

펀드가 운용되는 방법에는 '내부적인(internal)' 운용과 '외부적인(external)' 운용의 두 가지 방식이 있다.

1) 내부 운용(Internal management)

본질적으로, 내부 운용은 펀드운용자들이 펀드의 피고용자가 되고, 펀드는 고용 비용과 함께 사무실 공간, 장비, 전력과 기타 필수품 등을 포함하여 운용비용을 부담하게 된다. 다시 말하면, 내부적으로 경영되는 펀드는 일반적인 기업과 같은 형태로 운용되며, 이러한 형태의 펀드는 매우 드문 경우이고, 통상적으로는 폐쇄형 기업의 형태일 때 적용된다. 기술적으로는 수탁자가 펀드 내에서 경영팀을 고용하는 신탁의 형태이다. 그러나 계약형 펀드(개방형이든 폐쇄형이든)에 있어 관련된 법규가 없고, 피고용자를 계약하는 등의 업무를 수행할 수 없기 때문에 내부적인 경영은 어렵다. 이러한 형태는 운용구조상 국제적으로 드문 형태이므로, 본서에서는 정상적인 형태인 외부운용에 치중하여 설명하기로 한다.

2) 외부 운용(External management)

외부 운용의 경우, 가장 일반적인 형태로, 매일매일 펀드를 운용하는 운용자들이 직접적으로 펀드에 의해 고용되지 않고, 특정한 수수료를 받고 펀드에 서비스를 제공하기로 계약한 운용회사에 의해 고용된다.

외부적 운용을 변형시킨 것에는 운용회사가 직접 경영하는 투자펀드가 있다. 이는 펀드에 대해 허용된 투자범위와 부합되는 경우에만 가능하다. 이러한 전형적인 예가 미국의 Vanguard Group이다.

그림 Ⅰ-5 외부적 경영의 운용방법: 회사형 펀드

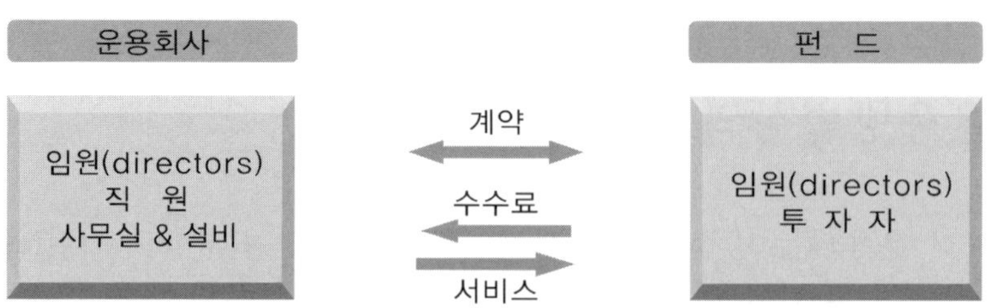

그림 I-6 내부적 경영의 운용방법: 회사형 펀드

펀 드

임원(directors)
직 원
투 자 자
펀드 사무실 & 설비

3) 내부 운용에 대한 찬반론

투자펀드의 내부 운용의 예는 상대적으로 적은 편이다. 대부분의 펀드들은 다음과 같은 상업적인 이유 때문에 내부적으로 운용되기보다는 운용회사에 의해 운용된다.

- ○ 미래 가치: 펀드운용회사는 펀드의 운용에 대한 계약을 체결하여, 그들이 운용하는 펀드 가치의 0.25~3%에 해당하는 수익을 올림. 이와 같이 운용회사는 상업적 가치를 가지고 판매될 수도 있음. 펀드의 운용조직은 먼저 개별적으로 설정되지 않는 한, 어떤 방식이든 단일 펀드와 계약될 뿐이며, 이것은 상당히 매력적이지 못한 조건이라고 할 수 있음 —단일 펀드로부터의 수익은 그 성과가 취약함
- ○ 규모의 경제: 다수의 펀드들이 투자자들의 편의를 위해 단일 운용회사와 계약하는 것은 운용회사의 비용을 분산시키는 효과를 나타내고, 보다 낮은 비용은 투자자들에게 보다 매력적인 동기로 작용할 수 있음
- ○ 수익 흐름의 다각화: 많은 요구(needs)에 부합하기 위해 다양한 펀드들은 외부 운용회사를 통해 제공될 수 있으며, 하나의 실적이 좋지 않아도 다른 실적은 좋을 수도 있으므로, 결과적으로는 수익이 지속될 수 있다는 확신을 주어야 함. 내부적으로 운용되는 단일 펀드의 경우, 상이한 일련의 투자 요구나 다양한 펀드 형태에 대한 투자패턴의 변화, 또는 펀드 투자의 목표 등을 충족시킬 수 없음

○ 자금조달의 개선: 계약하에 운용되는 일련의 펀드들의 수익은 운용회사의 발전을 위해 IT와 같은 부문에 대한 대규모 투자에 이용될 수도 있음. 그러나 내부적으로 운용되는 단일 펀드들은 이러한 투자와 전문적인 고비용이 소요되는 내부 투자계획을 세우는 데 필요한 자금 확보에 문제가 있음

일반적으로, 규제당국이 특별히 내부적으로 운용되는 구조에 관심이 있는 것은 아닌데, 그 이유는 다음과 같다.

○ 운용상의 고려사항: 개방형 펀드구조하에서 내부적 운용회사를 운용하는 것이 불가능하다는 것은 주된 고려사항으로 —예를 들어 변화가능한 자본의 펀드가 2억 5천만원의 내부 운용비용을 감당하고 있다면, 100억원 펀드의 2.5%의 정규 비용이 소요된다는 것을 의미하고— 만약 운용비용이 부과되는 펀드의 가치하락을 초래하는 환매나 시장의 이동 등으로 인하여 펀드가치가 10억원으로 감소한다면, 수수료는 손쉽게 25%로 증가하게 될 것임. 이는 명백히 펀드 투자자들의 이익에 배치될 것임
○ 등록상의 고려사항: 규제상의 불이행으로 운용회사의 면허가 취소되는 것은 외부적인 운용일 경우 상대적으로 자주 발생할 수 있음 —운용회사는 등록된 다른 운용자로 쉽게 대체될 수 있고 펀드는 운용이 지속될 것임. 그러나 내부적으로 운용된 펀드의 운용을 중지시키는 것은 펀드의 면허를 말소해야만 한다는 것을 의미하는 것이고, 결국 펀드는 운용을 중지해야만 하거나 펀드의 운용자가 바뀌어야만 될 것임. 이러한 상황은 모두 투자자들의 이익에 역효과를 미치게 될 것임
○ 비용조정시 고려사항: 내부적으로 운용되는 펀드의 자산은 외부에서는 식별하기 어려운 운용상의 초과적인 비용에 의해 쉽게 잠식될 수 있음. 재무제표 부외의 임시 부채(종업원 계약, 리스, 연금)는 문제가 될 수 있음. 외부적인 운용에 대한 계약에는 어떤 수수료가 지불가능한가와 펀드부터 운용회사까지의 지불액이 쉽게 추적 가능한가를 명시하고 있음. 내부적으로 운용되는 펀드 내에서 자금의 흐름과 운용비용의 정도를 확인

하는 것은 더욱 어려운 작업이라고 할 수 있음

○ 책임과 의무의 명확성: 운용회사와 펀드간의 계약은 명백하게 책임과 의무를 구분하고 있음. 만약 운용회사가 실수를 하거나 본분을 게을리 할 경우, 어떤 손실도 보상해야만 함. 만약 펀드의 내부적인 운용팀이 이러한 실수나 본분을 게을리 하는 행동을 했다면, 제재가 부과될 것임

○ 가치평가시 고려사항: 투자자산이 아닌 사무실 건물과 같은 고정자산이 내부적으로 운용되는 펀드에 의해 보유되고 있다면, 가치평가상의 문제점이 있음

○ 성과수행에 대한 동기부여의 결여: 성과를 제대로 수행할 수 있도록 내부 운용자들에게 제공하는 동기가 부족한 이유는 그들의 봉급은 펀드의 순자산가치에 따라 증가하지 않기 때문임. 반면, 외부적인 운용자의 수수료는 순자산가치에 대한 비율로서 나타나기 때문에 자산가치의 상승에 따라 봉급이 증가하고 하락에 따라 봉급이 감소할 것임. 또한 낮은 성과에 대해 봉급의 하락이 나타날 수도 있고, 아예 회사에서 쫓겨날 수도 있음

○ 변화에 대한 저항: 내부적으로 운용되는 펀드들은 일자리의 상실 때문에 인수나 파산에 대해 저항할 것이고, 따라서 실패하고 있는 펀드들이라도 인수되거나 파산되지 않고 지속적으로 존속될 수 있음

결국 내부적으로 운용되는 펀드 중에서도 매우 성공적이며 높은 평판을 받고 있는 일부 펀드가 있음에도 불구하고 이러한 운용구조는 국제적으로는 일반적인 구조가 아니다.

(4) 투자대상별 펀드

일반적으로 규제당국은 펀드가 승인을 받도록 요구하고 있으며, 펀드는 그들이 투자하는 자산의 유형에 따라 규제 당국에 의해 분류된다. 이러한 범주는 통상적으로 다음의 내용을 포함한다.

표 Ⅰ-4 투자대상별 펀드

펀드의 범주	전반적으로 또는 우선적으로 투자하고자 하는 투자 대상
- 증권 펀드(securities fund)	- 증권(주식, 채권)
- MMF(money market fund)	- 예금 증서와 같은 실적배당상품
- 선물과 옵션 펀드(futures and options funds)	- 선물과 옵션
- 부동산 펀드(property funds)	- 대지나 건물
- 워런트 펀드(warrant funds)	- 워런트
- 자펀드(feeder funds)	- 다른 영역에 기초한 또 다른 펀드
- 펀드의 펀드(fund of funds)	- 다른 펀드들
- 엄브렐라 펀드(umbrella funds)	- 투자자들이 선택할 수 있고 때에 따라서는 전환이 가능한 하위 펀드를 가지고 있는 펀드
- 탄력적인 펀드(flexible funds)	- 실적배당상품이나 증권에 투자하기 위해 시간이 지남에 따라 포트폴리오를 변경할 수 있음

펀드의 하위 범주 또한 존재하지만 통상적으로 규정에 의해 정의되지 않는다.

국가마다 펀드의 범주를 구분하는 접근방식을 다양화하고 있다는 사실을 주목해야만 할 것이다. 일부 국가에서는 증권에 투자하는 펀드들과 대비하여 부동산에 투자하는 폐쇄형 펀드에 적용할 수 있는 법률을 분리하여 규정하고 있다. 예를 들어 미국부동산투자신탁(American Real Estate Investment Trusts: REITs)의 경우, 실적배당상품과 증권에 투자하는 개방형과 폐쇄형 투자회사를 포함하는 1940년 투자회사법(Investment Companies Act of 1940)이 아닌 1960년에 통과된 REITs법에 의거하여 탄생하였다.

일반적으로, 운용회사는 다양한 시장에서 거래되거나 특징을 차별화시키지 않는 한 투자대상과 구조, 그리고 기간 등이 유사한 두 개의 펀드를 운용하지 못하도록 규제되고 있다. 이는 단일한 대규모 펀드는 보통 투자자들에게 비용상의 효율성을 가지며, 운용회사는 투자자들에게 어떤 펀드를 선택하도록 장려하는 과정에서 이들과 이해상충의 문제가 발생될 수 있다는 것을 의미한다.

3. 펀드 관련 규제

(1) 투자자 보호

펀드에 관한 규제는 펀드와 관련기관이 법률과 규정에 따라 운용되는가를 확인하기 위해 행해진다. 보통 법률에 의해 어떤 기관이 펀드의 규제에 대한 책임이 있는가가 정해지는데, 일반적으로 증권위원회 또는 동일 역할을 하는 기관 중의 하나가 그 책임을 맡게 된다. 규제의 궁극적인 목적은 투자자들 —펀드의 고객— 의 권리와 이익을 보호하는 것이다. 그 이유는 다음과 같다.

○ 어떠한 시장경제의 성공이라도 경제성장을 기여하도록 저축을 하는 개인투자자들에게 달려 있음
○ 투자자들은 자신의 재무적 안정책을 제공함으로써 부분적으로 납세자나 국가로부터 부담을 경감시킴

대부분의 성공적인 시장에서 다음과 같은 이유로 모든 사람들의 이익을 위해 공정하며 효율적인 규제가 존재하고 있다.

○ 일반 대중은 잘못된 정보나 사기, 기만 등으로부터 보호받기를 원하며, 규제는 이러한 일이 발생할 수 있는 가능성을 최소화하기 위해 마련되었음
○ 펀드 운용자와 관련 기관은 사업이 일반대중의 신뢰에 크게 기초하고 있다는 사실을 알고 있음. 또한 거래 상대방과 동업계가 정직하게 활동한다는 사실을 확실히 하는데 많은 관심을 가지고 있음

○ 정부는 국가경제 활동에 중요한 역할을 하는 효율적이고 공정한 시장을 갖기를 원함

1) 공중의 신뢰는 효과적인 규제의 산물

투자자들과 펀드 운용자들이 모두 신뢰하고 이해하는 효과적인 규제는 긍정적인 환경을 조성하며, 일반대중이 펀드에 대해 신뢰를 가지고 있는 곳에서는 펀드가 성공적으로 판매될 수 있을 것이다. 효과적인 규제하에서 투자자들은 명확한 규칙에 의해 펀드운용회사와 운용자의 운용과 경영, 그리고 자금조달이 이루어진다는 것을 알게 되기 때문에, 규제자가 이들의 오용을 방지한다는 것에 대해 신뢰감을 갖는다. 만약 오용이 발생한다면 투자자들은 보상을 받을 수도 있다. [표 Ⅰ-5]은 효과적인 규제와 비효과적인 규제하에서 투자자들과 펀드운용자들이 무엇을 우선시하는가를 보여주고 있다.

표 Ⅰ-5 효과적인 규제와 비효과적인 규제 비교

	효과적인 규제	비효과적인 규제
투자자	- 펀드가 매입한 것에 집중	- 펀드를 매입할 것인가 아닌가에 집중
운용자	- 아래의 항목에 대해 다른 참여자들과의 경쟁에서 승리했는가에 집중 · 투자 목적의 증진 · 기존 상품의 장점 강화 · 새로운 펀드 개발	- 아래 항목을 시도하는 데 집중 · 대중적 신뢰의 확립 · 운용할 자금을 확보하는 것: 특별한 대우를 위한 정부 로비, 세금 감면, 비현실적인 고수익을 약속하는 분배상의 담합 등을 이용

대중의 신뢰는 공공재(public good)이다. 모든 펀드가 신뢰를 갖지 못하는 한, 어떤 특정 펀드가 신뢰를 가질 수는 없는 것이다. 신뢰는 쉽게 손상될 수 있는데, 특히 개인투자자들이 돈을 잃게 되는 불공정거래는 신뢰를 잃게 되는 주요인이라고 할 수 있다. 한번 잃게 된 신뢰를 회복하는 데에는 수년간에 걸친 노력이 필요할 것이다.

효과적인 규제의 주요 특징은 다음과 같다.

○ 일관성(consistency): 규정이 내부적으로 일관성을 갖고 다른 규정이나 법규에 대해 상충되지 않음
○ 적용성(application): 모든 규제대상자는 동일한 규정을 준수해야만 하고, 이를 어길시에는 동일한 벌칙이 적용되어야 함
○ 안정성(stability): 규제 제도가 너무 빈번히 변경되지 않아야 함
○ 강제성(enforcement): 규제자는 규제대상에 대해 강제할 수 있는 충분한 힘을 가지고 있어야만 함
○ 불필요한 비용의 회피(avoidance of unnecessary costs): 규제의 비용 때문에 파산, 시장의 진입장벽 형성, 또는 고객 서비스를 보다 고비용으로 만드는 일 등이 초래되어서는 안됨

2) 규제의 한계

증권규제당국과 펀드 모두에게 규제를 통해 달성할 수 있는 것과 그렇지 않은 것을 명확히 하는 것은 중요하다.

예를 들어, 규제가 사기를 막을 수는 없다. 사기가 발생할 수 있는 범위를 제한할 수 있다면 이것은 바람직한 목표가 될 것이다. 그러나 영리한 개인들은 어떤 시스템에서도 약점을 발견할 것이므로 사기는 적정한 규제가 이루어지고 있는 환경하에서도 때때로 발생할 수 있다는 것을 알아야 한다. 따라서 사기의 가능성에 대한 제한과 함께, 규제대상에게서 사기를 당한 투자자들은 규제당국에 의해 교정과 보상을 받을 수 있다는 것을 확실히 하는 것이 중요하다.

3) 과대 규제(over-regulation)와 과소 규제(under-regulation)

규제체계가 불필요하게 구체적이고 제한적이라고 생각되어질 때, '과대 규제(over-regulated)'라고 표현한다. 그러한 규제체계는 종종 규제자의 관점에 의한 결과인데, 공중의 신뢰는 규칙을 정하고 절차를 실행함으로써 운용자들과 경영자들의 행위를 통제하는 역할을 한다. 이는 규제가 매우 정교하고 구체화되어

있고 많은 양의 제한과 규제를 포함하고 있다면 보다 효과적일 것이다. 이러한 제도의 결과는 다음과 같다.

- ○ 펀드 운용자들과 관련 기관들의 혁신 능력을 억제함
- ○ 규정에 의해 운용자들에게 부과된 높은 비용은 언제나 대부분 투자자들에게 전가되며, 무거운 규제상의 부담은 투자자들에게는 높은 비용을 의미함
- ○ 의사결정에 오랜 시간이 소요됨
- ○ 의무사항이 매우 구체적이기 때문에, 자주 변경하는 경향이 있으며, 이는 불확실성과 시스템 변경에 따른 추가적인 비용을 초래함

과도하게 완화된 규칙이나 수단과 규제자의 통제 결여는 과소 규제(under-regulation)의 전형적인 특징이다. 이러한 경우, 부정행위, 추문, 그리고 일반대중의 신뢰 결여 등을 초래하기 쉽다. 역설적으로 과소 규제의 폐해는 과대 규제를 탄생시킬 가능성이 크다.

펀드 운용자들과 규제자들이 진지하게 대중적 신뢰를 바람직한 결과로 생각한다고 해도, 목표에 도달하는 방법에 대한 관점은 매우 다르다. 펀드운용자들은 증권 규제자들이 이러한 목표를 달성하기 위해 최소한의 역할을 수행하길 원하고, 증권 규제자들은 통상적으로 사안에 대하여 보다 넓은 영역에서 그들과의 연관이 절실히 필요하다고 본다. 증권 규제자와 운용자간의 이러한 대립 관계는 필연적인 것이며 발전적인 대화를 통해서만이 균형을 이룰 수 있다.

(2) 규제의 체계

규제의 체계는 통상적으로 다음과 같이 구성된다.

- ○ 기본법(primary legislation)
- ○ 규제에 대해 책임을 지는 정부 부문, 실무 기관

○ 증권 규제자에 의해 법적으로 공표된 일련의 규칙
○ 형사 및 민사 재판소
○ 옴부즈맨이나 금융 서비스 중재 기관과 같은 소비자 불만을 조정해 주는 독립적인 조정기관

전세계적으로 이용되고 있는 규제체계는 여러 가지 측면에서 차이가 있다. 일부 국가에서는 기본법이 매우 자세한 내용을 포함하고 있는 반면, 모든 세부사항을 증권규제당국에 의해 제정되는 규칙으로 남겨지도록 하는 국가들도 있다. 또한 증권규제당국의 심판과 집행의 메커니즘이 공식화되어 있는 국가도 있으나, 공식화되어 있지 않은 국가들도 있다. 민사 및 형사 소송은 증권규제당국이 해당범위에 한해 처벌을 부과할 수 있는 정도와 투자자들이 법원에 가지 않고 배상을 받을 수 있도록 하는 규칙의 이용가능한 방법의 적정성 등에 따라 그 역할이 커지거나 작아질 수 있다.

다음 장에서는 펀드의 규제 시스템의 주요 특징에 대해 약술하고 있으며, 어떻게 이러한 규제가 달성되는가의 문제는 결론을 내리고 있지는 않다. 펀드의 규제시스템은 개방형 펀드에 적용하기 위해 구상된 IOSCO(International Organization of Securities Commissions)의 10개 주요 원리에서 유래한다. 이 중 대부분이 폐쇄형 펀드의 경우에도 적용된다.

1) 법률적 구조

모든 규정은 반드시 법적 기반을 가지고 있어야만 한다. 대부분 국가에서는 의회에 의해 통과된 법이 더 확실한 판결의 기초가 되지만, 대통령령이나 장관의 결의안으로 대치되는 경우도 있다.

펀드를 감독하는 법규는 증권시장이나 연금펀드 그리고 생명보험과 같은 다른 영역까지 포함할 수 있다. 각각의 세분화된 규칙은 규제당국에 의해 조정된다. 선택적으로 펀드만을 감독할 수도 있다. 이러한 경우 법률은 보다 세분화되기 쉽지만, 여전히 세부규칙과 운용상의 문제는 증권규제당국의 몫으로 남겨질 것이다.

대부분의 경우 법규는 명확한 세부사항을 포함하지는 않지만, 일반적인 원칙에 한정한다. 그 이유는 다음과 같다.

○ 원칙은 자주 변하지 않지만 시장의 관행은 자주 변함
○ 현명한 법률 입안자들은 법규가 지나치게 경직되어, 산업의 합리적인 발전이 저해되는 것을 원치 않음
○ 법규는 국회의 승인을 받아야만 하고 금융활동의 세부사항에 대해 전문가인 국회의원은 많지 않음
○ 일단 법률이 제정되고 나면 변경까지는 많은 시간이 소요됨

펀드에 대한 기본법에서 일반적으로 다루고 있는 항목들은 [표 Ⅰ-6]과 같다.

표 Ⅰ-6 펀드에 대한 법규의 요소

요 소	내 용
정 의	규제되는 펀드의 본질을 정의하고, 일부 펀드 유형은 제외
분 류	투자 펀드는 형태별로 분류되며, 가장 기본적인 분류는 개방형과 폐쇄형임. 몇 개의 상이한 법적 형태(회사형, 계약형, 신탁형)를 허용하는 국가에서는 법적 정의가 이루어짐.
운용 구조	운용자와 투자상담가, 그리고 보관자와 수탁자간의 관계가 정의
수수료의 부과	수수료 부과 방법이 정의되며 수수료의 상한선 규정
등록과 면허	펀드의 설립과 운용을 위한 자격을 취득하도록 요구사항과 절차 규정
증권규제자의 권한	증권 규제자의 권한이 규정
관 계 인	이해상충이 유발되는 지위나 거래를 수행하는 관계인에 관한 금지조항
투자와 차입	제한이 정해져 있음. 예를 들어 한 증권이나 동일 회사를 x% 이상 보유하는 것을 금지
자본 구조	상이한 종류의 주식을 보유하고 있다면 이들의 권리가 정의되어야 함
보 고	투자자들에게 보고해야 하는 내용과 빈도의 정의
기록, 회계, 감사	기록의 내용과 빈도, 그리고 감사의 절차 규정
보관/보관자/수탁자	보관자, 수탁자 등에 대한 의무사항 규정

펀드 보유자의 권리	펀드 보유자에 대한 권리 규정
이사나 수탁자의 의무와 법적책임	만약 펀드에 이사가 있다면, 비록 통상적으로 회사법의 적용을 받는다고 해도, 법적 의무사항은 일반 조항으로 규정
투자설명서, 홍보, 마케팅	펀드, 운용자, 그리고 상담가들은 왜곡되거나 부정확한 요구를 해서는 안됨
인수 · 합병	펀드의 인수 합병에 대한 특정한 규정 존재

펀드를 감독하는 법규와 감독이 필수적인 이유는 다음과 같다.

○ 법규에 기초하여 법원의 판사들이 판결을 내림. 투자자들과 펀드 운용자들이 자신의 권리를 보호하고자 할 때, 법원은 마지막으로 의지할 수 있는 기관이라고 할 수 있음

○ 펀드로 분류되는 것을 정의하고 있는 법규 —이것은 펀드와 유사한 활동을 하는 모든 기관들이 공식적으로 승인을 받고 규제를 받는 것이 가능하도록 해줌. 그리고 다른 목적으로 설립된 회사들을 제외시키고, 일종의 편익(예를 들어 세제상의 특권)을 얻기 위해 펀드를 악용하려는 회사를 제외시킴

2) 규제의 주체

법규는 통상적으로 특정한 활동에 대해 누가 규제할 것인가에 관한 내용을 포함하고 있다. 보다 구체적인 세부사항은 일반적으로 기본법에 의해 공식화된 증권규제당국의 규정에서 발견된다. 이러한 증권규제당국은 다음의 세 가지 개별적인 유형으로 나타난다.

○ 정부의 관련부처나 중앙은행

○ 기본법에 의해 이러한 목적을 위해 특별히 설립된 기관으로 일반적으로 증권관리위원회가 있음.

○ 정부기관이나 부처의 감독하에서 자발적인 규제를 실행하는 산업내의 실무자들로 구성된 자율규제기관(self-regulatory organization)

이전에는 여러 선진국들에서 증권규제당국이 일차적 규제의 주체였다. 그러나 금융서비스의 빠른 변화는 이러한 방법에 문제점이 있는 것을 발견하였다. 정부 담당자들이 한 부서에서 다른 부서로의 빈번한 개인적 이동은 운용에 있어 연속성의 결여를 초래하며, 담당 직원들이 시장으로부터 동떨어지게 되기 때문에 환경에 따라 적용되는 규칙의 변경이 지연되고, 산업의 실무자들과 담당자들 간의 의사소통 부족, 그리고 법규의 갱신에 있어서 우선순위 결여 등의 문제가 발생된다.

그림 I-7 규제체계의 예

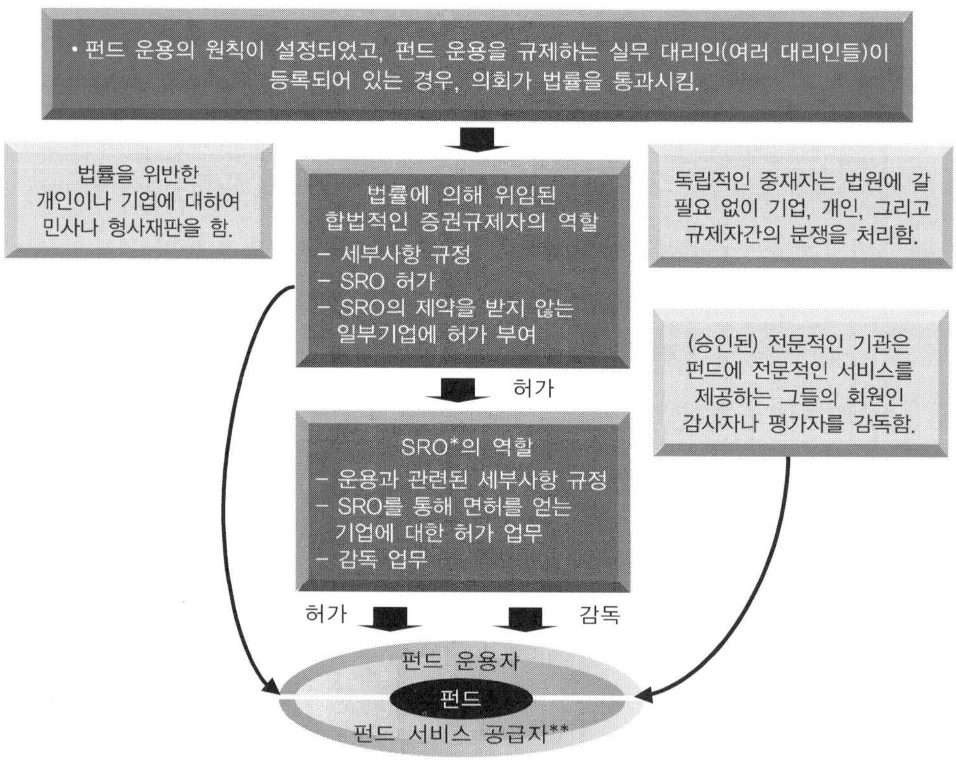

주: 1) SRO(Securities Regulatory Organization)는 운용에 대한 규제시스템의 특성에 따라 존재할 수도 있고, 그렇지 않을 수도 있음. 만약 존재하지 않는다면, 법적인 증권규제자가 허가와 감독 업무를 수행함.

2) 일부 유관기관만 증권규제자에 의해 면허를 발급받고 감독을 받도록 요구됨. 그들 중 일부는 규제를 받지 않으며, 그렇지 않은 경우에는 서로 상이한 증권규제자로부터 규제를 받음.

따라서 최근에는 대부분의 선진국에서 규제 업무를 담당하기 위한 정부 부처에 외부의 기관들을 이용하고 있다. 이러한 기관들은 보통 운용상의 규정을 제정하거나 실행하는 역할을 수행한다. 이들은 '감시하는(policing)' 역할을 담당하거나 감사되는 펀드나 운용회사들에 대한 위법사항을 증권규제당국에 보고하는 특정한 책임을 갖는다.

증권규제당국에 의해 부과되는 세부적인 규정이나 규제는 법규내에서만 변화될 수 있고, 법률의 기본 원칙을 변경시킬 수는 없다. 자율규제기관들의 규칙이나 규범도 상위의 규칙조항(즉 법적 규제)이나 법규를 준수해야만 한다.

규제체계(특정한 관할 법역과는 관련이 없는)의 예는 [그림 Ⅰ-7]에서 설명하고 있다.

3) 기능(function)과 기관(institution)에 의한 규제

기능에 의한 규제는 특정 유형의 펀드가 제공하는 모든 금융서비스에 해당되는 것으로, 예를 들어 소유권의 유형이나 펀드가 속해 있는 전체 그룹의 유형 등에 상관없이 단일 부서에 의해 규제되는 것이다.

기관에 의한 규제는 특정한 유형의 기관에 의해 공급되는 모든 금융서비스에 해당하는 것으로 단일 부서에 의해 규제된다. 은행이 가장 대표적인 예라고 할 수 있는데, 은행의 모든 활동을 규제하고자 하는 중앙은행의 일반적인 특징에 따라 궁극적인 규제상의 책임을 갖는다. 기능에 의한 그리고 기관에 의한 규제의 의미는 [표 Ⅰ-7]에서 설명되고 있다.

기능에 의한 규제와 기관에 의한 규제는 모두 각각 장단점이 있다. 일부 국가에서는 최근 들어 하나의 시스템이 통합 규제자(super-regulator)에게 감독을 받는 것으로 은행, 보험사, 연금, 자산운용 등에 적용되는 규제를 포함하여 모든 유형의 금융 관련 규제를 통합함으로써, 기관과 기능의 규제 문제를 해결하기 위한 시도를 하고 있다. 이는 기능적 또는 기관적인 규제로 시스템을 분리하는 것보다 더 효율적인지 비효율적인지를 판가름해 줄 것이다. 그러나 이를 판단하기에는 아직 시기상조이다.

어떤 유형의 규제가 더 나은가에 대해서는 명백하게 결론이 나지 않고 있다.

표 Ⅰ-7 기능에 의한 규제와 기관에 의한 규제

기능에 의한 규제	기관에 의한 규제
펀드, 펀드 운용자, 그리고 관련 기관의 유형에 관계없이 유일한 규제자(증권규제당국)에 의해 전적으로 규제를 받음	규제자는 펀드를 운용하는 기관의 유형에 의존하여 결정됨
다양한 활동을 하는 대규모 기업은 각각의 활동 유형(펀드 영업을 포함하여)에 대해 상이한 규제자들로부터 면허를 획득해야만 할 것이고, 상이한 방식으로 보고해야 할 것임	대규모 기관은 단일한 규제자에게 모든 운용과 관련하여 보고를 하고 면허를 취득해야만 할 것임. 비록 펀드 운용자들이 대규모 금융그룹의 일원이 될 수 있다고 해도 그들은 통상적으로 펀드 운용에 있어 회사와 독립되도록 요구되어짐. 따라서 펀드 운용자는 각각 분리된 면허를 획득해야만 함
동일한 규제기준이 펀드를 운용하는 모든 유형의 회사에 적용됨	상이한 규제상의 기준은 다양한 기관들과 펀드 운용에 적용될 것이며, 이는 이중기준과 규제상의 무위험 기회를 초래할 수 있음
많은 기능적 규제자들은 대기업에서 발생하는 체계적인 사기행위를 발견하기 쉽지 않음. 왜냐하면 개별적 규제자들은 몇 가지 유형의 활동에 대해서만 알고, 다른 활동에 대해서는 알지 못하기 때문임	단일한 기관의 규제자는 대규모 기업의 심각한 사기행각을 발견하기가 보다 쉬움. 왜냐하면 분리된 운용에 관한 것뿐만 아니라 전체적인 그림까지 알 수 있기 때문임

펀드의 특정한 측면에 대한 대부분의 세분화된 규제는 본 서의 다음 장에서 다루게 될 것이다. 본 장에서는 규제의 주요 원리와 규제체계의 필수적인 항목의 요약에 초점을 맞추고 있다.

(3) 규제 원리

대부분의 정부들은 펀드에 대한 투자가 건설적인 방법으로 개인 저축을 증가시킨다고 보고, 펀드의 발전을 지원한다. 또한 종종 펀드와 투자자들에게 세제혜택 등 몇 가지 유인책을 제공한다. 대신에 정부는 펀드가 기본적으로 설립된 목적만으로 이용되고, 투자자들이 사기적 행위를 당하지 않으며, 편익을 얻기 위해 펀드가 아닌 다른 구조가 특혜를 위해 펀드를 악용하지 않도록 요구한다.

이러한 모든 것들을 달성하기 위해 개별 국가들은 펀드를 감독하는 다양한 메커니즘을 이용하고 있다. 그러나 IOSCO의 노력 덕분에 펀드의 규정에 대해 일반적으로 동의하고 있는 주요 원칙이 설정되었다.

규제체계의 형태와 포함하고 있는 기관의 특성이 어떠하든지, 일반적인 원칙은 규칙과 절차의 근원이 된다.

가장 중요한 사항은 다음과 같다.

○ 자산의 보관자는 펀드의 경영과 분리되어야만 하며, 가능하면 관련성이 없는 기관에 의해 관리되어야만 함
○ 이해 상충의 문제는 운용자, 보관자, 투자상담가 그리고 그들과 제휴된 사람들간의 특정한 관계나 거래를 차단함으로써 가능한 한 제거되어야만 함
○ 가치평가와 감사 방법은 명백하게 규정되고, 지속적으로 적용되고 보편적으로 지켜야만 함
○ 증권규제당국은 개인, 운용회사, 투자상담가 그리고 보관자 또는 펀드가 규칙을 위반했을 경우 이를 적발하고 금지하며 자격을 박탈시킬 수 있는 권한을 가져야만 함
○ 현재 또는 잠재적 투자자에게 부정확하거나 잘못된 정보를 공개하거나 광고하는 것은 법적으로 명확히 금지해야만 함
○ 기능(투자 자문과 관리와 같은 것)과 관련하여 책임을 위임받은 펀드 운용자들은 투자자들에 대한 책임을 회피할 수 없음
○ 투자자들의 권리는 명확히 정의되어야만 하고, 투자자들은 규제당국에 불만사항을 제기할 수 있는 수단을 가지고 있어야 함
○ 투자설명서와 기타 다른 마케팅 문서에는 투자자들이 의사결정을 합리적으로 하는데 필요한 모든 정보가 포함되어야 함

1) 규제의 원칙들이 갖는 주요 의미

앞서 기술한 일반적인 원칙들을 법률 입안자와 규제자들이 적정하게 적용할 수 있는 유용한 체계의 설정을 위해 IOSCO에서는 다음과 같은 10개의 주요 원칙들을 제시하고 있다.

가) 펀드 구조

펀드는 특정하게 정의된 법적 형식과 구조를 따라야만 한다. 이를 따르지 않는 펀드가 설정되거나 판매되서는 안된다. 투자자들은 자신의 권리를 확실히 해야만 한다. 펀드는 명백하게 분리되어야 하고 독립적이이어야 하며, 그렇지 않은 경우는 —예를 들어 엄브렐라 펀드(umbrella fund)와 같은 특정한 형태의 펀드는 부채의 일부를 나눌 수 있다— 투자자들에게 명백하게 알려져야만 한다.

나) 보관자와 수탁자

펀드의 자산은 운용회사의 자산이나 다른 조직의 자산과 분리되어야 하고, 개별 펀드의 자산은 다른 모든 펀드와 분리되어야 한다. 보관자나 수탁자는 자산 보관의 책임을 가지며, 이들은 최소한 운용상에 있어서 펀드 운용회사와 독립적이어야 하며, 그들의 의무 수행 실패로 인한 손실에 대해 투자자들에게 무제한의 책임을 져야 한다. 보관자나 수탁자는 의무적으로 자신의 역할에 따른 관련 금융자산과 운용자산을 가지고 있어야 한다.

다) 운용자의 적정성

펀드 운용자와 보관자, 그리고 수탁자에 대해서는 행동강령과 최소한의 자격을 부과하고 있다. 이때, 자본 적정성, 이사의 자격(최소한 유죄판결의 형량을 받은 적이 없음을 증명할 수 있어야 함) 그리고 전문성과 행정상의 최소한의 요건을 충족시킬 수 있는 능력 등이 포함되어야 한다.

일부 국가에서는 펀드의 운용회사와 펀드 자체가 모두 허가를 받도록 요구하고 있고, 펀드만이 허가를 받도록 하는 경우도 있다.

라) 위　　임

펀드의 모든 투자자들에 대한 보호에 있어 형평성을 유지하기 위해서는 펀드 운용자에 대해 의무조항을 확실히 부과해야 하고, 이를 펀드 운용과 관련하여 위탁계약을 맺은 하위 운용자들에게도 의무조항으로 부과해야 한다. 마찬가지로 펀드 운용자들은 투자자들에 대한 주요 책임을 타인에게 전가해서는 안된다.

마) 감　독

단일한 규제당국은 그 법적 권한내에서 펀드에 대해 책임을 져야만 한다. 펀드는 운용자들이 판매활동을 시작하기 전에 증권규제당국에 등록을 하거나 승인을 받아야만 한다. 증권규제당국은 펀드 운용자들을 조사할 수 있는 권한을 가져야 하고, 운용자의 면허 취소, 매매 정지, 과태료 징수, 펀드 면허의 철회, 펀드 또는 운용자의 자산의 동결, 민사소송 제기, 형사 소추 등을 포함하여 투자자들의 이익을 보호할 수 있는 적절한 권한도 가져야 한다.

바) 이해상충

펀드 운용자와 이와 관련된 사람들, 그리고 투자자들간에는 잠재적인 이해상충이 존재하는 것을 인정해야만 한다. 이는 특정한 규정의 채택이나 투자자들에 대한 운용자의 일반적인 '선의의 의무조항'의 정의에 의해 처리될 수 있다.

사) 자산의 가치평가 및 가격산정

주요 필수사항은 가치평가와 가격산정 제도가 기존의 투자자, 신규 투자자 그리고 투자를 중지한 투자자들 모두에게 공정해야만 한다는 것이다. 개방형 또는 인터벌형 펀드의 가격은 특정한 규칙이나 채택된 회계 기준에 기초하여 산출된 펀드의 순자산가치와 연관되어야만 한다.

아) 투자와 차입에 대한 제한

펀드의 투자와 차입 능력에 대한 제한을 두어야만 한다. 즉, 포트폴리오 분산의 목적, 환매를 위한 유동성 조항 그리고 정의된 범위내의 위험의 제한 등의 내용을 다루어야 한다.

자) 투자자의 권리

합리적인 기간 이내에 펀드로부터 투자자의 자금을 회수하거나 유통시장에 그들의 지분을 매도할 수 있는 권리 등을 포함하여 투자자에게 구체적인 권리를 부여해야만 한다. 투자자들은 펀드에 영향을 미칠 수 있는 중대한 결정에 참여하거나 증권규제당국이나 다른 제3자에 의해 자신의 이익을 보호받을 수 있는 권리를 가져야만 한다. 또한 투자자들은 증권규제당국이나 독립적인 중재기관에 불평을 제기할 수 있어야 한다.

차) 마케팅과 공시

주요 요구사항은 운용자들이 기존의 투자자들과 미래의 투자자들에게 의사결정을 위해 그들이 필요로 하는 모든 정보를 제공해야 하며, 이때의 정보는 잘못 알려지거나 부정확해서는 안된다. 세부적인 필요사항으로, 펀드의 경영과 운용에 대해 투자자들에게 보고(금융 자료를 포함함)하도록 하는 일반 조항을 두도록 요구하고 있다. 투자설명서는 요구되어지는 규범을 따라야만 한다. 광고는 투자설명서와 일치되어야만 한다. 또한 어떤 수수료 부과와 수익과 같은 특정사안에 대한 정보는 투자자들이 신속하게 이해할 수 있고 쉽게 비교할 수 있는 방식으로 제공되어야만 한다.

(4) 규제 행위

1) 증권규제당국의 활동

앞서 설명한 바와 같이 증권규제당국은 펀드와 그들의 서비스 공급자들의 활동을 감독하는 세부 규칙과 규정을 정한다. 이와 별도로 펀드의 활동과 펀드운용자나 보관자 등과 같이 펀드와 관련된 실체에 대한 허가와 감독업무도 한다. 증권규제당국의 또 다른 기능은 법률의 집행이다 —이러한 실행 체계는 규정을 확실히 준수하도록 하기 위해서이다.

가) 세부 규칙과 규정의 제정

증권규제당국은 규제체계에 따라 법률을 어떻게 적용할 것인가에 대한 다소 세세한 지침을 규정의 형태로 정한다. 일단 규정이 정해지고 공표되고 나면 모든 관련 당사자들은 이를 따라야만 한다. 때때로 불필요하게 길고 세분화된 규정을 피하기 위해 규제당국은 이를 간략하게 하는 경우도 있지만, 모호하게 해석될 수 있는 규정에 대해서는 주석이나 법률적 견해를 첨가한다. 규정의 초안을 만드는 동안, 일부 증권규제당국은 실무자들이나 그들의 거래 협회로부터 자문을 받기도 한다.

때때로 증권규제당국은 규정을 부분적으로 또는 전체적으로 변경한다. 펀드 운용자들은 모든 변화를 인지하고 그들의 체계와 절차를 적절히 조정해야 한다.

나) 허가와 인가

대부분의 국가에서 펀드의 운용자(운용자 또는 운용회사)는 펀드 자체와는 별도로 허가(또는 인가)를 받아야만 한다. CDTs(Custodian, Depositary, Trustee)는 통상적으로 투자자 보호를 위한 주된 역할을 수행하기 때문에 허가를 받도록 요구되고 있다. 그러나 일부 국가에서는 이들이 특정한 허가를 받아야만 하도록 규정하지 않는 경우도 있다. 새로운 펀드 운용자에 대한 허가와 펀드에 대한 인가의 주요 책임은 증권규제당국이 갖는다. 일부 국가에서는 SRO 회원자격 취득이 면허 취득과 동등한 경우도 있다.

기업의 면허는 제안된 사업을 수행하는 기업에 대해 발행되는 규제상의 허용이라고 할 수 있다. 인가의 목적은 인가를 취득한 사람들이 정직하고 정당하며 능력이 있다는 것을 확인하는 것이라 정의 내릴 수 있다.

인가를 취득하기 위해 신청자는 모든 인가 조건들을 충족시키고 명목적이나 실질적인 인가 수수료를 지불해야 한다.

펀드의 인가는 공중에게 제공되어지는 펀드에 대한 규제상의 승인을 의미한다.

① 인가 요건의 설정

규제체계에는 항상 펀드 운용자의 자본과 관련된 규정이 포함되며 이러한 규정은 때때로 보관자나 수탁자에게도 해당될 것이다(만약 수탁자가 은행이라면 은행에 대한 자본요구조건을 대신 적용할 수도 있을 것임). 또한 임원과 운용자의 선임에도 자격요건이 설정될 것이다. 그리고 펀드 운용은 다른 금융기관의 한 부분으로서가 아닌 분리된 하나의 회사로서 수행될 것을 요구할 것이다. 결국 펀드의 운영은 이와 같이 하나의 독립된 회사의 독자적이고 배타적인 활동이라고 할 수 있다. 일부 국가에서는 펀드 운영자에 대한 허가는 연금펀드의 운용과 생명보험 및 손해보험 등에 관한 투자운용, 사적인 포트폴리오 운용까지 포함하기도 한다. 환언하면 모든 자산운용과 관련된 허가라는 것이다. 다른 일부 국가에서는 다른 자산운용 활동과는 별도로 펀드의 운용 및 운영과 관련된 허가를 요구하기도 한다.

일부에서는 모든 자산운용과 투자자문 기능을 포함하는 인가를 허용하는 것의 편익에 대한 논란이 있다. 통상적으로 펀드의 운영을 위한 특정한 허가를 필요로 하는 펀드 운용자들에게 영향을 미치는 것은 능력보다는 자본과 다른 건전성 및 규제상의 필요 사항과 관련된 것이라고 할 수 있다.

임원과 직원에 대한 필요사항으로서 일반적으로 중점을 두는 부문은 다음과 같다.

- ○ 정직성(honesty): 운용을 하고자 하는 개인은 사기나 금융범죄로 인한 이전의 유죄판결, 또는 증권 관련 규정이나 다른 규정을 이전에 지키지 못한 것 등의 이유로 자격을 박탈당한 사람이어서는 안됨. 일부 국가에서 증권규제당국은 개인이 아무런 형사상의 유죄 판결을 받은 적이 없다는 선언에 의존하며, 허위 진술이 발견될 경우 즉각적인 자격정지나 기타 다른 벌칙을 부과함. 증권규제당국이 법원이나 경찰의 기록을 통해 자체조사를 수행하는 경우도 있음
- ○ 능력(competence): 이사는 어느 정도의 경험을 가지고 있어야만 함. 펀드의 운영에 관한 것이 아니라면 증권시장, 은행업, 상법 등과 같은 관련 분야여야 함. 제시된 역할을 수행하기에 적정하다는 것을 명확히 하기 위해 일부 국가에서는 이러한 능력과 관련된 시험을 요구하기도 함. 기타 일부 국가에서는 펀드 운용자와 보관자의 직원들이 개별적인 자격을 갖추지 못하고 있다면 허가를 내주지 않고 있음

개인의 특성과 자격이 인가를 허용해주는 한 요인으로 작용할 경우, 증권규제당국은 규정 위반을 포함한 모든 개인들의 관련 자료를 보유하고자 할 것이다.

사기 행위는 대부분 예외 없이 개인적인 문제이며, 대부분의 경우 증권규제당국은 운용회사의 허가를 취소하는 것보다는 사기행위를 한 개인을 제외시킴으로써 —가능한 한 일생동안 펀드와 관련된 활동을 금지함— 문제를 처리하는 것을 선호한다.

회사에 대한 필요사항으로서 일반적으로 중점을 두는 부분은 다음과 같다.

○ 능력(competence): 개인의 경우와 마찬가지로 회사도 그 사업을 수행하는 데 적정한 능력을 갖추고 있는가를 증명하기 위해 조직구조와 사업계획안을 제출하여 검사를 받도록 함. 이는 단순히 그 회사가 사업계획을 수행하기 위해 적정한 자본을 보유하고 있는가를 보여주는 것뿐만 아니라 사업을 시작했을 경우 비용을 현실적으로 파악하고 있는가와 타당한 경영 구조를 가지고 있는가도 포함됨. 증권규제당국은 특히 경영 구조상에 운영자들의 명확한 책임이 포함되어 있는가를 살펴볼 것임
○ 자본의 적정성(capital adequacy): 조직은 목적한 사업을 수행하기 위해, 그리고 위험을 수용하기 위해 충분한 자본을 소유하고 있어야만 하며, 고객이 요구할 경우 어느 정도의 보상을 해줄 수 있는 능력을 갖추고 있어야 함

펀드 운용자나 보관자 또는 수탁자에 의해 요구되는 자본의 크기는 규제자들 사이에서 활발히 논의되고 있는 사안인데, 다음의 세 가지 각기 다른 접근방법이 있다.

○ 운용되는 펀드의 크기 또는 운용비용과 관련이 없는 고정된 자본규모
○ 운용되거나(펀드 운용자의 경우) 관리되고(보관자/수탁자) 있는 펀드의 시장가치의 비율로 표시되는 자본규모
○ 운용비용의 분수(fraction)/배수(multiple)로서 표시되는 자본규모

어떤 접근방법을 선호하는가는 법률적·규제적 환경과 경영 환경에 달려 있다. 선호에 영향을 미치는 가장 중요한 관련 요소는 다음과 같다.

○ 펀드 운용자와 독립적이며 스스로 충분한 자본이 있는 보관자나 수탁자의 존재
○ 전문적인 배상, 업무상의 실수나 누락, 종업원의 신용보증 등에 대한 보험의 이용가능성
○ 보상체계에 의한 산업의 존재

만약 이 세 가지 특징 중 어느 것도 포함되어 있지 않다면, 펀드 운용자에게 직무태만, 실책, 기타 등에 의해 야기될 수 있는 잠재적인 투자자들의 손실을 보상할 충분한 자본을 요구하게 된다. 이때 자본 요구조건에 대해서는 두 번째 접근이 가장 적정하다고 볼 수 있다.

투자자들에게 보상할 수 있는 선택적인 수단을 대치할 수 있는 능력이 있다는 신뢰도가 커질수록 펀드 운용자에게 요구되는 필요 자본규모는 줄어들 것이다. 규제자들이 필요 자본의 규모를 높게 설정하는 경향이 있다고는 해도, 이러한 요구는 오히려 손실을 입히는 효과를 가져올 수도 있다. 즉, 신규 시장 진입자에 대한 진입장벽으로서 작용할 경우 경쟁을 제한하고 가격담합을 초래하여 투자자에게 불필요하게 높은 비용을 지불하도록 만드는 결과를 초래하는 것이다.

일단 허가를 받고 나면 펀드 운용자는 매번 일정한 기간에 자신들의 계정을 공개하도록 요구받을 것이다. 증권규제당국은 자본이 감소하는 경향이 나타날 경우 이를 쉽게 찾아낼 수 있고 이에 대해 필요한 대응책도 마련할 수 있다.

보관자나 수탁자의 자격요건으로, 일정 수준 이상의 자본을 규정하거나 은행과 같은 특정한 회사형태를 요구하기도 한다. 은행은 은행업 허가를 얻기 위해 요구되는 인가 절차를 통해 더 많은 보호장치를 제공하고 있다. 일부 국가에서는 보관자나 수탁자가 모기업에서 분리되어 법인화되고 자회사가 규제당국의 요구에 따라 자본을 갖추도록 요구하고 있지만, 은행에 요구된 충분한 자본에 의존할 수도 있다.

규제체계는 보관인에 의해 보유되고 있는 펀드 자산의 지급불능 사태를 대비하여, 보관인이나 수탁자의 내부적인 자산과 펀드의 자산이 구별되도록 하는 방법을 마련해야 한다. 그러나 대부분의 경우 그러한 위험을 최소화하기 위해 신뢰도가 높은 기관을 보관자나 수탁자로 제한하고 있다. 그들은 보관기능을 보

관업무만을 수행하는 회사에 일임하도록 요구함으로써 자산을 엄격히 분리하고 위험과 격리시키고자 한다.

② 허가와 인가의 과정

허가의 과정은 규제자가 알고자 하는 신청자의 정직성, 적정성, 독립성에 대해 진술하도록 고안된 표준적인 신청 양식을 신청자가 완전히 구비하도록 하는 방법에 의해 이루어진다. 신청 양식은 통상적으로 다음의 사항을 포함한다.

○ 기업의 설립과 관련된 문서 —주식회사인 경우에는 그 임원과 소유자, 설립자
○ 허가받은 기업의 생산물과 관련된 특정한 정보 —투자 펀드일 경우, 관련 규정과 투자설명서
○ 요구된 자본이 납입되었다는 증거
○ 전문적인 자격요건을 통과했다는 인증서를 포함한 개인과 관련된 문서
○ 허가 수수료가 지급되었다는 증거

증권규제당국은 필요시 통상적으로 회사나 개인에게 추가적인 정보를 요구할 수 있도록 자격이 부여된다.

허가 신청시기는 일반적으로 법률과 규정의 조항에 의해 제한된다. 만약 증권규제당국이 허가를 내주지 않기로 결정했다면, 거부의 이유와 함께 이를 신청자에게 알려야만 한다.

펀드 운용자와 보관자 또는 수탁자 모두에 대해 허가는 특정한 기간까지 허용되는데, 취소될 때까지 지속적으로 허용되는 경우도 있다. 어떤 경우든, 규제자는 운용자의 적합성에 대해 정기적으로 공식적인 조사를 수행하며, 이러한 조사는 운용자의 공식 보고서와 회계 자료 이상으로 확대된다. 만약 허가가 일정한 시기에만 허용된다면 명시된 시기가 경과한 이후에는 다시 갱신해야만 한다. 갱신의 신청시 규제자가 신청자를 심사할 수 있는 얼마간의 시간이 고려되어야 한다.

계약형 펀드나 신탁형 펀드를 등록하기 위해 일반적으로 펀드 운용자는 특

정한 계획안(펀드 규정으로 알려져 있음)이나 투자설명서, 펀드에 서비스를 공급하기 위한 목적으로 설립된 회사와 관련된 서류, 관련 회사와 펀드간의 계약서(펀드가 회사형 펀드일 경우), 그리고 펀드 운용자와 관련 회사간의 계약(펀드가 계약형이나 신탁형인 경우) 등을 제출해야 한다.

③ 허가신청을 심사하는 자

통상적으로 허가신청의 심사는 증권규제당국의 관련 부서에 의해 이루어지는데, 이들이 시장의 모든 참가자들이나 또는 오직 펀드와 관련된 자의 면허에 대한 책임을 진다. 신청자에 대한 심사가 끝나고 나면 담당 부서에서 신청자의 적합성에 대한 견해를 심사위원회에 제출한다.

④ 탄원 절차의 필요

규제체계는 탄원 절차를 두고, 이를 통해 신청자가 증권규제당국의 허가 승인의 거부나 허가의 취소 또는 막중한 처벌의 부과에 대해 탄원할 수 있도록 하고 있다. 이러한 절차가 보다 투명할수록 증권규제당국이 다른 신청자에게 보다 쉽게 의사를 전달할 수 있다. 이와 같이 개방된 절차는 규제체계에 대한 대중의 신뢰도를 확립하는 데 중요한 역할을 담당할 수 있다.

다) 감 독

① 감시(monitoring)

필요한 모든 인가와 허가의 과정이 끝나고 나면 사업을 수행할 수 있는 권리가 생기고, 증권규제당국은 허가된 사업체가 지속적으로 법규와 규정을 지키도록 하기 위해 이들에 대한 감독업무를 지속하게 될 것이다. 이러한 감독기능을 수행할 때, 증권규제자는 펀드 운용자에게 다음의 사항을 요구하게 될 것이다.

- ○ 정기적인 보고서의 제출 —월별이나 분기별로 증권규제자에게 제출되어야만 하며, 규제자는 법적으로 제출되도록 요구되고 있는 이 보고서가 적기에 전달되었는가와 완전하고 정확한가를 조사할 것임. 또한 보고서의 내용을 통해 법규를 따르고 있는가를 조사할 것임
- ○ 업무활동에 대해 기재된 세부사항의 변경을 위해서는 증권규제당국의

허가를 얻어야 함. 매우 중요한 변경은 발생 전에 규제자로부터 승인을 받아야만 함 —이는 'clearance events'로 불리기도 함

- ○ 변경 사항이 이미 발생했다면, 이에 대해 증권규제당국에 알려야 함. 이러한 경우는 사전승인을 요구하지 않는 덜 중요한 변경에 해당하지만, 규제자는 이러한 상황이 발생했다는 것을 알고 있어야만 함 —이는 'notifiable events'로 불리기도 함
- ○ 요청이 있을 경우 추가적인 정보를 제공해야만 함. 증권규제당국은 언제든지 추가적인 정보나 설명을 요구할 수 있는 권한을 가지고 있음

증권규제당국은 펀드에 서비스를 제공하는 모든 관련자에 대해 정보를 요구할 수 있으며, 이때 다음의 내용을 포함할 수 있다.

- ○ 보관자나 수탁자에 대한 추가적인 보고서뿐만 아니라 이들의 위반이 발생한 특정한 경우에 대한 통보
- ○ 감사 보고서 —법정 감사인은 연간 감사가 끝난 후나 어떤 다른 시기에 규제자에게 보고서를 제출하도록 요구할 수 있음. 그리고 때때로 조사를 받는 기간 동안 일정한 규제상의 절차를 따르고 있다는 것을 확인하도록 요구함
- ○ 일반 대중으로부터의 불평 —규제자는 허가된 업체에 대한 공중의 불만사항을 파악하도록 규정하고 있으며, 어떤 경우에는 일반인이 규제자에게 직접 불편사항을 호소하기도 함

증권규제당국이 일상적인 감시를 통해 미비한 사항이나 기술적인 위법사실을 알아낸 경우, 이에 대한 교정을 요구한다. 보통 규제자는 위법 사실이 고쳐지도록 최종 시한을 마련해 둔다.

만약 위반이 일종의 손실을 초래할 수 있다고 판단된다면 규제자는 추가적인 조치 —문제의 범위를 결정하기 위한 현장조사나 특별조사— 를 요구할 것이다.

② 방문검사

일상적인 검사(routine inspection)는 보통 정기적 주기에 따라 실행되는데, 각각의 펀드 운용자는 매년 또는 보다 장기간의 간격으로 검사를 시행한다. 방문검사의 빈도는 회사의 위험 상태와 회사의 실적 등에 달려 있다. 통상적으로 방문검사는 팀을 구성하여 규제되는 사업체의 사무실을 방문조사하는 것, 또는 장부와 기록에 대한 세부적인 조사 등을 포함한다. 그러나 검사의 주기는 일반적으로 규칙적이지 않기 때문에, 규제 대상 기업은 특정한 조사에 대비하여 그들의 업무를 조정하는 것을 기대할 수는 없다.

정기적인 검사와 별도로, 증권규제당국이 규정을 위반하고 있다는 혐의를 두거나 특정한 항의 또는 다른 규제자에 의한 회부 등이 있을 경우, 기업의 보고서에 대한 의심스러운 증거에 의해 방문검사를 할 수 있다. 방문검사팀은 이러한 부분에 대하여 보다 자세하게 조사할 것이고 만약 잘못된 부분이 있다면 이를 통해 지적될 것이다.

③ 의사소통의 제고

증권규제당국의 정기적인 감시와 검사는 규제 대상자와의 의사소통을 가능케 하고, 오류에 대한 지적과 수정의 요구도 할 수 있게 된다. 이에 대한 확인은 방문검사시 이루어진다. 규제자는 보다 일반화된 'management letter'를 작성하여, 보고서의 오류나 결점을 구체적으로 지적하면서 오류를 시정하도록 요구한다.

④ 감시와 조사의 주체

감시나 조사의 주체는 증권규제당국의 구조에 따라 달라지는데, 면허를 신청한 기업의 심사 담당 부서나 감독과 조사만을 담당하는 특정 부처 등이 주체가 될 수 있다.

라) 통제(control)와 집행(enforcement)

① 조사(investigations)

규제는 적정하게 강제되었을 경우에만 효과를 갖는다. 법규와 규정을 준수하도록 하기 위해 증권규제당국은 정밀 검사와 규정을 위반하는 자에 대한 벌칙 부과의 권한을 갖는다.

감시와 방문검사의 결과로, 감시를 담당하는 부처가 어떤 결정적인 조치 없이 문제를 해결하기 어렵다고 믿는 경우, 증권규제당국의 실무 담당 부서에 이 사안을 송부한다. 실무 담당 부서는 보통 모든 시장 참여자들과 관련된 문제를 다루며, 시장 운영의 다양한 분야에 있어 특화된 인력을 보유하고 있다.

실무 담당 부서는 자체적인 인원을 이용하여 조사하거나 특별히 구성된 조사팀 —종종 외부의 전문가, 감사인 또는 법률 사무소 등— 에 의해 수행되는 대규모 조사를 시행할 것을 상급기관에 건의할 수 있다.

조사는 다음의 몇 가지 형태로 이루어진다.

○ 보다 자세한 정보를 요구하며 보다 장기간으로 철저한 방문검사를 시행
○ 모든 활동에 대한 금지를 수반한 조사
○ 문제가 확인되고 해결책이 모색될 때까지 실질적인 통제

어떤 경우든 통상적으로 조사되는 기업이 조사비용을 부담하며, 조사결과는 공개된다. 조사를 받게 되는 기업은 조사팀에 의해 요구되는 모든 정보를 제공해야만 한다.

그들의 자체적인 정보나 전문가로 구성된 조사팀의 보고서에 기초하여 실무 담당 부서는 증권 규제의 최고감독위원회에 상황에 대한 견해를 보고할 것이고, 적절한 대응 방안에 대하여 권고안을 제시할 것이다. 처리 원칙과 상황을 규제하는 방법 등에 관한 결정은 최고감독위원회에서 내려진다.

조사 대상 기업이 조사비용을 부담하고 조사에 따라 해당 기업에는 피할 수 없는 명예의 실추가 발생하므로, 이러한 조사는 증권규제당국이 이용하는 광범위한 실질적인 처벌 중의 하나로서 중요하다.

② 오류(errors)의 처리

펀드 운용자에 의한 거래규모를 고려할 때, 규제체계가 적발하고, 시정을 요구해야 하는 많은 관리상의 오류가 잠재되어 있다. 오류의 정도는 투자자들 —펀드의 고객— 에 대한 손실의 정도에 의해 측정된다. 가장 중대한 오류는 고객에게 금전상의 실질적인 손실이나 기회의 손실을 유발시킨 것으로 미래 이익

이나 가치의 증가분을 누락시킨 경우이다. 오류의 실질적인 원인은 다양하지만 일반적으로 다음과 같이 구분될 수 있다.

○ 무능력(incompetence) —잘못되고 혼란스러운 경영이나 관리
○ 오만함(arrogance) —규제가 불필요한 부과라는 믿음
○ 의도적인 사기(deliberate fraud) —다양한 방법으로 고객의 자금을 훔치려는 체계적인 시도

③ 처 벌

증권규제당국에 의한 처벌은 다음의 몇 가지 목적을 가지고 있다.

○ 죄가 있는 자로 하여금 투자자들의 손실(만약 발생한다면)을 책임지도록 함
○ 규정을 위반한 기업을 시장으로부터 제외시키거나 활동을 제한함
○ 특정한 기업이 행한 위법행위를 일반인들에게 확실히 알림

위법행위의 심각성에 대한 판단에 기초하여 규제자는 처벌의 정도에 따라 다음의 사항을 실행할 수 있다.

○ 개인적인 경고 —잠재적으로 가까운 장래에 보다 더 정밀한 감사를 시행함
○ 공개적인 경고 —널리 알려진 기업의 명성에 대한 경고
○ 개별적인 피고용자를 일시 정직시키거나 해고시키도록 요구함. 많은 국가에서 해고된 피고용자들은 시장 내의 다른 일자리를 얻지 못하도록 하고 있으며 이는 그들의 생계수단을 잃게 하는 것을 의미함
○ 벌금을 부과하거나 위법자에게 투자자들의 손실을 지급하도록 함
○ 면허의 취소 —운용자를 실제적으로 사업에서 물러나도록 함
○ 국가의 감찰기관에 알림 —규제자는 위법행위를 한 대상에 대해 법률적 절차를 제기할 수 있고, 그 결과 책임자에 대한 형사 소송을 제기할 수 있으며 만일 유죄 판결을 받게 된다면 투옥시킬 수도 있음

④ 규칙의 준수

규제되는 모든 사업체와 이 중의 하나인 펀드 운영자는 규제를 준수하는 내부적 시스템뿐만 아니라 규정에 의해 요구되는 모든 시스템이 적절히 배치되어 있고 효율적으로 운영되고 있음을 보증해야만 한다. '시스템'이란 단어는 모든 설비와 하드웨어, 소프트웨어, 숙련된 기술진 그리고 명백하게 정의된 운영절차 등의 포괄적인 의미로 사용되고 있다.

내부적으로 규정을 준수하기 위한 방법을 제공하기 위해 펀드 운영자는 수석 준법감시인(Chief Compliance Officer)이 이끄는 규정 준수를 위한 부서를 마련할 것이다. 준법감시인은 통상적으로 법률적 경험과 풍부한 실무 경험을 바탕으로 하고 있으며 증권규제자와 기업의 경영진과 함께 일한다. 준법감시인의 주요 업무는 내부 절차가 규정을 철저히 준수하기 쉽도록 인도하는 것이다. 또한 이들은 부주의하거나 경솔해서 또는 고의로 내부 절차를 따르지 않는 개인들을 징계하도록 빠르고 단호한 조치를 취할 것을 최고경영진에 건의해야 하는 책임을 갖는다.

2) 보관인의 규제 역할

앞서 말한바와 같이 펀드 경영으로부터 보관(custodianship)을 분리하는 것은 주요 규제 사항 중의 하나인데, 그 이유는 펀드운용자가 투자자들의 돈을 도용하는 기회가 줄어드는 것을 의미하기 때문이다. 일부 국가에서는 보관자의 역할이 자산의 보관, 거래의 완결, 일련의 상업적 서비스에 한정되지 않는다. 이 경우, 보다 광범위한 기능을 가지는데, 그 중 하나가 펀드의 운용에 있어 규제상의 요구사항을 철저히 지키도록 하는 것과 증권규제당국에게 펀드와 관련된 펀드 운영자의 위법 여부를 알리는 것이다.

3) 감사인의 규제 역할

감사인은 펀드와 펀드 운영자의 재무 관련 보고서를 점검할 뿐만 아니라 그들의 재정 상태에 대한 공정한 견해를 표명하기도 한다. 또한 많은 국가들이 감사인에게 어떠한 규제에 대한 위법행위의 발생 여부를 확인하도록 의무를 부과하고 있다. 대부분의 국가에서 위법행위는 펀드 운영의 주요 경영층뿐만 아니라 규제자에게도 보고되어야만 하는 사항이다.

(5) 투자자에 대한 보상(Compensation)

보상의 주요 사안은 운영자나 보관자의 업무불이행, 사기, 잘못된 경영 등의 결과로 투자자들이 손실을 입게 되었을 때 이들에게 어떻게 보상하는가이다. 증권규제당국은 이를 규제 구조의 최상층에 위치시키고 있는데, 규제체계를 구성할 때 이러한 보상이 발생하는 것을 피하는 데 총력을 기울이기 때문이며, 이는 결국 규제당국이 일반인들에게 필요한 규제체계의 가장 중요한 특성을 적절히 파악하지 못하는 결과를 초래할 수도 있다. 개인에 대한 빠르고 효과적인 보상은 규제체계에 대한 대중의 신뢰를 구축하는 데 있어 절대적으로 중요하다.

1) 보험의 이용

선진국에서는 펀드 운용자와 보관자, 그리고 기타 금융서비스 공급자들이 '전문적인 배상(professional indemnity)'이나 때에 따라서 '오류나 고의적 누락(errors or omissions)'에 대한 보험으로 불리는 특정한 보험에 가입하는 것이 가능하다. 피보험자가 그들 자신의 태만이나 업무 불이행, 또는 업무 누락 등의 결과로 투자자들에게 보상해야 하는 의무가 발생했을 때 보험업자를 상대로 보험금을 요구할 수 있게 된다. 보험업자는 만약 그들이 규정의 효력, 펀드 운용자의 자질 그리고 법적 시스템이나 독립적이고 공정한 판단을 전달할 수 있는 기타 다른 조정 절차에 대해 신뢰를 적정하게 구축할 수 있다면 보험을 인수하고자 할 것이다.

2) 보상체계의 자금 투입

많은 규제체계는 궁극적인 안전망으로 고안된 보상체계에 기초하고 있다. 보상체계에 자금을 공급하는 원천은 납세자들의 세금, 정상적인 출자 등에 의한 과세, 펀드의 설정에 의한 자금 공급 등이다. 정부가 지지하는 보상체계는 제한적이어서 종종 최대한으로 가능한 보상의 수준이 상당히 낮게 제한되어 있다. 납세자가 자금을 출자한 보상체계의 위험은 1990년대 초반 많은 미국의 저축 및 대출 기관(US Savings & Loan Institutions)의 구제조치의 막대한 비용이 잘 설명해 주고 있다. 이러한 무제한적인 구제체계에서는 운용자와 개인투자자가 그들의 잘못에 대한 비용을 지불할 필요가 없다는 사실을 알게 된 경우, '도덕적 해이'가 유발될 수 있다.

3) 옴부즈맨(ombudsmen)의 이용

일부 시스템에서는 독립적인 불만사항의 처리자 또는 옴부즈맨을 두어, 개별적인 투자자들의 불만을 처리하고 그들과 펀드 운용자나 보관자 사이를 중재하도록 하고 있다. 개별 투자자들의 불만은 종종 잘못된 관리와 관련이 있다. 옴부즈맨 제도 등을 이용하는 경우, 법적 소송을 통하는 경우보다 비용이 훨씬 덜 소요되기 때문에 펀드 운용자들뿐만 아니라 개인투자자들에게도 이익이 된다. 이러한 전문가 집단의 중재 결정은 운용자들에게 보다 명확하고 일관성 있는 지침을 제공해 준다. 이와 같이 불만 처리 절차를 거친 이후에도 개인들이 민사재판 등을 통해 문제를 처리할 수 있는 권리를 지속적으로 유지할 수 있도록 하는 것이 바람직하다.

4) 즉각적이고 신속하고 효율적인 대응의 필요

개별적인 불만사항이 어떤 방식으로 처리되든, 사기적 행위나 잘못된 운용에 대해서는 증권규제당국이 처리를 해야만 한다. 일반인들과 관련되어 있는 한, 정보의 전달 속도나 손해 보상 등은 중요한 문제라고 할 수 있다. 증권규제당국은 펀드 운용자들에 대한 소송을 제기하여 그 결과로 그들을 제한하거나 자격을 박탈할 수 있지만, 일반인들로서는 손해본 돈을 돌려받지 못한다면 그들에게는 별다른 의미를 갖지 못하게 될 것이다. 마찬가지로, 규제체계가 개인들에게 보상을 받을 수 있도록 해준다고 해도 보상을 받기 위해 몇 년간을 기다려야만 한다면 만족할 수 없을 것이다.

결국 대중적인 신뢰의 관점에서 규제체계는 반드시 증권규제당국에게 신속한 대응을 하도록 해야 하고, 펀드 운용자와 보관자가 장시간 지연되지 않고 배상할 수 있도록 강제하는 메커니즘을 고안해야만 할 것이다. 이러한 메커니즘이 존재한다면, 중대한 문제가 발생한다고 해도 금융산업 전반에 걸친 일반 대중의 신뢰도를 손상시키지 않으면서 문제를 처리할 수 있을 것이다.

(6) 규제 업무의 비용

규제 업무가 비용을 수반하는 것은 당연하며, 다음의 업무들이 비용을 수반하게 된다.

- ○ 인가수수료의 지불
- ○ 인가 취득을 위한 자본 적정성 조건의 충족, 펀드 회사 유지 기간 동안의 요구되는 자본의 유지
- ○ 규정에 의해 요구되는 시스템의 설정과 유지, 그리고 규제 및 내부 규정의 준수를 보증하는 시스템의 설정
- ○ 펀드는 보관자, 수탁자, 기록 담당자, 사정관, 감사인 등 허가받은 서비스 공급자들에 의해 서비스를 제공받는 것
- ○ 자격을 갖춘 종업원의 채용 또는 자격요건에 충족되도록 연수 시행
- ○ 필요한 경우 벌칙과 벌금이 부과될 수 있음을 명확히 함
- ○ 배상 펀드에 대한 참여
- ○ 오류가 발생했을 경우 투자자들에게 배상하기 위해 가능한 필요사항을 준비
- ○ 필요한 보험 프리미엄의 지불

펀드 운영사업을 계획하는 사람이라면 이와 같은 비용과 예산을 용인해야만 할 것이다. 그러나 이러한 비용은 펀드 운영자들이 항상 불평하는 사항으로

확실히 손익분기점에 도달하는 시기를 늦추고, 보다 장기적으로는 사업의 이윤율을 감소시킬 것이다.

반면, 이러한 모든 비용은 대중적 신뢰를 유지시켜 주며, 전체적인 펀드 운영업의 발전에도 중요한 역할을 하게 된다. 정부는 종종 특별히 우호적인 조건(즉, 세제상의 특권 부여)을 특정 사업체에 제공함으로써 비용을 어느 정도 상쇄할 수 있다. 여하튼, 펀드 경영은 효율적인 운영자들에게 있어서는 매우 이윤율이 높은 사업이 될 수 있으므로, 대부분의 현실적인 운영자들은 규제상의 비용을 지불할 만한 가치가 있는 가격으로 간주하고 있다.

(7) 펀드의 해외 업무에 대한 규정

1) 역외 펀드

펀드 운영자는 투자자를 유인하기 위해서라면 어디라도 펀드를 설립할 것이다. 역외에 위치하고 있는 버뮤다, 룩셈부르크, 더블린 등의 국제금융서비스센터(International Financial Services Centre)는 대부분의 역내 펀드에 적용되는 것보다 낮은 세금과 보다 유연한 규정을 제공한다. 일부 투자자들은 아래의 가능성에 특히 끌리고 있다.

○ 세금 회피(tax evasion): 투자자들은 단순히 국내의 조세 당국으로부터 자산을 은폐시키거나 모국의 정치적으로 불안정한 상황으로부터 재산을 분리시키고 싶어함
○ 세금 회피나 집행연기(tax shelter or deferral): 많은 역외 펀드들은 수입이나 자본이득 대해 세금을 지불할 필요가 없기 때문에 원금에 대한 세금 공제 없이 받는 수입과 모든 자본이득의 합계가 펀드내에 축적될 수 있고, 투자자는 펀드를 매도하거나 수입을 본국에 송금하지 않는 한 세금을 지불할 필요가 없음
○ 예외적인 자산에 대한 투자: 많은 역외 국가들은 선진국의 국내 펀드에

서 허용하지 않고 있는 자산에 대한 투자 —예를 들어 신흥시장에 대한 투자— 를 허용하고 있음

○ 구조: 역외 국가들은 종종 펀드가 설립되는 법률적 또는 상업적 구조의 유형에 대해 제한을 두지 않기 때문에 보다 많은 유연성을 가짐

오늘날 많은 역외 펀드들이 해당 지역의 규정에서 금지하는 청약을 시도하고 있음은 의심할 여지가 없다. 매입된 펀드는 은행이나 기타 다른 기관에 의해 중재되며 그들은 지불된 자금이 부정하게 세탁되지 않았음을 보증하는 책임이 있는 반면, 역외 펀드의 발기인들은 그들의 많은 투자자들이 누구이며 어디 출신인가를 알고자 하지 않는다.

결국 조세 회피를 위해 역외 펀드를 이용하는 것을 막는 유일한 방법은 국내의 건전한 조세징수제도뿐이다. 미국과 영국의 국내 투자자에 대한 소득세는 개인의 투자 위치에 상관없이 부과된다. 미국은 이를 보다 강화하고 있으며 모든 역외 협정에서 이러한 사항을 부과하고자 노력하고 있다. 개인투자자의 공표되지 않은 관련 수입이나 소득으로 인하여 막대한 벌금이 부과될 수 있고 형사상 소추로 인하여 구속될 수도 있다.

펀드 운영자들이 펀드를 역외에 위치시키는 규제상의 이유도 있다. 국내 규정들은 개인투자가들을 보호하기 위해 고안되었으며, 이러한 이유로 종종 전체 투자 영역 또는 특정 투자 전략을 이용하는 펀드 등을 금지한다. 만약 국내 투자자들로부터 이러한 펀드에 대한 수요가 있다면, 펀드 운영자들은 오직 펀드를 역외에 위치시킴으로써 그 조건을 충족시킬 수 있다.

최근 선진국에서는 국내 펀드가 받는 불이익을 감소시키기 위해 법률 및 조세제도를 개선함으로써 조세 수입상의 손실과 역외 금융센터 사업의 손실에 대응하고 있다. 이에 따라 역외 펀드의 장점이 감소되는 측면과 함께, 많은 국가들이 제대로 규제되지 않는 역외 펀드를 매입함으로써 갖게 되는 위험으로부터 투자자를 보호하기 위해 노력하고 있다. 그리고 국내 법규 체계에서는 허가되거나 인정되지 않는 펀드의 판매를 금지하여 대부분의 개인이나 기관들이 국내 펀드를 선호하는 경향이 나타나고 있는 것이다. 일부 국가에서는 국내 펀드 보유자보다 역외 펀드의 보유자에게 더 가혹한 조세를 부과함으로써 불이익을 주기도 한다.

2) 해외 펀드

국내 규제자들의 의문사항은 해외 펀드와 역외 펀드의 자국내 판매를 어느 정도 범위까지 허용할 것인가이다. 여기에는 다음과 같은 몇 가지 접근방법이 있다.

- ○ 해외 펀드의 모든 판매를 금지
- ○ 운용자들이 국내 허가를 취득하고 국내의 모든 규정을 준수할 경우에만 해외 펀드의 판매를 허용
- ○ 운용자들이 다른 승인된 국가에서 승인을 받고 등록을 하였으며 해당지역의 마케팅 규정을 준수할 경우에만 해외 펀드의 판매를 허용

첫 번째 접근은 선진국에서 빈번한 사례이며, 세 번째 접근은 유럽 연합과 같은 자유 거래 지역에서 사용하고 있다. 유럽 연합에는 개방형 펀드의 설립을 감독하는 'UCITS Directive'이 있고, 한 국가에서 설립된 펀드가 해당 지역의 마케팅 규정을 준수한다면 다른 국가에서도 판매가 가능하며, 지역 투자자들은 그들의 모국어로 동일한 펀드의 다른 투자자들과 같은 서비스를 공급받게 될 것이다. 이러한 접근은 관련된 지역내의 모든 국가들이 국내 펀드를 감독하는 건전한 규제체계를 가지고 있어야만 가능하다.

대부분의 국가들은 자국에 위치하지 않고 국내 증권규제당국으로부터 허가를 받지 않은 펀드에 대해 몇 가지 제한을 부과하지만, 국내의 면허를 취득하고 국내에서 매매하고 그 지역의 법률과 규정을 준수하고자 하는 펀드 운영자의 해외 소유권에 대해서는 제한을 가하는 국가가 거의 없다.

많은 국가들이 자국의 펀드 산업을 강화하고자 하지만, 해외로부터 경험이 풍부한 펀드 운용자를 영입하는 것도 이득이 될 수 있다고 인식하고 있다. 해외 기관에게 국내 허가 절차를 까다롭게 적용하여 아무도 시장에 진입하지 않게 될 수도 있지만(일본에서 수년간 사용하고 있는 접근 방법임), 이는 결국 국내에서 담합을 생성시켜 투자자들에게 비효율적이고 질적으로 낮은 서비스가 제공될 것이며 높은 수수료가 부과되는 결과를 초래할 것이다. 건전한 펀드

산업을 육성하기 위한 최적의 방법은 효과적인 규제체계내에서의 경쟁이라고 할 수 있다.

3) 국내 펀드의 해외 판매

대부분의 펀드는 해당 지역내에서 투자자들에 의해 거래되며, 해당 국가의 규정에 따라 허가를 받고 규제를 받는다.

그러나 이에 대한 변화를 예고하는 다음과 같은 새로운 경향이 나타나고 있다.

○ 다른 국가에서 판매되기 위해, 낮은 세금과 적은 규제를 받는 역외 지역에 많은 새로운 펀드 설립

○ 유럽 연합과 같은 거래 지역내의 펀드를 감독하는 일반적인 규정의 수립

국제적 사업에 대한 규제와 조세의 처리는 많은 국가에서 주요 사안이 되고 있다. 이는 국내 펀드의 해외 판매와 해외 펀드의 국내 시장에서의 판매에 영향을 미친다. 규제자들의 업무에 있어 일반적인 원칙은 국내에서의 펀드 규제에 대한 수준을 결정하는 것이다. 만약 펀드가 판매될 국가와 동일하다면 특정한 요구 사항을 더하여 이러한 판매가 허용될 것이다. 예를 들어 유럽 연합에서는 'UCITS Directive'의 요구 조건을 충족시키는 펀드는 다른 국가의 마케팅 규정을 준수할 것이라는 등록 상의 조건에 따라 유럽 연합내의 어느 국가에서든 매매될 수 있다. 또한 이러한 펀드는 반드시 먼저 국내 규제당국에 그들이 다른 국가에서 매매하고자 한다는 사실을 등록해야만 한다.

4) 펀드의 해외투자

펀드의 해외투자의 여부는 펀드 규제의 일반적인 역할은 아니고, 통상적으로 중앙은행에 의해 결정되는 외환 규제의 문제이다. 이러한 통제는 선진국에서는 감소하고 있지만 신흥시장에서는 아직도 일반적인 모습이다. 그들은 종종 펀

드에 의한 외국 투자를 완전히 금지하기도 한다.

만약 해외투자가 가능하다면 이러한 결정을 개별적인 펀드 운용자의 판단에 맡기는 것보다 이와 관련된 규정을 정하는 것이 규제당국으로서 일반적인 방식일 것이다. 이러한 요구사항은 규제자가 단순히 투자하기 적당하다고 판단되는(자신들의 적정성에 대한 평가에 기초하여) 시장을 선정하거나, 증권이 반드시 준수해야 하는 요구사항(통상적으로 유동성, 투명성과 관련된 것임)을 정하고 개별 증권들이 이러한 요구사항을 충족하는가의 여부를 펀드 운용자가 결정하도록 남겨놓는다. 일반적으로, 대부분의 개방형 펀드는 거래소나 규제된 매매 시스템에서 상장되거나 거래되는 증권에 투자하도록 제한되어지는데, 폐쇄형 펀드는 보다 덜 유동적인 증권을 보유하는 것이 허용될 수 있다.

해외 자산은 펀드 보관자나 수탁자의 해외 지점이 될 수 있는 보관기관이나 하위 보관기관(sub-custodian) 등에서 보유되도록 요구된다. 주요 보관기관(lead custodian)은 통상적으로 하위 보관자를 선택하고 하위기관의 실패에 대해 책임을 진다.

4. 가치평가 및 가격산정

(1) 가치평가가 펀드 운용의 핵심인 이유

본 장에서는 펀드가 그의 포트폴리오에 포함시킬 수 있는 투자, 분산투자의 요구조건, 그리고 이러한 투자가 평가되는 방법 등을 다룬다.

[그림 I-8]은 펀드에 의해 보유되는 자산의 포트폴리오와 투자자간의 관계, 그리고 두 요소가 만나는 곳에서 가격이 결정되는 과정을 보여주고 있다.

그림 I-8 투자자와 포트폴리오

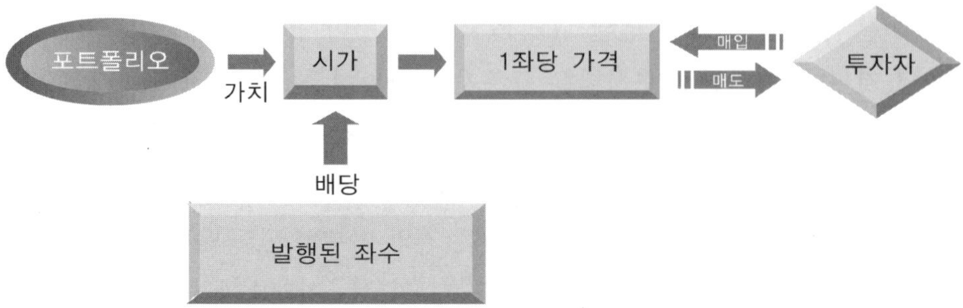

펀드가 보유가능한 자산의 유형은 일반적으로 규정에 의해 정해져 있는데, 한 회사의 증권에 투자될 수 있는 포트폴리오의 최대 비율과 하나의 증권을 보유할 수 있는 최대한의 비율 등에 대해 규정하고 있다. 펀드에 의한 차입은 폐쇄형을 제외하고는 통상적으로 엄격하게 제한되어 있다.

펀드 자산의 가치평가와 펀드의 가격산정은 펀드 운용의 핵심 부분이다. 만약 투자자들이 펀드에 자금을 맡기고자 한다면, 그들은 펀드 투자의 평가 및 가격산정방식이 공정하고 아무런 불이익도 주지 않는다는 확신을 가져야만 한다. 시장의 실질적인 관행이나 행태를 살펴보면, 가치평가와 가격산정 제도를 설정하고 규정하는 데 엄청난 주의를 기울이지 않는 경우, 투자자들이 쉽게 불이익을 당할 수 있을 뿐만 아니라 다른 투자자들에게 이익이 돌아가거나 —또는 더욱 심각하게— 많은 펀드 운용자에게 다양한 방식으로 이익이 돌아가도록 할 수 있다. 게다가 펀드의 순자산가치는 투자자들이 펀드 운용자들의 성과를 판단할 수 있는 유일한 방법이기 때문에, 가치평가 당시의 오류나 가치평가의 기초가 되는 가격에서의 부정한 조작 등은 기존의 투자자들이나 잠재적 투자자들의 투자 결정을 잘못 판단하게 한다.

따라서 대부분의 증권규제당국은 다양한 유형의 펀드에 적절하다고 판단되는 투자의 유형을 명시함과 동시에 가치평가와 가격산정의 방법을 모두 포함하는 구체적인 규정을 정하고 어떤 방식으로 수행되어야 하는가를 규정해 놓고 있다. 특히 개방형 펀드의 가격산정 방식은 통상적으로 매우 정교한 규정에 의해 제약을 받는다. 왜냐하면 투자자들이 매일 펀드를 매입하거나 매도하기 때문에, 가격산정과 가치평가시 부정한 조작이나 오류 등은 투자자들에게 심각한 영향을 미칠 수 있기 때문이다. 결국 투자자들은 높은 가격으로 펀드를 매입하거나 주식을 환매받을 때 손해를 보게 되며, 가격산정상의 오류로 인하여 기존 투자자의 이익이 희석화 되기도 한다.

대부분의 경우, 가치평가와 가격산정은 펀드 운용자나 제3자인 전문적인 관리자에 의해 이루어진다. 계약형이나 신탁형인 개방형 펀드의 경우, 회사형 펀드처럼 투자자들의 이익을 보호하기 위한 감독자가 없어 증권규제당국은 종종 펀드 운용자들이 적정하게 가치평가와 가격산정 규칙을 적용하고 있음을 보증하는 책임이 있는 보관자를 지정한다. 또한 감사인은 감사를 실행하는 과정에서 가격산정 산출의 표본을 추출하고 그들이 정확하고 적절한가를 검증한다.

자산에 대한 정확한 가치평가는 펀드가 투자와 차입에 대한 제한규정을 준수하도록 유도하는 데 있어서도 중요하다. 예를 들어 포트폴리오내의 개별 자산의 가격 변동은 한명의 발행자가 소유할 수 있는 최대 주식 보유의 제한선을 무의식적으로 초과하게 될 수도 있음을 의미한다.

(2) 허용된 자산과 차입 관련 규정 및 제한의 중요성

펀드가 보유할 수 있는 자산의 유형 중 가치평가가 이루어지는 방법에 영향을 미치는 것은 보통 법률과 규정에 의해 정의된다. 투자는 일반적으로 상이한 유형의 증권과 현금 예금으로 한정된다. 일부 국가에서는 부동산과 귀금속 같은 다른 유형의 자산이 보유되는 것을 허용하지만 이는 이례적인 경우이다. 부동산은 자산으로서 매우 중요하지만, 개방형 펀드에 포함시키는 것은 적합치 않다. 부동산을 보유하기에 적합한 법적 구조의 유형은 폐쇄형의 회사형 펀드(미국의 부동산투자신탁과 영국의 Property Companies)와 같은 특정한 형태가 되는 것이 적합하다. 따라서 본 장에서는 부동산과 관련된 부분은 상세하게 다루지 않고 있다.

1) 개방형 펀드와 폐쇄형 펀드의 상이한 특성

개방형 펀드와 폐쇄형 펀드간에는 중요한 차이점이 있다. 일반적으로 개방형 펀드는 투자자들의 희망에 따라 정기적으로 펀드가 발행되고 환매되도록 요구되는데, 전형적으로 대부분의 선진국에서는 일별로 하고 있지만 때로는 그만큼 자주하지 못하도록 규정되는 경우도 있다. 결국 펀드의 포트폴리오가 보유하고 있는 자산의 가치를 평가하는 능력과 새로운 펀드에 대한 투자와 환매를 해야 하는 경우를 위해 운용자가 이러한 자산을 매매할 수 있는 능력을 갖추는 것이 가장 중요하다. 따라서 개방형 펀드에 의해 보유되고 있는 대부분의 자산은 승인된 거래소에 상장되거나 다른 유형의 시장(예를 들어 채권은 일반적으로 inter dealer market에서 거래됨)에서 정기적으로 거래되도록 요구된다. 이러한 필요사항은 시장가격이 가치평가시에 존재할 수 있으며, 증권이 항상 합리적인 수량만큼 매매될 수 있도록 충분한 유동성이 확보되고 있음을 보증하도록 한다.

정기적으로 거래되거나 전혀 거래되지 않는 덜 유동적인 자산은 일반적으로 개방형 펀드의 포트폴리오에 포함되는데 적합치 않다고 여겨지고 있으며 이러한 자산이 포트폴리오에서 차지하는 비율은 일반적으로 10%나 그 미만으로 낮게 제한하고 있다. 지속적으로 펀드를 환매하고 발행해야 하는 의무조항이 없는 폐쇄형 펀드는 벤처캐피탈 투자나 신흥시장에의 투자 등과 같이 종종 극단적으로 비유동적인 특성을 갖는 자산의 보유에 더 적합한 수단이라고 할 수 있다. 그러나 폐쇄형 펀드의 투자자들이라고 해도 최초 발행 이후 매입하거나 매도하는 것은 신규 투자자에게 매도 의사가 있는 기존의 투자자가 존재하는가의 여부에 따라 제한을 받게 된다. 또한 폐쇄형 펀드의 투자자들은 그들이 매매를 희망하는 경우에 그 매매과정을 감독하고 펀드의 합리적인 시장가격 설정을 위한 지침의 마련을 위해 단위당 자산가치를 측정하고자 할 것이다.

2) 펀드에 의한 차입이 갖는 위험

개방형 펀드에 의한 차입은 펀드 좌수의 변화뿐만 아니라 1좌당 가치에 예상치 못한 손실을 초래할 수 있는 포트폴리오내 자산의 시장가치 변화에 의한 레버리지 효과나 기어링(gearing)효과 때문에 권장되지 않고 있다.

폐쇄형 펀드의 주당 자산가치도 시장가치의 변화에 따라 심각하게 영향을 받는데, 이는 다음과 같이 설명될 수 있다.

표 I-8 폐쇄형 펀드 순자산의 차입과 시장가치 변화에 따른 영향

	시장가치 1	시장가치 2	시장가치 3
자산의 포트폴리오	1,000	1,500	500
차 입	-500	-500	-500
순자산의 가치	500	1,000	0

자산 포트폴리오의 가치가 시장가치 2처럼 증가한다면 차입은 유익하게 될 것이지만, 만약 시장이 급격히 하락한다면 이는 매우 치명적일 수 있다. 이 예는 설명을 위해 과장된 것이고, 공개적으로 모집되는 펀드에서는 일반적인 현상이 아니며, 폐쇄형(그러나 헤지펀드는 아님) 펀드도 이러한 높은 수준의 부채나 단기간에 시장가치가 대규모로 증가하거나 감소하는 것이 흔한 일은 아니다.

개방형 펀드의 경우 시장가치의 변화에 따른 순수한 효과는 다음의 예에서 보여지듯이 발행된 좌수의 변화에 의해 혼합되어 나타난다.

표 I-9 개방형 펀드에서의 차입과 좌수의 발행 및 환매의 효과

	시장가치 1	시장가치 2
자산의 포트폴리오	1,000	1,000
환매의 효과	-	-500
차 입	-500	-500
순자산의 가치	500	0

여전히 포트폴리오의 가치가 변하지 않는다고 해도, 투자자들의 환매 요구에 의한 자금회수는 남아 있는 투자자들의 가치를 손상시킬 수 있다.

3) 개방형 펀드의 전형적인 제한

가) 자산의 유형

보통 법률과 규정은 개방형 펀드에 적합한 자산의 범주, 특히 일반 대중에게 제공되는 자산의 유형을 구분해 놓고 있다. 기관투자자들이나 부유한 개인투자자들에게만 제공되도록 특화된 펀드는 공개적으로 제공되는 펀드에 적용되는 요구 사항의 제약을 받지 않는 것이 일반적이다. 일반적으로, 차입에 있어 아무런 제약도 받지 않으면서 비공개적인 자산을 보유하기 위해 고안된 펀드는 상대적으로 자유로운 제도를 가지고 있는 국가의 역외 펀드나 합자회사로 설정되고 있다.

허용된 자산은 일반적으로 유동성(언제라도 쉽게 매입과 매도가 가능한 것), 투명성(발행 기간과 투자자의 권리가 명백하게 정의되고 발행자에 의해 정기적으로 정보가 공개되는 것) 그리고 발행자의 안전성 등의 특성에 따라 선택되어지며, 전형적으로 다음의 자산이 포함되고 있다.

① 현금과 채권

채권과 기타 다른 유형의 부채는 높은 수준의 발행자 —선진국의 국가부채(sovereign debt), 최상의 국제은행의 예금, 지방채, 그리고 우량기업의 회사채—에 의해 발행된 경우 위험에서 비교적 위험이 없다고 인식되고 있다.

반면, 국가 신인도에서 상위를 차지하지 않는 국가의 경우, 발행된 부채가 불안전하다고 입증되었으며, 신흥 국가나 개도국의 범주에 속하는 많은 국가들에 의한 정기적인 채무불이행은 국채라고 해도 투자자들에 의해 세심한 주의가 필요하다는 경고를 보내고 있다.

유동성 또한 논쟁의 여지가 있는 사안이다. 많은 채권들은 선진국에서도 최초 발행 이후 자주 거래되지 않는다. 이로 인하여 펀드 운용자와 증권규제당국에게는 다음의 두 가지 문제가 발생한다.

○ 시가를 형성하는 빈번한 거래가 존재하지 않음에 따라 시장가치를 발견하는 능력을 상실

○ 필요한 때가 되어도 현실적인 가격으로 자산을 처분할 수 없는 경우 발생

주로 채권에 투자하는 펀드와 고수익을 보장하면서 일반인들에게 판매되는 펀드의 경우 위와 같은 이유로 인하여 어려움에 직면하게 되는 경우가 종종 있다.

공개적으로 판매되는 펀드에 적합하다고 판단되는 예금이나 채권 형태의 자산은 다음과 같다.

○ 은행의 예금(경우에 따라 우량 신용 은행들로 제한되고 있음)
○ 예금 증서, 은행에 의해 보증되는 기업어음
○ 국채와 단기 어음
○ 정부 대리인에 의해 발행되고 정부에 의해 보증된 채권
○ 지방 또는 지역 정부의 채무
○ 다국적 기관(예를 들어 World Bank)에 의해 발행된 채권이나 기타 다른 부채
○ 자국내의 화폐와 함께 다른 화폐로도 발행된 채권과 대출 증서, 때때로 발행자의 신용등급에 대한 제한이 있음
○ 전환사채(채권과 주식의 특징을 모두 가지고 있음)

특정 형태의 예금이나 채권의 이용가능성에 따라, 각 국가마다 위와 같은 자산목록에 상당한 차이점이 있는 것은 당연한 것이다. 일부 국가의 규정은 다른 국가보다 더 제한적이고, 가장 자유로운 규제체계에서는 가치평가와 유동성의 문제를 운용자에게 위임하고 있기도 하다.

위에 설명된 자산의 유형은 펀드의 다양한 범주에 따라 다른 방식으로 이용될 것이다. 고정수입부증권(fixed income securities)의 가격 변동성의 주요 원리는 "만기까지 잔존기간이 길수록 이자율의 등락에 따라 가격의 등락폭이 더 커진다"는 것이다.

따라서 은행계정을 대체하는 역할을 목적으로 하는 MMF(Money Market Funds)는 만기가 짧고(보통 90일 이내) 높은 신용등급을 가진 발행자에 의해 발행된 어음에 전적으로 투자할 것이다. 이는 투자에 의한 가격 변화가 이자율의

급격한 변화에 따라 반응하지 않는 경향을 갖기 때문에, 펀드의 가격은 일반적으로 좌당 $1 규모의 안정적인 상태를 유지할 것임을 의미한다.

전형적으로 장기 채권에 투자하는 펀드의 가격은 보다 변동성이 커서 AAA 등급 국가의 국채에 투자하는 가장 안정적인 투자에서부터 국내의 낮은 등급의 발행자에 의해 발행된 채권이나 기술적 부도상태이거나 신흥시장의 채권인 정크본드(junk bond)에 대한 투자까지 다양하다.

② 주식(Equities)

펀드가 투자하는 것이 허용된 또 다른 주요 자산 중의 하나가 주식이다. 주식 또한 유동성(언제든지 쉽게 주식을 사고 팔 수 있는 것), 투명성(주주에 대한 정기적인 정보 제공과 주주의 권리에 대한 명백한 정의를 규정한 조항) 그리고 발행자의 상태 등이 기준이 된다. 규제의 구조를 만드는 담당자들은 허용된 투자의 특성을 정의하는 데 있어 어려움에 직면하기도 한다. 전통적인 기준에 따라 공인된 증권거래소에 상장하는 경우, 상장된 기업의 질적 수준과 그들이 제공하는 정보에 대한 감독 책임을 거래소가 갖도록 규정해 왔으나, 이 경우 거래소로부터 벗어나 있는 거래에 대해서는 적용이 어렵다는 한계를 갖는다.

NASDAQ과 같은 소위 OTC시장은 특정 기준에 충족되지 않는 기업의 주식 거래를 허용하지 않고 있다. 규제당국은 거래를 허용하는 기업의 리스트를 공개하면서, 운용자가 재량권을 통해 개별 주식을 선택할 수 있도록 하고 있다.

이러한 보호장치가 있어도 중소기업의 주식은 다소 비유동적인 경향이 있으며, 투자자들이 대부분 환매를 원하는 위기 상황의 경우 대기업의 유동성 역시 제약을 받게 된다. 일부 규제자들은 이러한 문제를 해결하기 위한 시도로 특정 자산에 투자하는 펀드가 포트폴리오의 일부를 항상 현금으로 보유하도록 요구하고 있으며, 신중한 운용자들은 항상 이러한 요구사항을 준수하고 있다. 그러나 이러한 접근의 위험성은 규제자가 투자자 보호를 위해 높은 현금 비율을 유지하도록 요구할 경우, 상승장에서는 오히려 기업의 실적저하가 초래될 수 있다는 것이다.

이와 함께 보다 실질적인 문제는 가치평가이다. 2~3주 또는 더 긴 기간 동안 거래되지 않은 주식의 정확한 시장가격이 무엇인가에 대해 누가 말할 수 있겠는가?

이러한 문제에 대한 정확한 해결책은 없기 때문에, 대부분의 규제자들은 광범위한 지침을 세우고 적절한 균형을 유지할 수 있도록 운용자들의 바람직한 사고와 사업적 판단에 기대하고 있는 실정이다.

나) 분산 투자(Diversification)

투자자들이 펀드에 투자함으로써 얻게 되는 장점 중의 하나는 분산투자라고 할 수 있는데, 여러 종류의 상이한 주식이나 채권에 투자하는 포트폴리오 전략으로 하나의 기업에 투자를 집중함으로써 발생할 수 있는 위험을 피할 수 있다. 최적의 분산투자를 실현하기 위해 하나의 포트폴리오내에 얼마나 많은 상이한 주식이 보유될 수 있는가의 문제에 대해서는 많은 학문적·산업적 논쟁이 거듭되어 왔다. 수학적으로 유추한 해답에서는 여러 산업의 대표적인 기업 10~15개의 주식이면 충분하고, 이후 추가되는 주식은 매우 한계적으로 위험을 감소시킨다고 보고 있다.

① 펀드가 적정수의 상이한 주식을 보유하도록 유도

선진국에서는 펀드에 대한 공정한 모범 규준으로서 포트폴리오 총가치의 5% 이상을 하나의 주식 보유에 할애하는 것을 제한하고 있는데, 사실상 각각의 펀드에 대해 최소한 20개 이상으로 분리된 주식을 보유하도록 요구하고 있다. 실제로 하나의 펀드가 20개 이하의 주식을 보유하는 것은 일반적이지 않다. 따라서 허용가능한 한계 비율을 정한 뒤에 이에 따라 포트폴리오를 조정하는가의 여부를 감독하는 행위는 너무나 시간 소모적이다.

선진화 정도가 미흡한 일부 시장의 경우 상대적으로 시장의 총자본에서 높은 비율을 차지하는 선도주식이 있을 때, 5% 제한이 너무 낮은 것으로 받아들여진다. 일부 시장에서는 대규모 정유회사와 가스회사 또는 통신 회사가 시장의 15~30%를 차지하는 경우가 이례적이지 않다. 이러한 경우를 식으로 풀어보면, 예를 들어 포트폴리오의 40%가 최소한 3개의 주식으로 대표되며 최대한 20%이상의 단일 주식 보유계정이 없을 때 나머지는 포트폴리오 가치의 5% 이하의 주식으로 구성되어야만 한다. 이러한 방식으로 각각의 포트폴리오는 최소한 15개의 상이한 주식으로 구성되어야만 할 것이다.

분산투자 규정의 예외는 국채에 투자하는 경우이다. 왜냐하면 이론적으로 이 경우에는 특정한 위험이 존재하지 않아 분산투자가 불필요하기 때문이다. 그러나 심지어 이 경우에도 펀드는 통상적으로 하나의 기업이 발행한 펀드의 35% 이상을 투자하지 못하도록 제한되고 있다.

② 하나의 발행자의 증권에 대한 과도한 집중을 제한

(a) 주 식

펀드는 지주회사가 될 수도 있고, 그들의 포트폴리오에 포함되어 있는 기업들에 대해 통제를 할 수도 있다. 펀드 운용자들은 상업적으로 기업을 운영하는 사람들이 아니기 때문에, 정부가 펀드를 저축 장려 수단으로 이용하기 위해 제공하는 편리한 조세 환경을 조세 회피 수단으로 오용하는 경우는 별로 없다.

펀드는 투자은행이 되기 위해, 또는 제휴기관의 사적 이익을 위한 수단으로써 고안된 것은 아니다. 펀드가 특정 기업의 소유권을 갖게 될 만큼 하나의 주식을 대량으로 매입할 경우, 펀드의 판매가 상당히 어려워지는 상황이 초래될 수도 있다.

펀드가 하나의 주식을 대량으로 보유할 경우, 펀드의 주식에 대한 의결권에 제한이 가해진다. 제한폭은 전형적으로 5~25%이며 이보다 더 높은 경우도 있다. 보다 높은 제한은 통상적으로 펀드가 특별히 민영화나 기업 구조조정을 위해 설정된 경우에만 적용되며, 이러한 경우는 펀드가 회사에 대해 강력한 주주로서 영향력을 행사하도록 하기 위한 것이다.

(b) 채 권

채권 발행의 경우, 왜 하나의 펀드 또는 동일한 경영권하에 있는 펀드 그룹이 높은 비율을 보유하는 것이 금지되는가에 대해서는 여러 가지 이유가 존재하고 있다. 유동성을 고려하는 것은 주식과 채권 모두 공통된 것이지만, 발행된 채권의 소유권과 의결권은 별다른 관련이 없다고 볼 수 있다.

결국, 채권의 경우 동일한 발행자가 높은 비율로 한번에 발행하는 것을 허용하지 않는 이유는 부정행위에 대한 우려 때문이다. 즉, 기업 고객에게 조언을 하고 자금을 조달하도록 도와주는 은행이나 투자은행이 인수자(underwriters) 또는 발행이 어려운 경우의 최후의 매입자로서 그들의 자회사나 관련업체에서 운영되고 있는 펀드를 이용할 동기가 존재한다는 것이다.

(c) 예　　금

은행의 지급불능사태가 우려되는 경우에는 자산의 일정 비율(10% 정도가 전형적임)이 넘지 않는 범위에서 한 은행에 예치하도록 요구하는 것이 일반적이다.

(3) 가치평가의 주요 관점

모든 펀드는 정기적으로 자신들의 자산에 대한 가치평가를 한다. 통상적으로 가치평가의 최소한의 빈도는 규정에 의해 정해지며, 개방형 펀드는 최근에 가치평가가 실행되지 않았을 경우, 발행이나 환매 가격이 책정될 수 없도록 규정하고 있다. 앞서 언급된 유형의 유동적인 자산에 투자하는 개방형 펀드의 경우 가치평가는 일반적으로 매일 또는 적어도 일주일에 한번은 실행되어야 한다.

폐쇄형 펀드는 일반적으로 자산의 가치평가 주기가 개방형에 비해 길며, 3개월이나 6개월의 간격으로 하고 있다. 인터벌형 펀드는 가격산정과 매매시점 바로 전에 자산의 가치평가를 하도록 요구되고 있다. 그러나 본 장의 주요 가정은 일별 가치평가가 원칙이라는 것이다.

1) 가치평가의 빈도

주요 원칙은 펀드가 투자하는 자산의 가격이 보다 변동적이거나 펀드가 매입하고 매도하는 수량이 더 클수록 가치평가는 보다 자주 실행되어야만 한다는 것이다.

폐쇄형 펀드의 경우, 순자산가치(Nat Asset Value: NAV—펀드의 총자산에서 총부채를 뺀 값)는 그들의 순자산가치와 유통시장에서 펀드를 거래할 때의 가격을 비교하고자 하는 투자자들에게 주요 정보를 제공한다. 그러나 펀드 운용자들은 폐쇄형 펀드의 판매로부터 수익을 얻지 않고, 일반적으로 법률에 의해 가치평가를 자주 하도록 요구받지 않기 때문에 빈번한 가치평가에 비용을 발생시키지 않는다. 따라서 일반적으로 특정한 날에 정기적으로 가치평가를 하며 이때 순자산가치를 공개한다. 투자자들은 지난 가치평가일에 펀드의 실질적인 투자 포트폴리오가 무엇이었는가를 알고 포트폴리오내의 자산의 시장가격 변화를 조정함으로써 순자산가치를 평가할 수 있게 된다. 선진국에서는 브로커들이 폐쇄형 펀드의 모형을 만들어내고 투자자들을 위한 지침으로서 일별로 그들의 순자산가치에 대한 평가치를 공개한다.

단기금융상품, 주식 그리고 채권에 투자하는 개방형 펀드는 일반적으로 일별로 가치평가한다.

증권규제당국은 종종 보관자와 같은 제3자에 의해 가치평가가 확인되도록 요구하고 있으며, 특히 펀드가 자체적으로 독립적인 감사인을 가지고 있지 않은 회사형 또는 계약형 펀드의 경우에 그렇다.

또한 많은 증권규제당국들은 감사인이 연례 감사를 하는 동안 전년도의 가치평가와 가격의 표본을 추출하여 이러한 것들이 설정되어 있는 절차에 따라 수행되어졌고 정확하게 계산되었는가에 대해 확인할 것을 요구하고 있다.

독립적인 가치평가자는 증권의 경우 운용자나 보관자 보다 더 적절하게 평가하기가 어렵기 때문에 이들을 이용하는 것은 증권보다는 부동산일 경우가 더 적합하다.

2) 유 동 성

활발하게 거래되고, 적절한 규제체계를 갖춘 증권거래소 또는 가격과 거래량의 정기적인 공시체계를 갖추고 있어 실물 또는 전자적 형태로 즉각적인 접근이 가능한 딜러 시장에서 빈번히 거래되는 증권에만 투자하는 펀드는 가치평가가 상대적으로 단순하다. 그러나 많은 펀드가 시가가 존재하지 않거나 시가를 산출하기 어려운 다양한 유형의 자산을 보유하고 있기 때문에, 다양한 유형의 자산에 대한 가치평가를 위한 명확한 원칙이 요구된다. 이러한 원칙은 증권규제당국에 의해 설정되기도 하고, 보관자나 펀드 이사가 펀드 운용자와 이러한 원칙에 동의하는 경우도 있다.

선진국과 개도국 시장(후자에 보다 빈번한) 모두가 자주 직면하게 되는 가치평가 관련 문제는 다음과 같다.

○ 빈번히 거래되지 않거나 거의 거래되지 않는 채권
○ 과거에 거래되었지만 현재 거래가 없는 주식이나 채권
○ 허용된 경우의 모든 종류의 비상장 증권
○ 브로커와 딜러간의 역외시장에서 발생한 거래와 보고되지 않는 거래

유동성은 어떤 가치평가 방법이 적용되어야 하는가를 결정하는 데 있어 중요한 요소이다. 유동성이 높아질수록 —자산의 거래량이 증가할수록— 그 가격에 자산을 매매할 수 있는 신뢰도가 증가하게 된다. 유동성이 적을수록, 그 가격으로 매매할 수 있는 신뢰도가 낮아지며 가치평가 과정에서 이러한 불확실성을 보상하도록 하는 조정의 필요성이 증가한다.

3) 조작과 남용의 범위

비유동적인 자산일수록 독립적인 가치평가의 원칙이 보다 중요해진다. 시세가 형성되지 않은 증권이 가장 적절한 예가 될 수 있다. 규제에 의해 구체적으로 통제되지 않는다면, 많은 남용이 가능하다.

○ 펀드의 이사 또는 기타 관련 개인들은 펀드가 주식을 보유하고 있는 시세가 형성되지 않은 기업의 주요 주주가 될 수 있음. 펀드가 매입시 이러한 주식의 가치평가를 가능한 한 높게 하는 것이 투자자들의 이해와 일치하는 것임
○ 펀드 운영자에 의해 고용된 투자운용자는 가격이 발표되지 않은 증권에 대해 재무적 관심을 가질 수 있고, 그것은 펀드 투자가들과 이해상충을 유발시킬 수 있음
○ 투자운용자는 펀드 순자산가치의 증가를 유발시키기 위해 시세가 형성되지 않은 증권의 인위적인 가격을 이용할 수 있으며, 그 결과로 과장된

가격에 펀드를 매입하도록 투자자들을 유인할 수 있고, 이를 통해 운용수수료가 증가할 수 있음

따라서 이러한 자산의 가치평가는 특별한 주의를 요한다. 다음의 몇 가지 원칙들은 증권규제당국에 의하여 적용되어질 수 있는 것들이다.

- ○ 거래되지 않거나 빈번히 거래되지 않는 자산의 가치평가 방법과 절차의 표준화가 필요하며, 개별 자산의 가치변화는 가능한 한 적게 허용함
- ○ 거래되지 않고 브로커에 의해 시가를 형성할 수 없는 주식과 채권의 경우 가격인하가 요구되며, 이는 일정기간 후 거래시의 할인율을 나타냄
- ○ 장내 또는 장외 시장에서의 모든 거래를 명확히 하기 위한 노력으로 규제당국에 보고를 의무화하고, 가격과 거래량과 관련된 정보를 배포하도록 함(선진국에서는 딜러들의 매매를 보고하도록 장려함으로써 inter dealer market에서 발생하는 채권거래에서 어느 정도의 성공을 거두었음)

개방형 펀드의 경우, 보관인과 펀드 책임자 또는 증권규제당국이 가격호가가 없는 증권의 가치평가가 독립적으로 증명되도록 요구할 수 있다. 폐쇄형 펀드와 대부분의 회사형의 개방형 펀드에서는 이사가 집합적으로 이러한 가치평가에 대해 책임을 지고, 심지어 규정상 이러한 요구가 없을 경우에도 가치평가를 위해 종종 독립적인 자문을 받고 있다.

덜 유동적인 자산이 펀드 포트폴리오의 일부분을 구성하고 있을 때, 투자자들에 대한 보고에서 이를 명백히 해야 하며 이러한 자산의 가치평가에서 사용되어진 기준에 대해 명확히 설명해야만 한다. 그러나 가격호가가 없는 증권에 대한 투자의 가치평가시 오류가 발생할 가능성이 크다는 것 또한 고려해야만 할 것이다.

(4) 가치평가 원칙의 적용

1) 상이한 유형의 자산에 대한 가치평가 방법 요약

표 I-10 가치평가 방법 요약

자산의 유형	가치평가 방법
- 현금 및 단기 예금	- 액면가
- 채권(공인된 시장에서 거래되는)	- 최종 시가 또는 가치평가 시점보다 앞서 즉시 이용가능한 시가
- 주식(공인된 시장에서 정상적으로 거래되는)	- 최종 시가 또는 가치평가 시점보다 앞서 즉시 이용가능한 시가
- 파생금융상품(공인된 시장에서 거래되는)	- 최종 시가 또는 가치평가 시점보다 앞서 즉시 이용가능한 시가
- 주식(비공식적인 시장에서 비정기적으로 거래되는)	- 원가(펀드에 의해 지불된 가격)또는 가장 최근의 거래 가격
- 단기어음(CD)	- 환매시의 정액법(straight line)
- 채권(거래되지 않는)	- 비교기준(비교채권의 가격, 할인율)
- 주식(거래되지 않는)	- 원가 또는 추정된 가치
- 자산(부동산)	- 원가 또는 독립적으로 추정되는 시가

2) 가치평가 산정방법

가치평가의 개념은 단순하다. 모든 보유 주식의 시장가치의 합계에 예금으로 가지고 있는 현금을 더하고 부채를 뺀다. 증가분은 투자로부터 얻은 수입과 지출에 의해 발생된다. 그리고 나서 결과분을 발행된 좌수로 나누면 좌수당 순자산가치가 산출된다.

표 Ⅰ-11 펀드 순자산가치 산출의 예

투 자	가격산정 기준	가 격	가 치	포트폴리오의 %
주식				
1,500ABC산업	시가	25.5	38,250	3.78
850DFE금융회사	시가	43	36,550	3.61
2,350GH투자회사	시가	12.5	29,375	2.91
1,750JK엔지어링회사	시가	19	33,250	3.29
2,450LM지주회사 (시세가 형성되지 않은) 1,200NM엔지니어링회사 (시세가 형성되지 않은)	수익배수법 사용 ABC산업과 비교	9 17	22,050 20,400	2.18 2.02
채권				
5,000국채	시가		475,000	47.03
500NM엔지니어링 채권 국제적인 주식	할인된 현재가치 시가		42,500 225,000	4.21 22.28
총 투자			932,375	
현금 예금	액면가		85,000	8.41
현재의 순자산(부채)	액면가		-22,000	
발생된 수입	액면가		24,700	
발생된 비용	액면가		-11,900	
합계			1,010,075	100
순자산 가치	550,000 발행된 주식수		1.84	

각 사항별 내용은 다음과 같다.

○ 상이한 자산의 유형에 따라 상이한 가치평가 기준이 이용됨. 펀드 운용자는 보관인이나 펀드의 책임자가 증권의 각 유형별 가치평가 기준에 대해 동의할 것을 요구할 것임

○ 외화로 표시된 투자는 가치평가일에 적용되는 환율로 교환됨

○ 현재의 부채로서 정의된 금액에는 계약은 되었지만 아직 지급되지 않은 것과 환매는 받아들여졌지만 아직 지급되지 않은 자산의 매입에 대해

펀드가 지불한 부분이 포함되어 있음

○ 현재 자산으로 정의된 금액에는 펀드가 자산매각 계약은 했지만 미수된 부분과 펀드의 판매가 이루어졌지만 투자가의 지불이 이루어지지 않은 금액을 포함함

○ 수입은 펀드가 받은 금액과 지난번 계산후 발행한 미수금액을 포함함. 미수수익의 정의는 지불이 기대되는 날짜에 주어질 수 있는 확실성의 정도와 은행 지불시스템에 따라 다름. 신뢰할 만한 체계를 갖추지 못한 많은 국가들에서 수입은 펀드의 은행계정에 들어 올 때까지는 기장되지 않음

○ 비용은 펀드로부터 펀드 운용자에게 이전에 지급된 이후, 계약된 연간이율의 적정비율에 따라 발생됨

펀드 가치평가의 정상적인 절차는 펀드 운영자 또는 행정 업무와 감사 업무를 수행하기로 계약된 제3자인 전문가가 전문적인 평가자료 공급자나 거래소에서 직접적으로 얻은 전자화된 정보로부터 현재의 가격 또는 상장증권의 가치를 평가하는 것이다. 여기에 자체적인(필요한 경우 독립적으로 증빙된) 비상장증권의 가치평가, 현금의 현재 잔고, 수입 계정 그리고 발생된 비용 등이 추가될 것이다. 펀드는 모든 배당과 이자에 대한 수입 계정을 보유하게 될 것이고, 이 계정을 통해 발생된 액수는 가치평가에 포함될 것이다. 펀드 운용자에게 지불되는 연간 수수료는 일반적으로 월별로 펀드로부터 공제된다. 지난번 지불 이후 발생한 부문은 공제되고, 미지급 발생 부채 또한 공제된다.

3) 가치평가시 오류와 문제점

부정확한 펀드 가격산정은 펀드를 운용하는 데 있어 가장 일반적인 문제점 중의 하나이며, 주주의 이익에 잠재적인 손실을 초래할 수도 있다. 따라서 증권규제당국은 가치평가와 가격산정에 대한 검증과 감독을 업무 중에서 우선시하고 있다.

펀드 가격에 대한 가치평가와 산출이 잘못될 수 있는데, 이 중 대부분은 사람의 실수에 기인하는 것으로 다음과 같이 예를 들 수 있다.

○ 고의적인 부정행위, 부정확한 자료입력 등에 기인하여 자산의 잘못된 가격을 이용하는 경우임. 정부는 각기 다른 만기와 이자율을 가진 다양한 종류의 채권을 발행하는데, 2015년 만기 5% 채권은 2015년 만기 8% 채권과는 매우 다른 가치를 갖게 될 것임. 기업은 상이한 가격을 갖는 다양한 종류의 주식 —우선주, 의결권주, 무의결권주— 을 발행할 수 있음
○ 사칙연산에서 나타날 수 있는 수학적 오차
○ 최근에 매입한 증권을 포함하지 못했거나 매도된 증권을 계속해서 포함시키는 오류
○ 부정확한 현금 잔액
○ 수입이나 지출의 부정확한 미지급 발생분
○ 좌당 순자산가치 산출시 발행된 좌수의 잘못된 계산

뒤에서 볼 수 있듯이, 가격에서의 작은 부정확성이라도 주주들에게 심각한 손실을 입히는 결과를 초래할 수 있으며, 운용회사가 이를 발견하고 고치도록 규제될 경우 운용회사에게 상당한 비용이 초래될 수 있다. 이는 수개월에 걸쳐 가격정보를 재구축해야 하고, 손실이나 손해 또는 기회비용으로 손해를 입게 되는 신규 투자자나, 투자를 그만 둔 투자자, 그리고 투자를 지속하는 투자자 모두에게 보상을 해야 한다는 것을 의미한다.

(5) 교환, 합병, 인수, 전환 등의 관련성

1) 주식 교환

일부 규제 담당자들은 펀드에 대해 오직 현금 출자만을 허용하고 있긴 하지만, 투자자들은 현금이 아닌 증권으로 출자하여 펀드에 참여할 수 있다. 펀드 운용자는 증권을 펀드 포트폴리오(자산이 투자에 적합하다는 가정하에)에 양도하는 것을 선택하거나, 매도하고 그 수익을 정상적인 방법으로 출자하는 것을 선택할 수도 있다. 증권이 펀드에 편입된 경우 정확한 가치평가는 필수적이다.

유동성이 있는 증권인 경우는 쉽지만 펀드내에 유동성이 없는 증권의 교환이 허용된 경우 문제가 발생할 소지가 있다.

2) 합병과 인수

정확한 순자산가치의 산출은 펀드간의 합병이나 인수에서도 중요한 과정의 하나이다. 인수는 개방형 펀드에서는 일반적이지 않지만, 펀드의 순자산가치 대비 할인율이 클 경우 폐쇄형 펀드에서 인수가 발생할 수 있으며, 외부인들에게 순자산가치보다 낮은 가격으로 매수를 하도록 하는 유인이 있다. 무위험수익자(arbitrager)는 순자산가치 대비 할인율이 큰 폐쇄형 펀드를 매수하여, 인수를 추진하거나 이를 재구성을 하여 할인율을 줄일 수 있다. 그들은 자산을 순자산가치로 환매할 수 있도록 폐쇄형 펀드를 개방형 펀드로 전환하도록 시도할 수도 있다. 또는 펀드를 청산시킬 수도 있는데, 이때에도 역시 순자산가치로 보상받게 될 것이다.

두 개의 폐쇄형 펀드의 합병에 대한 설명

최초 상황

펀드 A는 주당 200원의 순자산가치와 발행된 주식 100,000주를 가지고 있음. 즉, 총 순자산은 20,000,000원임

펀드 B는 주당 100원의 순자산가치와 발행된 주식 400,000주를 가지고 있음. 즉, 총 순자산은 40,000,000원임

인수 조건

펀드 A는 펀드 B를 매수하고자 하며, 펀드 B의 주식 둘에 대해 자신들의 주식 하나를 발행함

결 과

펀드 B의 주주들에게 주식을 발행한 이후 펀드 A는 300,000주의 총발행된 주식수를 갖게 됨. 즉, 총 순자산은 60,000,000원임

주당 새로운 순자산가치는 60,000,000/300,000 = 주당 200원임

3) 전환(conversion)

펀드는 어떤 한 유형으로 설립된 후 그 행태를 변경할 수 있다. 이는 법률에서 추후에 일반적인 개방형 투자회사로 변경하거나 폐쇄형에서 개방형으로 변경할 수 있는 펀드의 특정 유형(민영화 또는 구조조정 펀드의 경우)을 정해 놓은 경우에만 가능하다. 만약 전환이 다른 펀드와의 주식 교환에 의해 영향을 받는다면, 펀드의 순자산가치 산출시의 부정확성은 특정 투자자 그룹의 이익을 희석시킬 수도 있다.

(6) 일관성과 명확성

어떤 유형의 가치평가와 가격산정 방법을 선택하든, 모든 증권규제당국은 일관성(consistency)과 명확성(clarity)의 두 가지 주요 원칙에 따라 실행할 것을 요구할 것이다.

일관성은 선택된 가치평가와 가격산정 방법이 반드시 각각의 가치평가와 가격산정 시점에서 모두 동일한 방법으로 적용되고 펀드 운용자나 특정한 주주의 이익을 위해 변경될 가능성이 없다는 것을 의미한다. 명확성은 가치평가와 가격산정의 방법이 잠재적인 매입자들에게 완전히 공개되어야만 한다는 것을 의미한다. 가치평가나 가격산정 방법의 변경은 주주들에게 반드시 알려야 하는데, 일부 국가에서는 주주들이 변경을 원치 않는 경우 투표권을 갖기도 하고, 환매나 매도를 할 수 있도록 허용하기도 한다.

(7) 가격산정에 있어 폐쇄형과 개방형 펀드의 차이

1) 시장에 의해 가격이 결정되는 폐쇄형 펀드 주식

폐쇄형 펀드의 경우, 최초공모가 끝나면 투자자들은 수요와 공급에 의해 가격이 정해지는 유통시장을 통해서만 폐쇄형 펀드 주식을 사고 팔 수 있다. 펀드는 정기적으로 순자산가치를 공표하지만 이는 투자자들이 매매를 결정하기 위해 고려하는 다른 많은 정보들 중 하나일 뿐이다. 이때 순자산가치의 산정은 시장에서 호가되는 자산은 중간가격으로, 기타 자산의 경우는 운용자들의 평가가격에 기초하여 이루어진다. 폐쇄형 펀드 운용자들은 투자자들에게 정보를 제공하는 역할을 할 뿐, 펀드 주식이 거래되는 가격에 대해서는 어떤 책임도 지지 않는다.

2) 매수와 환매시 순자산가치로 가격이 결정되는 개방형 펀드

개방형 펀드에 대한 가격산정은 더욱 중요하고 복잡하다. 개방형의 경우, 펀드 운용자들이 투자자들의 매매가격을 만들어낸다고 할 수 있다. 가치평가에서 가격산정으로 전환하는 과정에서의 형평성과 공정성은 투자자들의 종류에 따라 중요한 사안이 될 수 있다.

가) 부정확한 가격산정으로 일어날 수 있는 형평성의 문제

[표 I-12]는 신규 투자자에게 너무 싸게, 즉 순자산가치 이하로 펀드를 매각하는 경우를 보여준다.

표 I-12 희석화(Dilution)

	순 자 산	발행된 좌	매입한 좌	신규 매입가격	투자된 금액	좌당 순자산가치
개시시점	1,000,000	100,000				10
신규투자자 매입			100,000	5	500,000	
결산시점	1,500,000	200,000				7.5

현재 주당 순자산가치는 7.5이다. 10,000의 가치를 갖는 1,000주를 소유했던 기존의 투자자는 가치가 7,500이 되어 2,500을 잃게 된다. 반면, 200주를 1,000을 지불하고 산 새로운 투자자는 그 가치가 1,500이 된다. 만약 그 펀드가 새로운 좌를 순자산가치보다 높은 가격에 새로이 진입하는 투자자들에게 판다면 그 반대의 결과가 나타날 것이다. 현재 시장에 있는 투자자들은 이익을 볼 것이고 신

규 진입하는 투자자들은 손해를 입을 것이다. 아래의 표는 그 결과를 설명한다.

표 Ⅰ-13 집중화(Concentration)

	순자산	발행된 좌	매입한 좌	신규 매입가격	투자된 금액	좌당 순자산가치
개시시점	1,000,000	100,000				10
신규투자자 매입			10,000	15	1,500,000	
결산시점	2,500,000	200,000				12.5

기존 투자자들은 신규 투자자들의 이익을 희생한 채 단위당 좌당 가치를 높였다. 이러한 현상을 설명하는 단어가 바로 '희석화(dilution)'와 '집중화(concentration)'이다. 즉 [표 Ⅰ-12]에서는 기존주주들은 그들의 이익을 희석화 했고 [표 Ⅰ-13]에서는 자신들의 이익을 집중화했다.

마찬가지로 너무 낮은 가격이나 높은 가격으로 환매할 때 동일한 현상이 일어날 것이며, 물론 이 경우에 있어서도 이익을 얻는 자와 손해를 보는 자가 나타나게 될 것이다.

여기에서 보여준 예는 설명을 목적으로 했기 때문에 과소 또는 과대 가치평가의 극단적인 경우를 보여준 것이며, 실제로 오류가 발생하는 경우는 훨씬 적다고 할 수 있다. 하지만, 이러한 희석화와 집중화의 효과가 나타나는 것은 사실이며, 만약 오류가 오랜 기간 동안 지속적으로 존재한다면 그 효과의 정도 또한 커지게 될 것이다.

투자자들이 갖는 상대적인 손익의 비율은 기존의 자산과 관련하여 잘못된 가격으로 이루어진 거래의 양, 그리고 진정한 순자산가치와 잘못된 가격간의 괴리 정도에 따라 결정된다.

나) 증권의 성격상 일어날 수 있는 형평성의 문제점

정교하게 만들어진 가치측정 방법이라 할지라도 그 원칙에만 집착하는 것은 커다란 오류를 가져올 수 있기 때문에 주의를 기울일 필요가 있다. 그러나 바로 그러한 시장의 관행이 형평성에 문제를 일으키는 원인이 되기도 한다.

그 이유는 증권들이 거의 대부분 단일가격에 의해 거래되지 않기 때문이다.

대부분의 시장에서는 매수-매도 호가가 있다. 하나의 증권은 그것을 사고자 할 때 팔고자 하는 투자자들에게 제의되는 가격보다 좀더 높은 가격으로 제안된다. 그 두 가격의 차이가 '스프레드'이고 이것은 시장조성자(market maker)나 딜러의 이익의 원천이다.

매수-매도 호가의 크기는 증권의 성격, 거래량, 그 증권이 거래되고 있는 시장에서의 관행에 의해 결정된다. 이제, 주식가격의 2%의 스프레드를 가정한다. 선진화된 시장이라면 활발히 거래되는 주식들의 가격 스프레드는 0.5%까지 낮아질 수 있다. 그러나 그러한 시장에서조차 비교적 유동적이지 못한 증권의 가격 스프레드는 10%까지 올라 갈 수도 있다. 이 경우 거래세(transaction taxes)는 고려하지 않은 것이며 거래세가 고려된다면 스프레드의 폭은 훨씬 넓어질 것이다.

매수-매도 스프레드

다음의 예는 매수-매도 스프레드가 좌당 가격에 미칠 수 있는 영향을 설명하고 있다. 만약 펀드가 ZZ 기업의 주식을 사고자 한다면 101의 매수가를 지급하고 그 거래가 행해질 수 있도록 브로커에게 수수료를 지불해야 한다. 만약 ZZ 기업의 주식을 팔고자 한다면 그 펀드는 매도가인 99만을 받으며 또한 브로커에게 수수료를 지불하여야 한다. 매도가와 매수가는 공시되어야 하며 시장에서는 앞서 한 계산에 거래세가 함께 고려되어야 할 것이다.

<u>ZZ기업 주식거래의 예</u>

ZZ주식의 구입시 총비용:	102
구입시 지불해야 할 수수료 추가:	1
ZZ주식의 매수가:	101
ZZ주식의 중간시장가격:	100
ZZ주식의 매도가:	99
판매시 지불해야 할 수수료 차감:	1
ZZ주식 판매시 총수익:	98

매수-매도 스프레드는 98-102로 중간시장가격의 4%이다.

이러한 가격 스프레드가 존재하는 증권들에 대해 펀드 투자자들은 펀드 포트폴리오의 가치평가시 각각의 증권들에 대한 매도가와 매수가의 시장가치로 어떤 것을 선택할지 의문을 갖게 될 것이다.

(8) 개방형 펀드의 가격산정에 관한 다양한 근거

각국에서 사용되는 개방형 펀드의 다양한 가격체계들은 위와 같은 의문에 대한 다양한 해답을 제시하고 있다.

1) 단일 중간시장 가격산정(middle market single pricing)

가장 간단한 해답은 자산의 판매나 구입시 포함되는 스프레드와 판매비용을 무시한채 가격산정을 할 때 중간시장가격을 근거로 하는 것이다. 따라서 가격스프레드가 98~102인 앞의 예에서처럼 증권의 가치는 실제로 100으로 책정될 것이다. 이때 펀드는 투자자들이 살 수 있는 단 하나의 단일가격을 가질 것이다. 수수료는 이 가격에서 더해지거나 차감될 수 있다.

이러한 시스템은 1970년대 미국에서 개발되어 뮤추얼펀드에서 주로 사용되어왔고, 현재는 영국에서도 보편적으로 사용되고 있다. 이 방법은 일반인들이 이해하기에 쉽고 간단하다. 또한 증권들이 대량으로 자유롭게 거래되고 거래비용이 적당하며 펀드가 대규모인 시장에서 적절하게 적용될 수 있다. 또한 이 시스템은 다양한 투자자들 사이에서 형평성에 관한 심각한 문제를 일으키지 않는다. 이러한 접근법을 채택한 증권규제자들은 이러한 과정이 수학적으로는 완벽하지 않다고 보지만 장기적인 관점에서, 많은 포트폴리오 증권들과 펀드의 거래 등에 있어서 자체적인 균형을 이룰 것으로 예상하고 있다. 그러나 스프레드가 크고 거래비용이 높거나 펀드 포트폴리오의 상당부분이 거래되지 않는 자산들로 이루어져 있을 경우, 이러한 시스템이 특정 투자자들에게 심각한 불이익을 줄 가능성도 높다.

2) 개념상의 수수료를 고려한 단일 중간시장 가격산정

이 방법을 통해 단일 중간시장 가격산정에서의 가격 스프레드의 부정적인 영향을 조정하는 것이 가능하다. 이는 매수시 개념상의 수수료를 매수가격에 더하고 판매시에는 차감하는 것이다. 이러한 수수료는 증권들을 사고 팔 때 펀드가 발생시키는 비용을 반영한다.

이러한 시스템은 프랑스에서 만든 SICAV(Societe d'Investissement a Capital Variable)에서 사용하고 있는데, 단점은 투자자들이 자신이 왜 수수료를 내야하는지를 좀처럼 이해하지 못하며, 이러한 이론이 그 이유를 명백하게 설명해줌에도 불구하고 많은 투자자들은 이 수수료가 펀드 운용자들에게 돌아갈 것이라고 생각한다는 것이다.

3) 희석화 부담을 고려한 단일 중간시장 가격산정

단일 중간시장 가격에 대한 조정은 투자자에 의해 자동적으로 지불되어야만 하는 것은 아니다. 가격에 대한 조정이 없이는 특정 투자자군이 피해를 볼 상황인 경우, 펀드의 매입 및 매도시의 희석화를 피할 수 있도록 관리자에게 권한을 부여하여 투자자들에게 일정 금액을 징수토록 하는 것이 하나의 대안으로 이용되고 있다. 펀드의 자산을 처리하는 데 따라 발생하는 거래비용의 규모에 따라 펀드 주식을 발행하거나 환매할 때 부담하게 되는 이러한 징수액은 기존의 투자자들에게 발생되는 거래비용을 보충하기 위해 펀드로 불입되어진다. 이는 모든 투자자들에게 공정하게 징수되어야하며 청약이나 환매시 두 번 징수되어서는 안된다. 이러한 시스템은 영국의 개방형 투자회사에 의해 채택되는 시스템으로 현실적인 방법으로 인식되고 있다. 또한 관리자가 징수를 하게 되는 상황과 관련된 지침을 마련하는 권한을 갖기 때문에 변동적이라 할 수 있다. 그러나 투자자들이 징수 여부와 그 시기에 대해 모른다는 단점을 지닌다. 실제로는 아주 극단적인 경우를 제외하고는 징수가 아주 작은 비율 이상 되지 않으므로 크게 중요하지 않을 수도 있다.

4) 이중 가격산정(dual pricing)

중간시장가격을 조정하여 대안으로써 사용되는 방법이 이중 가격산정시스템이며, 이때 펀드는 본질적인 주식시장 거래의 특성을 반영한다고 볼 수 있다.

이중 가격산정에서는 좌에 대해 매도가와 매수가라는 두 가지 가격을 갖는다. 환매 요청자가 받는 매도가는 포트폴리오에서의 증권의 매도가 기준이며 명목 중개 수수료를 차감한 액수이다. 펀드를 사기 위해 지불되는 매수가는 포트폴리오에서의 매수가 기준이고 명목 중개 수수료가 합산된 금액이다. 펀드 가격 스프레드는 펀드 포트폴리오의 주식들의 실제 스프레드로 결정될 것이기 때문에 스프레드는 펀드마다 그리고 포트폴리오에 따라 다양해질 것이다. 소자본의 잘 거래되지 않는 회사들에 투자하는 펀드의 가격 스프레드는 대규모의 우량 주식에만 투자하는 펀드의 가격 스프레드보다 훨씬 더 클 것이다.

이중 가격산정이 가격산정의 문제점에 이론적인 훌륭한 해결책이 될 수는 있지만, 좌당 가격 스프레드가 크다는 문제가 있다. 또한 일반인들이 이해하기도 어렵다. 비록 이 시스템이 영국의 신탁산업에서 50여 년간 사용되어 온 방법이지만, 최근에는 점차 단일 가격산정으로 바뀌고 있는 추세이다.

(9) 역사적 가격산정(historical pricing)과 선도적 가격산정(forward pricing)

1) 역사적 가격산정

가격산정과 관련된 또 다른 주요 이슈는 개방형 펀드를 역사적 측면에서 다룰 것인가 선도적 측면에서 다룰 것인가이다. 역사적인 시스템을 사용하여 펀드의 가치를 매기고 가격을 공표하면 이 가격은 새로운 가격이 계산될 때까지 가격산정시점(pricing point)이라 하여 투자자들의 거래시 유효한 가격이 된다. 펀드가 매일 가치를 평가하게 되면 가치평가가 보통 장의 후반부에 이루어질 것이며, 그 다음날 아침에 공시될 것이다. 그리고 그 날의 거래는 모두 그 공시된 가격으로 이루어질 것이다.

그림 I-9 역사적 가격산정 -지난 가격산정 시점에서 주문 실행

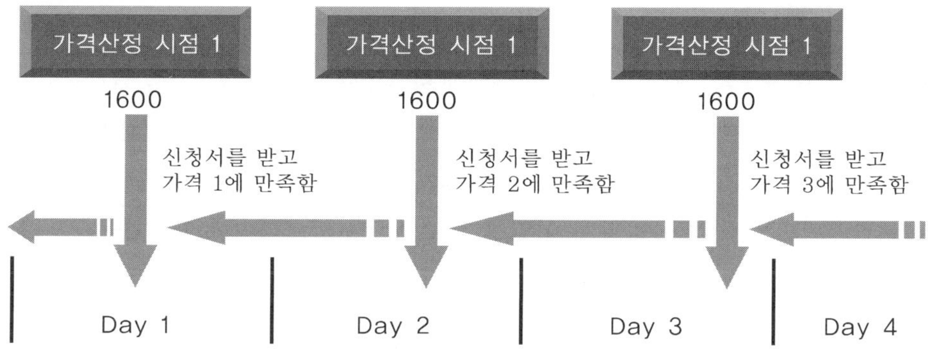

2) 선도적 가격산정

선도적 가격산정시스템을 사용하면 펀드는 그 날의 투자자들로부터 거래주문은 받을 수 있지만 다음 가격산정시점까지는 그 거래를 이행할 수 없다. 그리고 이후에 모든 거래를 그 가격으로 시행하고 가치평가를 하기 전에 받은 주문만 그 가치평가로 결정된 가격으로 이행된다. 가격산정시점의 1초라도 후에 받은 주문은 미뤄져서 다음 가격산정시점에서 진행된다.

그림 I-10 선도적 가격산정 -다음 가격산정 시점에서 주문 실행

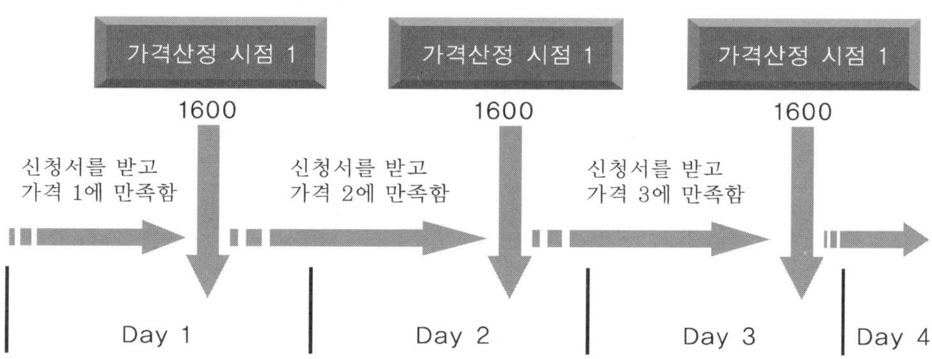

3) 역사적 가격산정의 단점

역사적 가격산정은 투자자들이 이해하기는 쉽지만 매우 심각한 약점을 지니고 있어 대부분의 나라에서는 선도적 가격산정을 사용하고 있다. 특히 역사적 가격산정은 투자자 —특히 내부자들— 에게 알려진 사건들을 이용해 이익을 볼 수 있도록 해 준다. 만약 시장이 현격히 상승장이 된다면 투자자들은 펀드의 가치가 평가되면 가격이 올라가서 이익을 보고 팔 수 있으리라는 사실을 알고 있기 때문에 여전히 어제의 가격으로 살 수 있으며, 만약 시장이 급격히 하락한다면 투자자들은 어제의 시장가격에 근거를 둔 가치평가에서 나온 좀더 높은 가격으로 여전히 팔 수 있다. 만약 규제가 없어 펀드 운용자가 자기의 계산으로 거래하며 자신들의 펀드에 있는 주식들을 살 수 있다면 불건전하게 이익을 얻게 될 것이다. 이 경우 펀드의 신규 투자자, 투자를 중단하는 투자자 그리고 기존의 투자자들까지 이익이 희석될 것이다. 가치평가가 주별 또는 월별처럼 그 기간이 길어진다면 역사적 가격산정 방법의 사용에 따른 기존 투자자의 이익 감소가 훨씬 더 커질 것이다.

투자자들에게 불확실한 가격으로 거래하도록 유도하는 것은 어려운 일처럼 보이지만, 실제로 대부분의 투자자들은 고정된 좌수보다는 고정된 액수로 투자하고자 한다. 또한 펀드는 단기간의 투기적 투기자들을 대상으로 하는 것이 아니라 주로 장기간의 저축자들이나 투자자들을 대상으로 하고 있다. 미래의 불확실한 가격이 기대보다 높으면 손해가 될 것이고, 기대보다 낮으면 이익을 볼 수 있다는 사실은 5년이나 10년이라는 긴 시간에 걸쳐 그들이 기대하는 수익률을 생각할 때 그다지 중요한 문제가 되지 않을 것이다.

(10) 주체(principal)로서 거래하는 것의 효과

주체로서 거래하는 것과 대리인으로서 하는 것의 차이점은 반드시 이해해야 할 중요한 문제이다. 주체로서 행동한다는 것은 운용자나 그 밖의 다른 투자자들로부터 펀드를 매입해서 실제로 소유자가 된다는 것을 의미한다. 운용자는 관리인이나 신탁자로 하여금 새로운 펀드를 설정하도록 하고, 이를 다시 매입한 후, 청산을 위해 관리자나 신탁자가 다시 매입하도록 요구한다. 결과적으로, 펀드 운용자는 투자자와 관리인과의 거래를 할 수 있는 딜러로서의 역할을 수행하게 되는 것이다.

대리인으로서의 운용자나 그 밖의 다른 사람은 단순히 거래를 진행시키지만, 절대로 펀드를 소유하지는 않는다. 중개인이나 딜러에 있어서도 주체와 대리인과의 차이는 동일하게 나타난다. 시장조성자라고 불리는 딜러는 그가 재매입하는 주식들이 그 자신의 계좌로 들어오고, 그가 팔려고 내 놓은 주식들이 실제로 그의 소유라는 점에서 주체로서 활동하게 되는 것이다. 이러한 활동을 통해 딜러는 자본 이익을 얻게 되는 반면, 대리인으로서 활동하는 중개인은 증권의 구입과 판매를 일치시켜줌으로써 거래를 진행시키고 그에 따른 커미션을 받을 뿐이다.

만약 펀드 운용자가 자신이 관리하는 펀드를 소유하고 투자자들로부터 이를 직접 매입한 후 다른 투자자들에게 되팔거나, 관리인이나 신탁자로 하여금 그에게 팔 수 있는 좌수를 만들도록 요구하거나, 또는 재매입하여 자신이 소유하는 좌수를 청산할 수 있도록 허용된다면, 펀드 운용자는 주체로서 행동하는 것이 될 것이고, 이러한 사실은 투자자에게 명확히 알려져야만 할 것이다. 그리고 투자자들은 이러한 과정에서의 잠재적인 갈등이 내재되어 있음을 인지할 수 있을 것이다.

만약 펀드 운용자가 역사적인 가격산정시스템하에서 주체로서의 역할을 할 수 있도록 허용된다면 상승장일 때 다음날의 가격이 올라가서 이익을 보고 되팔 수 있을 것이라는 사실을 알고 대량의 좌수를 만들고자 할 것이다. 그러나 이는 그 펀드의 기존의 투자자들의 이익을 희석화 시키는 효과를 나타낼 것이다. 그리고 펀드 운용자들이 다음날 좀더 낮은 가격으로 좌수를 만들어 내거나 되살 수 있다는 사실을 알게 되는 특수한 상황에서는 공매(short-sell)의 가능성도 존재하게 된다.

특히 미국의 경우를 포함하여 대부분의 법제도하에서는 운용자들이 어떤 상황에서건 주체로서 활동하는 것을 금지하고 있고, 몇몇 국가들만이 특수한 경우에 한정해서 인정해주고 있다. 예를 들어 운용자가 환매에 필요한 자산을 신속히 매도하지 못하고 있는 상황에서 최후의 환매자로서 행동할 것을 요구받는 상황이 그러하다.

(11) 수 수 료

다양한 관리에 따라 펀드에 부과되는 요금이나 수수료(charges or fees)는 아래와 같이 다양한 범주로 분류될 수 있다.

○ 펀드의 선취 판매수수료(front end loads)
○ 투자자들이 펀드를 환매할 때 환매수수료
○ 거래에 적합하도록 편리한 숫자로 좌당 가격을 반올림 또는 내림하기
○ 고정된 기준에 의한 운용수수료
○ 자산의 비율에 기초한 운용수수료
○ 성과에 기초한 운용수수료
○ 보관자나 신탁자에게 주어지는 지급
○ 감사인에게 주어지는 지급
○ 세금지급
○ 규제비용의 지급
○ 거래를 성사시키기 위해 중개인에게 지급하는 수수료

이러한 수수료가 모든 펀드에 똑같은 방식으로 적용되는 것은 아니다. 다양한 법제적 기초하에서 구축되어진 여러 다른 제도와 펀드는 다양한 조합의 수수료와 요금 체계를 채택할 것이며, 증권규제당국은 특정 형태의 수수료를 금지하는 경우도 있을 것이다.

여러 규제시스템이 허용가능한 수수료를 명시하고 성과요금 등과 같은 형태의 수수료는 금지하고 있다. 또한 수수료에 제한을 두기도 한다. 이러한 제한에는 특정 수수료에 대한 것도 있고, 특정 기간 동안 부과되는 수수료 전체에 대한 것도 있다. 수수료는 일관적이어야 하며 명시적으로 정기적인 간격에 따라 부과

되어야 한다. 성과를 조작하기 위해서 일정 기간 동안만 수수료를 부과하는 방법 등으로 펀드 안내서나 계약서류 등의 내용과 다르게 하는 것은 허용되지 않으며, 대부분 펀드 소유자의 동의 없이는 수수료를 높이는 것 또한 금지하고 있다.

일반적인 투자자들로 이루어진 경쟁이 적은 시장의 경우, 수수료를 통제하는 시스템이 더욱 필요하다. 반면, 경쟁적이고 투명한 공시가 이루어지는 좀더 성숙된 산업에서는 이러한 통제의 필요성이 덜하다. 금융기관과의 경쟁 또한 여기에 영향을 미친다고 볼 수 있다. 예를 들어 은행이나 예금기관들은 예금에 대해 초기수수료를 부과하지 않기 때문에 MMF 형태의 펀드에 대해서도 초기수수료를 징수하는 것이 어렵다. 왜냐하면 그러한 수수료 부과는 펀드의 경쟁을 저하시키기 때문이다.

1) 초기수수료(initial charges)

아직 성숙되지 않은 자본시장이나 펀드 산업의 경우, 펀드 운용자가 펀드 판매시 초기수수료를 부과하고자 할 것이다 —이것은 선취수수료(front end loads)나 판매수수료(sales loads)로 불린다. 이러한 수수료 부과의 목적은 초기 비용으로 마케팅 비용을 충당하고자 하는 것이며, 이와 함께 이익을 추구하고자 하기 때문이다. 이러한 발전의 초기 단계에서는 대개 초기수수료는 순자산가치의 5~8% 정도이다. 펀드 운용자는 판매 대리인이나 유통업자에게 그 수수료의 일부를 지불한다. 보통 초기수수료는 펀드의 순자산가치에 합산된 후 분리되어진다. 어떤 경우에는 초기수수료가 펀드의 가격에 합쳐져 다른 형태의 매수-매도 스프레드를 형성하기도 한다.

시장이나 산업이 발전하고 펀드 운용자가 늘어남에 따라 경쟁도 심화되고 보다 낮은 초기수수료가 경쟁의 수단으로 사용될 가능성이 커지고 있다. 따라서 초기수수료는 전체적으로 2~6% 정도로 낮게 책정될 것이다. 초기수수료에 대한 압력은 결국 수수료 부과가 없는(no-load) 펀드를 늘리게 될 것이다. 이 경우 초기수수료는 전혀 없고, 운용자들은 오랜 기간 동안 연간 운용수수료를 받을 수 있는 펀드를 통해 이익을 얻고자 한다. 경우에 따라서는 좀더 높은 연간수수료가 부과되기도 하고, 미국의 경우에는 12(b)-1 charge로 알려져 있는 부가적인 특수 마케팅 수수료가 부과되기도 한다.

만약 펀드에 초기수수료가 부과된다면 많은 운용자들은 매수량에 따른 할인(discount)시스템을 이용할 것이다. 이는 매수량에 비례하여 수수료가 감소하기 때문에, 소규모의 투자만이 수수료를 모두 지불하고 보다 큰 규모의 투자는 수수료의 수준이 점점 낮아져 아예 0이 되는 경우도 있다. 가끔씩 운용자들은 명시된 기간 동안의 거래량을 합산하여 그 기간 동안 이루어진 거래를 바탕으로 수수료를 낮출 수도 있다. 초기수수료가 부과되는 방법은 때때로 논란의 대상이 되기도 한다.

가) 유인 거래(sweetheart deals)

새로운 대규모 투자자를 끌어오기 위해 특별히 초기수수료를 할인해 주거나, 다른 투자자에게는 제공되지 않는 특별한 혜택을 제공하기도 한다. 이는 명백하게 불공정한 것이고, 미국을 비롯한 많은 국가에서 이러한 관행은 법적으로 금지하고 있다.

나) 커미션과 수수료의 이해상충

분명히 투자자들은 낮은 초기수수료를 내거나 아예 내지 않음으로써 이득을 보게 된다. 그러나 브로커나 재무상담사, 또는 다른 전문적인 상담가 등을 통해 펀드가 판매되고 그들의 일이나 자문에 대한 보수로 커미션이 주어지지 않는다면, 판매수수료가 없거나 낮은 펀드는 매력적이지 못할 것이다. 따라서 상담가들은 그보다 낮거나 전혀 수수료가 없는 비슷한 펀드가 존재할지라도 그들에게 커미션을 지불할 수 있을 정도의 충분한 초기수수료가 부과되는 펀드를 선택하게 된다.

낮은 수수료를 갖거나 아예 수수료가 없는 펀드의 운용자가 재개(renewal) 또는 실적(trail)수수료를 지급함으로써 해결될 수 있다. 즉, 상담가들이 직접적인 커미션을 받지는 않지만, 투자자들이 그 펀드에 투자를 지속하는 한 연간 실적수수료를 지급받을 수 있다는 것을 의미한다. 이는 상담가들에게 펀드에 투자하고 있는 투자자들을 유지하게 만드는 유인이 되기 때문에, 펀드 운용자나 상담가 모두에게 이득이 된다. 상담가는 커미션을 위해 신규 투자자에만 의존하거나,

하나의 펀드에서 다른 펀드로 기존의 투자자를 이동시키는 것보다는 이러한 방법을 이용함으로써 일정한 연간 수익을 얻을 수 있게 된다.

또한 상담가의 고객과 상담가가 협정을 통해 판매수수료가 없는 펀드로 결정을 내린 경우라도 해도 펀드에 대해 커미션을 지급하는 것은 가능하다.

다) 실적수수료(trail commission)의 지급

실적수수료 지급에 대한 접근방법에는 두 가지가 있다. 운용자가 자신의 연간 운용수수료에 대한 수수료를 지급함으로써 그의 이익을 줄일 수 있는데, 이는 연간 운용수수료에 대한 상향 압력을 주게 되어 운용자가 다시 자신의 이익을 회복하고자 하는 동기를 제공하게 될 것이다.

미국은 투자회사법(Investment Companies Act)이 이러한 형태의 징수를 허용하는 것으로 해석된 이후, 12(b)-1에 의한 지급으로 알려지고 있다. 이것은 운용자가 판매수수료 없는 펀드에 대해 수수료를 지급하는데, 이 비용은 결국 운용자 자신에게로 돌아가고 운용자는 이 비용을 조달해야만 할 것이다. 운용자는 펀드에 대한 추가적인 12(b)-1 수수료를 통해 환급을 받게 되며, 운용자의 '투자'를 보호하기 위해 약 5년 정도 부과되고 사라지게 될 점감적인(tapering) 환매수수료가 부과된다.

각각의 투자에 따른 수수료의 수준이나 수수료가 지급되는 대상 등을 결정하기 위해서는 정확한 관리가 필요하며, 이와 관련된 사항은 상당한 복잡하게 얽혀 있다. 12(b)-1의 경우, 법적으로 수수료 부과가 투자의 기간과 일관성 있게 부합되어야 한다. 그렇지 않을 경우에는 초기수수료에 대한 초기 자금조달이 충분히 이루어진 후에도 오랜 기간 동안 펀드 운용자가 계속해서 수수료를 지급받게 될 가능성이 있기 때문이다.

2) 환매수수료(redemption charges)

가) 환매수수료 또는 후취수수료(back end load)

만약 펀드 운용자가 낮은 초기수수료를 부과하고 투자자는 판매후 단 기간내에 이를 다시 되판다면 초기수수료는 구입 및 판매 거래를 하는 과정에서 발생되는 비용을 초과하지 않을 것이고 운용자는 손해를 보게 될 것이다. 초기수수료를 전혀 받지 않고 운용자가 그것을 보충해줄 만큼의 연간수수료나 12(b)-1 수수료를 받지 않는다면 똑같은 결과가 나타날 것이다. 이러한 이유로 펀드 운용자는 직접적으로 환매수수료를 부과하게 된다. 이 수수료는 보통 펀드의 순자산가치에 대한 비율로 표시되며, 초기 환매에 대한 동기를 없애려는 목적으로 부과되기도 한다.

나) 후취수수료의 점감

하지만 일정한 수준의 환매수수료는 투자자에게 매력적이지 못하며 투자를 오히려 지연시킬 것이다. 대안은 후취수수료를 점차 줄여서 첫해에 환매 부담을 가장 크게 한 후 해마다 줄여나가 몇 년후에는 환매수수료가 부과되지 않도록 하는 것이다. 이는 미국에서 흔한 경우이며, 점감형(tampering) 후취수수료라고 일컫는다. 판매수수료가 없는 펀드의 경우, 이러한 수수료는 운용자가 투자자를 유치하기 위해 필요한 '투자'를 보호하기 위한 수단으로 인식되고 있다.

이러한 환매비용은 장기투자자들에게는 매력적이지만 단기투자자들에게는 그렇지 못하기 때문에, 초기수수료를 줄이거나 완전히 없애게 된다면, 펀드 소유주들은 환매비용을 포함하는 시스템을 더 선호하게 될 것이다. 그러나 투자자는 처음부터 명백하게 명시되지 않는 수수료를 꺼려하기 때문에 수수료에 대한 투명한 공시가 중요하다. 또한 1~2년 후에 지분을 매도하고자 하는 투자자들은 환매수수료가 처음부터 명시되어 있다 할지라도 이를 잊어버릴 수도 있으며, 이에 따라 투자자들이 불평을 하게 될 수도 있다.

3) 반올림(rounding)

개방형 펀드의 좌가 계산될 때, 정확한 순자산가치는 소수점자리로 떨어질 수 있다. 예를 들어 정확한 값은 55.83579일 수 있다. 대부분의 시스템에서는 거래하기 편리한 가격으로 반올림되어지기 때문에 앞의 예는 55.84가 될 것이다. 펀드 운용자가 좌를 처리할 때 주체로서 역할을 한다면, 반올림하는 과정에서 조정을 하게 될 수도 있어, 이러한 남용을 막기 위해서는 법률적 제약이 필요하다. 예를 들어 통화단위의 소숫점 둘째자리까지 반올림하는 하는 것이 허용된다면 555.366은 555.37로 반올림되어 0.004만큼의 반올림 조정차액이 생기게 된다. 그러나 그 값이 10배로 나누어진 값인 55.5366이라면 이 값은 55.54로 반올림되어 좀더 높게 가격이 매겨진 원래의 좌와 동일한 가치를 지니는 좌에 대해 앞 예의 조정차액인 0.004의 10배인 0.04만큼으로 조정차액이 만들어지게 된다.

이러한 시스템하에서 운용자는 좌의 가격을 낮게 유지시킬 동기를 가질 것이고, 그것은 좌를 세분화시킴으로써 쉽게 달성될 수 있을 것이다. 허용된 반올림의 조정에 의한 차액은 보관자나 수탁자가 펀드에 다시 귀속시키도록 하는 것이 보다 바람직하다.

5. 펀드의 발행과 환매

투자자들에 대한 펀드의 매도와 환매는 가치평가와 가격산정의 마지막 과정이라고 할 수 있다.

신탁형, 계약형 또는 회사형이든 개방형 펀드는 발행과 환매를 감독하는 특정한 규정에 의해 제약을 받게 된다. 회사형 펀드의 경우, 일부 회사법에서는 주식이 지속적으로 발행되고 환매되지 못하도록 규정하고 있기도 하다. 규정의 형태는 다양하지만, 펀드가 운용된 이래 80여 년에 걸친 시행착오 끝에 완성된 일반적인 특성이 있다.

(1) 개방형 펀드와 폐쇄형 펀드의 상이한 요건

개방형과 폐쇄형 펀드에 대한 발행과 환매시 요건은 매우 다르다. 개방형은 매일 —또는 최소한 격주로— 발행하고 환매해야만 하는 반면, 폐쇄형은 제한된 기간에만 발행되며 거의 환매하지 않는다. 회사형 펀드의 주식을 발행하고 환매하는 데에는 기술적인 차이점이 존재한다. 즉, 주식의 공모는 통상적으로 증권법이 관할하지만, 신탁형 펀드의 단위는 국내법에 의해 증권으로 정의되지 않는 경우도 있다. 계약형 펀드의 지분(participations) 또한 항상 증권으로 정의되는 것은 아니다.

판매를 위한 공모 —펀드의 지분에 대해— 는 통상적으로 투자설명서라고 불리는 문서에 의해 항상 제약을 받는데, 투자설명서의 내용은 증권규제당국에 의해 규제를 받는다. 투자설명서의 개정은 일반적으로 규제당국에 등록해야 하며, 이러한 개정의 고지는 효력을 발휘하기 전에 매스미디어를 통해 공개되어야만 한다. 증권규제당국은 잠재적인 투자자들이 필요에 따라 이용할 수 있도록 또 다른 형태의 문서를 요구할 수도 있는데, 이는 출자 또는 환매를 포함하는 특정 정보의 공개시 적용하기 위한 것이다.

1) 회사형의 폐쇄형 펀드 주식의 발행

회사형의 폐쇄형 펀드의 발행 절차는 통상적으로 합자회사(joint stock companies)의 증권을 발행하는 것과 매우 유사한데, 본서에서는 이와 관련된 구체적인 내용을 다루지 않는다.

회사의 설립 구조는 국가마다 다양하다. 종종 개인들이나 회사들의 그룹이 회사의 발기인(founders)으로서 활동할 것을 요구받는데, 증권규제당국에 의해 허가를 받거나 증권거래소에 상장한 경우, 또는 두 가지 방법 모두를 통해 펀드를 설정할 수 있는 회사로 등록하게 된다. 발기인은 단순히 회사를 만들기 위한 자본조달을 하거나 증권규제당국이나 증권거래소에 의해 설정된 최소의 준비금을 마련해야 한다.

다음 단계는 증권규제당국의 요구사항에 부합되도록 투자설명서에 따라 펀드 주식을 공모하여 보다 많은 자본을 모집하는 것이다. 일부 국가에서는 발기(founding) 조항이 필요하지 않도록 되어 있어 최초의 공모를 통해 펀드가 설정될 수 있다.

가) 투자설명서와 최초 공모

투자설명서의 내용은 관련 증권법하의 모든 공개기업의 투자설명서에 적용되는 것과 동일한 규정에 따르도록 의무화되어 있다. 투자설명서의 일반적인 내용은 10장에서 소개하고 있다.

대부분의 기업이 주식 발행을 위해 투자설명서를 공개하고 참가신청서와 자금을 출자받을 수는 있지만, 폐쇄형 펀드의 경우 일반적으로 은행(주식에 대한 자금을 현금으로 받기 위해)과 브로커를 선택하거나, 또는 주식 공모를 활발히 하기 위해 은행(때때로 발행의 스폰서로 사용됨)만을 선택할 것이다. 일반적으로, 이러한 매개체는 발행된 금액에 따라 수수료로서 보상받게 될 것이다. 규제당국은 규제를 받는 기업의 설립에 대한 제약을 위해 이러한 주식 공모의 매개체로서의 활동을 제한할 것이다.

통상적으로 선진 금융시장에서는 투자설명서에 신청 형식을 포함시키고, 모든 신청은 투자설명서에 기초하여 만들어지도록 하며, 투자설명서 내에 모든 정보를 포함시키도록 하고 있다. 수표발행신청서, 은행가들의 어음 발행, 또는 기타 다른 지급 수단 등은 투자설명서에 기재되어 있는 최종일까지 은행이 발행의 발기인으로서 활동한다는 사실은 가입자들에게 전달될 것이다. 은행은 이러한 액수를 공모 기간이 끝날 때까지, 또는 일부 국가에서는 펀드가 특정한 법정 최소규모에 도달할 때까지, 투자에 따라 면제되지 않는 특정한 계정으로 지급할 것이다.

마감일이 지나 실행이 가능해지면 곧바로 발기인들은 신청된 주식의 수와 총가치를 공표할 것이다. 최소한으로 약정되어진 것 이상의 총액이 공표되면, 은행가들은 자금을 특별 계정에서 회사의 계정으로 전환할 것이며, 출자자들에게는 그들의 신청이 받아들여졌다는 확정문서를 발행할 것이고, 주주들의 등록이 이루어지고, 이러한 내용은 공식적 또는 비공식적으로 주주들에게 알려질 것이다.

일반적으로, 임원이나 발기인 등은 거래소에 상장된 주식에 대해 사전신청할 것이므로, 주식의 거래는 출자자들에 대한 주식 배분이 이루어지는 며칠내에 개시될 수 있다.

나) 주식의 추가 발행

대부분의 법률체계에서 유한회사는 주주들에게 승인을 받은 경우에만 새로이 주식을 발행할 수 있다. 왜냐하면 많은 경우에 기존의 주주들이 부가적인 주식의 발행으로 인하여 손실을 입기 쉬워지기 때문인데, 특히 주식이 순자산가치로 할인되어 매매되거나 새로운 주식이 기존의 주식 보유분에 비례하여 기존 주주들에게 제공되지 않는 경우에 그러하다.

반면, 새로운 주식이 발행되었을 경우 폐쇄형 펀드의 기존 주주들에게 이익이 될 수 있는 몇몇 상황들이 있기도 하다.

- ○ 만약 펀드의 주식이 지속적으로 순자산가치에 대해 프리미엄을 가지고 시장에서 거래될 경우 매도를 원하는 기존 주주들에게는 이익이 될 것임. 그러나 주식을 더 매입하기를 원하는 기존 주주들에게는 이익이 되지 않을 것임. 만약 많은 기존 주주들이 이를 희망한다면 —아마도 정상적인 출자에 의한다면— 펀드의 임원들은 이러한 주주들의 수요를 충족시키기 위해 새로운 주식의 정상적인 발행은 줄여줄 것을 감독 당국에 요청할 것임. 이러한 발행은 주식이 거래될 때 순자산가치에 대한 프리미엄이 추가적으로 발생하는 것을 막아 새로운 주식 발행을 줄이도록 할 것임. 통상적으로, 폐쇄형 펀드는 그들의 현재 순자산가치 미만으로 새로운 주식을 발행하는 것을 금지하고 있으며, 이는 기존 주주들의 이익을 희석화 시키는 것을 막기 위해 자동적인 메커니즘임
- ○ 예를 들어 펀드 A의 주식은 순자산가치보다 높게 거래되고 또 다른 펀드 B의 주식은 순자산가치보다 낮게 거래된다면, 펀드 B는 순자산가치 이하로 거래한다는 가정하에 펀드 A가 펀드 B를 인수하고자 할 것임. 이와 같이 합병은 프리미엄이 있는 펀드의 신규 주식을 순자산가치보다 할인되어 가치평가된 펀드와 교환함으로써 이루어질 것임. 주식에 대한 인수 가격과 인수된 펀드의 순자산가치간의 차이는 인수하는 펀드의 순자산가치에 더해질 것임

위와 같은 상황은 거의 드문 경우이고, 대부분의 폐쇄형의 회사형 펀드는

처음으로 설정될 당시에 한번만 주식을 발행한다. 보통 폐쇄형 펀드의 최종시한(termination date)은 없지만, 만약 펀드가 여러 개의 상이한 종류의 주식들로 구성되어 있다면 상이한 권리를 갖게 될 것이므로, 자산이 주주들에게 분배되는 환매일은 필수적인 것이 된다. 영국의 'split capital' 투자신탁과 미국의 'dual purpose' 펀드가 이러한 형태를 갖고 있다. 펀드의 투자설명서에 환매일이 정해져 있고, 주주들의 과반수 이상의 의결에 따라 환매일의 변경이 이루어지지 않은 경우라면, 그 환매일은 유효하다.

다) 재매입(buybacks)

몇몇 국가에서 유한회사들(limited companies)은 투자자들로부터 주식을 다시 매입하는 것을 신청할 수 있다. 이러한 경우, 유한회사의 형태에 속하는 폐쇄형 펀드도 역시 신청을 할 수 있다. 폐쇄형 펀드의 경우, 펀드가 순자산가치 이하로 매매된다면 이와 같이 제안될 것이다. 통상적으로, 재매입(buybacks)은 펀드 운용자들의 주요 관심사가 아니다(임원들 사이에서는 중요한 의미를 가질 것임). 왜냐하면 운용자들의 수입인 자산의 규모가 줄어들기 때문이다. 따라서 이러한 재매입은 통상적으로 펀드의 주식이 순자산가치보다 상당히 할인되어 있을 경우, 그리고 펀드의 재편에 대한 외부제안의 위협이 존재하는 경우에 행해진다. 이 경우, 운용자는 재편에 의한 운용계약 중단을 우려하게 되며, 이때 회사의 재매입은 충분히 제안할 만하다. 이러한 움직임은 보통 순자산가치의 할인율을 감소시키는 결과를 가져온다.

일부 국가에서는 기업이 주식을 다시 매입하는 것은 소각을 위해서만 가능하도록 제한하고 있지만, 어떤 국가들은 추후 재판매를 위해 주식을 보관하는 것을 허용하고 있다. 이러한 접근방법은 펀드운용자에게 이득이 되므로 일반적으로 증가하고 있는 추세이다.

라) 기타 다른 폐쇄형 펀드의 지분 발행

보편적이지는 않지만, 폐쇄형의 계약형 또는 신탁형 펀드의 설정이 법적으로 허용되어 있는 경우도 있다. 이러한 경우 폐쇄형 투자회사와 같이 한 번의 공모를 통해 제안된 수의 좌수를 발행하지만, 거래소에 반드시 상장해야만 하는 것은 아니다. 또한 고정된 기간 동안 존속되는 경우도 있다. 또한 이러한 펀드들이 고정된 포트폴리오를 갖는 경우가 있기도 하다. 만약 채권에 투자한다면 이는 보장된 수입을 제공할 수 있음을 의미하므로, 투자자들에게 인기를 얻을 수 있다. 이러한 형태는 미국의 투자신탁(unit investment trusts)에서 선택되고 있다.

이러한 펀드는 회사의 우선적인 설립이 필요 없고, 신탁 또는 계약에 의하여 형성될 수 있으며, 증권규제당국의 승인에 의해 공인받을 수도 있다.

2) 개방형 펀드

신탁형, 계약형 또는 유한회사의 형태 등 어떤 형태이든지 개방형 펀드는 펀드의 환매와 발행에 대해 규제하는 특정한 규정에 의해 제약을 받는다. 회사형 펀드의 경우, 회사법의 일부 조항이 지속적인 발행과 환매를 위해 배제될 수 있다. 이와 같은 규정의 형태는 변화해 왔지만, 이러한 펀드가 운용되어 온 70여 년간의 시행착오 속에서 형성된 공통적인 특징이 있다.

가) 투자설명서

개방형 펀드가 제공하는 투자설명서는 전반적으로 폐쇄형 펀드와 동일한 정보를 포함하지만, 규정에 따라 부가적인 정보를 포함하게 된다. 이러한 내용은 10장에서 확인할 수 있다.

나) 펀드의 매입과 발행 과정

개방형 펀드의 발행과 관련하여 많은 주요 사항들이 있다. 이들 중의 일부는 추후에 보다 자세히 논의될 매우 중요한 것들이다. 또한 거래가 유효한 기간과 지급이 이루어지는 시점, 누군가에 의해 조정되어지는 현금 지급의 방법 등에 대하여 일부의 변형도 있다. 일부 국가에서는 투자자들의 '진정기간(cooling off period)' —제한된 기간까지 거래를 진행시키지 않도록 결정하는 것— 을 둘 수도 있다.

선진국 시장에서 개방형 펀드에 대한 개인적인 투자는 일반적으로 다음과 같이 이루어진다.

그림 I-11 발행 과정

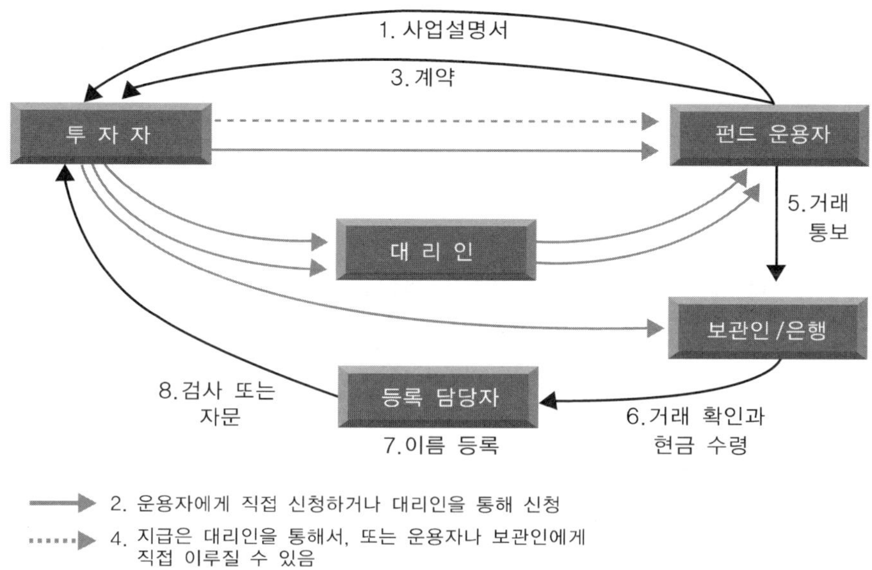

위의 그림의 각 단계는 다음과 같이 보다 자세하게 설명될 수 있다.

○ 투자자는 2단계에서와 같이 신청서를 작성하여 펀드 운용자 또는 대리인에게 보내거나 4단계처럼 아무런 제출 없이 수표, 증거서류 또는 은행이체를 이용할 수 있음. 이 단계에서 많은 운용자들은 투자자들이 고지서를 작성하여 이들이 투자설명서와 관련 서류를 받아서 읽고 이해하는 효과를 높이도록 요구하고 있음. 신청서에는 투자자들의 개인적인 사항뿐만 아니라 배당(투자자에게 지급해야 하는 것 또는 재투자되는 것)에 대한 지침을 포함하고 있으며, 투자자가 배당금을 직접 은행 계정으로 위탁하도록 선택할 수 있는 경우에는 배당의 위탁계약 항목도 포함함. 기술력이 발달되어 있는 국가에서도, 추후에 전자거래나 전화 등을 이용한 거래가 가능하다고는 해도, 계정을 이용하기 위해서는 승인된 신청서의 실제적인 전달이나 우편에 의한 발송, 또는 사무처리 등이 필요함

○ 3단계에서와 같이 펀드의 매매 담당 부서는 거래를 확정하기 위한 어음

(note)을 준비하고 발행할 것임. 이를 아직 받지 못한 경우라면 투자자들에게 지급을 요청하도록 보내짐. 계약어음은 거래일, 거래어음의 일자, 펀드의 이름, 투자자에게 판매된 좌수와 가격, 펀드에 부과된 판매수수료, 지급되었거나 지급가능한 총금액, 계정이자 고객의 참조번호 등을 정함

○ 펀드 운용자는 5단계와 같이 보관자 또는 수탁자에게 거래를 고시함. 투자자들의 환매가 기록되고 이는 은행이나 보관자, 수탁자에게 전달됨(은행으로 전달되는 경우, 은행은 보관자나 수탁자의 수령을 도와줌). 보관자나 수탁자는 펀드 운용자에 대한 지급의 수령을 확정하고, 등록하며(6단계) 펀드의 발행을 인가함. 이와 같은 시스템에서 등록 담당자가 펀드 운용자와 보관자 또는 수탁자로부터 투자자에 의한 매입을 확정하도록 요구하는 것은 사기행위에 대한 보호책의 하나임

○ 등록 담당자는 7단계와 같이 펀드 등록자에게 투자자의 세부사항을 기입하도록 하고 증명서가 요구되는 경우 투자자들에게 소유권의 증명서를 발행함. 대부분의 경우, 펀드 등록자로 진입하는 것은 소유권의 가장 확실한 증거이며, 증명서만이 유일한 증거가 됨. 일부 국가에서는 '등록명부 발췌'가 증거로서 발행됨. 따라서 등록자의 변경은 절차에 따라 엄격하게 조정되도록 제약을 받아야만 함

○ 개도국에서 은행은 자원의 공급자나 보관자, 또는 수탁자로서의 기능을 수행할 수 있는 체계적이고 전문적인 능력을 갖추지 못하는 경우가 많음. 일부 펀드의 경우 이러한 기능을 자체적으로 수행하고 있으며, 독립적인 수탁자를 법적으로 요구하는 곳도 있음. 몇몇 국가에서는 독립적인 등록 담당자를 두도록 요구하지 않으며, 이러한 기능을 펀드 운용자들이 맡아서 하도록 규정하고 있음. 대신, 법률에서 등록을 보관자나 수탁자의 역할 중 일부로 정의하고 있음

증권규제당국은 어떤 역할이 완결되는 시간제한을 설정하고, 합법적인 신청절차를 준수하는 등록자의 진입에 대해서는 최대한의 기간을 설정하고 있으며, 종종 증명서의 발행을 명시하고 있다. 매입량이 지나치게 많아 시스템의 능력이

나 공인된 증권 인쇄장치의 능력을 초과하는 경우가 발생할 수도 있기 때문에, 펀드 운용자는 현실적인 추정 능력을 가지고 관리체계를 구축해야만 할 필요가 있다.

다) 환매 절차

개방형 펀드의 환매 절차는 펀드 운용자 또는 보관자, 수탁자가 주체로서, 또는 대리인으로서 활동하는가의 여부에 따라 달라진다. 보관자나 수탁자가 주체로서 그리고 펀드 운용자가 대리인으로서 활동할 경우, 펀드 증명서의 가장 간단한 절차는 권리포기승인서(renunciation)의 형태로 진행된다. 여기에 서명함으로써 투자자는 보관자나 수탁자에게 소유권을 양도하게 된다. 투자자가 펀드 운용자에게 권리가 포기된 증명서를 보내면, 운용자는 시스템내에서의 거래를 시작하고 확인을 위해 등록담당자에게 증명서를 전달하는데, 이러한 거래는 순서에 따라 이루어지고, 보관자나 수탁자(이들은 등록 담당자로부터 확인을 요구받게 될 것임)는 펀드 운용자에게 현금 환매를 해주도록 승인할 것이며, 이것이 투자자에게 양도된다. 증명을 받지 않은 펀드의 경우, 환매되기 위한 증명서가 존재하지 않고, 서면이나 전화를 통한 승인이 필요하다. 만약 투자자가 증권 PIN 번호나 승인된 코드 단어를 가지고 있는 경우에는 전자양식을 통해 받은 투자자들의 승인이 필요하게 된다.

펀드 운용자가 주체로서 활동한다면, 펀드의 소유권은 펀드 운용자에게로 이동한다. 운용자는 지급하기 전에 등록 담당자로부터 환매의 정당성을 점검하도록 요구할 것이지만, 이러한 지급을 위해 보관자나 수탁자의 승인을 필요로 하지는 않을 것이다. 운용자는 자신의 자산을 통해 지급할 것이고, 따라서 동 펀드를 다른 투자자에게 매도할 것이다.

증권규제당국은 통상적으로 환매의 결제에 대해 시간제한을 설정하고 있다. 매일 가치평가되는 펀드의 경우 일반적인 요구사항은 투자자에게 신속히 처리될 수 있도록 정당한 환매의 수령을 7일에서 14일 내에 이루어지도록 하고 있다.

기존에 설정되어 있는 절차가 없다면, 부정한 환매의 문제를 줄이기 위해 운용자가 취할 수 있는 실질적인 과정은 환매를 신청한 주체인가를 우편이나 전화를 통해 확인하는 것이다.

라) 발행과 환매 과정에서의 공통적인 문제점

새로운 시장에서, 규제자들과 운용자들은 발행과 환매 과정에서 많은 실질적인 문제들에 직면할 수 있다. 이는 주로 즉시성과 거래의 안전성과 관련이 있다.

① 거래의 시기(timing)

매도나 환매 업무가 실질적으로 효력을 나타내는 날짜에 대한 몇 가지 의문점이 제기되고 있으며, 판매대리인 단계에서 주문을 받는 시간과 운용자에게 이를 송부하는 시간상의 차이로 날짜가 지연될 수 있다.

일반적으로 거래가 받아들여지고 계약이나 승인이 운용자에 의해 이루어지는 날짜가 유효날짜라고 할 수 있는데, 어떤 경우는 그 시기에 지급을 받았는가에 따라 달라지기도 한다. 대신 펀드 운용자는 거래를 받아들이고 자신을 대신하여 계약을 체결하기 위해 공인된 대리인에게 권리를 위임할 수 있는데, 이러한 경우 유효한 날짜는 대리인이 계약이나 승인을 확정지은 날짜가 될 것이다.

새로운 투자자가 계약일로부터 자본성장, 배당금 또는 이익, 특정한 매물, 권리 발행, 합병과 인수, 그리고 특별한 좌의 소유권과 맞물려 있는 다른 권리들을 포함하여 자신의 소유권을 충분히 확인하고자한다는 사실을 이해하는 것은 중요한 문제인데, 이는 증권시장에서 일반적으로 나타나는 현상과 유사하다고 볼 수 있다.

일부 국가에서는 펀드의 새로운 매입에 의한 지급(payment)을 계약이 성사된 시점보다 후에 하는 것을 허용하고 있다. 다른 국가에서는 지급을 받을 때까지 계약이 이루어지는 것을 허용하지 않고 있다. 지급이 계약일보다 늦게 이루어지는 경우, 펀드의 순자산가치 산출은 대차 항목에서 채무자로서 나중에 지급하기 위한 지급총액을 보여줄 것을 요구할 것이다. 왜냐하면 펀드는 기술적으로 계약일에 발행되는 것으로 간주되기 때문이다. 일단 지급액을 받게 되면 이는 현금이 될 것이고, 채권자의 범주에서 벗어난다.

만약 지급이 계약일 이후로 허용되고 투자자가 신용으로 매입하는 것이 유효한 경우, 투자설명서에서 정의하고 있는 기간내에 지급을 받지 않는다면 거래는 유효성을 잃고 취소될 것이다. 어떤 경우라도 운용자가 매입에 따른 지급을 받기 전까지는 환매에 의해 매입을 번복하는 것을 허용하지 않는다. 그렇지 않으면 투자자는 단순히 시장이 하락하면 환매를 거부하고 시장이 상승할 때에만 환매를 함으로써 아무런 위험 없이 투기행위를 하게 될 것이다.

판매 대리인의 단계에서 지급이 지연되는 것은 대리인과 그의 고객간의 문제로 다뤄지고 있는데, 왜냐하면 운용자는 아무런 지시를 받지 않은 경우라면 어떤 행동도 취할 수 없기 때문이다.

② 지급(payment)의 조정

펀드의 발행을 나타내고 있는 [그림 Ⅰ-13]에서는 매입이 이루어지는 세 가지 방식 —대리인, 운용자 그리고 보관자나 신탁자에 의한 방식— 을 나타내고 있다. 이들 중에서 가장 현실적인 것은 직접적으로 보관자나 신탁자에 의한 것이라고 할 수 있는데, 이들은 대형 은행이나 신뢰도가 높은 기타 다른 금융기관으로 현금 운반시 도난 당할 가능성이 적은 것으로 판단되기 때문이다. 그러나 은행시스템이 발달되어 있지 못하고 자금 이송이 어렵거나 비용이 많이 소요되는 일부 국가에서는 이러한 방식이 불편할 수도 있다. 따라서 관습에 따라 운용자에게 지급하는 것이 허용되며, 이들은 즉시 보관자나 수탁자에게 자금을 전달한다.

환매와 관련하여 누가 투자자에게 지급하는 것에 책임을 지는가의 문제가 있다. 보관자나 수탁자만이 펀드의 은행계정으로부터 직접적으로 현금을 인출하도록 승인받지만, 환매자금을 운용자에게 보내어 환매받는 투자자 앞으로 전달하도록 하는 것이 보관자나 수탁자에게는 편리하다.

투자자가 환매를 받고 지급을 할 때 운용자가 직접적으로 매입하는 것을 허용하는 관습은 운용자가 투자자로부터 받은 자금과 운용자에 의해 조정되는 특별히 고안된 은행계정에서 투자자에 의해 지불된 자금을 보유하는 시스템을 만들어냈다. 이러한 방식으로 운용자는 일별 거래가 종료된 시점에서 판매의 순잉여 또는 환매의 순잉여가 있는가에 따라 보관자나 수탁자들에 의한 차감액을 매일 산출할 수 있다. 또한 운용자는 거래의 종료에 대한 문서상의 증거를 제출해야 하고, 보관자나 수탁자에게 판매의 잉여분에 대한 지급을 승인하도록 요청해야 한다. 따라서 매 거래일의 종료시점에는 계정이 0으로 균형을 이루고, 보관자나 수탁자가 각각의 거래에 대하여 개별적인 지급 없이 운용자들에 의해 펀드

계정으로의 입금과 인출이 가능해진다.

현금 조정의 가장 큰 위험은 대리인 단계에서 발생한다. 판매 대리인은 종종 무능하거나 부정직할 수 있으므로 이 단계에서의 손실이 항상 우려되고 있다. 1999년 영국의 투자보상계획(Investors Compensation Schemes)의 지급에 대한 분석결과에서는 대리인을 포함하고 있는 경우에 대한 불만사항이 압도적으로 많음을 보여주고 있다.

현실적으로 대리인과 현금의 문제를 다루는 데에는 두 가지가 방법이 있다. 하나는 단순히 그들에게 현금을 운용하는 것을 허용하지는 않지만, 펀드나 펀드 운용회사, 또는 보관자나 수탁자에게 직접적으로 수표나 은행대체(bank transfer)를 통해 지급을 하도록 하고, 투자자들에게 절대로 대리인에게 현금을 지급하거나 그들에게 지급 가능한 수표나 은행대체를 발행하지 않도록 통지하는 것이다. 또 다른 방법은 대리인에게 허가를 내주고 고객의 자금을 운용할 때 다른 허가된 금융상담가들, 주식 중개인 등과 유사하게 설정된 규정을 준수하도록 하는 것이다. 이는 고객의 자금을 상담가나 대리인과 관련된 계정으로부터 분리하여 보관하도록 요구하는 것이다.

③ 진정기간(cooling off period)

일부 국가에서는 투자자들이 잘못된 결정을 내렸다고 느낀 경우나 매입을 하도록 강력한 억압을 받았다고 스스로 판단될 경우, 일정 기간 내에 매매를 취소하는 것을 허용하고 있다. 이는 진정기간(cooling off period)으로 알려져 있다. 이익이 있을 경우 환매에 의해 역으로 미지급 판매를 금지하는 것도 동일한 원리에 의한 것이다. 규정에서는 통상적으로 매입에 대한 완전한 지급을 요구하고 있고, 시장 위험의 실행을 취소한 투자자만이 초기수수료 비용을 보상받도록 하고 있다. 진정기간은 보통 7일에서 14일 사이이다.

(2) 등록의 과정

등록은 주주들의 기록을 유지하는 의무로 설명될 수 있다. 펀드 주주들의 등록 업무와 기타 다른 합자회사(joint stock companies)의 경우(폐쇄형 회사형 펀드가 정확히 이와 같은 경우임)와는 약간의 차이가 있다. 일반적으로 개방형 펀드의 등록은 폐쇄형 펀드의 등록 보다 자주 변경될 것이다.

펀드의 주주들의 등록시에는 필수적으로 이름, 주소와 각각의 등록된 주주들에 의해 보유되고 있는 펀드의 수가 기록되어야 한다. 이러한 등록이 유지되고 일정 기간까지 보관되어야 하는 데는 다음과 같은 여러 가지 이유가 있다.

- ○ 소유권 요구의 정당성을 부여하기 위해 —등록을 포함하는 것은 소유권의 궁극적인 증명이며, 그렇지 않으면 무기명증권이 발행되는데, 이 경우 무기명증권의 물리적 소유는 소유권의 증거가 됨
- ○ 주주들에게 정보가 전달되도록 하기 위해 —보고서, 회의 자료 그리고 기타 다른 정보
- ○ 배당금이나 할당금을 지급하기 위한 목적
- ○ 정기적으로 발행된 전체 좌수를 산출하기 위한 것으로 이는 개방형 펀드의 좌당 정확한 가치를 얻는 데 있어 중요한 것임.

또한 등록은 운용자들의 새로운 상품이나 서비스를 판매하기 위한 우편물의 목록으로서 유용하게 활용되기도 한다. 이와 함께 새로운 기술의 도입은 선진 자본시장에서 펀드의 주주 등록 업무의 특성을 변화시켰다.

1) 펀드 주주들의 등록을 유지하는 책임

펀드의 주주들의 등록을 유지하는 것에 대한 특정한 규정과 요구사항은 각 국가들마다 다른데, 여기에는 두 가지 중요한 고려사항이 있다.

- ○ 주주들의 등록을 유지하는 것은 누구의 책임인가
- ○ 실제적으로 매일매일의 업무를 누구에게 위임할 것인가

책임을 갖는 기관과 업무를 수행하는 기관간의 차이를 구별하는 것은 매우

중요하다. 대부분의 펀드 법률적 체계내에서 위임의 일반적인 원리는 다음과 같다. 보통 펀드 경영에 있어 운용상(operational)의 업무는 위임될 수 있는 반면, 법규와 규정에 의해 특정한 업무에 책임을 갖도록 명시되어 있는 조직은 타인에게 계약을 위임했다고 해도 적절한 업무 수행에 대한 법적 책임을 갖게 된다.

위임과 관련하여 몇 가지 가능한 변형이 있는데, 대부분 펀드의 경영과 관련된 행정적인 기능들이다.

○ 운용회사는 책임이 있지만 보관자가 이러한 서비스를 제공하는 경우 보관자에게 위임하거나 또는 제3자가 이러한 유형의 사업을 수행하도록 허가를 받은 경우나 허가를 받지 않은 경우라 해도 위임이 가능하며, 이는 합법적인 것으로 간주됨

○ 수탁자나 보관자는 책임이 있지만, 운용회사 또는 이러한 유형의 사업을 수행하도록 허가를 받은 기관이나 허가를 받지 않은 기관이라고 해도 제3자에게 다시 위임하는 것이 가능하며, 이는 합법적인 것으로 간주됨

○ 등록은 등록 업무를 수행하기 위해 특별히 만들어진 기관에 의해서만 이루어지거나, 또는 점차 일반적으로 집중화된 수탁자에 의해 이루어지고 있음

○ 회사형 펀드의 경우, 이사들이 주주들의 등록과 위임에 대하여 책임을 갖는데, 통상적으로 전문적인 등록 담당자가 업무를 수행함

2) 등록과 증명 체계

지분에 대한 증명서를 발행하는 것은 일반적이며, 대부분의 등록 담당자들은 무권화 시스템(dematerialized system)으로 전환되는 최근의 상황하에서도 증명서 발급에 대한 요청이 있을 경우 증명서를 발행하고 있다(때로는 부가적인 수수료가 추가되기도 함). 주권 증명서는 순차적으로 번호가 매겨지고 주주의 이름과 보유하고 있는 좌수, 펀드의 이름 그리고 발행일을 포함한다. 개방형 펀드에서는 주주가 환매할 때 자신의 소유권을 포기할 수 있는 형식을 갖기도 한다.

증명을 위해 매입이 추가적으로 이루어지면, 추가증명서 발행이 요구되며,

부분적으로 환매가 된 경우 더 작은 좌수에 대해 새로운 증명서 발행이 요구된다. 이름의 변경, 합병, 분할 또는 통합 등은 모두 보다 많은 또는 새로운 증명서의 발행을 필요로 한다. 결과적으로 펀드의 주주들은 증명서를 분실하는 등의 이유로 환매가 지연되는 경우를 당하게 된다.

그러나 이러한 체계는 특히 새로운 시장의 경우에는 몇 가지 장점을 갖는다. 증명서는 비록 소유권의 최종적인 증명이 되지는 못하지만(무기명주식과 마찬가지로) 물리적으로 존재하기 때문에 실효성이 있는 것으로 간주되고, 따라서 무권화 시스템에 익숙치 않은 투자자들에게는 가치 있는 의미를 갖기도 한다. 더욱이 무권화 시스템은 세련되고 현실적인 IT 체계를 필요로 한다. 증명체계에서는 이러한 수준 높은 기술력을 필요로 하지 않으며 스스로 설정한 조정 메커니즘에 의하여 작동한다.

각각의 증명서의 발행은 기록되어지고 증명서는 물리적으로 발행된다. 그리고 —개방형 펀드의 경우— 환매 이후 폐기된다.

3) 무권화 시스템(dematerialized system)

보다 발전된 등록 시스템은 대부분 전적으로 전자적 기술력에 의존하고 있으며, 여기에는 많은 장점들이 있다. 따라서 이제 더 이상 증명서를 발행할 필요가 없어지고 있다. 펀드 소유자들은 단순히 그들의 보유지분의 기록을 보여주는 '계정에 대한 설명'만을 받게 될 것이다. 이러한 설명은 과거 거래의 기록, 거래의 수, 일자와 가격, 배당금의 지급이나 재투자, 그리고 현재 시장 가격에서의 총 보유주식의 가치와 같이 증명서보다 훨씬 더 많은 정보를 담고 있다. 따라서 이제 부분적인 환매를 위해 평가 증명서나 명칭의 변경, 또는 합병 등이 발생한 경우의 새로운 증명서 발급은 필요가 없다. 무권화 시스템은 효과적으로 은행계정과 거의 유사한 개방형 펀드를 이용하도록 허용한다. 사실, 단기금융시장의 펀드는 실질적으로 은행계정이라고도 할 수 있다.

무권화 시스템은 효과적인 등록을 마케팅 수단으로 이용할 수 있도록 한다. 관련 데이터베이스는 펀드 기준보다 개별 고객의 이름에 의해 등록을 유지하는 것이 현재 보다 일반적이다. 그러나 예전에는 하나 이상의 펀드를 소유하고 있는 경우 펀드 소유자들의 지분을 효율적으로 관리하기가 어려웠다. 예를 들어 동일한 운용회사에 속해 있는 여섯 개의 상이한 펀드를 보유하고 있는 주주는 여섯 개의 일반적인 펀드별 메일을 받게 될 것이다. 이는 운용회사에게 있어 낭비이고 고객에게는 짜증스러운 것이었다. 그러나 '고객지향(client facing)' 시스템을 창출함으로써 이제 하나의 그룹내에서 개인투자자의 모든 이익과 관련된 통합된 설명을 전달하고 활동에 대한 정보를 입수하는 것이 가능하게 되었다.

또한 무권화 시스템은 투자자들의 활동에 엄청난 편의를 제공하고 있다. 가장 복잡한 시장이라고 해도 일단 하나의 계정이 설정되면, 투자자는 매입과 환매를 할 수 있으며 상이한 펀드로 교환하거나 적절한 PIN 번호나 증권 코드를 이용하여 전화, 인터넷 등을 통해 주문 시스템을 변경할 수도 있다.

환매에 대한 지급은 사기나 부정행위의 방지를 위해 수표로 지급하거나, 은행계정의 전자적 대체(electronic transfer)를 통해 처리될 수 있다. 이러한 경우에 펀드 운용자에게 통보하지 않고 계정을 바꾸어 발생하는 문제는 투자자에게 책임이 있다.

4) 등록의 법률적 측면과 증권 소유권의 변경

증권에 대한 주주의 소유권과 소유권의 변경은 국가별 법률 체계의 유형에 따라 매우 다양하다. 법률적 요건이 어떠한 것이든 등록 담당자가 요구하는 기재사항에는 다음과 같은 일정한 기술적·실용적 사항들이 있다.

- ○ 결혼이나 법적 조치에 따른 등록된 주주의 이름 변경
- ○ 사망자와 유언장
- ○ 주소의 변경
- ○ 담보로 제공된 펀드
- ○ 소재 파악이 되지 않는 펀드 소유자
- ○ 분실된 펀드

이러한 내용들은 증권의 소유권과 변경 절차에 대한 전문적인 지침이라기

보다는, 만약의 경우에 대비하기 위한 것이라고 할 수 있다.

(3) 배당, 분배, 축적 그리고 재투자

본 장에서는 단순히 회사형 펀드에 의해 주주들에게 발행된 배당과 신탁형과 계약형 펀드에 의해 주주들에게 '배당금'으로서 지급된 분배금을 다룬다. 본 장에서는 배당의 지급을 실행할 때 선택사항의 구조나 방법에 대해 논의하고 있다.

1) 지급의 빈도

배당이 지급되는 빈도는 지급하는 펀드의 유형에 따라 결정될 것이다. 고수익을 지급하는 것을 목적으로 한 펀드는 종종 성장을 우선적인 목표로 하는 펀드에 비하여 더 자주 배당을 지급하고자 한다. 일부 고수익 펀드는 전형적인 투자자의 지출 주기와 일치하여 월별로 배당을 지급하는데, 다른 펀드는 분기별이나 또는 보다 긴 간격으로 지급한다. 또한 지급의 빈도는 효율성과 빈번한 소규모 지급에 의한 비용에 의해 결정된다. 은행시스템이 상당히 발전하지 않은 국가에서는 이러한 지급이 낭비적이거나 실행 불가능하다.

2) 축적이나 분배

배당을 전혀 지급하지 않고 모든 수입을 재투자하는 펀드도 있다. 이는 수입이 지속적으로 재투자됨에 따라 증가된 가격이 반영된다..이러한 펀드에 대해서는 조세가 빈번히 부과되는 경우가 있기 때문에, 일부 국가에서는 증권시장에서 펀드를 통해 저축을 장려하기 위한 방안으로, 실제 지급이 이루어지지 않은 경우에 이들에게 조세혜택을 주거나 배당이 재투자된 경우에는 과세하지 않고 배당이 지급된 경우에만 과세하기도 한다. 이러한 경우 수입을 얻고자 하는 투자자들은 정기적으로 소유 펀드를 환매할 수 있다. 일부 펀드 운용자들은 이를 위한 자동 시스템을 제공하기도 한다.

특정한 조세시스템하에서, 예를 들어 영국의 경우, 개방형 펀드는 반조세회피 조항으로서 법적으로 그들의 모든 수입을 주주들에게 배당해야 하며, 동일한 원칙이 폐쇄형 펀드에도 적용된다.

특정 유형의 조세시스템하에서는 몇몇 개방형 펀드에 대해서는 부가적인 주식의 형태로 배당을 분배하는 것이 효과적일 수 있다.

3) 배당의 재투자

배당이 지급된 경우, 특히 총액으로(비과세된) 지급되고 개별 투자자에게만 과세된 경우(미국의 경우처럼), 펀드 운용자는 추가적인 지분의 매입을 통해 배당을 재투자하는 시스템을 제공한다. 이러한 시스템은 펀드의 연금계획이나 기타 다른 조세특례 저축계획과 같은 비과세 환경에서 보유되는 경우에 특히 유용하고 적절하다. 이러한 효과는 펀드에 대해 각 배당일에 배당이 재투자되어 지속적으로 펀드의 수를 증가시킨다.

4) 배당의 위임

모든 투자자들이 배당을 수표로 받기를 원하는 것은 아니다. 대부분은 지정된 은행 계정에 직접적으로 배당을 지급하고 지급시기에 통지를 받는 것이 편리하다고 생각한다. 펀드 운용자 또한 이러한 방식으로 배당을 지급하는 것을 선호한다. 왜냐하면 개별적으로 수표를 만들어 지급하는 것보다 자금을 대체하는 것이 비용절감을 할 수 있기 때문이다. 이러한 방법은 은행 시스템이 발달되어 있는 국가에서만 해당된다.

5) 무기명주식

배당의 지급에 대한 일반적인 규칙의 예외는 쿠폰이 있는 무기명주식이라고 할 수 있다. 대부분의 은행들은 고객의 무기명주식을 보유하고 쿠폰으로 배당을 받는 시스템을 제공할 것이다. 무기명 펀드는 점차 일반적이지 않은 것으로

되고 있다. 만약 이것이 존재한다고 해도 기술상으로만 존재할 뿐이다. 무기명주식은 은행의 금고에 고정되어 있으며, 소유자의 등록권은 무권화된 형태로 보유되고 있다.

6) 배당과 지급에 대한 자격 부여(entitlement)

대부분의 펀드는 일반적으로 증권 시장과 유사하게 시스템을 운용하고 있다. 소유권은 계약이 체결된 일자부터 시작되고 이에 따라 새로운 매입자는 매입일 이후 발생한 배당을 받을 수 있는 자격이 부여된다. 펀드의 배당이 공표된 직후에는 가격이 산정되며, 이는 펀드의 새로운 매입자가 exdividend(xd)로 시세가 형성된 이후의 날짜에 해당하는 경우는 최근에 공표된 배당을 받을 수 없지만, 다음 번에는 배당을 받을 수 있다는 것을 의미한다. 수표가 지급되거나 은행대체가 이루어지는 지급일은 xd 일자보다 며칠이나 몇 주후가 될 것이다.

펀드의 시세가 xd로 형성되면, 펀드 가격은 펀드당 배당액에 따라 감소하게 되는데, 이는 새로운 매입자가 배당을 받지 않는다는 것을 의미한다.

6. 펀드의 운용

본 절에서는 펀드에 영향을 미치는 투자운용과 관련된 사항을 다루고 있다. 투자운용은 투자설명서에 제시되어 있는 전략적 목표에 따라 투자자들로부터 모집한 자금을 투자하고 그 전략에 부합하는 개별 투자를 선정하는 과정이다.

본 절에서 포함하고 있는 내용은 다음과 같으며 구체적인 투자운용 방법은 설명하지 않고 있다.

○ 시장 운영에 대한 일반적인 정치적·경제적 배경을 수립하는 경제적 분석

○ 기업과 이들이 발행한 증권, 그리고 국채에 대한 기존의 분석 방법
○ 위험의 조정과 이상적인 포트폴리오 수립을 결정하기 위한 계량적 분석

이러한 주제들은 중요한 사항들이고 펀드가 투자자들을 위해 이행할 것으로 기대되는 내용의 본질이다. 불가피하게, 대부분의 자산운용회사는 펀드 이외의 포트폴리오를 운용하고 있고, 극히 일부의 경우 단지 펀드만을 운용하기 때문에, 다른 종류의 포트폴리오 운용에는 참고문헌이 제시된다. 투자분석과 포트폴리오 운용의 주제들은 본 서에서 모두 다루기에는 그 내용이 너무나도 방대하므로, 본 서의 주요 목적은 펀드 사업의 경영에 관한 개념을 개략적으로 설명하는데 있다고 볼 수 있다. 이와 관련된 주제에 관해서는 광범위한 학문적 또는 실용적 문헌들이 있고, 본 서의 한 장에서 제시될 수 있는 내용보다 훨씬 자세한 설명이 수록되어 있다. 따라서, 본 장에서 다루고자 하는 내용은 다음과 같다.

○ 상이한 투자 유형의 의미
○ 투자 관련 부서의 조직과 운영, 마케팅과 관리와 같은 다른 부서와의 관계
○ 상이한 구조와 목적을 가진 펀드들에 의해 제시되는 특정한 투자운용 요구와 제약
○ 투자 과정을 정의하고 운영하며 통제하는 방법
○ 이해상충, 남용의 가능성과 이를 인식하고 제거하는 방법
○ 청산(settlement)과 투자의 회계

(1) 상이한 투자유형

'투자유형'은 투자를 결정하고 운용하는 과정에 대한 상이한 접근방법을 나타내는 용어이다. 근본적으로 동일한 목표를 갖지만 —목표수익률 달성에 대한 실패 위험을 최소화하면서 수익을 극대화시킴— 개별 유형에 있어, 목표를 달성하기 위해 이용하는 방법은 다를 수도 있다.

어떤 특정 유형을 깊이 신뢰하고 있는 회사의 경우 종종 그들의 방법이 다른

어떤 것보다도 우월하다고 단호하게 주장한다.

현재 서로 대립되고 있는 두 개의 주요 시스템은 일반적으로 '적극적인 접근'과 '소극적인 접근'으로 분류된다. 적극적인 접근방법은 가장 오래된 기법(소극적인 유형의 선호자들에 의하면 구식임)인 반면, 소극적인 접근은 보다 최근에 도입되어 계량적인 접근에 기초하고 있다. 그러나 나중에 설명되겠지만 두 개의 시스템이 완전히 양립할 수 없는 것은 아니며 다양하고 유용한 여러 방법으로 서로 결합되어 이용되기도 한다.

1) 적극적인 운용

적극적인 운용은 증권시장(정부채, 지방채, 회사채 및 상이한 유형의 주식이 거래되는 시장을 의미함)내에서 실현가능한 미래의 상이한 자산의 일반적인 수익률 추세를 결정하기 위해 다양한 종류의 경제자료 —GDP 성장률, 인플레이션, 정부재정, 이자율, 통화 그리고 기업이익— 를 사용하는 것이다. 이러한 분석에 의한 결론은 때때로 '하향식(top down)'으로 불리는데, 분석의 결론에 의해 예측에 따른 상이한 미래가격변화에 따라 투자운용자가 포트폴리오의 포지션을 변화시킬 수 있게 된다. 증권투자의 대안은 이자를 지급하고 원금이 보존되는 금융기관에 예치하는 것이라면, 가장 명확한 의사결정은 증권시장에 투자하는가 아니면 전혀 하지 않는가이다. 즉, 이자율만큼의 수익은 얻지만 자본이 변하지 않고 처음 상태로 남아 있을(그렇지 않으면 신용기관은 파산하게 될 것임) 신용기관에 예금으로 보유하여 자본을 그대로 두고 이자율만큼의 수익만을 얻는 것과 증권투자 중 하나를 선택하는 것이다.

가) 자산 배분

잘못된 투자결정에 따른 부담이 상당하기 때문에 증권에 모두 투자할 것인가 아니면 전혀 투자하지 않을 것인가와 같은 흑백논리로 결정내리는 투자운용자는 거의 없으며, 실제로 상이한 자산의 종류에 따라 포트폴리오를 다양하게 구성하는 '자산배분'의 과정은 상당히 복잡한 것이다. 따라서, 채권이나 현금 또는 주식을 선택해야 하는 적극적인 운용자는 여러 개의 상이한 자산 종류의 혼합을 지속적으로 변경하는 방식을 포함하여 수익을 최대화시키고 위험을 최소화하는 방법으로 포트폴리오를 구성하고자 노력할 것이다.

그러나 모든 적극적인 운용자가 채권, 현금, 주식을 포함하는 '혼합형' 포트폴리오를 선택을 하는 것은 아니며, 펀드의 포트폴리오 구조는 투자자들이 투자를 실행한 근간이 되는 투자설명서에 나타나 있는 목표에 따라 결정된다.

이와 같이 설정된 목표에 따라 국내나 국외의 주식에 채권 그리고 단기금융시장의 상품 등에 개별적으로 제한되어 투자하도록 요구된다. 많은 펀드는 판매된 국내 시장 이외의 다른 어떠한 시장, 또는 그 밖의 특정한 지역 —예를 들어 유럽이나 아시아— 이나 특정 개별 국가에서 투자하도록 특정한 투자 목표를 가지고 있다. 어떤 포트폴리오는 정해진 날짜에 따라 연금을 지불하거나 생명보험 계약을 한 경우에는 개인의 사망에 대한 지불 보증을 이행해야 한다. 따라서 이러한 보증 때문에 발생하는 특정한 필요성에 따른 제약을 받는다.

나) 증권이나 주식의 선정

일단 상이한 여러 자산 종류에서 이용가능한 자금의 배분이 이루어지고 나면, 적극적 운용의 두 번째 단계는 어떤 특정한 채권이나 주식을 매입할 것인가를 결정하는 과정이다.

채권의 경우 발행자의 유형과 신용등급이 채권매입을 결정하는 주요 요인이 된다. 투자설명서에 기재된 투자목적을 고려한 자산배분 과정은 최우량 채권만 포함할 것인가 아니면 신용 등급이 낮은 채권도 포함할 것인가를 이미 결정하고 있을 것이다. 선진국 시장에서는 채권 발행자의 신용등급에 따라 채권의 상대적인 위험이 평가될 수 있도록 하는, Standard & Poors나 Moody's같은 신용평가기관에 의한 포괄적인 신용등급 산출시스템이 존재한다. 이러한 시스템은 포트폴리오의 목표에 부합되는 가장 적합한 채권의 선택을 위해, 수천 개 전체 채권들을 공정하고 간결하게 구분할 수 있도록 한다. 발행의 규모와 유동성, 실제 매입하려고 할 때 매도물건의 존재가능성 같은 여러 다른 요소들 역시 중요하다. 앞서 말한바와 같이 선택 과정은 궁극적으로 주관적인 요소 —투자운용자의 기존의 경험, 지식과 기술에 근거한 개인적인 선호— 에 의존할 것이다.

주식의 경우, 훨씬 더 균등하고 변동성이 높아, 분류를 하는 방법이 덜 명확하다. 어떤 주식을 매입할 것인가를 결정하는 것은 투자운용자의 경험과 현재와 미래의 수익성에 대한 분석 그리고 미래 가치에 대한 다른 사람들의 의견과 예측에 근거한, 투자운용자의 솜씨에 크게 의존하게 될 것이다. 종종 광범하게 '현대 포트폴리오 이론'으로 기술되는 계량적 기법이 크게 도입된 영역이다.

2) 소극적인 운용과 계량적 기법

현대 포트폴리오 이론은 체계적 위험과 특정한 위험을 차별화 한다. 체계적 위험은 대규모의 통제할 수 없는 정치적, 경제적 사건과 환율의 변화, 이자율과 광범위한 지수에 의해 측정된 시장의 움직임 등에 내재하는 불확실성을 나타내는 위험이다.

특정한 위험은 다른 자산이나 동일한 종류의 모든 자산의 평균치와 비교하여 특정 자산의 가격의 변동성에 내재하는 위험과 관련되어 있다.

체계적 위험은 통제할 수 없다고 말하는 것은, 주어진 포트폴리오에 대한 영향이 최소화되거나 제거될 수 없다는 것을 의미하는 것이 아니다. 이는 파생상품의 이용으로 가능해지는데, 통화, 이자율 그리고 주식 지수의 예측하기 어려운 움직임을 지닌 포트폴리오를 '보장'하는데 사용될 수 있다. 포트폴리오 보험의 기법은, 체계적 위험은 헷지하기를 원하지만, 자신의 기술이나 판단과 더불어 전통적인 분석을 이용하여 개별 주식의 가격 변동에 내재하는 특정한 위험을 다루기를 원하는 적극적 운용자에 의해 유용하게 이용될 수 있다.

여기서는 두 개의 기법이 상충된다. 현대 포트폴리오 이론가들은 포트폴리오가 점점 더 다각화되어감에 따라 특정 위험이 빠르게 감소된다고 주장하고 있으며, 포트폴리오가 정확하게 지수 종목을 복제하는 경우(미국의 S&P500지수나 영국의 FTSE100지수의 경우, 각각 500개와 100개 주식의 가격을 이용하여 시장의 전반적인 움직임을 나타내는 것을 목표로 함) 최대한으로 바람직한 다각화 수준을 이루었고, 이 경우 포트폴리오에는 체계적인 위험만이 존재하며 정확하게 지수와 일치하는 성과를 거둘 수 있을 것이라고 주장한다. 선진국 시장에서는 기업에 대한 모든 이용가능한 정보가 일반인에게 알려지기 때문에 개별 주식의 예외적이거나 비정상적 가치 인식을 통해 지수를 능가하는 것은 불가능할 것이라는 논쟁을 지속하고 있다.

따라서 가장 위험이 적은 방법은 포트폴리오가 정확히 지수와 일치하는 소위 '인덱스 펀드(index fund)'를 만드는 것이다. 이는 개별 기업이 지수에서 차지하고 있는 비중에 따라 주식을 매입하거나 또는 지수 선물을 이용함으로써 달성될 수 있다. 어떤 경우든 정교한 방법을 많은 모호한 불일치에 의해 제약을 받지만, 실제 결과는 선택된 지수와 부합되는 포트폴리오가 되는 것으로 이해된다.

인덱스 펀드들은 실제적으로 다음의 몇 가지 문제점에 직면하게 된다.

- ○ 소규모 인덱스 펀드를 운용하는 것은 비경제적임. S&P 500 인덱스 펀드의 경우 다양한 규모의 500개 주식을 보유하고, 이들을 지수 항목의 변화에 적합하도록 재조정하기 위해 작은 양의 주식들이 매매되어야 하기 때문에, 만약 펀드가 작을 경우 거래비용이 불균형적으로 많이 발생됨
- ○ 펀드 포트폴리오에 대한 규제에 의해 지수를 따르는 것이 불가능한 경우가 종종 있음. 특히 대기업이 지수의 25%를 차지하거나 그 이상을 차지하는 신흥시장에서 발생되고 있고, 거대합병이 있는 경우 주요 시장에서도 일정한 지수들의 10% 이상을 차지하는 몇몇 기업이 탄생하게 됨
- ○ 지수화방식의 과정이 완전히 합리적이지는 않는 방향으로 시장을 움직임. 개별 기업들의 시장에서의 총자본 규모에 따라 가중화되는(대부분의) 지수들의 경우 총자본의 작은 비율만이 '유동성이 있다면(float)' 매입이 가능하고, —대규모 주주가 있을 경우, 정부가 50% 이상을 보유하는 경우— 인덱스 펀드는 마치 모든 주식이 자유롭게 유통가능한 것처럼 인식하고 행동하여, 이러한 주식의 가격은 인위적으로 과잉상승될 수도 있음
- ○ 주요 상장기업이 다국적 기업인 특정 국가의 지수는, 해당 국가의 경제를 대표하는 것이 아니기 때문에 그러한 경제를 나타내는 지수로 사용하는 시도는 잘못된 것임. —영국이 좋은 예로, FTSE 100의 많은 회사들이 영국에 상장된 외국회사나, 또는 해외에서 주요 영업을 하는 영국의 기업들임

특정 위험을 제거한 인덱스 펀드는 체계적 위험의 충격에 대응하여 적극적으로 운용되는 펀드와 동일한 방법으로 위험을 헷지할 수 있다.

3) 기술적 또는 차트 분석

앞서 설명된 두 가지 유형과 차별화된 또 다른 투자유형에는 기술적 분석 또는 차트(chart) 분석이 있다. 이러한 분석의 지지자들은 기술적 분석이 주식, 채권, 지수, 현금 또는 상품의 가격 흐름을 구축하고 다양한 그래프 방법으로 나타내어, 가격 행태의 역사적 패턴에 기초한 실현가능한 미래가격의 움직임을 예측하는 것이 가능하다고 믿고 있다. 열렬한 기술적 분석의 지지자들은 실현 가능한 미래 예측에 대한 결론을 도출하기 위해 차트에 역사적 가격이 나타나는 다른 투자형태와 관련하여, 포트폴리오 운용수단으로 차트만을 사용하는 것이 가능하지만, 어떠한 자산이나 종목의 내용을 아는 것이 필요 없다고 주장하고 있다.

차트는 보다 적극적인 운용이나 기본적인 분석과 함께 가장 유용하게 이용될 수 있으므로 그럴 필요가 없다. 많은 운용자들은 이러한 방법으로 광범한 이용을 한다. 주식이 덜 유동적이고 기업이 속해 있는 시장이 보다 완전하지 못한 소규모 기업들의 시장일 경우, 차트 분석이 가장 유용한 수단이라고 믿는 투자자들이 많다. 차트는 특별한 정보를 가지고 있는 사람들에 의하여 움직이는 주식 가격의 비정상적인 움직임을 잘 반영해줄 수 있다. 상장기업 이사들의 공표된 거래를 추적하는 일련의 차트들은 이러한 견해를 잘 나타내고 있는 것처럼 보인다.

모든 투자유형이나 방법이 모든 투자 포트폴리오의 운용에 이용될 수 있는 것은 아니다. 예를 들어 파생금융상품을 이용하여 소규모 기업의 지수펀드를 합성하는 것은 어려울 것이다. 왜냐하면 특정한 신흥시장에서의 통화를 헷지하는 것이 어려운 바와 같이, 이를 위한 적절한 방법이 존재하지 않기 때문이다.

다음 표는 적극적, 소극적, 기술적 방법을 다양한 형태의 포트폴리오에 적용하는 실현 가능성에 대한 의견을 제시한다.

(2) 투자 부문의 조직과 운영

투자 부서가 구성되고, 조직되고, 운영되는 표준기준은 없다. 규제환경이나 펀드의 유형 및 범위, 규모 그리고 운영회사가 선택한 특정한 유형이나 투자접근

방법에 따라 많은 변수들이 존재할 수 있다.

그럼에도 불구하고 투자 부서는 공통적으로 인식될 수 있는 요소나 분야를 갖는다. 회사별 차이는 어떻게 요소들이 조합되고 통제되는가, 어떤 보고체계를 가지고 있는가, 그리고 어떤 요소들이 포함되는가에 따라 다를 것이다.

1) 투자 부서의 상이한 부문들

투자 부서의 구조에서 가장 일반적으로 인식되는 요소들이 아래 나타나 있다. 이러한 요소들의 대부분은 기업의 투자유형이 '소극적'이거나 '지수에 의한(indexed)' 것이라면 불필요할 것이고, 이때는 상이한 전문가들의 기술 적용이 필요하다.

그림 I-12 투자부서의 조직

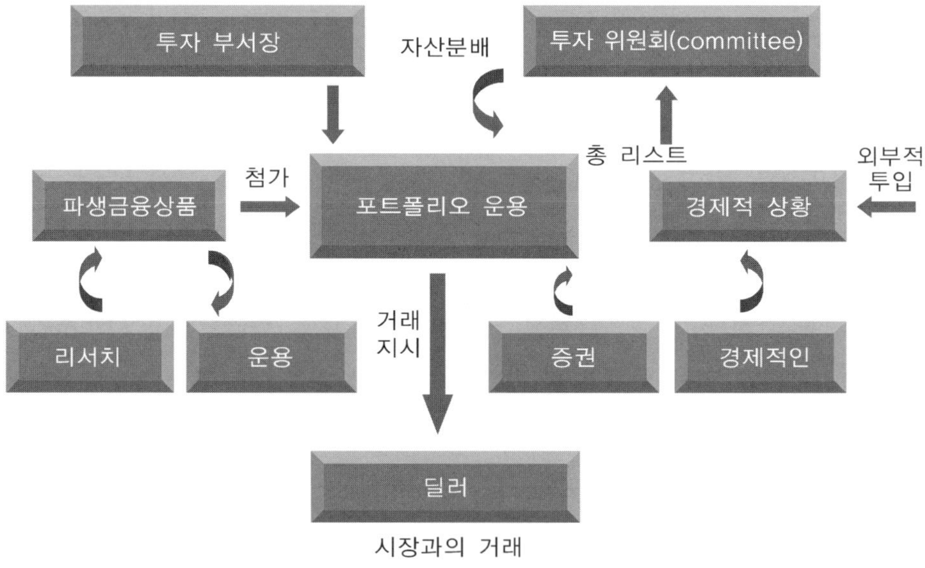

가) 경제 분석

모든 금융시장은 국내 그리고 점차 국제 경제의 광범위한 범주내에서 운영되고 있다. 경제성장, 통화, 이자율 정책, 자금 공급, 인플레이션, 그리고 세제 등은 정부의 예산, 기업이익, 배당과 이자율, 일반적인 금융시장의 동향 그리고 개별적인 채권과 주식의 가격에 영향을 미친다.

경제 분석의 임무는 일반적으로 세계시장, 개별 국가, 상이한 자산의 종류와 이러한 종류내에서의 특정한 분야에 대한 경제적 환경의 변화에 따른 발생가능한 미래의 영향에 관하여, 소요되는 많은 통계자료를 분석하고 해석하여 결론을 이끌어내는 것이다.

이러한 종류의 분석은 종종 '하향식 분석(top down)'으로 불리며, 개별 포트폴리오의 운용에 대해 책임이 있는 투자운용자의 전반적인 자산 배분의 결정을 도울 수 있다. '자산 배분(asset allocation)'이라는 용어는 어떠한 포트폴리오의 전반적인 구조가 결정되는 과정을 나타내는데 이용된다. 가장 단순하게 표현될 수 있는 것은 증권에 투자할 것인가 안할 것인가의 여부를 결정하는 것이다. 좀더 복잡한 설명으로 다음사항에 관한 지침을 제공하는 데 도움을 줄 수 있다.

○ 채권, 주식, 현금에 할당되는 포트폴리오의 비율
○ 국제적인 포트폴리오의 경우, 상이한 국가의 투자에 배분되는 비율과 각각의 국가에서 채권, 주식 그리고 현금에 배분되는 비율
○ 일정한 유형의 포트폴리오에서 상이한 주식이나 채권범주에 대한 투자의 배분

자산 배분은 투자위원회(investment committee)에 의해 결정될 수 있고, 모든 개별적인 운용자들에게 이를 준수하도록 의무화하거나 또는 단순히 지침으로 이용되도록 할 수 있다. 해외 투자(고객의 사용 통화 이외 지역에의 투자경우)는 시장의 위험뿐만 아니라 화폐의 변동성에 따른 위험에 의해서도 제약을 받는다. 따라서 이종 통화간의 상대적 현금 흐름과 관련한 경제 부문으로부터의 견해 또한 요인이 될 것이며, 필요한 경우에는 파생상품을 이용하여 위험을 헷지할 것이다.

나) 리서치(research)

개별 기업이나 분야 또는 정부나 기업에 의해 발행되는 채권의 신용등급에

대한 리서치는 앞서 설명된 경제리서치와는 보통 별도로 수행된다. 리서치 부서의 실적은 개별 회사의 특성이 포함된 상대적 현재가치와 미래 전망에 따라, 주식이나 채권의 목록으로 나타낼 수 있을 것이고, '매입(buys)', '보유(holds)' 또는 '매도(sells)'로 평가될 것이다.

리서치 부서는 리서치를 위한 광범위한 자료를 이용하는데, 다음과 같은 내용을 포함한다.

○ 기업 보고서와 주주에 대한 다른 발표나 정보
○ 자체적인 리서치 부서를 보유하고 있는 브로커/딜러회사에 의해 생산되어 발표된 자료
○ 구독자에게 판매되는 독립된 리서치 기업의 자료
○ 개별 기업에 대한 방문과 고위 경영층과의 토의
○ 이익, 수익, 배당 그리고 주식의 가격, 채권 수익률과 발행자의 신용도에 대한 역사적 비교자료를 제공하는 광범한 전자 데이터베이스 범위

큰 회사들은 그들의 리서치 노력을 지역(유럽, 아시아 등), 개별 국가, 또는 분야별로(전자와 IT, 통신, 제약 등의 분야는 점차 세계화되고, 그 범위가 국제적이 됨) 세분화 할 수 있다.

작은 회사들은 종종 브로커나 독립적인 전문가 등에 의한 외부 리서치 결과에 더 많이 의존하거나, 리서치와 투자운용 책무를 동일인이 맡도록 한다.

매입이나 매도, 또는 보유 등을 위해 추천된 주식이나 채권의 목록은 개별적인 포트폴리오 운용자들이 따르도록 의무화되거나 권유되는 '총제적 리스트(master list)'로 명명된다.

이러한 종류의 분석은 종종 '상향식 분석(bottom up)'으로 불린다.

다) 포트폴리오 운용

포트폴리오 운용자들은 특정한 포트폴리오 운용시 의사결정자로서 지명된 개인들이다. 이들은 종종 하나 이상의 포트폴리오를 운용할 수 있고, 그 중 일부는 펀드와 기타 다른 연금이나 보험펀드, 또는 심지어 개인, 또는 규모가 더 큰

포트폴리오 특히 전세계적으로 상이한 유형의 광범위한 자산에 투자하는 보다 큰 포트폴리오의 한 부분이 될 수 있다. 예를 들어 대규모 포트폴리오의 경우, 한 사람이 국내 주식에 대하여 책임을 지고 다른 사람이 다른 지역의 주식에 대해 책임이 있는 반면, 또 다른 사람은 채권 부문에 대해 책임을 질 수 있다.

기술의 광범위한 이용으로 규모의 경제 실현을 가능하게 하는바, 기술은 많은 정보 출처와 데이터를 포트폴리오 운용자의 책상에서 하나의 스크린으로 집중할 수 있게 해주며, 심지어 포트폴리오의 움직임이 상이한 시간대에 나타나는 경우에도 책임지고 있는 여러 개의 상이한 포트폴리오를 실시간으로 볼 수 있도록 해준다. 그리고 각각의 포트폴리오 규모에 비례하여 매입과 매도를 배분함으로써 여러 개의 분리된 포트폴리오를 마치 하나의 포트폴리오처럼 운영할 수 있게 한다.

포트폴리오 운용과 의사결정의 시점에서 포트폴리오 운용상 —다음 그림에서와 같은, 하향식(top down), 상향식(bottom up), 헷지로 나타나는— 의 모든 기술이 집약된다.

그림 I −13 Top down/Bottom up

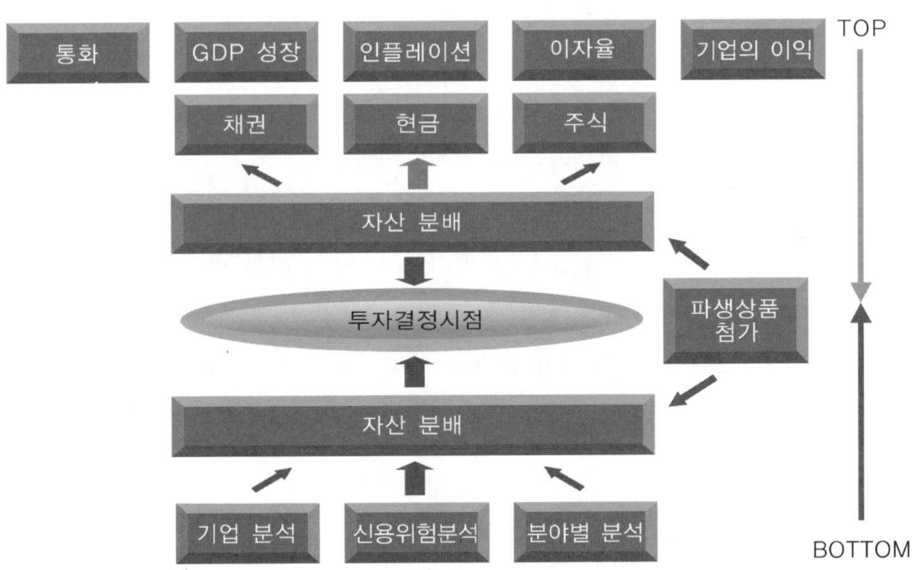

포트폴리오 운용자는 단순히 매매를 위한 최상의 증권을 선택하는 것과는 별도로, 자신의 포트폴리오 운영의 몇 가지 측면을 고려할 필요가 있다. 그들은 다음과 같은 사항을 고려할 필요가 있을 것이다.

○ 투자설명서나 운용협정에 명시되어 있는 포트폴리오의 목표와 특정한 지시나 배제해야 할 사항들(예를 들어 의료 자선을 위해 운용되는 펀드의 경우 특정한 고객들은 담배에 대한 투자를 제외하길 원하고, 퀘이커교도(Quakers)와 같이 평화주의자들의 조직을 위해 운용되는 펀드의 경우에는 무기 투자를 제외하기를 원하고, 회교도들을 위한 펀드의 경우에는 술과 기타 종교적으로 금지하고 있는 것에 대한 투자를 제외하길 원함)

○ 내부적인 자산 배분 지시나 지침과 증권의, 총체적 투자 리스트에 따른 포트폴리오의 일치화

○ 법률이나 규정에 의해 정해진 투자 제한에 대한 준수

• 동일 발행자에 발행된 증권들에 포트폴리오의 정해진 비율 이상이 투자되는 것을 금지하는 경우나, 발행자가 누구든 개별 증권에 일정 비율 이상으로 투자하는 것을 허용하지 않는 경우

• 상장되지 않은 증권에 투자를 금지하거나 제한하는 경우

• 펀드의 투자를 금지하거나 제한하는 경우

○ 특히 개방형 펀드에 적용되는 것으로써, 펀드가 이용가능한 현금 이상으로 투자하지 않도록 하는 것

○ 승인된 브로커에 의해 거래가 이루어지도록 하고 '조정가능(soft)' 수수료 계약이 체결되도록 함(모든 매매가 중앙의 딜러를 통해 이루어질 경우, 이러한 것은 필요치 않음)

○ 포트폴리오 관리와 가치평가 관리의 책임이 있는 '후선 부서'와의 적절한 의사소통과 연락을 확실하게 함

앞서 기술한 매일의 운용, 관리, 그리고 내부통제와 더불어, 포트폴리오 운용자는 법률이나 특정한 계약상의 협정에서 고객에게 이러한 보고서가 제공되어야 하는 펀드의 포트폴리오 운용에 대한 보고서를 작성할 것이다. 연금펀드와

같은 기관고객의 경우, 포트폴리오 운영자는 질문에 대한 답변이나 의사결정의 정당화를 주장하기 위해 수탁자나 다른 고객과의 회의에 참석하도록 요구 받을 수도 있다.

또한 포트폴리오 운용자는 마케팅과 판매 부서로부터도 요청을 받는다. 특히 펀드가 금융설계사(financial planners)와 같은 전문중개기관이나 직판으로 판매될 경우에 그러하다. 이러한 전문적인 판매원은 펀드운용자를 개별적으로 만나서, 현재의 포트폴리오나 시장 전망에 대한 운용자의 견해를 물어볼 기회를 갖는 것을 환영한다.

라) 파생상품에 대한 리서치와 운용

지난 1980년대부터 1990년대 동안 포트폴리오 운용에서 파생상품의 이용은 크게 증가했다. 선물과 옵션과 같은 파생상품은 위험의 헷지나, 특정 펀드의 경우에 있어 특정한 분야, 자산, 통화에 대한 비중을 조절하는 큰 역할을 수행한다. 따라서 이러한 분야의 전문가인 수준 높은 계산 능력을 지니고 컴퓨터에 능통한 전문가들은 많은 자산운용회사들에게 영향력을 미치게 되었다. 파생상품 영역은 복잡하고 역동적이어서, 포트폴리오 운용시 파생상품의 모든 가능한 사용 방법을 설명하는 것은 본 장의 범위를 넘어선다. 그러나 펀드와 관련하여 파생상품이 이용될 수 있는 두 가지 방법을 정의하는 것은 의미 있는 일이다. 먼저, 대부분의 국가에서는 공모로 판매된 펀드(레버리지 펀드의 특수 범주에 포함되지 않는 한)가 위험을 줄이거나 억제하는 것 이외의 목적으로 파생금융상품을 이용하는 것을 금지하는 법률과 규정이 존재한다. 하지만 사모로 판매된 헷지 펀드의 경우 거의 확실히 보다 공격적인 방식으로 파생상품을 이용할 것이다.

위험 감소를 위한 방법은 다음 분야에 존재한다.

○ 포트폴리오 보호
○ 예측된 헷지를 하는 것
○ 현금 흐름 관리
○ 자산 배분
○ 포트폴리오 보험

○ 수입 향상

실질적으로, 그들의 사용은 다음과 같다.

○ 예상치 못한 현금, 이자율, 또는 시장 변동성에 대해 펀드의 전반적 노출을 한정함으로써 체계적인 위험을 줄이거나 제거하기 위한 목적
○ 옵션을 이용하여, 펀드가 보유하고 있는 증권 가격의 예상치 못한 하락에 대한 펀드의 노출을 감소시키기 위한 목적
○ 장기 보유 포지션에 대하여 옵션을 매각함으로써 펀드의 수입을 증가시키기 위한 목적
○ 예상치 못한 시장 상승의 경우, 과다한 현금 포지션의 위험으로부터 보호하기 위한 목적
○ 지수화 된 포지션을 달성하기 위해서나 제한적 생명보증 보험의 경우 보증을 실현하기 위해 시장의 움직임을 종합화하는 목적
○ 실제적 기초증권의 매입이나 매도 없이 자산배분을 일시적으로 조절하기 위한 목적

파생상품 부서는 완전한 합성펀드(synthetic fund) —즉, 증권에는 투자하지 않지만 개별적인 증권이나 지수의 성과를 따르기 위해 파생상품만을 이용하는 펀드— 또는 현금이나 채권 그리고 파생상품의 포트폴리오를 이용하여 특정한 미래의 기간 동안 일정 수익이나 최소 수익을 보증할 수 있는 보증형 펀드의 경우에 있어서 보통 독립적으로 활동한다.

위험을 제한하거나 감소시키기 위해 고안된 방법을 통해 종종 기존 포트폴리오에 대한 보호막을 제공하기도 한다. 이 경우 헷지를 하기 위한 결정은 투자위원회에 의해 종종 이루어지는 사항 중의 하나가 될 것이다.

헷지 펀드의 경우, 파생상품은 현금과 상품에서 주식과 귀금속의 전 분야에 걸쳐 위험의 집중, 분산 관리 등을 위해 광범위하게 이용할 것이다. 인덱스펀드 등이 점점 더 보편화됨에 따라, 차별화 된 수익률을 성취하기가 더 어려워지게 됨에 따라, 헷지 펀드들의 인기는 더욱 상승하고 있다. 따라서 많은 부유한 투자

자들은 자신의 자산 중 작은 부분으로 비정상적 수익률을 추구하며, 때때로 전체 투자금액을 잃을 실제적 위험을 받아들일 준비가 되어 있다.

마) 매매(dealing)

펀드나 자산운용업의 고객을 위해 운용되는 다른 종류의 포트폴리오에 있어, 증권의 실제 거래과정은 딜러나 트레이더로 알려진 전문가에 의해 거래되는 것이 일반적이다. 그들은 자산운용회사와 시장 사이의 최일선에 있다. 그들의 기술은 분석이나 증권 선택이 아니라 시장에서의 매매 과정에 존재하는 것으로 기대되어진다. 따라서 그들은 전체적인 투자 과정에 있어 다음의 사항들에 의하여 가치를 증진시킬 수 있다.

○ 최상의 가격에 의한 매매
○ 시장 균형을 과도하게 해치지 않으면서 시장의 대량 거래의 매매 협상
○ 거래의 특성에 가장 적절한 브로커나 다른 거래 수단의 선택
○ 가장 낮은 거래 비용의 지불

전통적인 증권거래소에 의한 것과 다른 거래업(transacting business)의 방법은 수적으로 증가하고 있고, 수수료는 거의 대부분의 시장(고정된 수수료는 미국시장에서는 1970년대 중반에 영국에서는 1980년대 후반에 사라졌음)에서 교섭가능한 바, 이전에는 딜러들이 브로커에게 의존하는바가 컸지만, 딜러의 생활이 훨씬 더 복잡하게 되었다. 현재 많은 전자 매매시스템들은 자산운용회사들이 브로커 대신 시장조성자나 상호간에 직접 거래하도록 허용한다.

내부 통제에 있어 종종 중요한 역할을 하기 때문에, 딜러들의 업무 또한 더욱 복잡해지고 있다. 자산운용회사의 종업원들은 자신의 개인거래에 있어, 규제자에 의해 부과된 개인거래의 규정이나, 중앙 딜러(central dealer)들은 규제 개인거래에 대한 내부적 규범을 위반하지 않는다는 것은 확실히 하는 것이 대부분의 내부 규정에서는 개인거래를 중앙 딜러를 통해 거래하도록 되어있는 것을 고려하면, 중앙 딜러의 중요한 역할이 되었다.

(3) 상이한 종류의 펀드와 상이한 형태에 의해 부과되는 필요사항과 제약

투자 부서를 조직하고 운용할 경우, 운용될 가능성이 있는 펀드 유형, 포함될 자산의 상이한 유형, 조직이 채택하는 투자방법으로부터 도출되는 고려사항이 있다.

예를 들어 단지 소극적인 지수상품을 제공하려는 자산운용회사는 적극적 운용자가 필요할 수도 있는, 고비용의 세밀한 경제 리서치와 투자분석 수단은 필요 없을 것이다. 또한 전통적으로 정의된 포트폴리오 운용자를 고용할 필요가 없을지 모른다. 왜냐하면 지수를 복제하는 과정은 컴퓨터 프로그램의 작동에 근거하기 때문이다. 소극적인 운용자들은 능동적인 운용자들이 하는 것처럼, 외부의 전문가에게 실질적인 투자 과정을 맡기는 계약을 체결할 수도 있다.

적극적인 운용자 또는 소극적인 측면을 포함하여 상이한 운용 형식을 제공하는 운용자의 경우, 가장 중요한 의사결정 중의 몇 가지는 다음과 같다.

1) 자산운용의 통제여부

자산 배분과정과 앞에서 설명된 바와 같은 총체적 리스트의 작성과정 이후, 자산운용회사의 운용은 다음과 같은 선택을 하게 된다.

○ 자산 배분과정과 투자 위원회에 의해 설정된 특정한 지침을 모든 포트폴리오 운용자들이 따르도록 요구되고, 때때로 자산 배분이 변경됨에 따라 자신의 포트폴리오 비중을 변경하고, 리서치 부서의 선정과정을 거쳐 총체적 리스트에 속하는 증권들만을 선택해야함

○ 또는 개별적인 포트폴리오 운용자들이 그들 자신의 자산 배분과 그들이 사용하려는 방법에 기초하여 자신들의 증권을 선택하는 것을 허용

전자의 장점은 운용된 펀드의 성과가 상대적으로 예측가능성이 큰 경향을

나타내고, 수익의 중앙값으로부터의 극심한 또는 예기치 못한 편차가 없을 것이라는 점이다. 단점은 경쟁자들이 선택한 방법과 매우 유사하다는 것과 도달되는 결론은 합의된 평균을 향하는 경향이 있을 것이라는 점이다. 이는 '제한된 지수화(closet indexing)'로 알려져 있다. 결과적으로, 비슷한 유형의 모든 펀드의 수익은 평균쪽에 집중될 것이고 마케팅 부서가 시장내에 존재하는 다른 기업들과 차별화시킬 수 있는 방법은 없을 것이다.

개별 포트폴리오 운용자들이 자유로운 선택권을 갖도록 허용하는 것은 기업의 관점에서는 더욱 위험하다. 만약 개인이 자신의 능력을 통해 경쟁자보다 엄청나게 뛰어난 실적을 얻을 수 있다면, 이는 극적인 결과를 초래할 수 있다. 이는 차례대로 새로운 투자자와 펀드를 유인할 것이고, '스타(star)'의 이름이 공표됨에 따라, 성장할 수 있을 것이다. Fidelity Magellan Fund를 수년간 운용해 왔던 Peter Lynch는 이와 같은 유형의 운용을 하는 경우이고, 그 밖에도 Berkshire Hathaway의 Warren Buffet과 같은 유형도 있다. 그러나 이러한 유형은 위험을 가지고 있다. Lynch와 Buffet는 드문 경우일 뿐, 포트폴리오 운용자들은 평판이 나쁜 기업을 편입하여 그들의 포트폴리오를 엉망으로 만드는 경우가 빈번하다.

물론, 투자운용의 어떠한 결정도 흑백으로 구분할 수 없다. 주어진 선택권의 자유도나 포트폴리오 운용자들에 대해 실행되는 통제 수준은 전체적인 자유도와 절대적인 통제 사이에 존재한다. 그럼에도 불구하고 앞서 논의된 사항들은 그들이 운용할 수 있도록 허용되는 범위내에서 통제하고자 한다. 일반적으로 대규모 자산운용업체들은 규모에 대한 통제를 하는 경향이 있다. 반면, 소규모 기업은 시장의 시선을 끌만큼의 놀랄 만한 성과를 기대하면서 보다 자유로운 유형을 채택할 것이다.

2) 다양한 고객과 다양한 접근방법

대부분의 대규모 자산운용자들은 펀드, 연금펀드, 보험 회사, 개인적인 고객, 기업 회계 담당자, 자선 기구, 심지어 정부를 포함하는 다양한 범위의 상이한 고객 유형의 포트폴리오를 운용할 수 있는 능력을 가지고 있다. 고객들은 전세계에 걸쳐 있다.

오직 가장 큰 규모의 자산운용자들만이 전세계 어디에서든 어떠한 유형의 고객에 대해 어떠한 종류의 펀드든지 운용할 수 있을 것이다. 최소한의 규모를 가진 운용자들은 그들의 핵심적인 특화 부분을 결정해야만 할 필요가 있다. 이는 다음의 시장과 같이 분화되는 경우가 많다.

가) 소매 시장

시장은 본서의 주요 주제이며, 펀드는 일반적으로 가장 적합하고 보편적으로 이용되는 수단이다. 여러 부분에서 설명된 바와 같이 펀드는 많은 상이한 형태 —여기에는 연금과 보험, 다양한 세금 감면 장치, 저축을 장려하기 위해 고안된 제도 등이 포함됨— 로 직접적인 매입과는 별도로 개별적으로 판매될 수 있다.

또한 각 국가별로 상이한 조세 관련 사항은 다음과 같은 문제들을 조정할 것이다.

- ○ 주식이나 채권으로부터의 고배당을 발생시키고 지급하는 행위의 가치
- ○ 장·단기 자본이득의 문제와 주어진 어떠한 기간 동안 이익과 손실의 균형을 유지하도록 노력해야 하는 필요

펀드는 통상적으로 능동적인 방식으로 운용되고, 그들의 운용자는 인쇄 매체를 통해 정기적으로 발간되는 실적률표에서 상위의 성과를 얻기 위해 노력한다. 그들의 경쟁자와 비교하여 펀드가 최상에 오르거나 또는 '상위 10위' 안에 들어가는 성공적인 경우, 판매에 있어 매우 긍정적인 효과를 가져올 수 있지만, 단기간의 펀드 실적은 비정상적이라고 판단될 수도 있다. 그러나 능동적으로 운용되는 펀드의 경우, 수동적으로 운용되는 인덱스 펀드로부터의 압력이 증가하고 있으며, 운용비용이 적어서 투자자들에게 더 낮은 수수료를 부과할 수도 있고, 오랜 기간 동안 놀라운 성과를 기록하고 있는 능동적으로 운용되는 펀드는 후자의 운용자들을 당황케 하고 있다.

따라서 기관(institutional) 펀드의 운용자에게 요구되는 것과는 다소 다르게, 펀드의 투자운용자로서 활동하는 이들에게는 자질이 요구되며 훈련도 부과된다.

또한 소매에 기반을 둔 펀드의 관리는 기관의 포트폴리오보다 비용이 많이 들고 복잡하다.

나) 기관 시장

기관의 자산운용을 위한 시장은 규모에 있어 차이가 있다. 소매 투자자들을 위한 펀드를 운용하는 것은 수천 개의 청약을 받아 모으는 것을 포함하는데, 연금이나 보험펀드와 같은 대규모 기관들의 자금을 운용하는 것은 마케팅, 설명 그리고 종종 특화된 기업이나 투자 컨설턴트로부터 조언을 받는 전문적인 운용자나 수탁자의 유인의 보다 복잡한 과정을 포함하게 될 것이다. 만약 성공적인 경우라면, 단일한 고객의 포트폴리오에 포함되는 총액은 수천만에서 수억달러까지 커질 수 있을 것이며, 경영과 관리에 있어서의 규모의 경제가 실현될 것이다.

경쟁자에 대한 투자 수익과 성과는 소매 고객보다는 기관 고객에 의해 보다 세밀하고 엄격하게 평가된다. 판단의 기간이 길어질수록 투자운용자의 예상은 현실성이 높아진다. 소매 투자자들은 항상 고배당과 높은 자본이득을 기대하지만, 기관에 대해 책임이 있는 사람들은 시장의 변동성을 받아들이고 벤치마크(예를 들어 지수)나 경쟁자(예를 들어 평균 이상 성과가 있는 투자자)에 비하여 상대적으로 높은 성과를 올리는 것만을 기대한다. 고객이 원하는 바를 전달하기 위해 요구되는 투자 접근방법은 기관의 경우보다 더 체계적이다. 이러한 투자 부분에서는 일반적으로 슈퍼스타(superstar)를 반기지 않는 반면, 소매 부분에서는 만약 그들의 성과가 주목할 만하고 개인들이 똑똑하고 단정하며 대중 매체에서 인용될만한 자격이 갖춰져 있다면, 판매에서 유리하게 작용한다.

기관의 자금은 매우 풍족할 수도 있고, 그렇지 않을 수도 있다. 기관 펀드의 운용에 있어 전문적인 자산운용자에 의한 좋지 못하거나 또는 표준적이지 않은 성과는 사업의 출혈을 초래할 수 있다. 왜냐하면 기관과 수탁자, 그리고 그들에게 조언한 전문가는 정보가 덜 전달된 소매 투자자들보다 인식된 문제점을 빠르게 포착하고 행동을 취하기 때문이다. 따라서 소매업은 종종 기관적인 것보다 안정적이라고 간주되는데, 소매 자산운용자는 좋지 못한 성과를 2, 3년 지속해도 아무런 손실 없이 살아남을 수 있는 반면, 기관투자자의 자산운용자인 경우는 그렇지 못하다.

외국인 투자자들의 펀드를 운용하는 것은 부가적인 기술을 필요로 한다. 외국인 투자자들이 산출되기를 희망하는 것은 투자운용자가 사용하는 것과 다른 자국통화이며, 그들의 회계나 조세체계, 언어 등의 문화적 요소까지 고려해야만 한다.

3) 포트폴리오 책임의 할당

대규모이고 복잡하며 몇몇 상이한 국가들의 여러 가지 유형의 자산 종류를 포함하는 포트폴리오를 운용하는 것은 한 개인의 능력을 넘어서는 것이다. 이러한 경우, 투자부서는 포트폴리오에 대한 책임을 몇 명의 전문가들에게 할당하고, 한명의 포트폴리오 운용자는 전체적인 통제를 할 수 있도록 남겨두도록 결정할 수 있다. 이는 실제적인 관점에서, 주의깊게 통제되지 않을 경우 화합의 문제를 불러일으킬 수 있다. 일반적인 문제점은 다음과 같다.

○ 범세계적인 여러 다양한 부서들간의 조화의 문제: 현대적인 통신 기술에도 불구하고, 시간대의 장벽 등은 오해를 유발할 소지가 있음
○ 자산 배분의 변화에 따른 결과로써, 한 사람의 비율이 증가되고 다른 사람의 지분이 감소될 경우 발생할 수 있는 개별 전문가간의 충돌: 특히 각국의 전문가들은 그들의 자산 종류와 국가 또는 지역이 최고라고 믿는 경향이 있고, 자신의 잘못에 대해 인식하지 못하게 됨 —이러한 예는 1980년대 일본의 거품경제에서 찾을 수 있음. 이러한 충돌은 포트폴리오가 감소하고 있는 지역이나 자산 종류에 대해 과도하게 노출되어 있는 상태에서 자산 배분의 변경 속도가 느리게 나타나게 됨
○ 포트폴리오의 투자 비율에서 한 부분은 증가하고 다른 부분은 감소할 때 단기적인 현금 부족 문제가 발생함. 판매와 매입이 필연적으로 완전히 일치하여 움직일 수 없으므로, 펀드에서의 과도한 투자가 단기에 발생할 수 있음

특정한 자산 종류나 지역을 담당하는 것은 단일한 자산운용회사의 투자 부서에서만 가능한 것은 아니다. 자산운용자가 다른 자산운용자와 일하고 있는 특정한 전문가와 계약을 체결하는 것은 매우 일반적인 일이다. 그러나 이는 앞서 나타난 문제점을 더욱 심각하게 할 수도 있다. 왜냐하면 외부의 공급자는 자신의 '몫'을 유지하고자 할 것이고, 이때 상호 화합이 문제가 될 수 있다.

매우 빈번히, 상대적으로 소규모의 투자가 이루어진 경우, 펀드가 투자자가

되는 전문적인 펀드를 만들 수 있다. 대신, 보다 작은 시장이나 신흥시장에 특화된 펀드의 경우, 보다 큰 국제적인 포트폴리오를 구성하고 있는 펀드에 투자하고 있는 기관투자자들은 사업의 중요한 원천이 된다.

4) 현금흐름과 유동성 제약

개방형 펀드의 특성 중의 하나는 높은 판매나 환매에 의한 자금의 유입과 유출의 방식이다. 이는 투자운용자에게 일반적이지 않은 제약을 부과하는데, 그가 반드시 주의를 기울여야 하는 많은 다른 요소들과 함께 실제적이고 잠재적인 판매와 환매의 흐름에 대해 알고 있어야만 하고, 이는 그가 투자해야만 하는(또는 투자해서는 안되는) 현금의 양에 심각한 영향을 미칠 수 있다. 연금펀드와 보험펀드의 특성상 정기적인 유입이 이루어지지만, 유출은 정기적으로 이루어지지 않는다.

펀드의 목적이 주요 주식이나 주요 시장에서의 유동적이고 거래가능한 채권에 투자하는 것이라면, 많은 양의 현금 유입이 항상 문제가 되는 것은 아니다. 이러한 시장은 엄청난 양의 자금을 유입시킬 수 있는 충분한 능력을 제공한다. 그러나 만약 투자운용자가 새로운 자금의 유입에 압도되어 기존 투자자들의 성과에 손실이 초래될 수 있다고 믿는다면, 매우 인기를 끌 수 있는 펀드가 새로운 출자를 막아야 하는 상황이 발생할 수 있다. 가능한한 빨리 운용하고 있는 펀드를 확장시키기 위해 펀드에 판매를 제안하는 것과 같은 모든 운용회사들의 자연스러운 바램이 신중한 투자에 의해 조율되었을 경우가 이러한 상황 중의 하나이다. 소규모 기업이나 신흥시장에 대한 투자로 특화된 펀드의 경우, 유동성이 제약요인이 되고 새로운 출자에 대한 펀드의 일시적인 폐쇄는 보다 일반적으로 발생할 수 있을 것이다.

펀드 운용자들이 직면하게 되는 보다 일반적인 문제는 대규모이고 지속적이며 새로운 판매와 일치되지 않는 경우의 환매이다. 결과는 현금 보유고에서의 지속적인 자금 유출로 펀드가 고통을 받는 것이고, 투자운용자는 펀드가 떠나가는 투자자들에게 지급할 수 있도록 하기 위해 투자자산을 판매하기 시작해야만 할 것이다. 이는 현금의 증가를 지속적으로 어렵게 할 뿐만 아니라 합리적인 가격으로의 판매도 어렵게 한다. 이러한 효과는 계속 보유하고 있는 주주들의 부를 희석화 시키게 될 것이다.

모든 펀드운용자와 규제자가 가장 싫어하는 것은 펀드에 대한 급작스러운 환매 요청과 같은 동요이다. 은행에서 돈을 회수하고자 하는 예금자의 갑작스러운 파동이 은행에 대해 빠르게 치유될 수 없는 결과를 초래할 수 있는 것처럼, 환매를 희망하는 투자자들의 파동은 개방형 펀드에 대해 엄청난 문제를 유발시킬 수 있다. 대부분의 규제체계는 이와 같은 예기치 못하게 이러한 상황에 처한 펀드에게 모라토리움(moratorium)을 허용하고 있다.

비유동성의 문제를 대처하는 방법 중의 하나는 semi-closed 펀드의 발행이라고 할 수 있으며, 'clopen'으로 표현되는 펀드의 발행을 통하여 유동성을 이유로 발행과 환매의 제한을 허용하고 있다. 이러한 펀드는 일반적으로 전문적인 투자자에게 한정된다. 왜냐하면 대부분의 규제자들은 이러한 펀드가 일반 공중에게 제공되는 것을 허용하지 않기 때문이다.

그러나 일반적으로 개방형 펀드의 투자운용자는 유동적이고 정기적인 가치평가를 할 수 있는 채권과 주식에 투자하고자 할 것이며, 이에 따라 극단적인 경우가 발생한 경우에도 펀드가 보호될 수 있을 것이다. 그러나 그럼에도 불구하고 현명한 투자운용자는 현금흐름에 대해 주의를 기울일 것이다.

(4) 투자 과정에 있어 운용, 관찰 및 통제

다음의 사항들을 고려할 때, 투자운용이 복잡한 사업이라는 것은 명백해진다.

○ 내·외부의 많은 이질적 사람들
○ 현금, 이자율, 조세 그리고 정치적 배경의 빈번한 변경
○ 실제로 수천 명의 잠재적인 투자자들에게 적용되는 기술의 광범위한 다양성
○ 자신들이 지불한 것에 대한 보상을 기대하는 고객
○ 경쟁이 높은 시장에서 결과를 쉽게 측정하고 비교할 수 있도록 해주는 서비스

○ 대규모 자금
○ 엄격한 법적·규제적 환경

포트폴리오 운용에 특히 책임이 있는 투자운용사업의 경영층은 진행 과정을 완만하게 하기 위해 매우 세심한 주의를 기울여야 한다. 지속적으로 부진한 성과는 고객의 손실을 초래하고 자신의 직업을 잃게 될 정도로 무거운 벌을 받게 된다. 규제의 주요 위반은 직업을 잃게 할 뿐만 아니라, 사업에서 철수하게 만들기도 한다.

주의를 요하는 두 가지 주요 분야는 내부통제와 질적 수준에 대한 통제이다.

1) 내부통제(compliance)

단순히 법이나 규정의 요구사항 준수를 의미하는 것뿐만 아니라, 고객과의 계약과 투자설명서를 준수하는 것을 포함하는 것이다. 고객은 계약내용이 준수되지 않았다는 사실을 발견했을 때 분노하며, 투자설명서의 내용을 수행하지 못한 경우, 규제상의 처벌을 받게 될 것이다.

따라서 각각의 고객이 계약한 사항과 기대하는 바를 충족시킬 수 있도록 보다 많은 세심한 주의를 기울여야 한다. 이는 최초의 계약을 정기적으로 재검토하고 고객의 입장에서 포트폴리오를 조사하여 검사하는 것으로 어느 정도 대비할 수 있다. 또한 각각의 포트폴리오 운용자가 자신이 운용하는 포트폴리오에 대하여 특정한 지시와 금지 사항을 포함하여 포트폴리오 관련 사항들을 요약하여 알고 있는 것도 좋은 습관이다.

법률과 규정에 대한 준수는 내부통제 관리담당자나 부서에 의해 적용될 것이며, 매매와 기타 다른 사항과 관련된 포괄적 규정의 준수가 부가된다.

2) 질적 수준에 대한 통제

대규모 자산운용자들이 명백하게 정의된 투자 철학이나 유형, 펀드의 운용방식, 그리고 다음과 같은 문제들에 대하여 어떻게 대처하는가 등에 대하여 세부적으로 설명하는 것은 일반적인 추세가 되고 있다.

○ 자산 배분 지시사항의 준수, 표준으로부터의 허용된 편차, 그리고 비정상적인 포트폴리오를 바로잡는 시간의 제약
○ 증권의 master list의 이용과 포트폴리오 운용자 자신이 선택할 수 있는 포트폴리오의 비율
○ 파생금융 상품 이용의 범위와 제한

모든 과정들이 적절히 수행되기 위해서는 특히 비정상적으로 보이는 포트폴리오를 포함하여 모든 포트폴리오에 대해 정기적인 검토가 필요하다. 그리고 포트폴리오 운용자들은 펀드 투자자들이나 다른 기관의 고객들을 위해 정기적인 보고서를 제출해야 할 것이다. 이 보고서에는 포트폴리오 운용자가 기간내에 한 업무와 그 이유, 보고서 작성일에 포트폴리오가 투자된 방식에 대한 이유 등의 설명이 포함될 것이다. 이러한 보고서 작성은 쉽지 않은 일이며, 보통 자산운용회사에서 가장 높은 급여를 받는 투자운용자 중의 하나가 작성하고, 때때로 프리마돈나처럼 행동하는 투자운용자들에게는 좋은 훈련이 될 수 있다.

(5) 이해상충과 악용

본 장의 마지막 부분에는 매우 민감한 사안이 포함되어 있는데, 투자운용과정에서의 악용이 상당 부분을 차지하고 있기 때문이다. 많은 법률과 규정은 이러한 악용을 제한하려는 목적을 가지고 있으며, 펀드에 대해 투자자들의 이익을 보호하고자 한다. 자산운용회사는 그들의 명성이 실추되는 것과 내부적인 규율 준수의 강화에 실패하여 초래되는 규제상의 문제점들에 대해 주의할 것을 요구한다. 보다 확실히 하기 위해 일부 자산운용회사들은 심지어 운용자들의 모든 개인적인 증권 거래와 함께, 펀드 또는 누군가가 운용하는 자유로운 계정에 자신의 자금을 위탁매매하도록 요구하는 것을 금지하고 있다. 이는 개별적인 투자운용자들에게는 제약요인이 되지만, 다음의 두 가지 방식으로 정당화되고 있다.

○ 펀드의 비용으로 개인적인 이윤획득을 하는 유혹으로부터 이들을 보호함
○ 펀드운용에만 그들의 시선이 고정될 수 있도록 하여, 개인적인 거래 포지션에 대한 걱정으로 시간을 낭비하는 것을 막아줌

악용에 대해 주의를 집중함에도 불구하고 주주는 입법자와 규제자, 운용회사 등에 의하여 손실을 입을 수 있으며, 여전히 이와 관련하여 정기적으로 문제가 발생하고 있다. 그 이유는 이러한 악용은 적발하기가 어렵고, 전문가들이 자신의 지위를 이용하는 방식과 그들이 운용하고 있는 펀드의 주주들의 권리를 악용하는 기술을 엄청나게 다양하게 가지고 있기 때문이다.

1) 선도 거래(front running)

투자운용자가 자신의 지위로부터 개인적인 이윤을 얻는 가장 간단한 방법은 '선도 거래(front running)'로, 펀드가 운용되기 전에 운용자가 즉각적으로 스스로 증권을 매입하는 것이다. 펀드의 대규모 매입은 종종 증권의 시장 가격을 끌어올리고, 운용자는 자신이 보유하고 있는 증권을 매도함으로써 즉시 이윤을 얻게 된다. 또한 운용자는 단순히 성사되려고 하는 거래에 관한 정보를 관련자에게 제공하고 이익을 나누기도 한다. 규정으로 선도 거래를 금지하고 있는 경우, 운용자들은 규정을 피하기 위해 제휴자나 역외 계정을 이용하기도 한다. 광범위한 전화 기록과 감독체계가 제어장치로서 활약할 수 있지만, 휴대 전화는 이러한 제약에서 빠져나가는 데 쉽게 이용될 수 있다.

2) 내부자 거래

증권에 대한 주요 투자가로서, 펀드나 다른 유형의 펀드는 기관투자자로 취급될 것이고 공개적으로 발표되기 전에 가격과 밀접하게 연관되어 있는 정보를 보유할 수 있을 것이다. 이는 운용자들에게 유리하게 작용하여 개인적으로 거래할 수 있는 기회를 제공한다. 이러한 '내부자 거래(insider dealing)'는 대부분의 선진국 시장에서 형사처벌되고 있지만, 적발과 함께 법원에서의 입증이 어렵다.

운용회사의 직원에게 회사의 거래 데스크(dealing desk)를 통해서만 거래하도록 요구하는 것은 이러한 내부자 거래를 막기 위해 고안된 방법이다.

3) 사전보유(warehousing)

펀드운용자는 펀드를 통해 재무적으로 투자자들을 착취할 만한 동기를 갖게 되는 상황도 있다. 이는 펀드운용자가 주식시장에서 영업 활동을 하는 자회사를 가지고 있는 금융복합기업의 한 부분에 속해 있을 때 더욱 발생하기 쉽다. 예를 들어 복합기업은 특정한 회사의 인수에 관여할 수 있다. 인수를 위해 자체적인 현금을 이용하기보다는 목표 기업의 주식을 인수하도록 펀드운용자에게 지시할 수 있다. 이러한 방식으로 잠재적인 매수자가 있는 상당한 주식이 복합기업에 아무런 위험 부담을 주지 않으면서 복합기업에 축적된다. 시장과 인수 규칙이 법원에서 관련 단체나 사람에 대한 주식 소유 현황을 공개하도록 요구하는 경우, 각각의 펀드의 지분은 동 주식의 소유한도까지 매입할 수 있다. 이는 실제적으로 '사전보유(warehousing)'로 알려져 있는데, 대상기업의 인수시도가 이루어지면, 투자자들에게는 이익이 될 것이지만, 그렇지 않은 경우라면 주식은 손실을 입고 매도되거나 상당히 실적이 좋지 않은 투자로서 보유될 것이다.

4) 배분거래(rat trading)

규정이 특정하게 금지하지 않는 경우, 펀드운용자가 자기 자신과 자신이 운용하고 있는 많은 펀드를 대신하여 주식을 대규모로 매입하고, 거래가 끝난 얼마 후에 각각의 참여자에게 주식을 배분하는 것이 가능하다. 이는 자신의 계정에서 이익을 내면서 주식을 배분하도록 해주며, 실제로 '배분거래(rat trading)'로 알려져 있다. 규정이 펀드운용자를 대신하여 하나나 그 이상의 펀드에 대한 거래와 함께 자신의 계정에서 거래를 인수하는 것을 금지하는 경우에도, 후기(late-book)할 수 있는 능력이나 거래가 끝난 얼마 후 펀드에게 주식을 배분함으로서 펀드의 성과가 성공적인 것처럼 보이도록 성과를 조정할 기회를 제공하게 될 것이다.

5) 악성보유처리(dustbin)

어떤 시장에서는 새로운 증권의 발행이 인수된다. 즉, 은행이나 브로커 딜러는 인수 수수료를 받고 모든 증권이 동의된 가격으로 인수되어질 것을 보증한다. 그 후, 이러한 증권은 매입자의 것이 된다. 만약 매입자가 많지 않고 향후 발행가격 이하로 거래될 것처럼 보인다면, 은행이나 브로커 딜러는 투자자들에게 자신의 손실을 전가하면서, 펀드운용자에게 주식투자를 권유할 것이다. 이러한 관행은 '최후 인수(tail-end underwriting)'로 알려져 있다.

이와 유사하게, 만약 은행이나 브로커 딜러가 발행된 증권을 매입하고, 이를 매도하고자 시도한다면, 원치 않는 증권을 보유하지 않기 위해 자신들의 통제하에 있는 어떤 펀드를 이용하고자 할 것이고 자신의 계정으로부터 손실이 발생하는 것을 피할 것이다.

명백하게, 운용회사나 관계 회사는 자신보다는 펀드의 투자자들의 비용으로 실패를 회피하는 것이다.

6) 새로운 발행

대규모 기관투자자의 지위를 이용하여 펀드운용자에게 유리한 투자 기회를 제공하도록 유도할 수 있다. 상승장에서는 새로운 주식의 발행이 순식간에, 때로는 엄청난 이윤을 낼 것으로 예측될 수 있다. 펀드운용자는 이러한 발행에 대한 참여를 제의받을 것이고, 그들이 통제하는 펀드에 대해 주식을 배분할 수 있는 권리도 갖게 될 것이다. 따라서 펀드운용자에게는 어떠한 하나의 펀드의 성과에 대해 상향조정하는 것이 상대적으로 쉬울 것이고, 특히 상대적으로 규모가 작은 펀드의 경우 모든 매력적인 신규 발행물을 할당함으로써 그렇게 할 수 있다.

투자자나 자신이 운용하는 연금 운용자의 희생으로 이익을 얻기 위해 펀드운용회사나 개인이 개입하는 모든 방식들은 대부분의 국가에서 위법적인 것이다. 그러나 이러한 위법적 행위들은 모두 발생되고 있으며, 일반인들에게도 알려지는 많은 위법 사례들은 그동안 존경받아 왔던 자산운용업자들에 의해 자행된 경우가 많다.

(6) 결제와 투자회계

1) 후선 부서(back office)의 중요성

후선 부서는 포트폴리오 운용과 주식 선택의 과정에서 중요한 역할을 한다. 투자운용자의 성공과 실패는 투자자들은 물론이고 운용회사의 이윤율에 엄청난 영향력을 행사하고 있는데, 투자운용업에 있어 다소 덜 알려진 후선 부서는 이러한 성과에 중요한 요소로 작용하기 때문이다. 이러한 부서들에는 다양한 펀드에 대한 투자와 기업에 의해 운용되는 여러 포트폴리오의 기록을 유지하는 책임을 맡고 있는 부서, 또는 투자운용자에 의해 시작된 거래와 매매 부서에 의한 거래를 완결시키도록 지원하는 부서 등이 있다.

2) 거래의 확정

매매 부서에 의한 거래는 소유권이 변경되고 매입자로부터 지급액을 받거나 지급을 하는, 그리고 소유권을 매도자로부터 받는 여러 복잡한 과정의 시작일 뿐이다. 이는 다음과 같은 다양한 부분들을 포함한다.

○ 펀드를 위한 브로커
○ 매입자나 매도자가 접촉하는 시장
○ 거래의 상대편인 브로커 —브로커/딜러가 주체로서 활동할 경우, 펀드를 위해 활동하는 사람과 동일인일 수도 있음.
○ 펀드의 보관자나 수탁자, 그리고 보관자나 수탁자의 통제하에 있는 펀드 예금을 보유하고 있는 계정의 은행
○ 완전한 거래를 위한 시장 청산과 결제 체계
○ 소유권 기록의 유지에 책임이 있는 등록자나 중앙 예금자

이와 같이 외관상으로 장황하고 복잡한 과정은 단순한 목표를 갖는다 —판

매자는 매입자에게 소유권을 전달하고 지급을 받으며, 매입자는 소유권을 받고 매도자에게 지급하는 데 있어 상당 수준의 신뢰성을 확보한다.

매일 수천 건의 거래가 이루어지고 혼란과 실패로 가득한 시장에서, 실패는 거래의 모든 부분에서 비용으로 작용할 수 있다.

[그림 Ⅰ-14]는 전형적인 증권 거래의 과정을 보여주고 있다. 이는 매우 일반적인 것이고 많은 지역적 차이가 존재할 수 있음을 반드시 고려해야만 할 것이다. 그럼에도 불구하고, 투자업무와 증권시장이 점차 세계화되고 있는 것과 마찬가지로 거래과정은 선진국 시장에서 보다 유사해지고 있는 경향이 있다.

그림 Ⅰ-14 거래와 결제의 과정

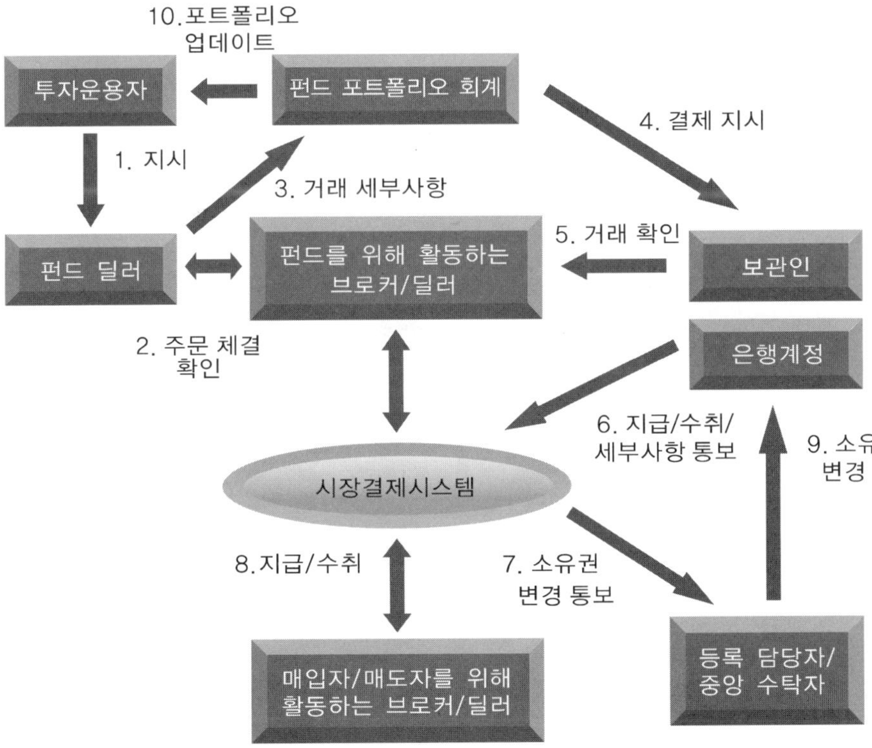

3) 기록 보관과 가치평가

투자회계 부서는 펀드 포트폴리오의 거래 확정과 자산운용회사에 의한 고객관리 외에도 투자기록 유지에 대하여 책임을 갖는다. 투자기록은 순자산가치와 가격의 설정을 목적으로 하는 가치평가시 기초가 될 것이기 때문에 중요하다. 이러한 업무는 펀드가 보유하고 있는 증권과 일치하는 기록을 보관하고 있는 보관자나 수탁자의 존재로 인하여 도움을 받기도 한다. 따라서 펀드 투자회계 부서와 펀드 보관자나 수탁자간의 정기적인 조정은 오류를 빨리 찾아낼 수 있도록 도와줄 것이다.

만약 이러한 기능이 제3자에게 위임되지 않는다면, 가치평가와 가격산정에 책임이 있는 전문가가 내부적으로 이러한 업무를 수행하게 될 것이다. 즉, 투자회계 부서는 펀드의 거래, 발행, 환매에 책임이 있는 부서와 연결된다.

투자회계 부서는 [그림 Ⅰ-15]에서 보여지듯이 정확하고 시기적절한 자료를 유지할 뿐만 아니라 투자와 관련된 결제완결을 위한 역할도 한다.

그림 Ⅰ-15 투자회계 부서의 책임

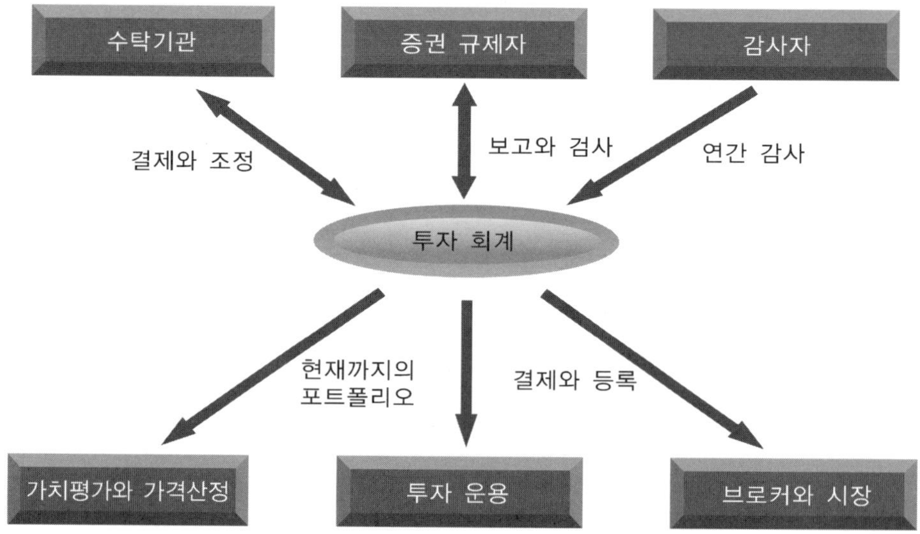

투자회계 부서는 내부통제의 전면에 위치하고 있다. 중요성의 관점에서 보면, 증권규제당국은 증권규제자가 정기적인 보고서를 보관하고 의심이 가는 경우 질문에 대한 해답으로서 이용되도록 하기 위해 정확한 가치평가와 가격산정을 이들의 책임으로 규정하고 있다. 투자의 제한규정을 감독하는 업무는 보관자나 수탁자에게도 공동으로 책임이 있다.

또한 펀드에 대한 연간 감사시에는 감사인에게 정보를 제공하도록 요구될 것이다.

마지막으로, 투자회계 부서에는 투자운용자에게 현재의 투자를 보여주는 정기적으로 업데이트된 포트폴리오를 제공하고, 투자운용자가 인수, 합병, 증자 또는 기타 다른 사안에 있어 투표가 요구되는 기업의 조치사항에 필요한 결정에 대한 정보를 유지해야 하는 책임이 있다.

7. 펀드의 마케팅

펀드운용업은 반드시 고객 —즉 펀드에 대한 투자자— 이 있어야만 한다. 그리고 펀드운용업이 성공하기 위해서는 고객들을 지속적으로 유지시키고 더 나아가 보다 많은 고객들을 유치해야만 한다. 어떤 사업이든 지속적으로 새로운 고객을 발굴하기 위해서는 많은 비용이 소요된다. 이에 비해 기존의 고객들을 새로운 사업 확장에 참여하도록 하는데 드는 비용은 훨씬 더 저렴하다. 기존에 자신의 고객이었던 투자자들에 대한 연락처는 이미 알고 있기 때문에 이들에게는 인쇄나 방송 매체를 통해 광고를 하는 것보다 훨씬 더 비용을 줄일 수 있는 우편물을 이용하는 것이 보다 효과적일 것이다. 이러한 투자자들은 이전의 투자성과가 만족스러웠을 경우 다시 동일한 운용회사의 펀드에 투자하고자 할 것이다.

마케팅과 관련된 많은 책들, 특히 금융상품과 관련된 책들은 본 장의 내용보다 더 구체적이고 자세히 일반적인 또는 특별한 마케팅에 대한 정보를 제공해줄 것이다. 본 장에서는 단순히 펀드 마케팅의 주요 사항을 소개하는 데 초점을 맞추고 있다.

(1) 잠재고객과 그들의 선택에 영향을 미치는 요인

금융상품과 관련하여 고객에게 영향을 미치는 주요 요소들은 외부적 요인, 내부적 요인, 그리고 소비자의 구매과정으로 설명될 수 있다. 이와 같이 금융서비스를 선택할 때 영향을 미치는 여러 요인들은 잠재적인 고객들이 무엇을 하기를 원하고 투자운용회사가 원하는 대로 투자를 유인하기 위해서는 어떻게 설득해야 하는가 등을 고려할 때 이러한 사항을 주지하는 것은 중요하다.

사람들은 각자의 선호도에 따라 투자를 선택하게 되는데, 여기에는 [그림 I-16]과 같은 여러 가지 요소들이 영향을 미친다. 만약 투자자들이 스스로를 여유롭고 개방적이며 모험적이라고 생각한다면 자신과 동일하게 나타나는 운용

그림 I-16 금융 서비스 선택에 영향을 미치는 요소

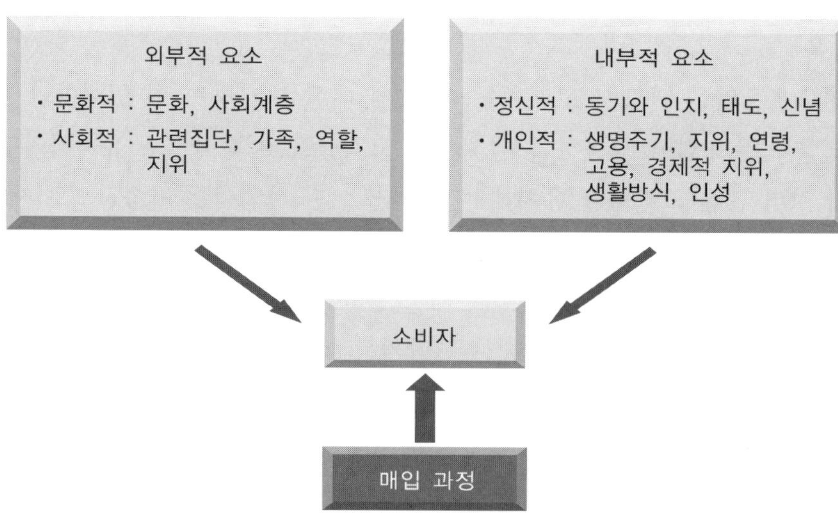

회사의 펀드를 선택하고자 할 것이다. 또 다른 사람들은 스스로를 특별히 지적이며 가치를 식별할 수 있는 혜안을 가진 사람이라고 생각할 경우 이들이 찾고자 하는 펀드나 금융상품은 지적이면서도 배타적인 요소를 포함하고 비용도 높지 않은 것이 될 것이다.

한편 일련의 과정을 통해 결정을 내리는 사람들도 있다. 따라서 펀드운용회사는 과정의 각 단계에서 잠재적인 고객에게 어떻게 영향을 미칠 수 있는가와 다른 사람이 아닌 자신들의 펀드를 매입하도록 하기 위해 무엇이 필요한가를 생각해야 한다.

그림 I-17 매입과정

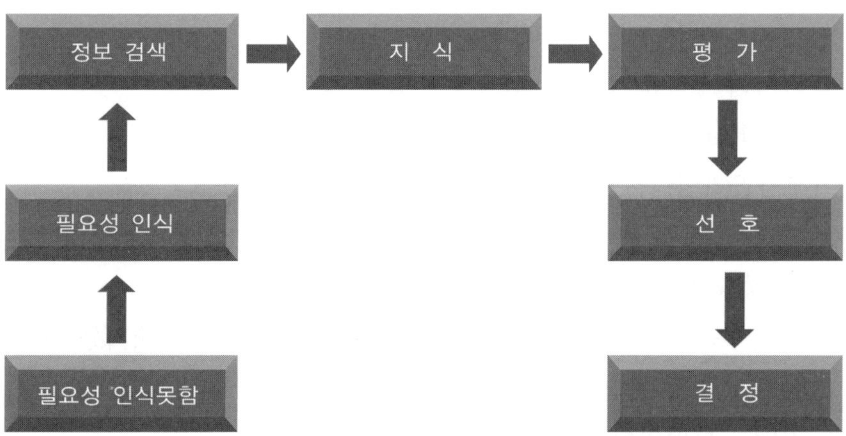

결국 누군가는 고객들의 필요성을 인식하게 되고 —예를 들어, 10년 후 가족 결혼식을 위한 저축— 이를 충족시켜 주기 위해 노력한다. 고객의 요구를 충족시키기 위한 수단으로서 보험이나 펀드 또는 은행의 저축 계정 등이 이용될 수 있고, 투자자들에게는 어느 상품이 가장 좋은가와 그 이유를 설명해야 할 것이다. 이러한 과정을 거치면서 투자자들은 특정 상품에 대한 선호를 갖게 될 것이고, 결국 보다 나은 성과나 낮은 비용 또는 뛰어난 편의성이 안전성 등에 근거하여 특정 상품의 매입을 결정하게 된다.

펀드운용회사는 투자자들에게 자사의 상품을 매입하도록 정보와 지침을 제공하여, 이들의 의사결정이 정당화되도록 도움을 주고자 한다. 이전의 투자자들에 의한 개인적인 권유(입소문)는 항상 의사결정에 있어 강력한 영향력을 행사한다. 따라서 펀드운용회사는 기존의 고객들을 지속적으로 만족시키기 위해 노력해야만 한다. 일단 한번 내려진 투자 결정이 신속하고 단순하며 용이하게 실행되도록 하는 것 또한 중요하다. 그렇지 않으면 고객은 다른 투자처를 찾을 지도 모른다.

(2) 잠재적인 고객의 확인과 접촉

펀드 마케팅과 판매와 관련하여 다음과 같은 다양한 업무가 진행된다.

○ 리서치: 목표 고객과 그들의 필요를 확인하는 것
○ 상표(branding): 상품과 관련하여 특성을 지닌 이름을 만듦(유명한 예가 코카콜라임)
○ 광고: 고객을 끌거나 특정한 이미지를 개선시키기 위해 고안되어진 선전용 메시지를 비용을 들여 전달함.
○ PR: 대중 매체를 포함하여, 기업과 상품의 긍정적인 이미지를 얻기 위한 기업과 다양한 청중간의 의사소통을 원활히 함.
○ 판매: 판매인의 고용과 같은 다양한 영업방법 활용

마케팅 활동의 두 가지 추가적인 부분은 투자자와의 의사소통과 상품 개발이다. 이는 10장과 11장에서 다루고 있다. [그림 Ⅰ-18]은 마케팅, 판매, 상품개발, 투자자와의 의사소통 등이 어떻게 이루어지는가를 보여주고 있다.

펀드의 마케팅과 판매와 관련하여 항상 명심해야만 하는 기본적인 몇 가지 사항은 다음과 같다.

○ 명백한 목표 시장을 설정하지 못한 경우 잠재적인 고객이 아닌 일반인들을 위한 판매 시도는 낭비가 될 것임

그림 Ⅰ-18 마케팅의 혼합

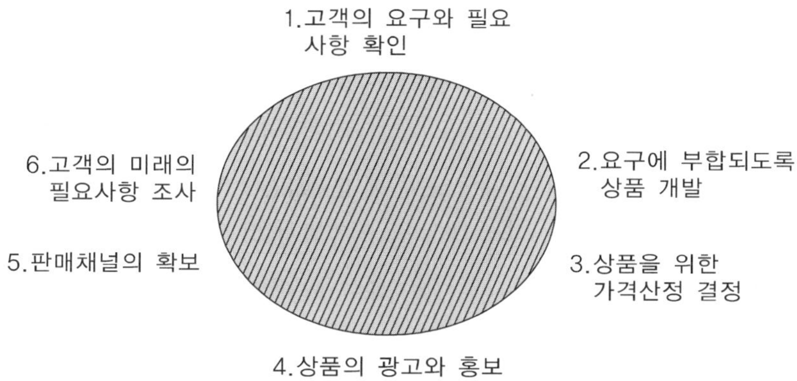

○ 목표 시장에 대한 특성과 습성을 알지 못한다면, 부적절한 시간이나 장소, 또는 잘못된 매체 등을 이용하여 이들에게 접근하는 것은 낭비가 될 것임

○ 만약 목표 시장이 즉각적으로 용이하게 반응하지 못한다면(예를 들어 특정한 사무실에서 구입하기 위해 먼거리를 여행하면서 시간을 낭비함) 의사결정은 지연될 것이고, 마케팅 지출은 낭비적인 것이 될 것임

사람들은 점차 거래의 복잡성을 참지 못하게 된다. 만약, 어떤 공급자가 다른 공급자에 비해 좀더 쉽게 거래를 할 수 있도록 한다면, 더 비싼 가격이라고 해도 거래를 쉽게 해주는 공급자를 선택할 수 있다.

(3) 마케팅에 있어 운용회사의 특성이 미치는 영향

어떤 펀드운용업에서 마케팅과 판매를 시작하고자 할 때 그 출발점에서는 다음의 내용들이 검토되어야 할 것이다.

○ 재원(resource): 기업이 충분한 재원과 소비자 브랜드를 만들어낼 충분한 자원과 시간적 여유를 가지고 있는가? 만약 그렇다면 시장에서, 장기적으로 영업을 할 수 있을 것임. 그렇지 않다면, 광고의 확대나 인수 또는 양자 모두에 의해 가능한한 빨리 사업기반을 구축하도록 노력해야만 할 것임

○ 초점(focus): 광범위한 상품을 판매할 것인가 아니면 특정 상품 영역에 초점을 맞출 것인가? 이는 대부분 운용회사의 재원뿐만 아니라 경영자에 대한 평판과 능력, 그리고 기술 등에 의존함. 재정상태가 좋은 회사는 기술을 매입할 수 있으나 그렇지 않은 경우는 불가능함

○ 장점(advantages): 어떤 분야에 대해 경쟁우위를 가지고 있는 기술이나 강점을 가지고 있는가? 예를 들어, 일정한 시장이나 자산 종류에 대한 투자 수단이나 좋은 성과의 기록 등을 보유하고 있는가? 또는 명백한 비용상의 우위를 가지고 있거나 —그렇지 않으면 이를 창출해낼 수는 있는가?— 경쟁자와 비교하여 어떻게 차별화될 수 있는가?

○ 단점(disadvantage): 기업이 어떠한 분야에 대해 취약한가? 동일한 판매채널을 이용하는 다른 기업들이 더 나은 서비스를 제공할 수 있는가? 기업이 과도하거나 성공적이지 못한 광고를 할 경우, 빠르게 자금이 고갈될 것인가? 만약 50%의 판매 증진을 달성했을 경우, 시스템이 과부하되지 않는가?

계획 이전에 한 단계 더 나아가 사업을 발전시키는 데 있어서, 운용회사 자체의 특성과 목표를 고려해야 한다.

반드시 주의해야 할 사항들은 다음과 같다.

○ 운용회사의 소유권과 그들의 목표, 그리고 유형: 소유자는 개인, 금융기관, 또는 소매업자 등이 될 수 있음. 그들은 운용회사가 이용할 수 있는 기존의 브랜드나 능력, 또는 판매채널 등을 가지고 있거나 처음부터 시작할 수도 있음. 소유자의 유형은 운용회사에도 영향을 미칠 수 있음. 예를 들어 상당히 보수적인 은행의 경우 아마도 신흥 시장의 부채에 주력하는

운용회사와는 함께 일하지 않을 것임

- ○ 수익성에 대한 요구: 주주들은 몇 년내에 이윤을 내도록 요구하는가? 또는 5년이나 10년간 기다릴 여유가 있는가? 이러한 사항은 기업이 다양한 전략을 추구하는 능력에 영향을 미칠 것임. 예를 들어, 단기이익의 필요성은 판매대리인에게 높은 수수료를 지급하거나 낮은 비용의 상품을 제공하는 능력을 감소시켜, 단기적인 이익이 오히려 감소할 수도 있음. 반면, 보다 장기적인 관점에서는 단기이익의 희생을 허용할 것임
- ○ 이용가능한 재원: 기업이 이용가능한 재원은 상이한 전략을 추구하는 마케팅 부문의 능력에 영향을 미칠 것임. 예를 들어, 판매대리인에게 수수료를 지급하는 경우에는 보다 낮은 변동비용이 소요되는 반면, 판매인력을 고용하는 경우 높은 고정비용을 감당해야 하므로, 이 경우에는 많은 소규모 고객보다는 소수의 대규모 고객에게 초점을 맞추어 서비스를 제공하는 것이 바람직할 것임

시장에 접근하는 방법에는 두 가지 상반된 방법이 있다. 하나는, '선도적인' 전략으로 정의되는데, 장기적으로 일관되게 높은 성과를 올리며 안정적인 사업기반을 구축한 경우이다. 또 다른 하나는 '기회주의적인' 전략으로 기회가 발생할 때마다 단순히 상품을 만들어 효과적으로 판촉하는 데 주력하는 경우이다. 전자는 브랜드가 중요한 것이고, 후자는 특정 상품의 호소력이 가장 중요할 것이다.

(4) 마케팅의 과정

1) 마케팅의 경영

대부분의 마케팅의 주요 기능들은 운용회사의 내부 또는 외부에서 수행될 수 있다. 가장 일반적인 구조는 이사회에 보고하는 역할을 하고, 필요한 경우에는 외부의 서비스공급자를 사용할 수 있는 내부 부서를 설치하는 것이다.

어떠한 주어진 연도 안에 달성해야 할 특정 목표를 설정하고, 이러한 목표와

비용에 대한 성과를 정기적으로 측정하는 것은 일반적이다. 목표는 통상적으로 정해진 기간 내에 펀드의 판매를 성취하는 것이며, 보통 국가나 지역, 마케팅이나 판매조직 등에 따라 특화되기도 한다.

목표에 대하여 성과를 측정하는 것은 중요하다. 왜냐하면 목표를 달성하는데 실패하는 것은 운용회사의 수익과 능력과 관련된 일이기 때문이다. 만약 판매가 목표보다 낮았다면, 수익은 목표 이하가 될 것이고, 만약 목표보다 판매가 높았다면, 관리시스템과 인원이 대처할 수 없을지도 모른다. 시장상황이 개선되거나 나빠짐에 따라 목표는 조정되어야 할 필요가 있다.

마케팅 계획과 예산은 각 회계 연도마다 설정된 목표에 따라 수립되어야 하고, 진행상황이 주별이나 최소한 월별로 감독되어야 한다.

○ 비용 —지출 예산과 분배 예산 그리고 예산상의 불일치 원인
○ 시기 —계획대로 진행되었는가 그리고 계획대로 이루어지지 못했다면, 그 이유와 이에 따른 예산의 결과
○ 목표 —목표된 판매가 성취되었는가, 그리고 성취되지 못했을 시 그 이유는 무엇인가? 목표에 대한 판매채널별 판매원별 판매의 추적이 포함되어야 함

통상적으로, 사전협의된 비용의 제한과 각 활동에 시한이 있는 경우에는 신규펀드의 설립과 같은 특정 프로젝트에 대해서는 분리된 예산이 수립될 것이다.

진행과정은 지출된 비용에 대해 성취된 결과로 평가되어야 한다. 이는 다음과 같은 여러 방식으로 이루어질 수 있다.

○ 각각의 광고나 우편 캠페인에 대한 반응을 추적하고(이러한 반응을 점검하기 위해 시스템을 코드화하고 추적할 필요가 있음), 접수된 반응에 따라 각각의 광고나 캠페인의 비용을 분배함으로써 결과를 비교함(반응대비 비용)
○ 각각의 광고나 우편 캠페인에 투자된 자금의 총액을 추적하고, 자금이 발생한 총액으로 광고비용을 나누어, 효과를 평가하는 개별광고에 대해

비교될 수 있음

○ 각각의 판매채널의 활동결과로써, 투자된 자금의 총액을 추적하는데, 이를 통해 어떤 방법으로 최고의 성과가 나왔는가를 평가할 수 있게 됨

각국의 펀드운용자는 스스로 자신이 수용할 수 있는 비용을 설정할 것이고, 만약 이러한 데이터가 이용가능하다면 효과에 대한 측정을 위해 그들의 결과를 다른 운용자와 비교하는 것이 가능해질 것이다.

비용통제는 마케팅의 필수적인 항목이며, 명확한 보고와 예산제약하에 활동해야만 하는 외부 계약자를 이용할 경우에는 더욱 중요하다.

2) 시장에 대한 리서치

운용회사가 목표로 설정한 시장이 회사 전체인가 아니면 특정 펀드인가를 확인하는 것과 같은 시장에 대한 리서치는 마케팅 부서의 주요업무이다.

가) 기관이나 개인

첫 번째 질문은 목표로 설정된 시장이 '기관'인가 또는 '개인'인가이다. 즉, 회사가 목표로 하고 있는 것이 연금, 자선 펀드나 보험펀드와 같은 금융기관인가 개인인가 아니면 둘다 인가를 확인하는 것이다. 대부분의 펀드운용회사에서는 마케팅 부서와 영업 부서의 필요사항이 상이하기 때문에, 이 양 부서내에 여러 과로 분리되어 업무를 수행한다.

일반적으로, 투자의 전과 후에 기관투자자에 의해 요구되는 정보의 수준은 개인투자자의 요구보다 세부적인 것이며 요구의 횟수 또한 더 빈번하다. 통상적으로, 기관투자자들을 위해 특별 보고서가 준비되어 있는데, 이는 그들의 특정한 요구를 충족시키거나(예를 들어 어떠한 포트폴리오의 제한 규정에 대해 준수하고 있음을 입증하기 위해) 또는 유사한 투자자 그룹을 위해 개별적으로 만들어진 것이다.

마케팅 부서에서는 구체적으로 기관투자자만을 목표로 하는 펀드를 개발할 수 있다. 충분히 전문적인 투자자로 인정되거나 전문적인 상담가를 보유하고 있

어 기관투자자를 위해 설정된 펀드에 투자할 수 있도록 법적으로 허용된 전문 투자자나 부유층 —종종 높은 순가치를 가진 개인(high net worth individuals: HNWIs)으로 불림— 도 있다. 이러한 펀드는 보다 많은 융통성을 가지고 있으며, 다양한 법률과 운용구조를 허용하는 지역(역외 지역)에 설정되는 경향이 있다.

표 Ⅰ-14 기관 고객과 개인 고객간의 차이점

	기 관	개 인
투자자 수	국제적으로 수만~수십만	국제적으로 수억
투자 총액	일반적으로 투자당 10만$ 또는 그 이상	일반적으로 투자당 1,000$ 또는 그 이상
수용 가능한 최초 수수료 수준	0~2%	0~8%
수용 가능한 연간 수수료 수준	보통 1.25% 또는 그 이하	보통 3% 또는 그 이하
펀드의 투자 목표	펀드의 투자목표가 실제로 반드시 달성해야 하는 특정한 투자 요구를 가짐	펀드의 투자목표가 실제로 반드시 달성해야 하는 일반적인 투자 요구와 위험 포트폴리오를 가짐
펀드 포트폴리오	내용과 변경사항에 대한 세부적인 정보를 요구	내용과 변경사항에 대한 일반적인 정보를 요구
펀드 성과의 분석과 보고서	보통 월별이나 주별로	6개월마다
서비스	보통 주재인원을 통한 개별적인 서비스를 요구함	보통 개별적인 서비스를 기대하지 않음

나) 자료수집

잠재적인 기관투자자들의 세부사항은 전문적인 인명록, 편람, 또는 연감이나 전문가 데이터베이스에 의해 얻을 수 있다. 이때 내부적인 데이터베이스의 구축이 필요한바, 구축된 데이터베이스는 지속적으로 유지보수하고 주소나 개인적인 사항 등의 변경이 재조사되어야 한다.

잠재적인 개인투자자들을 확인하기 위해 이용되는 데이터는 보다 복잡하다. 두 가지 상이한 관점에 초점을 맞춘다면 하나는 인구통계학적 접근이고 또 다른 하나는 개인주의적 접근이다.

① 인구통계학적 자료

많은 국가에서 이러한 정보는 정부의 통계청으로부터 이용가능하며, 특징적으로 다음의 사항을 포함한다.

○ 연령과 성별
○ 수입 구조
○ 직업
○ 사회적 구조(가계)
○ 자산 소유권
○ 수입대비 저축
○ 위치
○ 윤리나 종교적 그룹

이러한 데이터는 펀드운용자에게 중요한 의미를 갖는 추세분석에 이용될 수 있다. 예를 들어 유럽에서는 일반적으로 정부의 연금시스템에 의존하는 노령인구가 증가하고 있으며, 그 비용은 현재 납세자에 의해 충당되고 있다. 수명연장에 따라 연금수령자의 수는 증가하는 반면, 노동자들의 수는 감소하고 있다. 이러한 현상은 정부가 개인에게 퇴직을 대비해 저축을 하도록 장려하고, 정부연금에 의존하는 것을 줄이도록 유도하고 있다. 이는 결과적으로 펀드에 대한 보다 많은 수요를 창출시킬 수 있을 것이다. 이러한 자료는 필요성을 평가하는 데에도 사용될 수 있을 것이다. 종교적인 믿음에 의해 투자가 허용되지 않는 것 —예를 들어 알코올의 생산— 에는 투자하지 않는 금융상품의 개발과 종교법의 금지에 의해 이자를 받지 못하는 경우를 위한 상품개발은 최근의 추세를 반영하는 것이라고 할 수 있다.

전통적으로 선진국 시장에서, 여유자금을 저축하거나 투자하는 사람들은 주로 자녀들이 집을 떠난 나이가 많은 경영자나 전문직 남성으로, 이들의 소비는 감소추세이고 퇴직에 대비하여 자금을 비축할 필요성이 있는 사람들이다. 최근 몇 년 사이에 또 다른 그룹이 생겨났다. 이들은 25~35세의 남성이나 여성 경영자 혹은 전문가로, 보통 맞벌이 가정에서 연금에 저축하기 위한 여유 자금이 있거나 주택에 투자하기 위해 일정금액을 만들고자 하는 사람들이다.

주요 사항은 저축할 수 있는 여유자금이 있는 사람들의 그룹을 발견하고, 이들에게 접근하기 위한 비용상으로 가장 효과적인 방법이 무엇인가를 찾아내는 것이다.

○ 사는 곳(만약 모두 동일한 지역이라면, 집으로 우편을 배달하거나 지역적으로 선전문구를 이용할 수 있음)
○ 시청하는 프로그램이나 읽는 간행물
○ 취미와 흥미
○ 이용하는 의사소통 수단 —전화, 인터넷 등

이러한 정보의 종류는 마케팅 —예를 들어 특정 스포츠의 후원— 효과를 높이는데 도움을 준다.

만약 이러한 유형에 대한 통계적인 데이터가 이용가능하지 않다면, 선택된 목표시장에 대해 책임이 있는 사람과 연계하여 비공식적인 리서치가 가치 있을 수 있다.

② 행동에 관한 자료

행동에 관한 자료는 효과적인 목표설정에 도움을 주는 전문기업에 의한 리서치에 기초하고 있다. 재무영역의 경우 일반적으로 저축에 대한 자세, 위험에 대한 자세, 의사결정을 하는 자세 등이 모두 중요하다. 상이한 리서치 그룹들은 상이한 특성을 갖는 그룹에 대해 상이한 자료를 만들어낸다. 그리고 여기에는 일반적으로 다음의 사항들이 언급된다.

○ 위험에 대한 자세: 수익을 얻을 수 있는 기회뿐만 아니라 잠재적 자본손실
○ 가격에 대한 민감도: 상이한 유형의 수수료 수준
○ 독립적으로 의사결정을 할 수 있는 능력이나 자문에 대한 필요성
○ 저축을 하는 자세: 수동적 또는 능동적
○ 저축에 대한 필요성: 자본 성장이나 수입의 증가

○ 기술을 이용하는 자세

이러한 모든 것들은 펀드운용회사가 목표된 판매를 달성하기 위해 어떻게 고객의 요구에 부합되도록 마케팅과 판매기술을 조정할 것인가를 결정하는 데 영향을 미칠 것이다. 예를 들어 금융상의 결정을 스스로 하는 사람들과 스스로 자신 있게 연구분석을 하는 사람들, 가격에 민감하고 기술을 이용하는 것을 좋아하는 사람들은 인터넷에 기초한 서비스에서는 이상적인 고객이 될 수 있다. 반면 개인적인 조언을 필요로 하고 기술을 좋아하지 않는 사람들은, 가격에 민감하지 않다면 필요한 신청서를 작성해 주는 판매원에 의해 설득되기 가장 좋은 사람들이다.

다) 경쟁의 감시

대부분의 운용회사들은 경쟁자 ―다른 유형의 금융상품과 펀드 모두― 의 활동에 대한 리서치와 감시에 일정 시간을 소비한다. 이는 자신의 상품이 가지고 있는 매력에 대해 잠재적인 위협이 무엇인가를 알아내고, 효과적으로 대응하기 위한 것이다. 만약 운용회사가 특정한 우월성을 보유하고 있다면 ―예를 들어 가장 낮은 비용의 공급자― 이러한 지위가 위협받고 있지 않은가를 지속적으로 점검하고, 만약 경쟁자가 비용을 내린다면, 어떻게 조정할 것인가 또는 비용을 낮추지 않는 것이 보다 나은 방안이라는 것을 어떻게 조정할 것인가 또는 비용을 더 낮추지 않는 것이 보다 나은 방안이라는 것을 어떻게 정당화할 수 있는 가 등을 확인할 필요가 있다. 예를 들면, 경쟁자가 제공해 주지 않는 서비스지만, 투자자가 원한다면, 고 투자자가 원하는 서비스를 제공할 수는 없고, 비용을 덜 부과할 수는 있을 것이다.

서로 유사한 투자 목표를 가지고 있는 펀드의 대부분은 차별성이 거의 없다. 어떤 기업이 성공적으로 펀드를 설정했을 때, 이는 시장경쟁자들로 하여금 유사한 펀드 시리즈를 만들도록 한다. 차별화되는 펀드나 운용회사를 설립하는 것은 불가능한 일은 아니지만, 어려운 일이다.

3) 상표의 명명(branding)

상표의 명명(branding)은 특정 이름과 연관되어 있는 사람들의 가치와 품격을 나타내주며, 해당 이름과 관련된 태도에 영향을 미치기도 한다. 때때로 브랜드는 특정한 상품 또는 일정 범위의 상품을 제공하는 회사와 관련이 있다. 후자는 펀드와 관련이 있는 경우로, 운용회사의 이름은 브랜드에 초점을 맞추고 있다. 자회사가 모회사와 상반된 스타일을 나타낼 경우, 모회사의 브랜드에 손해를 입힐 수도 있다.

펀드운용회사가 그들의 브랜드와 연결되기를 희망하는 가치의 종류는 —'돈의 가치'로부터 '배타적'까지, 그리고 '보수주의'에서 '고위험'까지, '복잡한 과학적 접근'으로부터 '본질적 본능'까지— 실로 다양하다.

브랜드가 만들어지면, 브랜드 이미지와 일치되도록 모든 광고활동과 자료가 일관되도록 하는데 지속적인 노력이 필요하게 된다. 예를 들어 매우 값비싼 팜플렛을 우편으로 제공하는 것은 '돈의 가치'를 중시하는 브랜드 이미지와는 일치하지 않는다.

4) 광　　고

광고는 사람들에게 기회를 알리고, 설득하고, 인지시키기 위해 이용된다. 운용회사의 브랜드와 질적 수준에 대한 인식을 높이기 위해, 또는 특정 펀드나 보다 일정범위의 판촉을 위해서도 이용될 수 있다.

광고 수단의 선택에 영향을 미치는 요소들은 다음과 같다.

○ 목표 시장과 그 특성
○ 이용가능한 예산
○ 전달된 메시지와 매체에 대한 적합성: TV는 메시지를 알리는 데는 유용하지만 여러 가지 세부사항을 전달하는 데에 여러 가지 규제가 존재하기 때문에 부적합한 부분이 있음. 또한, 사람들이 광고를 보고자하지 않는 한, 정보가 보전되는 것 또한 어렵고 반응은 전화나 다른 접촉수단에 의

해서만 이루어지게 됨. 많은 세부사항을 스크린에 나타내는 것은 비용도 많이 소요됨. 그러나 인쇄 매체는 상대적으로 가격이 저렴하면서도 세부사항을 전달하는 데 유용함. 이와 같이 매체를 선택하는 것은 잠재적인 고객의 인식에 영향을 미칠 수 있음. 일부는 TV에 광고하는 금융 그룹에 대하여 보다 신뢰하기도 하는데, 왜냐하면 —그들의 생각으로는— TV 광고는 비용이 높기 때문에 그들의 규모가 크며 이러한 지출을 충당할 만큼의 여력이 있다는 것을 보여준다고 생각하기 때문임. 웹사이트에 대한 광고는 사람들이 정보에 접근할 수 있는 대중적인 수단으로써 점차 증가하고 있음

펀드 광고에는 세 가지 유형이 있다.

○ 브랜드나 이미지 광고, 운용회사의 질적 수준에 대한 선전
○ 투자자가 즉각적으로 출자할 수 있도록 하는 청약 정보를 포함한 '1단계' 상품 광고
○ 상품이나 상품 광고에 대한 세부적인 청약 정보로 투자자들의 투자를 장려하고, 이들이 투자를 결정한 경우 청약에 이용할 수 있도록 하는 '2단계' 상품 광고

1단계 광고에서는 필수적으로 투자설명서와 같은 유형의 정보를 공개할 것을 요구한다. 이러한 출판은 비용이 많이 들기 때문에, 법적으로 강제하지 않는 경우 실행하는 경우가 드물다.

광고는 또한 상담가와 판매직원의 업무를 지원한다. 잠재적인 투자자가 한 번도 들어본 적이 없는 상품을 판매하는 것보다는 일반적으로 알려져 있는 상품을 판매하는 것이 훨씬 수월하다. 그리고 인터넷 매매를 증진시키는 데도 사용될 수 있다.

다양한 광고에 의한 결과는 다음의 관점에 의해 지속적으로 관찰되어야 한다.

○ 어떤 광고가 다른 광고 보다 더 나은가? 만약 서로 다른 광고들이 같은

매체에서 같은 페이지에 같은 날 행해진다면, 어떤 광고가 가장 높은 반응과 변화를 나타내는가?

○ 어떤 출판물이나 프로그램에 어떤 기간에 광고하는 것이 가장 좋은가? 어떤 광고가 어떤 시간이나 상태에서 가장 높은 반응과 변화를 나타내는가(예를 들어 금융 페이지와 일반적인 뉴스 페이지의 비교)?

○ 어떤 시기가 최고의 광고 효과를 나타내는가? 즉, 휴일에 광고하는 것 또는 주말 이후나 주말에 광고하는 것 등을 비교하거나, 하루 중의 여러 시간대중 효과적인 시간대를 찾아내는 것

모든 광고에 대해서와 불만사항의 처리과정에 대한 관련 자료의 세부사항을 파일로 저장해 두는 것은 매우 중요하다. 이는 규제상의 이유도 있지만 자체적인 대책마련 —고객이 이후에 부정확하거나 잘못된 광고에 대해 불만을 표시하는 경우를 대비한 것— 으로 필요하다.

투자 성과는 펀드 광고의 주요 항목이다.

5) PR(Public Relations)

PR은 운용회사와 그 펀드에 대한 우호적인 느낌의 창출과 유지에 초점을 맞춘다. 이는 보통 여론 형성자들에게 정보를 제공함으로써 이루어지는데, 이후에 그들의 견해는 다양한 범위의 사람들에게 영향을 미치게 된다.

특징적인 여론의 형성자들은 다음과 같다.

○ 저널리스트와 시사 해설자
○ 주제에 대한 전문가
○ 국회의원과 정당의 당원
○ 정부 공무원
○ 공동체나 종교단체의 지도자
○ 소비자 단체

대부분의 운용회사들은 PR 업무에 대한 책임을 지고 있는 내부 부서를 가지고 있으며 외부 자문을 받기도 한다. 그들의 주요 역할은 선정된 여론 형성자들에게 회사에 대한 정보를 효과적으로 전달하여 기업의 투명성과 좋은 평판을 유지시키는 것이다. 또한, 그들은 펀드의 판매에 좋은 환경을 조성하고 관련 기관을 방문하거나 기자회견과 같은 가능한 이벤트를 이용하여, 신규 펀드의 발매를 촉진시키도록 기대된다. 선호되는 방법 중의 하나는 신규 펀드가 투자할 국가의 저널리스트를 위한 해외출장을 가는 것이다.

PR 부서는 기업의 모든 제품과 기업에 대한 주요 사항과 관련된 모든 정보를 가지고 있어야 하며 관련 문제의 질문에 효과적이고 즉각적인 대답을 할 수 있어야 한다. 또한 PR 부서와 외부 대리인은 활발한 의사소통을 해야 한다. 그리고 정보전달에 유능한 사람이나 능력 있는 연사가 대변인으로써 활동하고 관련 여론 형성층과 관계를 쌓아나가야 한다.

특히 효과적인 PR의 이용은 광고가 게재된 지면의 동일한 페이지에 펀드에 대한 우호적인 언급을 하는 것이다. 저널리스트가 전문적이고 공정하다고 판단될 경우, 펀드의 출현을 효과적으로 보증하고 잠재적인 투자자들에게 영향을 주게 되며, 이는 보다 앞서 강조된 바 있는 '선호도(preference)' 형성에 도움을 준다.

운용자들이 PR을 하는 일반적인 방법은 그들의 펀드가 투자하는 시장에 대한 전망을 논평하는 것이다. 그러나 시장이 거꾸로 가게 되면 오히려 역효과가 날 수도 있다.

PR 부서는 예를 들어 시장이 정지되어 여기에 투자하는 펀드의 환매와 발행도 같이 정지된다면, 손실의 최소화를 위한 예상과 계획을 세우게 된다. 사실 PR은 거의 대부분 이벤트 활동과 관련이 있으며 긍정적인 또는 부정적인 효과를 낼 수 있고 기업의 이익을 극대화시키도록 계획하는 일이라고 할 수 있다.

PR 활동의 주요 요소는 신뢰이다. 여론형성자는 기업과 관련된 내용이나 취약점에 관한 정보수집망을 가지고 있는 경우가 많다. 그리고 경쟁자들은 항상 이러한 약점을 찾도록 도울 것이다. PR 부서와 기업의 대변인이 적절한 권위를 가지고 지속적으로 신뢰도를 쌓아 가는 것은 매우 중요하다. 또한, 광고 선전이 간결하고 관련 있는 보완자료로서 뒷받침될 필요도 있다.

6) 판매촉진(promotion)

판매촉진(promotion)은 브랜드가 표시되어 있는 선물, 금융이나 기타 전람회에의 참석, 스포츠나 예술행사의 지원 등을 통해 목표 고객에게 운용회사의 명성을 알리고자 고안된 활동 중의 하나이다. 판매촉진은 운용회사의 브랜드와 일관성 있게 추진되어야 하며 기업의 목표 시장을 지향해서 실행되어야 한다. 스포츠 경기나 다른 이벤트의 스폰서가 되는 것은 인기가 높다. 그 이유는 기관고객들이나 상담가, 판매팀 등이 이러한 행사에 초대되고 청중 앞에 회사의 이름을 내걸 수 있기 때문이다. 그러나 이벤트의 유형은 주의깊게 검토할 필요가 있다. 예를 들어, 말타기 행사의 경우 피하는 것이 좋다. 왜냐하면 이러한 이벤트는 특별한 의미 없이 누구는 성공하고 누구는 실패할 수 있는 경쟁이기 때문이다. 첫 번째 장애물에서 넘어지는 말을 후원했다면, 이는 펀드 운용회사에 대해 좋지 않은 이미지를 부여할 수도 있다.

운용회사는 또한 스스로 '투자설명회(road show)'를 개최할 수 있는데, 고객이나 잠재적인 고객, 또는 금융 상담가, 판매팀 등이 있는 시내나 도시를 방문하여 신상품이나 기존의 상품에 대한 설명회를 하는 것이다. 만약 특정 펀드에 기관투자자를 유치하고 싶다면, 기관투자자들이 기반을 두고 있는 거점 도시에서 세부적인 정보에 대한 공식적인 설명회를 하는 것이 일반적이다. 국제적인 기관을 대상으로 하고자 하는 펀드라면 적어도 New York, Frankfurt, London, Hong Kong, Tokyo 등의 도시에서는 반드시 투자설명회를 개최해야 할 것이다.

운용회사는 저축이나 연금이 필요한 피고용자가 있는 회사와 접촉할 수도 있고, 그들이 일하는 장소에서 설명회를 하도록 협약할 수도 있으며, 그들을 대신해서 특정 시스템을 구축할 수도 있다.

7) 투자자 의사소통 체계

마케팅 부서는 투자자들과의 의사소통 자료를 취합하고, 기존고객이나 잠재고객에 대한 마케팅 데이터베이스를 만들어내고 유지할 책임을 갖는다. 정기적이며 질적 수준이 높은 의사소통은 운용회사의 능력에 대한 고객의 신뢰도를 형성하는 데 있어 중요한 역할을 한다.

규정에서 요구되는 투자자와의 의사소통 시한을 지키기 위해 보통 발행 스케줄이나 예산을 책정한다.

신속히 요청될 수 있는 수준 높은 데이터베이스는 운용회사의 능력과 효율성에 대한 고객의 신뢰를 유지하는 데 있어 중요하다. 전통적으로 펀드 등록자들은 펀드별로 등록이 가능하다. 예를 들어, 세 개의 펀드를 보유하고 있는 투자자라면 세 개의 상이한 등록을 하게 된다. 오늘날 펀드거래를 기록한 개인별 고객계정을 만드는 것이 보편화되고 있는바, 운용회사의 모든 펀드의 개별적인 거래를 목록으로 만드는 것이 가능하다. 이러한 데이터베이스는 투자자의 거주지 정보(예를 들어 투자설명회 초대를 위한), 특정 연령대의 투자자에 관한 정보(예를 들어 퇴직 때문에 새로운 연금상품에 관한 세부사항을 전달받아야만 하는 사람들을 위한) 등 투자자들과 관련된 특징적인 정보를 포함하고 있어야 한다.

또한 이러한 데이터베이스에는 개개인에게 가장 잘 맞는 접근 유형(즉, 개별적인 전화보다는 우편의 이용)을 선택할 수 있도록 판매가 이루어진 방식에 대한 세부사항이 반드시 기재되어있어야 한다. 다양한 판매 수단을 통해 자신들의 상품을 판매하는 운영회사들은 정확하게 수수료를 추적해서 지급하기 위해 어떤 고객이 어떤 경로로 어떤 상담가나 판매인에 의해 상품을 매입했는가를 확인하고자 할 것이다. 특히 금융 상담가들은 고객이 상품을 직접 매입하고 상담가는 아무런 수수료도 받지 못한 경우라면, 특히 운용회사가 그들의 고객에게 마케팅 자료를 직접 전달했는가의 여부에 매우 민감하게 반응할 것이다. 반면 우편정보가 상담가에게 보내져, 상담가가 고객에게 우편물을 보내고 우편물을 통해 고객이 매입을 했다면 상담가는 우편물로 인해 생긴 모든 매입에 대한 수수료 수입을 얻을 수 있을 것이다.

8) 상품의 판매 경로

판매 경로는 잠재고객과 기존고객에게 접근하기 위해 펀드운용회사가 이용하는 여러 가지 상이한 수단들이다. 이러한 경로는 다음과 같이 포괄적으로 분류될 수 있다.

○ 금융 상담가: 고객이 어떻게 자금을 투자할 것인가에 대해 조언해주고 여러 금융상품 중에서 어떤 운용회사의 상품을 매입할 것인가를 추천해 줄 수 있는 전문가 자격이 있는 사람임. 이러한 상담가는 펀드의 판매에 따라 펀드운용회사로부터 지급되는 수수료나 상담에 대해 고객들이 지급하는 수수료로 보상을 받음. 고객에게 수수료를 받는 것은 최근 증가하고 있는데, 이 경우 상담가들은 고객의 대리인으로서 활동할 수 있기 때문에 선호되고 있음. 그러나 이와 같이 수수료를 받을 경우 상담이 수수료 산출에 아무런 영향을 받지 않을 수 있을 것인가에 대한 의문이 제기될 수 있음. 상담가에는 개인 고객의 주식브로커 또는 은행원 등이 포함될 수 있음

○ 연관단체: 특정한 분야에 관심이 있는 사람들의 모임으로 —예를 들어 자선단체, 클럽, 노동조합이나 교회— 회원들을 위해 운용회사의 상품을 추천하고, 펀드측에서는 활동을 도와준 답례로 모임에 수수료를 지급함. 이러한 조직은 보통 금융서비스를 제공하기 위한 면허를 취득할 필요가 없음

○ 판매조직: 운용회사나 판매 네트워크에 의해 고용된 판매인의 경우, 일부는 수수료를 받고 일부는 봉급을 받음. 이와 같이 수수료와 봉급으로 나뉘는 이유는, 완전히 수수료만 받을 경우 판매인이 생계를 위해 적절치 못한 사람들에게 적합지 않은 상품을 판매할 수 있기 때문이며 봉급만 받는 경우에는 새로운 판매를 개척하도록 유도하기 힘들기 때문임. 이러한 판매팀은 일반인들에 대해 직접적으로 판매를 하거나, 또는 금융기관에 대한 판매에만 주력하기도 함. 판매인들은 연수를 받아야만 하는데, 최근에는 자격시험을 통과하고 증권규제당국에 명단을 등록하는 것이 선호되고 있음

○ 직접 판매: 운용회사가 상품을 직접투자자들에게 판매하기 위해, 우편물과 광고를 이용하고 있음. 최근에는 운용회사의 웹사이트를 이용하거나 전자 매매를 이용하는 것이 선호되는 추세임. 이는 특히 미국에서 일반적이며 유럽에서는 아직 보편화되지 않고 있음

부가적인 판매 경로로 '할인 브로커(discount broker)'가 있는데 미국에서만 적절하게 설립되어 있다고 할 수 있다. 이러한 할인 브로커리지 서비스는 수수료가 없거나 있더라도 낮은 수수료로 투자자들이 일정범위의 운용회사로부터 펀드를 매입할 수 있다. 할인 브로커리지 서비스는 일반적으로 무비용 펀드(No Load Fund)로써 고객에게 무료로 제공되어 아무런 거래수수료가 없다. 브로커는 그들의 운용수수료에 의해 운용수수료의 일부를 보상받거나, 다른 펀드에 대해서는 거래규모에 기초하여 설정된 적은 수수료를 받기도 한다. 이러한 할인 브로커리지 서비스의 경우 온라인을 이용하는 추세가 증가하고 있다.

표 I-15 판매 경로의 비교

	금융 상담가	관계 회사	판 매 원	직접 판매
비용	판매에 대한 수수료를 받는 경우 변동	판매에 대한 수수료를 받는 경우 변동	유급일 때나 부분적으로 유급일 때만 고정되고, 부분적으로 또는 전체적으로 수수료가 지급될 때 변동	내부적인 판매시에 고정됨. 추가적인 외부의 서비스가 이용되는 경우에는 변동
판매 경로의 통제	성과가 좋고 수수료가 경쟁력이 있으면, 펀드를 추천 것임.	보다 높은 수수료 지급자에게 이동하거나 판매에 실패할 수도 있다는 계약 조건이 있는 경우를 제외하고는 통제되지 않음	직접 고용된 경우 통제가능성이 높아지고, 외부 계약의 경우 낮아짐. 또한 보다 높은 수수료 지급자에게 옮길 수도 있음	내부적인 경우 통제가능성이 높아짐.
지원	- 브랜드나 상품 광고 - 펀드 설명자료 - 일반적인 상품기록 - 정기적인 성과정보 - 정기적인 보고 - 접대 - 웹사이트 - 지원 부서 - 매매 데스크	- 브랜드나 상품 광고 - 일반상품 보고회나 이벤트 - 웹사이트 - 매매 데스크	- 브랜드나 상품 광고 - 펀드 설명자료 - 웹사이트 - 지원 부서 - 매매 데스크	- 브랜드나 상품 - 광고 - 일반적인 상품 - 웹사이트 - 지원 데스크 - 매매 데스크
추가적인 체계	- 수수료 지급 - 상담가의 고객으로 표시된 고객계정	- 수수료 지급 - 관계회사의 고객으로 표시된 고객계정	- 수수료 지급 - 판매원의 고객으로 표시된 고객계정	

각각의 분배 경로는 운용회사의 입장에서 장단점을 가지고 있다. 일부 운용회사들은 다양한 경로를 이용하고 있는 반면 또 다른 운용회사들은 오직 하나의 경로만을 이용하고 있다. 각각의 경로는 효과를 보다 높이기 위해 혼합된 지원 서비스를 필요로 한다. 어떤 경로를 이용할 것인가를 결정할 때 우선적으로 고려해야 하는 사항은 비용과 판매경로의 통제이다.

자체적인 판매조직을 가질 수 있을 만큼 여유가 있는 펀드운용회사는 적다. 많은 펀드운용회사들은 고객에게 제공할 수 있는 상품이 충분치 않은 실정이며, 부분적으로 봉급이 지급되는 판매인이라고 해도 판매조직에 대한 지원비용은 높지 않은 편이다. 반면, 펀드운용회사는 그룹 —자체적인 판매조직을 갖춘 생보사나 은행 같은— 의 한 부분으로써 편입될 수 있는데 이 경우에는 그룹의 일원으로서 자체적인 판매조직을 가지고 펀드를 판매할 수 있게 된다(보험상품의 수수료가 높으면 그룹 상품의 일부분으로 펀드 판매가 상대적으로 부진할 수도 있음).

판매는 또한 외부의 네트워크 —은행의 지점망과 같은— 와 계약을 맺어 외부판매를 할 수도 있다. 이는 펀드운용자들이 새로운 고객을 유치할 수 있도록 해주는데, 이러한 계약에는 잠재적인 취약점이 존재하는 경우가 많다. 즉, 만약 계약이 배타적으로 이루어졌다면, —즉, 은행이 그 운용회사의 상품 이외의 다른 펀드를 판매할 수 없다면— 은행은 펀드를 판매하기 위한 노력을 기울이지 않거나, 또는 펀드가 대중적 인기를 얻을 경우에는 직접 펀드를 설립하고자 할 것이고, 보다 높은 수수료를 제공하는 다른 펀드가 있다면, 이 펀드를 판매하고자 할 것이다. 계약이 배타적이지 않다면, 은행이 다른 운용회사의 펀드를 선호한다고 해도 운용회사가 이에 대해 영향력을 행사하기가 어렵다.

주지해야 할 또 다른 요소는 옷이나 음식, 은행상품 등을 판매하는 네트워크는 펀드의 판매에 적합하게 되어 있지 않다는 것이다. 이러한 네트워크의 직원들은 펀드의 판매 또는 펀드 자체에 대하여 특별한 교육을 받아야만 한다(왜냐하면 은행원은 그들의 영업능력보다는 수리적 능력에 의해 고용되는 경우가 많기 때문이다).

판매팀이나 지점망을 통해 판매 인센티브를 부여하는 경우, 특별 인센티브 구조를 도입하기도 한다. 이는 클럽구조로 할 수도 있는데, 판매가 많을수록 이득도 많아지고, 판매인을 채용하고 관리하는 사람들은 수수료의 일부를 받게 된다.

(5) 개방형 펀드와 폐쇄형 펀드의 마케팅에 대한 차이점

일반적으로, 폐쇄형 펀드의 마케팅은 주식을 한번 발행한다는 특징과 연관되어 있다. 주식이 발행된 이후, 정기저축이나 연금을 운용하지 않는다면, 더 이상 자금을 늘릴 필요가 없어지며, 추가적인 마케팅 노력도 필요치 않게 된다. 예외적인 경우는 펀드를 인수하여 순자산가치로 청산하려는 자가 나타날 경우이다. 이러한 위험이 존재한다면, 폐쇄형 펀드는 이러한 매수가 거부되어야 한다는 것을 투자자들에게 PR이나 광고 캠페인을 통해 알려야 할 것이다.

반면, 개방형 펀드의 경우에는 —그리고 보다 작은 규모의 기간형(interval) 펀드의 경우— 언제든지 발행되고 환매될 수 있으며, 펀드의 수를 늘리거나 환매의 충격을 감소시키기 위해 신규 투자자들을 공략해야만 한다. 또한 정기저축이나 연금을 운용하며, 이러한 서비스에 대한 수요를 유지하고자 할 것이다. 새로운 펀드의 도입과는 별도로, 착수시 정당한 가격을 받기 위한 광고, 우편물, 공개 설명회 등을 통한 과장된 홍보는 항상 있어 왔기 때문에, 마케팅 부서에서는 어떤 펀드가 투자를 유인할 수 있을 것인지, 그리고 마케팅을 할 만한 가치가 있는 것인지에 대해 예측하기가 어려운 실정이다. 따라서 개방형 펀드에 대한 마케팅은 상대적으로 드문 편이고, 마케팅 부서는 정기적인 회의를 통해 최고의 성과를 올리고 있는 펀드에 대한 마케팅을 결정하고 있다. 이러한 사항은 각 주마다, 또는 월마다 변화할 수 있기 때문에 유연성이 필요하다.

(6) 마케팅에 대한 규제

펀드의 마케팅은 각 국가마다 다양하게 규제된다. 이러한 규정의 공통적인 원리는 다음과 같다.

○ 펀드(즉, 펀드운용회사)를 마케팅하는 조직은 반드시 허가를 받아야 함
○ 펀드를 매도하는 사람이나 선택에 대해 조언하는 사람은 적정한 자격이 있어야 하고 정직해야 함
○ 펀드의 마케팅 자료를 만드는 사람(펀드의 임원이나 운용회사)은 내용에 있어 정확성을 기해야 하고, 내용에 대해 책임을 져야 함
○ 판매대리인의 고용자는 판매대리인의 행동에 대해 책임을 져야함
○ 판매와 마케팅 자료의 내용을 정확히 하여, 오해의 소지가 없도록 해야 함
○ 투자자는 정보에 근거한 선택을 위해 펀드에 대해 충분한 정보를 받아야 함
○ 판매인이 펀드를 표현하는 방법은 정확히 해야 하며, 오해의 소지가 있어서는 안됨
○ 펀드를 판매하거나 광고하는 사람의 지위는 명확히 해야 함(즉, 이들은 운용회사에 대한 판매인이나 대리인으로 위촉받아야 하며, 금융상품에 대해서는 광범위한 조언을 해야 함)
○ 투자대상 펀드에 관한 조언시, 반드시 고객의 재정상태와 펀드의 적합성이나 그들이 원하는 펀드에 기초한 조언을 해야 함
○ 광고는 허가된 상태에서 최소한의 정보를 전달해야 하고, 특정한 상품이 거론될 경우 위험에 대한 경고를 해야 함
○ 펀드 성과의 기준은 정확해야만 하고, 다른 펀드와 공정하고 적절하게 비교되어야 함

펀드 및 증권시장에 대한 규제와 함께, 또 다른 규제가 마케팅과 광고에 적용될 수 있다. 여기에는 경쟁이나 반독점법, 광고규범, 데이터 보호법규 등이 포함될 수 있다.

펀드를 판매하는 능력은 무작위 전화나 방문 —사전에 연락 없이 펀드의 판매를 위해 사무실이나 집으로 전화를 하거나 방문하는 것— 을 통제하는 법률과 규정에 의해 영향을 받는다. 일부 국가에서는 이러한 상황에서의 펀드 판매가 취소 규정(cancellation rules)의 적용을 받고 있다. 즉, 매입자는 일정한 기간내에

거래를 취소하고 돈을 돌려받을 수 있는 권리가 있는 것이다. 이러한 조항이 남용되는 것을 막기 위해, 종종 투자자는 취소 기간 동안 투자금액에 손해가 발생할 수 있는(또는 이익을 얻을 수 있는) 위험을 감수해야만 한다. 그들은 투자금액이 아니라 취소일의 자산가치를 돌려받게 된다. 반면, 투자자들은 판매시의 최초 수수료는 돌려받을 수 있는 권리가 있다. 일부 국가에서는 그러한 판매 자체를 허용하지 않고 있다.

8. 투자자와의 의사소통

펀드 투자자들과 의사소통을 하는 방법은 매우 다양하며, 다음과 같이 5가지로 분류될 수 있다.

○ 규정에 의해 요구되는 것
○ 상품의 판매나 운용회사의 광고와 관련된 것
○ 고객에게 정보를 지속적으로 알리기 위해 필요한 것
○ 실적정보
○ 고객의 문의사항과 불만사항 처리

어떤 의사소통은 한 가지 목적 이상으로 행해진다. 예를 들어 규정상의 요구사항은 펀드로 하여금 반드시 투자설명서를 제시하도록 하지만 이러한 투자설명서는 판매의 수단으로도 이용될 수 있다. 연간감사보고서도 규정상 요구되는데, 고객에게 정보를 지속적으로 알리는데 이용되기도 하고, 다른 상품을 판매할 수 있는 기회로도 활용되고 있다.

투자자는 방송의 금융관련 프로그램, 인쇄매체, 서적 등을 통하여 펀드에 대한 다양한 정보를 얻을 수 있다. 펀드의 거래협회(trade association)에서도 포괄적인 설명을 해주는 자료나 통계를 제공하고 있다.

고객과의 모든 의사소통에 적용될 수 있는 다음과 같은 몇 가지 일반적인 원칙이 있다.

- ○ 모든 자료는 고객이 금융에 대해 잘 알지 못한다는 가정하에 작성되어야 함. 특수용어를 사용하지 않음
- ○ 모든 의사소통은 명확하고 단순해야 함. 필요하면, 금융 관련 분야에 종사하지 않는 주위 사람들에게 시험해 봄
- ○ 모든 자료들은 일관성이 있어야 함. 각각의 의사소통 수단(예를 들어 연간감사보고서나 뉴스레터)의 유형이 설정되면 이를 준수해야 함
- ○ 그래픽을 최대한 이용하여야 함. 왜냐하면 대부분의 사람들은 이를 통해 보다 쉽고 빠르게 이해할 수 있기 때문임
- ○ 운용회사의 세부적 접촉 창구가 자료에 항상 포함되어 있어야 하고 이를 찾기 쉬워야 함
- ○ 샘플자료는 제공된 정보의 증거로서 미래에 참고하기 위해 항상 파일의 형태로 보관되어야 함

일반적으로 투자자와의 의사소통을 감독하는 책임자를 두고 있는데, 이들은 규제상의 요구사항의 준수 여부와 그 효과 등에 대해서도 점검해야 한다. 일부 문서 —예를 들어 투자설명서— 의 정확도와 규정의 준수 여부에 관한 법적 책임은 펀드의 법적 구조에 따라 다른 조직과 개인에게 부과될 것이다. 또한 펀드 투자자들에게 의무적인 정보의 전달을 처리하는 관리부서나 등재인과의 협조가 필요하며, 이러한 자료의 전달에 대해 규정에서 정하고 있는 기한을 준수하는 것에도 세심한 주의를 기울여야 할 것이다.

(1) 규정에 따른 의사소통

규정에 따른 문서의 특성과 내용은 각 국가마다 다르다.

표 I-16 규정에 따른 전형적인 투자자 의사소통

규정에 의해 요구되는 사항	내 용	시 기	내용에 대한 책임
투자설명서나 간이투자설명서, 또는 '주요 사항' 문서	- 투자선택을 하는데 필요한 모든 정보 - 위험에 대한 경고 - 매입과 연락을 위한 세부사항	- 투자자가 투자를 시작하기 전에 제공되도록 요구됨 - 개방형 펀드의 경우 연간으로 자료를 최근치로 변경함	- 회사형 펀드: 펀드의 이사 - 신탁형 펀드: 운용회사와 수탁자 - 계약형 펀드: 운용회사 또는 보관자와 운용회사 공동
연간 감사 보고서	- 감사 받은 회계자료 - 펀드 성과 - 분배가 이루어진 세부사항 - 현재의 포트폴리오와 기간내의 변동사항 - 펀드에 대한 전망 - 연락을 위한 세부사항	- 대중매체를 통해 발표되거나, 보통 각 연도별로 회계연도 말의 3개월 이내에 투자자에게 우편배달하도록 요구됨	- 회사형 펀드: 펀드의 이사 - 신탁형 펀드: 운용회사와 수탁자 - 계약형 펀드: 운용회사 또는 보관자와 운용회사 공동
반기 감사 보고서	- 연간감사보고서의 보다 간략한 버전 - 감사받지 않은 회계자료	- 대중매체를 통해 발표되거나, 보통 각 연도별로 회계연도 반의 마지막 3개월 이내에 투자자에게 우편배달하도록 요구됨	- 회사형 펀드: 펀드의 이사 - 신탁형 펀드: 운용회사와 수탁자 - 계약형 펀드: 운용회사 또는 보관자와 운용회사 공동
순자산가치나 좌당가격	- 펀드의 연락처 및 좌의 가격 또는 순자산가치	- 개방형 펀드의 경우 매일, 기간형에 대해서는 월별, 분기별 또는 그 기간내에 발표되도록 요구됨	- 회사형 펀드: 펀드의 이사 - 신탁형 펀드: 운용회사와 수탁자 - 계약형 펀드: 운용회사 또는 보관자와 운용회사 공동

1) 투자설명서

투자설명서는 일단 법적인 문서라고 할 수 있지만, 규제상의 필요조건을 만족시키면, 마케팅 문서가 될 수도 있다.

가) 특징적인 투자설명서의 내용

① 폐쇄형 펀드

폐쇄형 펀드의 투자설명서에 기재되어야 하는 주요 정보는 기업의 주식 공모시 필요한 기재사항과 대체적으로 유사하며, 다음의 내용을 포함한다.

○ 펀드의 이름과 특성, 투자 목적
○ 판매를 위해 제공되는 펀드의 좌수와 공모가격
○ 한 가지 유형 이상의 주식이 발행된 펀드의 경우는 자본구조에 대한 정보, 펀드의 수명이 제한되어 있는 경우라면 펀드의 수명
○ 발행될 펀드 좌수의 최소한도(하나 이상인 경우는 각 유형별로)와 최대한도
○ 모든 이사들, 설립자와 이사가 다른 경우의 설립자 그리고 감사위원회의 위원들의 이름과 주소(이사들은 전문성이나 잠재적 펀드 투자자들이 갖는 선호도 또는 양자 모두에 따라 선택됨)
○ 펀드의 법률가나 스폰서, 감사인, 은행가, 보관자, 수탁자, 등록담당자, 감정사(가치평가자), 그리고 투자운용자들의 이름과 주소
○ 펀드와 보관자, 투자운용자 그리고 서비스 계약을 준비중인 자들간의 계약에 대한 기초적인 정보
○ 펀드의 수입이나 자본으로부터 발생하게 될 서비스에 대한 수수료, 비용, 지출 등의 세부사항
○ 펀드의 재정(일반적으로 명목상의)의 현재 상태를 확정짓는 감사인의 보고서
○ 제3자의 서비스에 대한 계약에 있어 이사의 이해관계에 대한 공표
○ 펀드 이사의 보상에 대한 세부사항
○ 주주들이 투표를 하거나 정보를 전달받을 수 있는 권리에 대한 언급
○ 펀드가 청산될 수 있는 경우
○ 펀드 소유자들의 연례회의와 기타회의의 진행과정에 대한 세부사항 및 보고사항
○ 펀드 소유자들에 대한 배당지급과 관련된 주주나 운용회사의 의향

○ 증권거래소에 주식을 상장할 수 있는 경우, 상장신청의 의도에 대한 언급
○ 발매된 펀드가 부담하는 펀드의 발행과 관련된 총비용에 대한 정보
○ 권리포기자에 대한 규정상의 등록
○ 펀드가 투자할 자산과 관련된 위험에 대한 경고
○ 펀드의 매입 방법
○ 펀드와 투자자의 일반적인 납세의무
○ 투자설명서의 일자

② 개방형과 기간형(interval) 펀드

개방형이나 기간형 펀드에 대해서는 환매에 대한 의무에 기인하여, 요구되는 정보의 차이가 있을 것이다. 개방형이나 기간형 펀드에 대해 요구되는 주요 추가정보는 다음과 같다.

○ 펀드의 가격결정방법과 동정보의 원천
○ 펀드에 출자 혹은 환매하는 방법과 이에 적용되는 수수료
○ 일단 1년 이상된 경우에는 펀드의 과거 성과, 통상적으로는 최초 시작 이후부터 또는 최소한 과거 5년이나 10년간의 성과

개방형이나 기간형 펀드의 투자설명서는 보통 매년 개정되나 공모 조건에 영향을 미치는 자료의 변경이 있을시 개정되어야 한다.

③ 투자설명서의 위험에 대한 명시

위험의 명시는 투자설명서의 주요 항목으로 알려져 있다. 위험을 수량화하려는 많은 시도들이 있었지만 위험 요소들의 범위와 영향을 적절히 나타내는 것은 매우 어려운 일이다.

위험의 명시에 대해 가장 진보적인 의무조항을 가지고 있는 미국의 경우 포함된 위험의 유형에 관해 문장으로 된 언급을 할 것을 요구하고 있다. 위험의 명시에 대한 예를 들면 다음과 같다.

성장형 펀드의 목표에 대한 설명

성장형 펀드

성장형 펀드는 상장된 주식이나 채권에 투자함으로써 자본의 성장을 목적으로 하는 개방형 투자회사이다. 운용자는 투자설명서의 평가에 따라 주식과 채권에 대한 펀드의 자산보유 비율을 변경할 수 있다. 항상 펀드의 자산중 최소한 15%가 채권과 예금으로 보유되어야 한다. 수익의 배분에 대한 특정한 목표는 없지만, 최초의 연간 수익(소득공제 후)은 5% 정도로 기대된다. 운용자는 적어도 50개의 상이한 기업들의 주식으로 광범위하게 포트폴리오를 분산하여 보유하고자 할 것이다.

위험 요소

펀드는 가격이 수시로 움직이는 주식과 채권 자산에 대부분 투자될 것이다. 펀드의 순자산가치는 단기의 광범위한 변동성에 따라 다를 것이다. 펀드에 의해 분배되는 수익은 기간별로 상당히 변화할 수 있다.

④ 투자설명서상의 수수료와 비용 공개

펀드의 미래 성과는 예측하기 매우 어렵지만, 펀드가 지급할 수수료와 비용의 수준이 명백하게 공개된다면 이러한 수수료의 효과는 확정될 수 있으며 다른 펀드와의 비교도 가능할 것이다. 이것이 규제자들이 펀드의 총 수수료와 운용비용을 명확히 공개하도록 요구하는 이유이다. 만약 수수료가 명백하고 비교가능한 방식으로 부과된다면, 투자자들은 어떤 펀드가 자신에게 보다 나은 가치를 제공해줄 수 있는가를 평가할 수 있다.

⑤ 약식의 투자설명서

투자설명서가 매우 길어지게 되면 투자자들이 읽지 않게 되므로 일부 규제자들은 다음의 정보를 반드시 포함한 약식의 투자설명서를 허용하고 있다.

○ 투자설명서의 일자
○ 펀드의 이름, 운용회사와 보관자, 감사인 등 관련 접촉에 관한 세부사항
○ 펀드의 규제상의 인용번호(reference number)

○ 펀드에 대한 보다 많은 정보를 얻는 방법
○ 투자 목표와 전략, 위험에 대한 경고와 함께 펀드의 과거 자본과 수입 성과: 펀드의 최초 설정시기부터 과거 5년간의 주당 순자산가치의 변화
○ 펀드의 수수료와 비용(매입 수수료, 연간수수료와 비용, 탈퇴수수료)
○ 펀드의 운용, 조직, 자본 구조
○ 가격산정, 매매, 적절한 최저한도 그리고 배당/분배 정책
○ 주주들에게 제공되는 정보

2) 연간감사보고서의 주요 내용

연간감사보고서는 펀드 투자자들에게(정확하게 기업의 주주들에게 진술하는 것이라고 할 수 있음) 지난해 동안 어떤 일이 발생했는가 —그리고 투자한 자금이 어떻게 운용되었고 어떤 결과를 달성했는가— 를 진술하는 보고서이다.

펀드의 연간감사보고서는 다음의 정보를 반드시 포함해야 한다.

○ 회계일의 펀드의 자산과 부채
○ 이전 회계일로부터 펀드의 가치 변화와 투자
○ 해당 연도 동안 펀드의 수입과 지출
○ 기간 동안 투자자들에게 지급되는 수입 배분
○ 회계일의 포트폴리오의 세부사항
○ 이전 회계일 이후의 투자 거래에 대한 정보
○ 펀드의 목표에 대한 설명
○ 이전의 회계일로부터 펀드 운용자가 작성한 펀드의 성과에 대한 보고서, 그리고 운용자의 미래에 대한 전망
○ 보고 연도의 첫날부터 마지막 날까지의 펀드의 순자산가치

연간감사보고서의 내용에 대한 개요와 투자자들이 갖는 의미는 아래에 설명되고 있다. 아래의 표는 이러한 내용들을 구체적으로 보여주는 것은 아니지만, 현재 연도와 전년도의 특징을 비교해서 보여주는 것이 일반적이다.

가) 자산과 부채

펀드의 자산은 투자, 현금 예금, 발생된 수입 그리고 대여금 등이다. 펀드의 부채는 펀드가 지고 있는 빚이다. 주요 부채는 펀드 투자자들에 대한 것이지만, 증권 거래과정에서의 부채나 감사인 또는 보관자와 같은 서비스공급자에 대한 부채도 있다.

펀드의 대차대조표를 단순화한 것이 [표 Ⅰ-17]이다. 개방형과 폐쇄형 펀드는 이전 연도의 대차대조표뿐만 아니라 금년도의 대차대조표도 미리 공개하기 때문에 투자자들은 기업의 재정상의 성과를 상세히 관찰할 수 있게 된다. 개방형 펀드는 해당 연도의 자산과 부채의 변화 그리고 투자자가 출자하고 인출한 총액에 대한 데이터를 반드시 대차대조표에 포함시켜야 한다. 그렇지 않으면 펀드투자자들은 신규투자자들에 의한 자산의 증가가 포트폴리오의 가치를 얼마나 증가시켰는가를 확인할 수 없게 된다.

표 Ⅰ-17 성장형 펀드의 대차대조표 예 (1998년 12월 31일)

(단위: £백만)

자 산		부 채	
고정자산 투자(시가)	150	주주의 펀드 발행된 주식 자본 자본 예치금	 100 90
유동자산 은행의 현금 시장의 만기자산	 35 50	유동부채 시장의 만기부채	 45
총 자산	235	총 부채	235

위의 예는 시가에 의한 투자를 보여주고 있으며 이는 개방형 펀드에 적합하다.

폐쇄형 펀드를 설명할 때 근본적인 질문은 펀드의 자산이 계정에서 장부가격으로 처리되어야 하는가 아니면 시가로 처리되어야 하는가이다. 국제적인 회계협회에서는 장부가와 시가 중 낮은 쪽에 의해 자산의 가치평가를 할 수 있도록 허용하고 있다. 반면 펀드와 관련한 모범규준에서는 시가를 이용하도록 하고 있는데, 시가는 투자자들에게 그들의 투자의 현재 가치를 가장 정확하게 나타내주기 때문이다.

대차대조표에서 포트폴리오의 상세한 내용을 포함하고 있지 않는 폐쇄형 펀드의 경우, 별도의 주석이나 NAV 보고서에서 펀드 포트폴리오의 가치를 밝혀야 한다([표 Ⅰ-18] 참조).

표 Ⅰ-18 성장형 펀드의 순자산가치 항목 예(1998년 12월 31일)

(단위: £)

투자 평가가치	205,000,000
유동자산 더함	75,000,000
유동부채 차감	45,000,000
순유동자산	30,000,000
전체 순자산	235,000,000
해당연도 말에 발행된 주식 수	1,500,000
주당 순자산가치	156.67

나) 순자산가치

투자자들은 펀드의 순자산가치로 그들의 펀드가 어떤 성과를 냈는지 알 수 있기 때문에 가장 중요한 정보라고 할 수 있다. 투자자들은 인플레이션이나 기타 다른 지수들과 비교하여 펀드의 성과를 평가하고자 할 것이다. 필요사항이 아니여도, 펀드 운용자는 순자산가치와 관련된 투자자들의 합법적인 권리를 인정하고 가능한한 많은 자료를 제공해야 할 것이다.

순자산가치의 역사적인 성과는 표와 그림을 통해 나타낼 수 있다. [표 Ⅰ-19]를 통해 투자자들은 성장형 펀드의 순자산가치를 소비자물가지수와 주식시

표 Ⅰ-19 성장형 펀드의 성과 예 (1998년 12월 31일)

일자(분기말)	성장형 펀드의 순자산가치	주식시장 지수	소비자 물가지수
96년 12월	100	100	100
97년 3월	105	104	103
97년 6월	103	105	105
97년 9월	110	108	107
97년 12월	125	120	112
98년 3월	115	117	117
98년 6월	135	134	121
98년 9월	132	125	125
98년 12월	157	138	130

장 지수와 비교분석할 수 있다. 또한 [표 Ⅰ-19]는 그래프로도 나타낼 수 있어, 투자자들이 보다 쉽게 이해할 수 있을 것이다.

다) 수입과 지출

이 항목에서는 펀드의 투자로부터 받는 수입과 펀드의 운용에 따른 비용과 관련된 펀드로의 자금 유출입을 설명하고 있다. 여기에는 투자수입과 펀드의 비용과 관련된 항목만이 포함되어야 한다. 주주에 의한 펀드 출자 —또는 펀드로부터의 자금의 인출— 는 수입이 아니고 이러한 항목에 포함되어서는 안된다.

개방형 펀드의 경우에는 펀드의 모든 비용이 펀드 운용자에 의해 부과되는 운용수수료의 범위 이내이고, 수입과 지출 항목은 [표 Ⅰ-20]과 같이 매우 단순화될 수 있다.

대부분 감사, 보관, 수탁, 그리고 규제상의 수수료는 펀드에 의해 직접적으로 지급되는 것이 가능하며, 연간 운용수수료처럼 펀드의 세금 산출시 펀드의

표 Ⅰ-20 성장형 펀드의 손익계산서 예(1998년 12월 31일)

(단위: £백만)

투자로부터의 수입	금 액
배당(순)	19.3
이자	2.59
총 수입	21.89
지출 차감[1]	-2.05
과세대상 수입	19.84
25%의 세금	4.96
배당에서 25%의 세금감면 차감	-4.83
지불세금	-0.13
배당에 이용가능한 순수입	19.71
배당	19.5
이월 이익	0.21
주당 배당[2]	13[3]

주 1) 205,000,000의 순자산에 평균적으로 부과되는 1.5%와 다른 비용항목의 합계
2) 1,500,000 주에 대한 것임
3) 주당 배당의 단위는 £로, £13이 됨

수입으로부터 공제될 수도 있다.

대부분의 조세 제도에서는 운용과 기타 비용을 원칙적으로 소득공제하는 것으로 간주하고, 비용이 공제되는 그러한 체계하에서도, 세금공제 이전에 받게 된 수입에 대해서만 공제된다.

몇몇 폐쇄형 펀드의 경우, 운용비용을 포함하여, 펀드에 대해 직접적으로 다른 비용을 부과할 수 있다. 이는 손익계산서에서 하나로 집계되어야만 하고, 주석에서는 적절한 항목으로 분류되어 분석되어야 한다.

이 보고서는 펀드가 배당으로 순수입을 지급하는 경우에도 중요하다. 왜냐하면 펀드 투자자가 얼마나 많은 배당을 받을 것으로 기대할 수 있는가를 보여주고, 전년도의 성과와 비교할 수 있도록 해주기 때문이다.

라) 투자자에게 지급되는 분배

[표 I-20]에서 보여지고 있는 수입과 지출 항목은 '주당 수입의 분배'에 대한 정보를 알려주고 있다.

마) 회계일의 포트폴리오의 세부사항

개인투자자들에게 있어 펀드의 가장 가치 있는 특징은 투명성이다. 펀드가 보유하고 있는 자산에 대한 명확한 설명은 투자자들에게 펀드의 진정한 실체를 전달해주며 신뢰를 유지하기 위해 필수적이다. 보통 규정으로 투자의 모든 포트폴리오를 적어도 연간감사보고서에 기재하여 간행될 것을 요구하고 있으며, 반기감사보고서에 기재할 것을 요구하는 국가들도 많다.

펀드 운용자들은 투자의 범위를 명확하게 설정하고 상이한 투자의 처리에

표 I-21 투자의 분류에 대한 예

현금 예금	주 식		채 권	
국내 또는 해외 현금	공식적인 시장에 상장	비상장	공식적인 시장에 상장	비상장
	국내	해외	국내	해외
	산업 분류에 의해 분류됨		정부전환채	비전환회사채

있어 일관성을 유지해야 한다. [표 Ⅰ-21]은 일반적으로 이용되고 있는 투자 범위 분류의 예를 보여주고 있다.

각각의 분류에서의 총 합계가 [표 Ⅰ-22]와 같이 합계될 수 있다면 투자자에게는 상당히 도움이 될 것이다. 그러나 비상장 자산과 거래가 일시 중지된 상장 자산의 가치평가에 대한 설명이 주석에 추가되어야만 한다.

표 Ⅰ-22 성장형 펀드의 포트폴리오 보고서의 예(1998년 12월 31일)

보유주식수	투 자	시장가격	가치(￡천)	펀드의 %
	주식		170,150	72.4
	국내 주식[1)]		155,730	66.3
10,500	예시 A	35	3,675	1.56
	해외주식[2)]		14,420	6.1
	미국		9,200	3.9
2,000	예시 B	83	1,660	0.7
	영국		5,220	2.2
35,500	예시 C	6.5	5,310	1
	채권		53,280	22.7
	국채		39,275	16.7
10,000	예시 D	89	8,900	3.8
	회사채		14,005	5.9
3,000	예시 E	79	2,370	1
	현금 예금[3)]		10,850	4.6
	발생된 수입		7,200.3	0.3
합 계			235,000	100

주 1) 모두 공식적인 증권거래소에 상장된 것임.
2) 98년 12월 31일에 적용되는 환율로 전환된 가격임.
3) 99년 1월 30일에 환매될 의무가 있는 90일짜리 재무부 단기채권(Treasury Bills) ￡4,800,000를 포함.

바) 거 래

거래의 공개에 대한 요구는 각 국가의 규정에 따라 다양하다. 국제적인 모범기준에 따르면 중간보고서는 요약본만을 작성하더라도, 연간감사보고서는 이전 연도 펀드가 투자한 거래의 세부내역을 포함하는 것이 의무화되어 있다. 거래일과 거래가격은 보통 생략된다. 한 증권을 분리하여 매입한 경우 합계되어질 수 있다. 판매에 대해서도 마찬가지이다. 인수나 합병의 결과로 새로운 주식이 취득된 경우도 통상적으로 주석에 기술된다.

표 I-23 성장형 펀드의 투자 거래 예(1997년 12월 31일~1998년 12월 31일)

(단위: £천)

매 입		매 도	
증권		증권	
주식		주식	
2,500 예시 A	1,230	1,250 예시 B	1,843
3,900 예시 C	2,190	2,950 예시 D	1,055
채권		채권	
10,000 예시 E	4,250	4,000 예시 F	3,180
총 매입	55,350	총 매도	48,840

관련 내용에 정통한 투자자들 —그리고 규제자들— 은 운용자들이 그들의 경쟁자보다 더 활발히 매매하고 있는가를 확인하기 위해 다른 펀드와 비교해서 펀드 포트폴리오의 총회전량을 산출하고자 할 것이다. 이때, 산출방법은 판매/평균 자산×100%이다. 위의 예에서처럼, 연말의 성장형 펀드의 총자산은 2억 3천 5백만이고, 연초의 자산은 1억 8천 5백만이므로, 평균 자산은 2억 1천만이 된다. 결국, 48.84/210×100 = 23.3%가 산출된다.

일부 증권 규제자들은 브로커들이나 실제 총거래의 일정 비율을 초과하여 거래하는 브로커들의 이름, 그리고 부과된 수수료의 평균율 등을 공개하도록 요구하고 있다. 이를 통해 투자자들은 특히 선호되고 있는 브로커를 확인할 수 있으며, 수수료율이 평균보다 높게 부과되고 있는가의 여부도 파악할 수 있게 된다. 완전히 순수한 의도에서 이러한 결과가 생길 수도 있고 투자자의 이익과 부합되지 않게 결탁을 통해 이루어질 수도 있다. 따라서 증권규제자들도 이러한 정보에 대해 관심을 갖게 될 것이다.

사) 투자목표

투자목표를 운용자의 보고서에 기재된 내용들과 비교함으로써 달성 여부를 점검할 수 있다.

아) 운용자의 보고서

운용자의 보고서에서는 해당 연도의 펀드의 성과에 대한 배경을 설명해야만 하고, 투자결과에 대한 의견을 제시해야 한다.

성장형 펀드의 주주를 위한 보고서 예(1998.1.1-1998.12.31)

한해 동안의 상승 장세에 힘입어, 펀드의 순자산가치는 1997년 말 £142.5에서 1998년 말에는 £156.67로 9.9% 상승했다. 이는 동 기간동안 8.5%의 국내증권거래소 지수의 상승과 비교할 수 있으며, 5.8%의 소비자 물가지수의 증가와도 비교할 수 있다. NAV의 장기기록은 그 페이지에 나타나 있다. 수입 분배는 합계하면 주당 £13이었으며 전년도 보다 12.1% 상승한 것이다.

펀드가 새롭게 투자를 유치한 금액은 한해 동안 £32.5백만이며, 신규 주주들은 5,000명에 가까운 수준이다.

1998년도 초 금융시장의 불완전한 상황에도 불구하고, 단기 금리는 1998년말 현재 8%로 1996년말의 15%에 비해 하락했다. 인플레이션율도 연간 13%에서 6% 아래로 하락했다.

만약 경제의 미래가 밝다는 신호를 보여주었다면, 이러한 전망은 아마도 주식시장의 강력한 수익원으로 작용했을 것이다. 그러나 경기 후퇴가 지난 분기까지 지속되었기 때문에 전체적인 GDP는 1998년에 1%가량 하락할 것으로 추정되고 있다. 수출에 의존하고 있는 기업들이 가장 큰 어려움을 경험하였다. 환율의 안정은 경쟁적 상황의 해외시장에서 판매를 늘리는 것이 더 어려워졌음을 의미했다. 결과적으로, 펀드는 많은 엔지니어링 기업과 자본재 기업 관련 주식을 매도하였다.

이자율의 하락은 건설업 부문의 소폭 상승을 초래하였는데, 현대식 상업용 건축물이 부족하여, 향후 몇 년간 이 부분이 주목할 만한 진전을 보일 것으로 예상되고 있다. 따라서 펀드는 3개의 건설 회사 주식을 추가매입하였고, 몇 개의 다른 기업들의 주식도 매입하였다.

1997년의 힘겨운 상황이 끝난 후, 1998년 들어 몇 개의 대형은행들은 중소경쟁은행들을 인수하여, 금융 부문이 통합되었다. 경제가 호전됨에 따라 각 은행에는 이윤율이 높은 대출이 증가하였고, 지난 2년여간 은행 부문의 투자를 완전히 회피한 이후, 펀드는 현재 두 개의 대형은행들의 주식을 매입하고 있다.

펀드는 1997년말 총자산의 29%에서 22.7%로 채권보유 비율은 감소하였다. 경제 전망은 완만히 개선되고 있으며, 주식에 대한 투자 증가를 위해 향후 6개월간 보다 많은 채권이 매도될 가능성이 크다. 펀드의 현금 예금 보유는 1998년에 4.6%였는데, 앞으로는 아마 감소할 것이다. 이는 펀드가 1998년 보다 수입 배분을 소폭으로 증가시킬 것임을 의미한다고 볼 수 있다.

예상된 바와 같이 경제회복이 지속된다면, 기업이윤은 내년도에 개선되기 시작할 것이고 주식시장은 이에 대해 우호적으로 반응할 것이다. 지난 2년간과 비교해 보면, 상당히 개선된 전망이다.

투자자들에 대한 보고서는 정형화된 틀을 가지고 있지만, 논조나 외형에 있어서는 정형화될 필요가 없다. 단순한 예로 표의 수치를 12,164,850의 형식을 12,165로 표시하고 위에 '000'을 표시하는 것이다. 이는 투자자들이 읽기 쉽도록 하기 위해서이다. 다양한 활자체를 이용하여 데이터 유형을 분류하거나 또는 표나 본문내용을 분리하여 큰 글씨체로 하는 것 등이 가독성을 향상시킨다. 표나 본문의 주석으로 작은 글씨체를 사용하기 보다는 더 큰 글씨체로 분리하여 표기될 수 있다.

펀드 운용자는 종종 그들의 보고서를 경제, 이자율, 그리고 기타 관련된 많은 데이터로 채운다. 이 중 대부분은 개인투자자들에게는 별다른 의미를 갖지 않는 것들이다. 운용자들의 보고서는 반드시 유용한 데이터를 제시해야 하는데, 투자자들이 보다 관심을 갖는 것은 미래에 대한 예측이므로, 비록 운용자들이 예측하기를 원하지 않는다고 해도, 최근에 발생된 일련의 사건들이 시장과 그들의 펀드에 갖는 의미에 대해서는 설명을 할 수 있다.

시장이 상승세이며 투자자들이 고수익을 즐길 수 있는 호황기에는 적절한 의사소통이 큰 차이를 나타내지 않는 것처럼 보인다. 그러나 시장과 NAV가 하락하고 투자가들이 손실을 입는 불황기가 되면 적절한 의사소통으로 형성된 신뢰도가 투자자들로 하여금 펀드를 매도하지 않고 지속적으로 보유할 수 있도록 하는데 상당히 도움이 된다. 적절한 의사소통을 수행하는 데 적은 비용이 소요되었다면, 펀드 운용자는 마케팅 지출과 같은 방식으로 신규판매에 더 많이 지출할 수도 있다.

자) 좌당 순자산가치

[표 Ⅰ-24]는 1997년 12월 31일부터 1998년 12월 31일까지의 펀드 성과로, 보고기간 동안의 펀드의 가치에 대한 증가(또는 감소)를 보여주고 있다. 이러한 표를 통해 동기간 대비 다른 펀드와의 비교가 가능해진다.

표 Ⅰ-24 성장형 펀드의 펀드당 순자산가치 예

순자산가치(98.1.1)	순자산가치(98.12.21)	증가/감소
142.5	156.67	+9.94%

차) 총 지출비율

많은 국가들이 펀드 보고서에 이러한 항목을 기재하도록 요구하고 있다. 이는 이전 회계연도에서는 펀드운용에 사용된 총비용이라고 할 수 있으며, 실제금액으로 표현될 것을 요구하는 경우도 있다. 이를 통해 투자자들은 실제적인 펀드의 총운용비용을 다른 펀드와 비교할 수 있으며, 수수료와 지출의 모호함에 대한 가능성도 제거될 수 있다.

3) 반기감사보고서(semi-annual report)

이 보고서는 감사를 받지 않은 연간감사보고서 버전이라고 할 수 있는데, 포트폴리오에 대한 부문이 다소 간략히 설명되어 있고, 회계보고연도의 상반기에 대한 내용이 담겨있다.

4) 순자산가치 또는 좌당 가격

순자산가치나 좌당 가격은 같은 날에 펀드의 가격과 함께 기재되도록 요구하는 항목으로, 통상적으로 개방형 펀드에 대해서는 매일 공개하며 기간형 펀드에 대해서는 발행과 환매가 발생할 때마다 공개할 것을 요구하고 있다. 폐쇄형 펀드 또한 순자산가치 공개 시기는 연간에서 일별까지 다양하며, 규제상의 요구나 펀드운용회사의 결정에 따라 달라질 수 있다.

공개는 인터넷이나 인쇄 매체를 통해 이루어질 수 있다. 단일하게 가격이 산정되는 펀드의 공개는 일반적으로 [표 Ⅰ-25]와 [표 Ⅰ-26]과 같은 형태가 될 것이다.

표 Ⅰ-25 개방형 펀드의 일별 가격 공개

펀 드	최초 수수료	매입/매도 가격	증가/감소	수 익 률
성장형 펀드	3.5%	157.9	0.35%[1)]	8.04%

주 1) 전날의 가격에 대한 것임.

표 Ⅰ-26 폐쇄형 펀드의 일별 가격 공개

펀 드	가 격[1)]	증가/감소	52주간		수 익 률	순자산가치	할 인 율
			최고	최저			
성장형 펀드	31.34	1.5	32.45	22.35	2.1	36.52	14.2%

주 1) 최종일의 중간가격을 의미함.

(2) 판매와 선전을 위한 의사소통

투자펀드와 관련하여 상당히 광범위한 판매경로와 선전용 의사소통이 이용되고 있다. 광고와 같은 일부 내용은 9장에서 다루고 있다. 본 장에서는 가장 일반적인 선전용 의사소통의 몇 가지 방법을 설명하고 있다.

1) 뉴스레터

운용회사가 일정 범주의 펀드를 소유하고 있는 경우 현재의 투자이슈와 투자자들이 관심을 가질 만한 여러 정보를 포함한 뉴스레터를 발송하는 방법을 선택할 수 있다. 뉴스레터는 기존의 투자자들에게는 새로운 상품을 광고하는 데 쓰일 수 있다.

뉴스레터는 특히 금융 상담가들과의 의사소통에 이용될 수 있다. 펀드운용회사의 인터넷 사이트를 통해 점차 제한된 이용자 그룹이 이용할 수 있도록 하고 있다.

2) 연　　감

연감은 단순히 전년도의 상황에 대한 보고나 요약이라고 다소 잘못 알려지고 있다. 사실, 연감은 본질적으로 펀드운용회사의 수준에서 각각의 개방형 펀드에 대하여 지난해의 성과와 신청 양식, 그리고 잠재적인 투자자들에 의해 요구되는 모든 정보를 포함하는 소규모 투자설명서라고 할 수 있다. 이는 운용회사가 투자자들에게 그들의 펀드 중 무엇을 택해야 할지 조언해 주기를 원치 않을 때 특히 유용하다. 단순히 투자자들에게 펀드에 대한 연감을 읽게 하여 스스로 선택하도록 하는 것이다.

이러한 출판물에 의사결정 체계를 포함시키는 것은 일반적이며, 어떠한 펀드가 투자자들의 요구에 가장 적합한가를 찾아내기 위해 그들이 원하는 수입이나 성장, 또는 두 가지 모두와 받아들일 수 있는 위험의 수준 등을 확인할 수 있도록 해준다. 대안으로는 사람들이 선호도를 확인하는 데 도움을 주는 책자를 보여주는 것이다.

표 Ⅰ-27 위험과 수익의 관계

자산의 종류	가격 변동	현재수입 잠재력	성장 잠재력
주　　식	중-고	저	중-고
채　　권	저-중	고	저
단기 투자상품	매우 낮음	중	매우 낮음

주: 역사적인 성과는 주식에 대한 투자가 다른 자산과 비교하여 장기적으로 보다 많은 수익을 줄 수 있음을 나타내고 있음. 단기간에 자금을 필요로 하는 투자자들은 하락시기에 매도를 통해 위험을 받아들임.

3) 웹사이트(web site)

웹사이트는 운용회사나 펀드에 대한 정보 제공뿐만 아니라 운용회사의 펀드 거래를 알리기 위한 수단으로 이용되고 있다. 웹사이트는 미국에서 가장 발달해 있다. 그러나 여기서도 신규투자자는 인터넷상에서 펀드의 매입이나 매매를 할 수는 없다 —신규투자자는 계좌를 열 때 자필서명이 필요하다. 계좌가 개설되면 온라인 거래가 가능해진다. 하지만, 전송상의 안전은 많은 나라에서 문제로 남아 있다.

4) 사실자료(fact sheets)

펀드운용회사들은 그들이 운용하고 있는 각각의 펀드에 대하여 판매 및 관리 인력, 그리고 금융상담가들이 알고 싶어 하는 주요 정보 등을 요약한 사실자료(fact sheet)를 작성해야 한다. 이러한 문서는 한눈에 상품의 주요 특징을 이해할 수 있도록 해준다.

(3) 필수적인 투자자 정보

무권화 시스템에서는 관련기간 동안의 계정에서 정기적인 거래보고서가 펀드 투자자들에게 발행된다. 여기에는 통상적으로 다음과 같은 정보가 포함된다.

○ 보고 기간
○ 투자자의 이름, 주소, 그리고 고객고유번호
○ 펀드의 이름
○ 개설시의 펀드좌수와 개설일에 실현가능한 가치
○ 일정 기간 동안 매입하거나 환매된 펀드의 수와 각각의 거래의 가치
○ 일정 기간 동안 지급된 배당이나 재투자된 금액(순수한 세금과 적합한 세율을 구분하여)
○ 일정 기간 동안 거래의 가치에 따라 조정된 최종 잔고

(4) 펀드 성과정보

펀드는 투자자를 유치하기 위해 다른 저축수단이나 투자수단들과 경쟁한다. 이러한 경쟁은 종종 서로 과거의 투자성과가 상대보다 더 낫다는 것을 입증하기 위한 것이라고 할 수 있다.

따라서 대부분의 펀드는 성과 측면에서 주로 경쟁하며 대부분의 펀드 운용자들은 우수한 성과를 입증하고자 한다. 산출된 펀드성과의 시세가 형성되는 방식과 기간에 대해서는 조작이나 오해의 소지를 막기 위해 엄격한 규칙에 따르도록 한다.

1) 일반적인 비교

펀드의 운용자들은 보통 다음과 같은 비교대상을 설정한다.

○ 동일한 범주나 하위 범주, 또는 다른 모든 펀드들의 평균
○ 주식시장이나 채권의 지수
○ 예금에 대한 이자율
○ 인플레이션율

펀드가 다른 비교측정기준과 비교하여 투자자들에게 보다 높은 수익을 제공하는가의 여부를 판단하기 위해서는 다음의 두 가지 사항이 충족되어야 한다.

○ 비교측정기준을 산출하기 위해 필요한 통계가 이용가능하고 신뢰성이 있어야 함
○ 펀드의 순자산가치는 신뢰성 있게 산출될 수 있어야 함

개도국 시장에서 인플레이션과 이자율의 비교측정기준은 보통 정부나 다른 공적기관의 자료로부터 산출될 수 있다. 그러나 어떤 경우에는 비교기준이 되는 주가지수가 존재하지 않기도 하고, 몇몇 펀드의 순자산가치가 정확히 산출될 수

있을지 의심스럽기도 하다. 이때는 다른 펀드와 비교하는 것이 불가능할 뿐만 아니라 비교측정기준과의 비교 또한 무의미하다.

그러나 각각의 펀드에 대해 신뢰할 만한 순자산가치가 산출될 수 있다면 비교하는 것은 충분히 의미 있는 일이 된다.

2) 비교분석

통계적으로 유의한 비교를 하기 위해서는 각각의 비교측정기준이 반드시 모든 경우에 대해 그리고 동일한 기간 동안 같은 방식으로 산출되어야만 하고 객관적이어야만 한다. 즉 특정 집단의 이권을 위해 조작되어서는 안된다.

펀드와 기타 다른 투자 펀드의 주당 순자산가치는 일반적으로 그 산출방법이 규정에 의해 명확히 설정되어 있다. 산출의 문제는 방법에 있는 것이 아니라 증권의 실제적인 시장가격의 이용가능성에 있다. 따라서 모든 펀드는 동일한 기준에 따라 주당 순자산가치를 산출할 수 있어야 한다.

일단 데이터가 모든 펀드에 대해 이용가능하다면 모든 펀드의 평균적인 성과를 나타내는 지수를 만드는 것이 가능할 것이다. 또한 펀드의 모든 성과를 보여주는 성과별 포괄적인 표를 만들어내는 것도 가능할 것이다. 선진국 시장에서는 펀드성과를 평가하는데 이러한 표가 활용되고 있다.

예금률과 인플레이션율은 쉽게 이용될 수 있다. 그러나 이들을 산출하기 위해서는 많은 통계적 방법이 존재하기 때문에 가장 바람직한 것은 각각의 지수가 독립적인 출처에 의해 발표되는 것이다.

비교측정기준 또한 펀드를 비교하는 적절한 기준에 영향을 미칠 것이다. 만약 펀드의 매도·매수가격이 비교의 기준으로 이용된다면, 이는 펀드에 대한 진입과 탈퇴의 수수료뿐만 아니라 적절한 기간 동안 펀드에 의해 지급되는 다른 비용까지 포함하는 것이 되는데, 이러한 대상을 지수와 비교하는 것은 공정하지 않다. 왜냐하면 지수는 투자의 비용을 포함하지 않기 때문이다. 따라서 매도가격이 지수와의 비교를 위해 사용된다. 매도·매수 기준에 의한 수익률을 동일기간의 정기예금 계정에서 발생한 수익률과 비교하는 것은 공정하다. 왜냐하면 정기예금 계정에서 지불된 이자는 순수한 수익이라고 할 수 있기 때문이다.

3) 산　　출

비교하고자 하는 기간 동안의 데이터가 수집되면, 산출은 다음과 같이 수학적으로 단순해진다.

$$\frac{B}{A} \times \frac{100}{1}$$

B는 성과를 산출하고자 하는 기간의 마지막 날의 주당 순자산가치이고, A는 첫 번째 날의 주당 순자산가치이다. [표 Ⅰ-28]은 1998년 1월 1일부터 6월 30일까지의 펀드 성과에 대한 표를 예로 들고 있다.

표 Ⅰ-28 펀드의 성과 산출

펀　　드	가격(1998년 1월 1일)	가격(1998년 6월 30일)	증　　감
펀드 A	125	136	+8.8%
펀드 B	324	398	+22.8%

그러나 펀드 A가 1998년 3월 31일에 주당 25.0의 배당을 지급했고 펀드 B가 배당을 전혀 지급하지 않았다면, 어떻게 두 개의 펀드가 비교될 수 있을 것인가? 명백하게 위에서 나타나고 있는 펀드 A의 성과는 배당이 지급된 가치에 의해 감소되었다. 만약 배당을 지급하지 않았다면 성과는 달라졌을 것이다.

양측의 펀드에게 모두 공정하기 위해서는 펀드들의 이익과 관련하여 서로 다른 두 개의 원천 —배당과 자본이득(주식의 가치에 대하여 증가함)— 을 가지고 있다는 사실을 주주들이 이해해야만 할 것이다. 따라서 총수익(수입과 자본이득의 결합)은 수익과 성과를 비교하기 위한 목적으로 독립적인 분석가들에 의해 이용되고 있는 방법이다.

4) 총 수 익

총수익을 산출하기 위해 배당은 펀드의 주식에 재투자된다고 가정한다. 따라서 투자자는 기간 말에 펀드 A의 보다 많은 주식을 소유하게 된다. 투자자가 얼마나 많은 주식을 더 보유하게 되었는가를 설명하기 위해 배당이 공표된 이후에 배당으로 지급된 펀드의 주식가격을 알아야 한다. 펀드 A의 총수익 산출은 [표 I-29]를 통해 알 수 있다.

표 I-29 펀드의 총수익 산출 예

일 자	주식수	가 격	가 치	증 감
1998.1.1	100	125	12,500	
1998.3.31	100	147	14,700	
1998.4.1(배당락)	120.49[1)]	122	14,700	
1998.6.30	120.49[1)]	136	16,387	+ 31.1%[2)]

주 1) 100주에 대한 25의 배당은 2,500의 가치가 있으며, 20.49의 주식을 충분히 더 매입할 수 있음.

2) $\frac{16,837}{12,500} \times \frac{100}{1}$

[표 I-29]에서 보여주고 있는 계산과 이전의 표를 비교해 보면, 배당이 고려된 이후에 실질적으로 펀드 A가 펀드 B보다 주주들에게 더 많은 총수익을 주고 있음을 알 수 있다.

물론 이러한 계산은 세금을 고려하지 않은 것이다. 일부 국가에서는 수입과 자본이득에 대한 세금이 서로 다르다. 이는 개인투자자들의 실제적인 순수한 수익이 각자의 납세환경에 의존하고 있음을 의미한다. 따라서 개인투자자들은 총수익뿐만 아니라 수입과 수익의 구성항목에 대해서도 알아야만 하고 이를 통해 자신의 순수한 수익을 추정할 수 있다. 순수한 세금 항목이 이용되면 감면세율은 반드시 확인되어야 한다.

이상적인 성과통계는 독립적인 회사나 기관에 의해 산출되어야만 한다. 펀드 운용자는 이에 적합하지 않다. 증권규제 담당자 또한 마찬가지이다. 펀드의 거래협회가 설립이 되어 있다면 대안이 될 수 있다.

5) 성과통계의 이용

성과통계의 잘못된 이용을 피하기 위해 성과가 나타날 만큼의 기간에 대한 규정이 필요하다. 그리고 과거의 성과에 기초한 어떤 산출도 금지되어야만 한다. 성과를 감독하는 일반적인 규정은 다음의 내용을 포함한다.

- ○ 보다 짧은 기간에서부터 성과자료를 연간으로 계산하는 것을 금지하는 것을 포함하여 과거의 성과에 기초하여 미래를 산출하는 것을 금지함
- ○ 어떤 성과통계의 시세형성과 관련하여 반드시 명시되어야 하는 의무적인 사항들 —예를 들어 "과거의 성과는 미래의 성과를 나타내는 데 있어 결코 필요하지 않다"— 이 있음
- ○ 성과는 한 달보다 더 짧은 기간 동안 측정되서는 안되며, 현재 성과여야 함
- ○ 만약 단기간에 시세가 형성되었다면, 보다 장기간 —일반적으로 최소 5년간, 또는 펀드의 개시 이후부터이며, 그렇지 않으면 더 짧아질 수도 있음— 에 걸친 성과도 같이 제시되어야만 함
- ○ 성과에 대한 시세형성은 특정한 일자 —예를 들어 임의로 선택된 날보다는 각각의 분기의 마지막 날— 에 해야 실제적인 비교가 가능함
- ○ 비교가 되는 펀드, 투자나 지수와 관련하여 수수료의 포함 여부를 명확히 해야 함
- ○ 성과자료에 수입이 포함되어 있는가의 여부를 명확히 해야 함
- ○ 재투자로 간주되는 수입은 총수입으로 재투자되는지 아니면 세후수입으로 재투자되는지에 대해 일관성을 유지해야 함
- ○ 모든 데이터가 세전인가 또는 세후인가를 명확히 해야 함

모든 펀드의 성과를 비교하고 표를 작성하여 정기적으로 신문과 기타 다른 매체에 발표하는 것은 장려되어야 한다. 이를 통해 주주들은 자신의 펀드가 다른 펀드와 비교하여 제대로 운용되고 있는가를 판단할 수 있다.

(5) 의문사항이나 불만사항

1) 의문사항의 처리

모든 펀드운용회사들은 일정 범주의 의문사항과 불만사항을 처리해야 한다. 일반적으로 평범한 의문사항은 고객서비스 부서에서 처리한다. 여기서는 투자자들이 자신의 아이들을 위해 어떠한 펀드에 어떻게 투자할 것인가부터 배당이 지급가능할 경우 세금의 지급에 대한 의문사항까지 다양한 범위의 내용을 포함한다. 이러한 의문사항은 행정상 대략적으로 분류될 수 있고 보다 심각한 불만사항에 대해서는 분리하여 처리될 수 있다. 모범기준은 이러한 의문사항에 대해 반드시 대답할 수 있도록 최종시한을 설정하는 것이다. 사실, 일부 기업들은 응답해야 하는 전화의 최대 한도수를 포함하여 표준적인 응답의 최종시한을 설정해 두고 있다.

일반적인 의문사항을 처리하는 한 가지 방법은 가장 일반적인 의문과 답변에 대한 표준적인 목록을 작성하여 이를 인쇄해서 모든 잠재적인 투자자들에게 발송하는 것이다. 이러한 목록은 의문사항을 처리하는 담당직원이 작성할 수 있다. 공통적인 의문사항을 기록하고 동일한 질문을 피하기 위해 명확한 답변을 제시하는 것은 가치 있는 작업이 될 것이다.

2) 불만사항의 처리

불만사항은 보다 복합적인 영역이다. 이를 조정하는 절차와 최종시한은 때때로 규정에 의해 설정되거나 또는 그렇지 않은 경우도 있다. 규정이 존재하는 경우 불만사항의 기록장부가 마련되어 불만사항과 처리방안을 기입해야 한다. 기록장부는 규제자가 감사를 요청할 경우 제시할 수 있어야만 한다. 또한 불만사항 처리업무에는 경험이 부족한 신참직원보다는 문제해결 능력을 갖춘 선임자가 적합하다.

규제자들은 통상적으로 펀드운용회사가 발송하는 인쇄매체와 우편물에 그들을 규제하는 책임의 주체를 구별하여 적시할 것을 요구함으로써, 운용회사에 대한 불만사항이 적절한 부서로 전달될 수 있도록 하고 있다. 불만사항은 우선적으로 관련 부서에 전달되는 것이 일반적인 원칙이다. 그러나 만약 기업이 불만사항에 대한 만족스러운 답변에 실패한다면 적절한 기간내에 이 문제는 관련 규제자나 옴부즈맨(옴부즈맨은 독립적인 조정자로서, 제도의 회원의 회비로 운영되며 이들의 판단은 구속력이 있는 것으로 받아들여짐)에게 보내진다. 규제자나 옴부즈맨은 사람들이 펀드운용회사와 같은 집단에 대해 무엇을 기대해야 하는가, 그리고 이들이 잘못을 저질렀을 경우 어떻게 불만을 토로해야 하는가에 대하여 조언을 해주고 공개적으로 정보를 제공한다.

불만사항은 관련된 운용회사의 질적 수준에 대하여 피드백의 형식으로 나타날 수 있다. 관리상의 실수와 관련한 많은 불만사항은 후선 업무 부서의 부재를 의미한다. 불만사항을 해결하기 위한 시간과 노력은 비용이 높고 비생산적일 수도 있다. 그러나 고객의 입장에서 불만이 만족스럽게 해결되면 지속적으로 주요고객이 되기를 원한다는 사실을 주지해야 할 것이다.

따라서 실수를 최소한도로 줄이기 위해서는 향후 또 다른 조치가 취해져야 할 필요가 있는가를 살펴볼 수 있도록 불만사항의 동향을 감시하기 위한 체계와 절차를 마련해야 한다.

많은 불만사항이 관리될 수 있는데 —주소와 계약상의 부정확한 세부사항, 기타 등에 대한 수정의 실패— 일부 경우에는 보다 심각할 수 있으며, 고객이 담당 직원의 실수나 누락 등으로 인한 손실로 고통을 받을 수도 있다. 이러한 실수가 사소한 효과를 내는 경우 —예를 들어 가격의 0.5% 미만인 경우— 이는 일반적으로 오류의 수정에 의한 편익과 비교하여 오류의 수정 비용이 지나치게 높게 된다. 그러나 이보다 큰 액수의 실수가 있었다면, 이로 인한 손실이나 손해로 고통받는 사람들 때문에 보상을 해줘야 한다.

펀드운용회사가 이러한 실수의 발생을 피하고 상호 감시(cross- checks)의 절차를 마련하는 것은 중요한 문제이다. 가치평가와 가격산정의 모든 사항을 감독하는 것은 단순히 개인의 일로 남겨져서는 안된다.

9. 투자자의 욕구 충족

운용회사는 보통 ' 투자지향(investment led)'또는 ' 판매지향(marketing led)'으로 표현되는 두 가지 방식 중 하나로 새로운 펀드 상품을 만드는 경향이 있다. '투자지향'의 운용회사는 일반적으로 새로운 펀드를 설정하고자 하는 경향이 있는데, 그들은 새로운 시장이나 자산에 투자하길 원하기 때문이다. 반면, '판매지향'의 운용회사들은 투자자들의 요구사항을 확인하고 이를 충족시킬 수 있는 상품을 만들기 위해 노력하는 경향이 있다.

투자자들은 보통 자신들의 필요성을 충족시키는 펀드를 매입하고자 할 것이다. 이러한 필요성은 일반적인 필요성에서 —수입형, 성장형, 또는 양자 모두— 학교수업료나 결혼비용과 같은 특정한 미래의 비용을 충당할 수 있는 특별한 필요성까지 다양하다. 그러나 실제적으로는 투자자들의 필요성을 충족시키기 위해 펀드가 판매된다는 것이 보다 정확한 표현이다. '보험은 판매되는 것이지 구매되는 것이 아니다'라는 속담은 일반적으로 펀드의 경우에도 해당한다.

펀드를 발전시키기 위한 주요 과제는 다음과 같다.

○ 잠재적인 투자자가 누구이며 그들의 필요성은 무엇인가? 또는 그들에게 부족한 것은 무엇인가?
○ 펀드가 투자자들을 유인하고 규제자들의 승인을 받기 위한 가장 효과적인 구조는 무엇인가?
○ 펀드의 부가적인 서비스 제공이나 포괄적인 세금감면 상품(wrapper)을 통해 보다 매력적인 상품이 될 수 있는가?
○ 펀드가 운용되기 위해 필요한 자산의 종류가 충분히 공급될 수 있는가?
○ 관련 비교대상 펀드에 대해 펀드의 경쟁력이 어느 정도 수준인가?
○ 결과적으로 펀드는 운용회사에 어느 정도의 이익이 될 것이며, 이익을

향상시키기 위해서는 무엇을 해야 하는가?

(1) 투자자와 그들의 필요성

1) 개인 투자자

펀드상품과 관련된 잠재적인 투자자들의 필요성은 세 가지 주요 요소에 따라 변화할 것이다.

- ○ 투자자들의 투자기간 —보통 단기투자는 1~3년, 중기투자는 3~7년, 장기투자는 7년 이상으로 정의됨.
- ○ 투자자들의 위험에 대한 수용 정도 —즉, 수익을 추구함에 따라 돈을 잃게 되는 것을 받아들이는 정도
- ○ 투자가의 전체 투자에서의 펀드의 역할 —투자자의 현재와 미래의 필요성을 충족시키기 위해 다른 어떤 금융조항이 만들어졌는가?

펀드는 투자자들의 문화적 선호도에 의해서도 영향을 받게 될 것이다. 예를 들어 역사적으로 유럽 대륙에서는 주식보다는 채권에 더 많이 투자하는 반면, 영국에서는 채권보다는 주식에 더 많이 투자한다.

대부분의 투자자들은 상이한 필요성을 충족시키기 위해 투자를 혼합하기를 원할 것이다. 예를 들어, 단기 필요성을 충족시키기 위한 단기금융펀드(money market funds)와 은퇴 후의 자금 마련을 위한 보다 장기적인 주식 펀드를 혼합한다.

일부 펀드운용회사들은 대부분의 투자필요성을 충족시키기 위해 일부러 일정 종류의 펀드를 만들어내려고 하는 반면, (종종 펀드 패밀리로 언급되고 있음) 특정한 자산이나 부문에 초점을 맞추는 펀드도 있다. 예를 들어 신흥시장의 주식에 투자하는 펀드는 일반적으로 장기간의 고위험 투자전략을 기꺼이 받아들이는 투자자를 유인한다. 만약, 펀드 패밀리가 존재한다면, 투자자들은 시간에 따라 변화하는 필요성을 충족시키기 위해 다양하게 혼합된 "포트폴리오"를 제공받게 될 것이다.

일반적으로 투자자들은 고수익의 성취에 대한 관심보다는 자신의 돈을 잃는 것에 더 민감한 반응을 나타내는 것처럼 보인다. 최근에는 주식투자의 하락위험을 줄이거나 제거할 수 있는 파생금융상품을 이용하는 펀드가 발달되어 왔다. 비록, 파생금융상품 보험의 비용이 수익의 증가를 감소시킨다고 해도, 이 상품은 인기 있는 것으로 증명되고 있다.

투자자들이 어떠한 종류의 펀드가 자신에게 가장 적합한가를 확인하도록 도와주는 한 가지 방법은 그들의 필요성을 확인해 주는 투자자들의 의사결정 과정을 확인할 수 있는 설문지를 개발하여 조사하는 것이다.

표 Ⅰ-30 가능한 펀드 포트폴리오

포트폴리오 유형	내 용	목 표	투자자 필요성
단기형	100% 단기투자	단기투자된 자금에 대한 최소 위험	자본 가치의 100% 유지 및 어느 정도의 수입 획득
자본유지형	30% 단기투자, 50% 채권, 20% 주식	중기투자 기간 동안 보수적 포트폴리오로 투자된 자금의 가치보전	자본의 가치 유지와 어느 정도의 수입 획득
균형형 포트폴리오	10% 단기투자, 40% 채권, 50% 주식	장기투자에 대해 수입과 성장을 제공	합리적인 수입 획득과 자본 성장
성장형 포트폴리오	5% 단기형 증권, 25% 채권, 75% 주식	장기간의 보수적인 투자보다 더 높은 자본성장 달성	성장 달성
공격적인 성장형 포트폴리오	85% 주식 15% 채권	장기간 동안 고수익 제공	고성장 달성

2) 기관투자자

기관투자자들은 특정한 투자 요구를 충족시키기 위해 펀드를 매입하려는 경향이 있다. 그 이유는 그들이 자체적으로 특정한 종류의 포트폴리오를 운영할 전문성이 결여되었거나 내부적으로 자체의 운용인력을 고용하는 것이 비용면에서 효과적이지 않기 때문이다. 영국에서의 예를 살펴보면, 1970년대에 보험회사가 해외투자를 할 수 있게 되었을 때, 해외자산에 대한 전문성이 부족했다. 대신, 보험회사들은 해외에 투자하는 개방형과 폐쇄형 펀드에 투자를 했는데, 외부적 운용을 효과적으로 활용하였다. 그들은 해외투자에 대한 전문가를 고용한 후, 일반적인 국제적 펀드에 대한 투자는 중단하였으나, 신흥시장에 대한 투자는 지속하였는데, 이는 신흥시장의 경우에는 자체적으로 운용하는 것이 비용상 효과적이지 못했기 때문이다.

(2) 가장 효과적인 구조의 선택

펀드를 위한 가장 효과적인 구조를 선택하는 데에는 많은 고려사항들이 있으며, 주요 항목들은 다음과 같다.

○ 조세 효과
○ 포트폴리오의 내용
○ 투자자의 수용가능성

1) 조세 효과

상이한 펀드의 법적 구조는 특히 그들이 보유하는 자산의 종류나 매입하는 투자가들에 따라 상이한 납세의무를 갖는다.

펀드와 펀드 투자자들이 납세의무를 최소화할 수 있는 구조가 선택될 것이다. 이는 펀드판매가 목표투자자에 대해 허용되는 범위에서 세금이 가장 적은 지역 중의 하나(역내보다는 역외)에 펀드를 설정하는 것을 포함한다.

2) 포트폴리오의 내용

일부 자산유형은 특정한 운용구조의 사용을 필요로 한다. 대부분을 비유동적인 자산에 투자하려고 하는 펀드라면, 기간형(interval) 또는 폐쇄형의 구조를 선택함으로써 대부분 환매압력에서 벗어날 수 있고 지나치게 낮은 가격으로 판매할 필요가 없게 될 것이다. 또 다른 측면에서 보면, 상당히 유동적인 단기 금융상품에만 투자하는 폐쇄형 펀드를 보유하는 것은 의미가 없다. 왜냐하면 이는 유동적인 자산을 비유동적으로 만드는 효과를 나타내기 때문이다.

역사적으로, 대부분 국가들은 펀드산업을 폐쇄형 펀드로 시작하였는데, 이는 개방형 펀드로 운용될 수 있는 유동자산이 불충분했기 때문이다. 투자자산에 대한 유동성의 확충으로, 개방형 펀드가 발달되었다.

대부분의 펀드규제당국은 포트폴리오가 적절히 다각화될 것을 요구하고 있다. 한 펀드의 총액이 한 발행자에 투자되는 경우를 예로 들 수 있다. 포트폴리오가 보다 집중화되는 것이 바람직하다면, 좀더 포트폴리오 구성에 융통성이 있고, 낮은 세금을 부과하는 지역이 펀드 설정시 선택된 지역에서 설정된 펀드가 목표 투자자들을 대상으로 판매가 허용된다는 조건하에서 상당히 매력적인 장소가 될 것이다.

펀드의 제시된 포트폴리오가 많은 상이한 구조로 보유될 수 있고 세금상의 상대적 불이익도 받지 않는 경우, 펀드 구조를 선택하는 투자자들이 선호할 수 있을 것이다.

3) 투자자 선호

대부분의 소매투자자들은 일반적으로 빨리 자신들의 수익을 순자산가치로 환매하기를 선호한다. 따라서 개방형 펀드의 성공은 국제적으로 더욱 확대되고 있다. 개인투자자들은 거래소를 통해 폐쇄형 펀드를 매매하도록 하는 규정 때문에 펀드의 매입을 연기할 수도 있는데, 이러한 체계가 익숙치 않은 투자자들은 불편을 느낄 수도 있을 것이다.

반면 보다 현명한 투자자들은 폐쇄형 펀드를 할인된 가격으로 매입할 수 있고 전체 순자산가치로 환매할 수도 있으며, 이러한 펀드에 대해 상당히 배타적으로 접근할 수 있는 것에 대해 고맙게 느낄 수도 있다.

(3) 부가적인 서비스와 포괄적 '세금감면구조(wrappers)'의 이용

1) 서 비 스

펀드 운용자들이 운용중인 상품에 잠재적인 투자자들을 끌어들이기 위해 그들의 상품과 관련하여 제공할 수 있는 일정 범위의 서비스가 있다. 많은 펀드가 유사하며, 펀드 운용자의 특별 서비스의 이용가능성은 브랜드와는 다른 그 상품의 특성일 수 있다. 이러한 서비스의 예는 다음과 같다.

가) 펀드계정

이는 투자자들이 운용회사에 계정을 개설하여, 그 운용회사에 의해 운영되는 펀드에 투자 할 수 있게 된다. 일단 개설되어 온라인으로 운영될 수 있는 추세가 증가하고 있다.

나) 정기저축계획(regular savings plans)

정기저축계획은 일정한 기간(보통 월별이나 분기별)으로 명시된 금액을 저축할 수 있으며 동일한 펀드 운용자에 의해 운용되는 하나 또는 그 이상의 펀드에 투자한다.

정기저축계획은 투자자와 펀드 운용자에게 몇 가지 편익을 제공한다. 투자자들은 더 작은 금액을 일정 간격으로 저축하는 것이 대규모로 한꺼번에 투자하는 것 보다 덜 어렵다는 것을 안다. 가격이 변동하는 자산에 고정금액을 투자하면 매수 주가의 평균단가를 낮추는 것은 수학적으로 증명된 사실이다. 만약 시장과 펀드가격이 상승세라면 투자자들의 주식매입수가 줄어들게 될 것이다. 만약, 시장이 하락세이고 펀드 가격도 낮아진다면 투자자들은 보다 많은 주식을 매입할 것이다. 이러한 효과는 '비용평균화(cost averaging)'로 알려져 있다. 주식 가격의 변동성이 커질수록 비용평균화의 효과는 더 커지는데, 평균적인 주식의 취득가격이 감소하면서 투자자들의 연간 수익은 더욱 증가하게 되는 것이다. 시장에서의 투자시점을 제대로 잡기가 어려운 점을 감안한다면, 비용평균화는 상당한 이점을 제공해줄 수 있다. 펀드 운용자의 입장에서는 정기저축형태가 개방형이나 폐쇄형에 제공될 경우, 알려진 일자에 알려진 매수자가 펀드매입을 하게 되어 환매나 매도를 용이하게 할 수 있다. 하지만 효율적이고 비용이 낮은 자금 이체 수단이 없이는 정기저축은 제 기능을 발휘할 수 없다.

다) 인출계획(withdrawal schemes)

월별로 일정 수준의 수입을 필요로 하는 투자자들에게는 '수입형(income top-up)' 상품이 제공될 수 있는데, 만약 펀드로부터의 수입이 불충분하다면 자신이 필요한 금액을 보충하기 위해 필요한 만큼의 보유분을 매도할 것이다. 또 다른 대안은, 이들이 펀드의 최소 보유의 전제하에 자본인출을 할 수 있는 상품이 제공하는 것이다. 수입형을 선택하는 경우에는 상당한 주의가 필요하며, 특히 매매되는 방식에 대해서는 보다 세밀한 주의가 필요하다. 왜냐하면 이러한 상품은 펀드에 투자한 자금을 엄청나게 감소시킬 수 있음에도 불구하고, 투자자들이 이러한 점을 종종 이해하지 못하기 때문이다. 따라서 이러한 사실을 파악하고 있는 증권 규제 담당자는 이러한 옵션이 있는 상품을 주의 깊게 연구한다.

라) 수입배분

수입에 대한 펀드 원칙은 반년마다 투자자들에게 수입을 배분하는 것이다. 분기별이나 월별 배분과 같은 보다 빈번한 배분은 수익이 높은 금융상품일 경우 가능하다. 이러한 옵션은 투자자들의 은행계정에 직접 지급되거나 다른 비용이 저렴한 지급방법에 의하도록 규제될 수 있는데, 자금이체시스템이 없거나 자금이체비용이 비싼 경우에는, 빈번한 배분은 적절치 않다.

마) 분배금의 자동적인 재투자

많은 펀드들은 수입이 분배되지 않고 펀드에 재투자되는 상품을 제공하고 있다. 일부 국가에서는 이러한 재투자가 선택사항이 아니라 의무사항이다. 의무적인 재투자의 경우, 수입을 지급받길 원하는 투자자는 현금으로 지급받을 수 있는 수입과 동일한 금액으로 펀드의 환매를 해주는 자동시스템에서 대신 지급을 받게 될 것이다.

바) 교환(exchanges)

펀드 운용자들은 현금과 마찬가지로 증권이나 교환권을 펀드 대금으로 받을 수 있다. 만약 개인이 증권을 처분하는 비용이 높거나 처분이 어렵다면 매력적인 마케팅 방법이 될 수 있을 것이다. 또한 증권이 펀드내에 편입되는 것이 적합치 않은 경우라면 펀드 운용자는 교환거래(exchange)를 하기 위한 부가적인 비용이 발생할 것이다.

사) 전환(switching)

펀드 운용자가 여러 펀드를 운용할 경우, 그들은 때때로 기존투자자로 하여금 다른 펀드로 교환시(즉, 어떤 펀드를 환매하고 새로운 펀드에 투자시) 특권을 부여한다. 예를 들어 기본적인 환매수수료나 초기수수료 등을 줄여주거나 없애주고, 표준 수수료보다 훨씬 싼 수수료를 부과하기도 한다.

보다 일반적인 다른 서비스는, 무료 전화 서비스, 정보 —조세 관련 정보도 포함됨— 를 이용할 수 있는 인터넷 서비스 등이다.

2) 포괄적 세금감면 상품(wrappers)

포괄적 세금감면 상품(wrappers)은 일반적으로 투자의 장려나 노후대비 등을 위해 정부가 허용하는 세금감면이나 면제 방법에서 파생되었다. 상이한 국가들의 경험을 살펴 볼 때, 가장 성공적인 세금유인 저축의 형태는 출자에 대해 연간 한도를 정해 두고, 만기구조에 대해서는 기간 제한을 두지 않으며, 조기인출에 대해서는 아무런 벌과금을 부과하지 않는 것이다. 포괄적 세금감면 상품은 다음의 몇 가지 형태 중의 하나를 선택할 수 있다.

○ 적격 자산에 대해 일정한 범위내에서 일정 금액까지 투자를 하도록 개인에게 연간투자한도: 여기서 투자자는 하나의 계정을 갖고, 그 계정에 적격한 자산을 보유함. 영국의 Personal Equity Plans (PEPs)와 Individual

Savings Accounts(ISAs)는 프랑스의 펀드 시장에서 처음 시작된 'Plans d'Epargne Personnel'과 같은 형태를 취하고 있음. 미국에는 401(k) plans과 Individual Retirement Accounts(IRAs)로 알려져 있는 포괄적 세금감면상품 관련 연금 상품이 있음

- ○ 통상적으로 몇몇 종류의 세금감면이 가능한 연금이나 생명보험은 펀드를 매입함
- ○ 특정한 펀드의 유형에 대한 세금 감면은 특정하게 정의된 분야의 투자시에 제공됨. 보통 벤처캐피탈이나 신규회사와 같은 특정 분야의 투자를 촉진시키기 위한 것임(수익에 대한 손실의 상계처리는 보통 이러한 펀드의 유인책으로써 매우 중요한 역할을 함)

펀드와 계좌가 함께 운용되는 경우, 부가적인 비용이 초래되어 투자자들로부터 외면당할 수가 있다. 이와 함께, 부가적인 요구사항도 —예를 들어 투자자들에게 기초적인 투자에 대한 상세한 정보의 제공— 비용을 추가시킬 수 있다. 영국의 PEPs의 경우, 복잡하고 원천적 운용상의 요구사항 이행시 많은 비용이 소요되며, 펀드투자에 대한 상대적으로 낮은 상한선 때문에 펀드운용자들에게 초기에는 인기를 끌지 못했다. 일단, 정부가 필요사항을 완화하면, 특히 펀드에 투자할 수 있는 규모를 두 배 이상으로 늘려, 운용상 비용이 효과적으로 되어 그 결과로 판매고가 많이 증가되었다.

(4) 자산 공급의 영향

펀드상품의 발전에 있어 중대한 제약은 투자자산의 이용가능성이다. 이는 관련 시장에서 자산 공급의 제약이나 규제에 의한 펀드의 포트폴리오 제약에 기인한다.

신흥시장에서는 일반적으로 자산의 공급이 제한되며, 많은 자산들이 비유동적이다. 따라서 폐쇄형 펀드가 우위를 점하고 있다. 시간이 지나서, 시장이 투자가들을 더 유인함에 따라 유동성은 증가할 것이고 자산의 공급도 수요에 부응하

여 증가할 것이며 개방형 펀드 또한 가능하게 될 것이다. 일단 유동성이 있는 시장이 존재하면, 지수가 생성될 수 있고, 파생금융상품 시장이 가능해지며, 하락 위험을 감소시키기 위해 파생금융상품을 이용하는 펀드도 설정될 수 있다.

(5) 수익성에 대한 요구

경쟁 때문에 보유해야 한다고 믿는 경우를 제외하고는 수익성이 없는 것으로 예상되는 금융상품을 판매하고자 하는 운용회사는 존재하지 않을 것이다. 6장 5절에서는 펀드가 부과할 수 있는 다양한 수수료에 대한 내용을 설명하였는데, 이러한 수수료 이외에도 개별적인 펀드의 수익성에 영향을 미치는 요소들은 다음과 같이 다양하다.

- 주식 보유의 평균적인 규모: 관리비용은 어떤 규모에 대해서도 실제적으로는 도일함. 평균 보유규모가 커지면 수익성도 높아짐. 펀드에 대한 평균적인 보유규모가 작아질 것으로 예상된다면, 관리비용과 투자운용이나 보고의 비용을 낮춰서 이를 보전해야 함. 개인투자자들의 보유규모를 증가시키도록 하는 방법을 강구해야 함. 이를 위해서는 가능하면 특별한 조건을 제시해 주는 것이 좋음. 배당금을 재투자하도록 유인하는 것은 유용함
- 만기구조: 새로운 투자자를 유인하는 비용(광고나 대리인에게 수수료를 지급함으로써)은 종종 최초부과수수료와 같거나 초과할 수도 있음. 수익성은 얼마나 투자자들이 투자를 지속하는가에 달려 있음. 따라서 투자자들이 보다 장기간 동안 주식을 보유하도록 유인하는 제도적 장치가 필요함. 예를 들어 '조기환매'에 대한 벌과금 부과는 점차 증가하고 있는 추세이며, 이는 장기보유시 부담감소(tapering back end load)로 불리움
- 성과: 펀드 자산의 성장률이 증가할수록 연간수수료율로 펀드 운용자에게 지급되는 금액은 증가함. 자산성장률에 대한 현저한 영향은 주로 시장의 움직임으로부터 받음. 그러나 지수의 평균상승률을 초과한 수익률이

나 지수의 하락률보다 낮은 손실률 등도 수익에 상당한 영향을 미칠 수 있음. 투자운용자는 이러한 것을 성취하기 위한 개인적 인센티브를 가짐

○ 비용: 시스템 개선을 통한 운용비용 증가의 억제나 감소는 수익성에 상당한 기여를 할 것임. 마케팅 지출의 수준 또한 주의깊게 고려되어야 할 사항임

경쟁이 치열한 선진국 시장에서는 펀드 운용자가 이익을 내기 위해서는 평균 5년간 보유하도록 요구되는 기준에 따라 펀드 상품의 가격이 책정되고 팔리는 것이 드문 일은 아니다. 이는 일반적으로 경쟁으로 인해 선취수수료가 잠식된 결과이다. 규정에서 총지출을 공개하도록 요구하고 있어도, 투자자들은 보통 연간수수료 보다는 초기수수료의 수준에 보다 민감하게 반응하기 때문에, 가격 경쟁이 치열해짐에 따라, 보통 초기수수료에 초점이 맞추어진다. 그러나 만약 펀드 운용자가 일반인들에게 인기가 높은 혁신적인 상품을 개발한다면, 판매시 평균 1% 정도의 최초이익을 창출해낼 수 있을 것이다. 정상수익의 범위는 이러한 양극단의 사이에 위치하게 될 것이다.

규모의 경제는 펀드 운용에 있어 중요한 요소이며, 동시에 신규 펀드를 설정하는 데 드는 비용은 상대적으로 낮아진다. 펀드 운용자들 중에서는 상당히 빈번하게 새로운 펀드를 설정하려는 경우가 있는데, 결과적으로는 이들 중 소수만이 성공적으로 투자자를 유인할 뿐이다. 어느 정도 시간이 지나고 나면, 성공적이지 못한 펀드는 유사한 목적을 가진 보다 큰 펀드에 의해 합병된다. 이러한 합병은 절차가 상대적으로 쉽고 비용이 낮은 개방형 펀드의 경우에만 가능하고, 폐쇄형의 경우는 합병이 드물다.

국제적으로 펀드의 발전에 있어 선도적 역할을 수행하고 있는 미국에서는 펀드의 연간수수료가 보통 0.35%~1% 수준이다. 이러한 수수료는 수십억달러 이상의 대규모 자금을 운용하는 펀드 운용자들을 위한 것인데, 처음에는 이러한 수준은 아니었다. 이는 장기전략을 고려할 경우 고려할 만한 가치가 있다.

(6) 정형화된 펀드 종류

역사적인 이유로, 국가별로 각기 상이한 펀드상품이 발전해 왔다. 예를 들어 미국의 MMF는 1970년대 들어 상당히 성공했는데(프랑스에서는 1980년대에 성공을 거둔바 있음), 이 당시 정부가 예금에 대해서 지불할 수 있는 이자율의 수준을 제한했기 때문이었다. 소매투자자들은 도매시장에서 가능했던 이자율보다 훨씬 낮은 이자율을 받았다. 그러나 MMF는 소매자금을 모아 도매시장에서 높은 이자율을 받을 수 있어 상당한 인기를 얻게 되었다.

이와 대조적으로, 영국에서는 어떠한 MMF도 찾아보기 힘들었는데, 이는 소매예금기관간의 경쟁 때문이었다.

대부분의 국가에서 많은 펀드들은 주로 다음과 같은 목표를 가지고 설정된다.

○ 수익목표형
○ 성장목표형
○ 혼합형

개별 펀드는 이러한 범주로 크게 분류되고, 다양한 위험수준에 따라 세부적으로 분류될 수 있다. 일반적으로 수입이 증가하고 성장이 촉진될수록 자본에 포함되어 있는 위험의 수준 또한 높아지게 된다.

대부분의 펀드는 [표 Ⅰ-31]에서 설명하고 있는 내용에 포함된다.

표 Ⅰ-31 일반적인 펀드 상품과 구조

펀드의 유형	기초 자산	운용구조	
		일반적인 구조	설 명
MMF형	- 투자된 금액의 100%를 언제든 현금화할 수 있는 단기 자금시장 수단	- 개방형	- 예금된 금액이 100% 환매되고 지급되는 것이 수월해야 함. 폐쇄형의 구조는 유동자산을 비유동화 시키고, 자본가치를 100% 유지하지 못하도록 할 것임.
수입형	- 국내 또는 해외단기 자금 상품	- 개방형	- 환매가 반드시 수월해야 만함

	- 상장된 또는 유동성이 있는 국내외 채권이나 정부채권	- 개방형	- 환매가 수월해야만 하고, 지속적인 포트폴리오 변화를 위해 유동성이 필요함
	- 상장된 또는 유동성이 있는 국내외 회사채	- 개방형 또는 폐쇄형	- 폐쇄형은 새로운 펀드 발매에 있어 투자자들에게 아무런 특별한 장점을 제공하지 못함
	- 비상장되었고 거래되지 않는 국내 또는 해외의 회사채나 공채	- 개방형 또는 폐쇄형	- 포트폴리오가 거래되거나 상장되지 않을 때에는 폐쇄형 구조가 적합함
	- 상장되었거나 유동성이 있는 국내외 주식과 다른 펀드의 지분	- 개방형 또는 폐쇄형	- 폐쇄형은 새로운 펀드 발행에 있어 투자자들에게 아무런 특별한 장점을 제공하지 못함
	- 상장되었거나 유동성이 있는 채권과 주식, 국내외의 다른 펀드의 혼합	- 개방형 또는 폐쇄형	- 폐쇄형은 새로운 펀드 발행에 있어 투자자들에게 아무런 특별한 장점을 제공하지 못함
	- 부동산	- 폐쇄형	- 부동산은 개방형 펀드로 보유되기에는 너무 유동성이 없음
수입보장형	- 국채나 회사채	- 만기가 고정된 폐쇄형	- 보장은 투자기준을 바꿔서는 달성할 수 없음.
성장형	- 상장되었거나 유동성이 있는 국내외의 공채나 회사채	- 개방형 또는 폐쇄형	- 폐쇄형은 새로운 펀드 발행에 있어 투자자들에게 아무런 특별한 장점을 제공하지 못함.
	- 상장되었거나 유동성이 있는 국내외 주식	- 개방형 또는 폐쇄형	- 폐쇄형은 새로운 펀드 발행에 있어 투자자들에게 아무런 특별한 장점을 제공하지 못함.
	- 상장되었고 유동성이 있는 국내외 채권과 주식의 혼합	- 개방형 또는 폐쇄형	- 폐쇄형은 새로운 펀드 발행에 있어 투자자들에게 아무런 특별한 장점을 제공하지 못함.
	- 국내외의 유동성이 없는 채권이나 주식	- 인터벌형 또는 폐쇄형	- 기간(interval)형은 어느정도의 유동성을 필요로 하고, 폐쇄형이 선호됨.
	- 부동산	- 폐쇄형	- 부동산은 비유동적이어서 개방형이나 기간형에는 적합지 않음.
혼합형 (balanced)	- 국내외의 유동성이 있거나 상장된 채권과 주식의 혼합	- 개방형 또는 폐쇄형	- 폐쇄형은 새로운 펀드 발행에 있어 투자자들에게 아무런 특별한 장점을 제공하지 못함.
변환형	- 언제든지 단기금융시장에서 증권으로 이동할 수 있음.	- 개방형	- 폐쇄형은 새로운 펀드 발행에 있어 투자자들에게 아무런 특별한 장점을 제공하지 못함.

흥미 있는 변형된 펀드 중에는 영국에서 지칭하는 '자본분할(split capital)' 또는 미국에서 지칭하는 '이중적 목적(dual purpose)'의 폐쇄형 펀드가 있는데, 수입부문과 자본부문의 두 가지 종류의 주식을 발행한다. 가장 단순한 형태는 수입부문 주식이 펀드가 얻은 모든 수입에 대해 권리를 갖고, 자본부문 주식이 펀드가 얻은 모든 자본성장에 대해 권리를 갖는 것이다. 이러한 펀드는 투자자들이 펀드의 만기를 연장하기 위해 다수결에 의해 동의된다고 해도, 고정된 만기가

있어야 한다.

'성장(growth)'에 대한 일반적인 정의에서 벗어나, 성장을 제공하지만 단일 펀드가 수입과 투자가 분리되어 있다면 '수입(income)'을 보다 작은 범위에서 한정한다면 '전문화'의 가능성이 매우 커질 수 있다. 특히, 다음과 같이 다양한 펀드로 세분화될 수 있다.

- ○ 지역적 특성을 갖는 펀드: 국제적으로 한 지역내에서(예를 들어, 글로벌 펀드)나 오직 한 국가내에서(예를 들어, 독일펀드)만 투자하는 펀드, 또는 신흥시장과 같은 특정 유형의 시장에만 투자하는 펀드
- ○ 영역별로 특화된 펀드: 이동통신, 에너지, 건강 등과 같은 특정한 영역에 투자하는 펀드나 보다 크거나 작은 기업, 또는 민영화된 기업에 대해 특히 초점을 맞추는 특정 영역에 투자하는 펀드
- ○ 지수에 의한 펀드: 특정한 주식시장의 지수를 복제하는 펀드로서, 항상은 아니지만 주로 국내 시장(예를 들어, FTSE 100 주가지수)에 기초하고 있음. 이러한 펀드는 기술력의 발전에 따라 운영이 쉽고, 비용이 저렴하여 점차 대중화되어가고 있음. 왜냐하면, 대부분의 적극적인 펀드매니저가 지수 이상의 초과수익률을 올리지 못하기 때문임
- ○ 윤리적 기업에 투자하는 펀드: 이러한 펀드는 국내적이나 국제적으로 운용이 '윤리적'(윤리적이라는 정의는 어느 정도 다양할 수 있음)이라고 판단되는 기업에 투자의 초점을 맞춤. 예를 들어 '환경' 펀드의 경우에는 펀드의 목표가 환경친화적인 사업이나 환경 개선 등에 맞춰져 있음
- ○ 펀드의 펀드: 개방형과 폐쇄형 펀드 모두에 해당하며, 다른 펀드에 투자할 때에도 역시 개방형이나 폐쇄형 펀드에 다시 투자함
- ○ 벤처캐피탈: 이러한 유형의 펀드들은 새로운 사업이나 아직 상장되거나 거래되지는 않았지만 보다 발전할 가능성이 있는 주식에 투자하고자 함
- ○ 공급자(feeder) 펀드: 다른 지정된 펀드에 투자하기 위해 존재하는 펀드이며, 다른 지역에서 운용됨
- ○ 파생금융상품 펀드: 모두 파생금융상품에만 투자하는 펀드로써, 선물과 옵션펀드, 또는 레버리지된 선물과 옵션펀드 등이 있음

명백하게, 이러한 펀드들을 운용하는 능력은 자산의 이용가능성, 또는 파생금융상품과 지수의 존재 등에 의존하게 될 것이다.

(7) 특화 전략의 추구

일부 펀드운용회사들은 오직 한정된 범위의 펀드에만 특화된 업무를 제공하기도 한다. 예를 들어 개방형 채권 펀드나 MMF에만 특화된 운용자, 또는 기관투자자들을 위해 오직 신흥시장에만 투자하는 폐쇄형 펀드 등이 있다.

전세계적으로 존재하고 있는 수백 개의 서로 다른 운용회사들 중에서 하나의 운용회사를 선택하는 것은 어려운 일이지만, 이러한 특화 전략은 각 운용회사의 특성을 구별하는 데 유용한 수단이 된다.

II

헤지펀드

1. 헤지펀드의 개념과 특성

헤지펀드는 법률적인 용어는 아니다. 펀드에 내재하는 특성에 의해 헤지펀드로 분류될 수 있으므로, 헤지펀드의 개념정립과 그 특성을 살펴본다.

(1) 헤지펀드의 정의

헤지펀드는 제한된 숫자의 투자자들로부터 사모방식으로 투자자금을 모집하며, 월등한 실적을 내세워 이익에 대하여 고율의 인센티브 수수료를 부과하고 고수익을 추구하는 사모펀드로 1949년 Alfred Winslow Jones가 최초로 헤지펀드를 설립한 이래 그 성격이 시장 상황에 따라 변화되어왔다.[1] 헤지펀드에 관해서는 법률적으로 통용되거나 국제적으로 인정된 정의는 없으며, 법적인 구조, 투자전략 등에 근거하여 다양한 정의가 존재하는 실정이다.[2] 국제기구, 규제당국, 학계 등의 헤지펀드에 관한 다양한 정의를 살펴보고, 헤지펀드의 개념을 정립한다.

각국 규제당국으로 구성된 국제증권감독기구(International Organization of

1) 노희진(1998).
2) IOSCO(2006), Lhabitant(2002).

Securities Commissions: IOSCO)는 2003년 2월에 발표한 보고서에서 헤지펀드는 법적으로 명확히 정의를 내리기 곤란한 측면을 가지고 있으며, ① 통상적인 집합투자기구에 부과되는 차입((leverage) 규제를 받지 않아 높은 수준의 차입을 활용할 수 있으며, ② 운용보수 및 성과보수를 부과하고, ③ 분기, 반기 또는 연별로 정기적 펀드의 매각이 인정되고, ④ 헤지펀드 운용자 자신이 고액의 자기 자금을 투자할 수 있으며, ⑤ 투기적 목적으로 파생상품을 활용할 뿐만 아니라 공매도(short-selling)가 가능하며, ⑥ 다양한 리스크 또는 복잡한 구조의 상품에 투자하는 요소를 지닌다고 보고하고 있다.[3)]

SEC(2003)는 1940년 투자회사법(Investment Company Act of 1940: ICA)에서 투자회사로 등록되지 않고 공모의 형태로 판매되지 않는 증권이나 기타 자산을 포함하는 실체로 헤지펀드를 정의한다. Stulz(2007)에 의하면 헤지펀드는 상당한 유연성을 지닌 투자자문업자나 헤지펀드 운용자에 의해 운영되는 규제받지 않는 집합적 투자자산이다. 특히 헤지펀드 운용자는 전형적으로 공매도, 차입, 광범한 파생상품을 이용할 권리를 갖고, ICA에 의해 뮤추얼펀드에 적용되는 규제를 회피하기 위해 투자자 수를 제한하고 공모를 하지 않는다.

본 서에서는 헤지펀드의 개념을 다음과 같이 정립한다. 즉, 헤지펀드는 차입, 공매도를 사용하면서 투자대상에 제한이 없이 고수익을 추구하고, 상당한 성과보수를 부과하고 종종 펀드 운용자 자신이 투자하면서 정기적 환매를 허용하고, 일반 공모펀드에 부과되는 규제를 회피하기 위해 원칙적으로 사모로 발매된다.

(2) 헤지펀드와 다른 유사펀드의 비교

헤지펀드와 다른 유사펀드를 비교해 보는 것은 헤지펀드를 이해하는 데 도움이 될 것이다. 헤지펀드는 뮤추얼펀드, 사모투자전문회사(Private Equity Fund: PEF), 벤처캐피탈 등의 집합투자기구와 유사한 성격을 갖기도 하지만 차이점이 있다.

---

3) IOSCO(2003).

먼저, 헤지펀드를 미국의 뮤추얼펀드와 비교한다.

뮤추얼펀드가 일반적으로 소액 일반투자자를 대상으로 공모로 설립되어 미국 증권거래위원회(Securities and Exchange Commission: SEC)에 등록되어야 하므로 감독 당국에 감사보고서 등 자료 제출을 하거나 주주총회시 주주에 대한 자료를 공개하는 등 정보 공개의 의무 및 공시의무를 진다. 반면, 헤지펀드는 위험을 부담할 수 있고, 스스로를 보호할 수 있는 기관투자자 또는 고액순자산보유개인(High Net Worth Individual: HNW)들을 상대로 사모로 설립된다. 미국의 경우 규제 체계상의 등록면제조항을 이용하여 감독 당국에 대한 등록 의무가 면제될 수 있다. 따라서 정보공개 및 공시의무를 면제받게 된다. 헤지펀드 발행자는 보통 투자자에게 헤지펀드 투자전략과 운용개요를 사적 판매 정관(memorandum) 형식으로 제공하며, 헤지펀드 투자자들은 일반적으로 헤지펀드 실적 정보, 리스크 분석과 포트폴리오 내용을 헤지펀드 발행자로부터 제공받는다.

뮤추얼펀드의 경우 중장기 수익을 중시하며, 주로 주식, 채권 등에 투자하되 감독 당국으로부터 차입 및 공매도에 대한 규제를 받고, 자기 자금의 출자가 제한된다. 또한 뮤추얼펀드는 S&P500 등과 같은 기준 수익률을 비교하여 평가하여 상대수익률을 측정한다. 반면 헤지펀드는 주식, 채권, 파생상품 등 투자대상의 제한이 없고 투자기간에 대하여도 제한을 받지 않는다. 일반적으로 공매도와 차입 등을 자유롭게 이용하여 절대수익률을 추구하며, 자기 자금을 자신이 관리하는 펀드에 투자하여 운용할 수 있다.

뮤추얼펀드는 통상 유동성이 많은 주식이나 채권에 투자하므로 매일 시장가격에 따라 그 가치를 산정하여야 하며, 투자자들은 언제든지 자신의 지분에 대한 환매를 요구할 수 있다. 그러나 헤지펀드는 가치산정에 대한 규제는 없고 환매나 지분 양도 등이 제한되므로, 투자자들은 원하는 때에 자본을 회수하지 못할 가능성이 있다.

보상체계에 있어서 통상적으로 뮤추얼펀드는 순자산가치에 의거하여 펀드 운용자가 일정 비율의 관리보수를 받는 반면 헤지펀드는 관리보수에 더하여 총수익률에 의거하여 성과보수를 받는 것이 보통이며 일반적으로 헤지펀드 수익률은 이러한 보수를 차감하여 산출한다.

헤지펀드를 사모투자전문회사(Private Equity Fund: PEF)와 비교시, 사모투자전문회사는 헤지펀드와 같이 투자자들이 증권투자를 위하여 집합적으로 자금을 출자하는 사모펀드로 헤지펀드와 그 조직형태는 유사하다. 따라서 헤지펀드와 PEF는 정보 공개 및 공시의 의무를 지니지 않는다. 그러나 PEF는 비공개회사의 지분이나 지분연계증권(equity)을 주요 투자대상으로 하며, 투자자들이 일정 금액을 투자하기로 약정하고 경영에 참여하는 업무집행파트너인 무한책임사원(General Partner: GP)의 투자 요청이 있을 때 출자하는 것이 일반적이다. 통상 10~12년 정도의 중장기 투자를 지향하되 일정 기간이 지나면 청산이 가능하나, 투자자에게 중도상환의 기회는 거의 부여하지 않는 폐쇄형 펀드의 성격이 강하다.

표 Ⅱ-1 펀드별 특성 비교

<table>
<tr><th></th><th>유추얼펀드</th><th>헤지펀드</th><th>PEF</th><th>벤처캐피탈</th></tr>
<tr><td>투자자
모집방식</td><td>공모
(투자자=주주)</td><td colspan="3">사모</td></tr>
<tr><td>공시</td><td>공시</td><td colspan="3">비공시</td></tr>
<tr><td>정보공개</td><td>공개</td><td colspan="3">비공개</td></tr>
<tr><td>경영참여
정도</td><td>참여안함</td><td>참여가능</td><td colspan="2">적극적</td></tr>
<tr><td>투자기간</td><td>중장기</td><td>제한 없음
(통상 단기)</td><td>중장기
(통상 10~12년)</td><td>중장기
(통상 5~10년)</td></tr>
<tr><td>주요 투자대상</td><td>주식, 채권, MMF</td><td>주식, 채권, 파생상품, 1차상품</td><td>구조조정 기업</td><td>벤처기업</td></tr>
<tr><td>자기자금 출자</td><td>불가</td><td colspan="3">가능</td></tr>
<tr><td>차입</td><td>규제</td><td>제한 없음</td><td colspan="2">제한 없음(한국은 규제)</td></tr>
<tr><td>공매도</td><td>규제</td><td>규제 없음</td><td colspan="2">규제 없음(한국은 규제)</td></tr>
<tr><td>통제</td><td>감독기관</td><td colspan="3">주주자율규제</td></tr>
<tr><td>투자자
유동성</td><td>개방형 펀드
(매일 인출 가능)
폐쇄형 펀드
(시장상장)</td><td>개방형 펀드
(주기적 인출 가능)</td><td colspan="2">폐쇄형 펀드</td></tr>
<tr><td>성과측정</td><td>상대수익률</td><td>절대수익률</td><td>절대수익률
(실현된 투자에 연동된 수익)</td><td>절대수익률</td></tr>
<tr><td>운용보수</td><td colspan="2">순자산가치가치
(Net Asset Value: NAV)에 기초</td><td colspan="2">자본 계약(capital commitment)에 기초</td></tr>
<tr><td>성과보수</td><td>-</td><td>실현 및 미실현 수익으로부터 연간 발생</td><td>-</td><td>실현 투자로부터 발생</td></tr>
</table>

자료: 노희진(2005), IFSL(2007).

벤처캐피탈 역시 헤지펀드와 구조가 비슷한 비등록투자기구로 회사의 설립 또는 초기 단계의 벤처기업에 창업자와 함께 위험을 부담하면서 자본참여를 하여 기업이 성장한 후 자본이득을 통하여 일반적인 금융상품보다 높은 수익을 실현하고자 설립되는 것이 일반적이다. 벤처캐피탈은 일반적으로 통상 5~10년의 투자 기간에 걸쳐 자본을 출자하며, 단기적 이익 배당보다는 장기적 기업가치 증대를 추구한다. 헤지펀드와는 달리 펀드의 업무집행파트너가 투자대상 회사의 이사회 구성원이 되거나 일상의 경영에 관여하는 등 적극적인 역할을 수행하여 투자대상회사의 가치를 높이는데 일조하여 투자대상회사의 가치가 투자가치를 상회하면 투자를 청산하는 것이 일반적이다. 일반적으로 투자자와 창업자간의 계약에 기초하여 관리보수(조합 결성액의 2~3% 수준)와 성과보수(투자수익의 20%, hurdle rate가 있는 경우가 많음)를 받게 되고, 주식의 매각을 통하여 수익을 실현한다.

(3) 헤지펀드의 특성

본 서에서 제시한 헤지펀드의 정의에 따른 헤지펀드의 특성을 구체적으로 살펴본다.

1) 차입 및 공매도의 사용

신용매수(buying on margin), 파생상품의 사용 및 금융기관으로부터의 차입 등을 사용하여 자기자금 규모 이상으로 증권을 매수하는 경우 차입이 발생하고, 자기 증권이 없음에도 매도하는 경우 공매도가 발생한다. 신용매수와 공매도는 주요 신용거래로서 일반적인 주식거래에서 양 당사자인 매도자와 매수자뿐만 아니라 주식대여자라는 제3자가 관여한다.[4] 이러한 거래는 모두 자산의 차입을 수반하는데, 신용매수의 경우 현금을 차입하고, 공매도할 경우 주식

4) 신용거래계좌(margin account)를 이용하는 거래는 증권회사가 헤지펀드에게 제공하는 신용을 근거하여 주식을 매입하거나 매각하는 것으로 증권회사는 펀드 계좌에 있는 증권을 대출에 대한 담보로 사용함.

을 차입한다.

신용매수를 하는 헤지펀드는 현금을 보유하고 있지 않지만, 미래에 가격이 상승할 것으로 예상되는 주식을 매입하고자 함에 따라 브로커에게 담보를 제공하고 현금을 차입하여 주식을 매수한다. 이후 충분한 현금이 생기면 이자와 함께 대출을 상환하고 담보를 돌려받는다. 신용거래를 하게 되면 현금을 통해 주식을 매수하는 경우보다 더 많은 주식을 매수할 수 있게 됨으로써 차입 효과가 있을 수 있고, 신용거래는 단기자금을 조달하는 데 있어 저리가 적용된다.

공매도는 개념적으로 신용매수의 반대개념으로 공매도를 하는 헤지펀드는 주식을 보유하고 있지 않은 상태에서 매도 포지션을 취한다. 결제일에 헤지펀드는 수수료를 주고 주식을 차입하여 결제를 이행한다. 주식 대여자는 채무를 확보하기 위해서 담보를 요구하게 되며 이때 일반적으로 주식 공매도로 발생한 현금을 담보로 제공한다. 주식대여자는 빌려준 주식의 시장가치에 해당하는 현금을 담보로 잡고 주식소유권을 유지한다. 기술적으로 공매도는 투자 자금 없이 담보만을 필요로 한다. 차후에 헤지펀드는 시장에서 주식을 다시 매입하여 주식대여자에게 반환하게 되고 헤지펀드는 대여수수료를 지불하며 담보를 돌려받는다.

가) 차 입

헤지펀드는 차입을 통하여 투자금액을 증가시키지 않고 투자 가치를 증대시킬 수 있다. 전통적으로는 직접 차입이 차입의 주요 수단이었지만, 최근 파생상품이 차입 수단으로 사용된다. 시장유동성이 부족하여 보유증권을 신속히 처분할 수 없을 경우에는 차입은 위험을 증대시킨다.[5)]

헤지펀드가 차입을 사용하는 정도는 투자 전략에 따라 다르다. Hennessee Group(2006)에 따르면 2004년도 전세계 헤지펀드 전체의 80%가 차입을 사용한 것으로 나타났다. 이 중 50%는 2배 이하의 차입을 사용하였고, 30%는 2배 이상의 차입을 사용한 것으로 나타났다. 매크로와 시장중립차익거래전략은 다른 투자전략보다 차입을 많이 사용한 것으로 나타난다.

5) Department of The Treasury et. al.(1999).

표 Ⅱ-2 전세계 헤지펀드의 차입 사용(2004년 말 기준)

헤지펀드 전략	차입 미사용	차입 사용	
		2배 이하	2배 이상
적극성장(aggressive growth)	20%	60%	20%
이머징마켓(emerging markets)	20%	50%	30%
주식시장중립(equity market neutral)	15%	50%	35%
상황투자(event driven)	15%	60%	25%
채권차익(fixed income)	35%	30%	35%
매크로(macro)	10%	30%	60%
시장중립차익거래(market neutral arbitrage)	10%	25%	65%
시장타이밍(market timing)	55%	35%	10%
멀티스트레티지(multi-strategy)	10%	50%	40%
기회발굴(opportunistic)	10%	60%	30%
공매도	30%	40%	30%
가치(value)	20%	60%	20%
총계	20%	50%	30%

주: 2004년 말 기준.
자료: Hennessee Group(2006).

또한 IFSL(2009)에 따르면 전세계 운용자산의 약 2/3가 차입을 사용하며, 1997년~2007년 운용자산에 대해서 약 120%~165%의 차입을 사용하였으나, 2008년의 경우 차입비율은 110%로 하락하였다.

헤지펀드의 차입 사용 한도는 신용 공여기관이나 증권회사가 부과한 증거금이나 담보 필요조건에 의해 정해지기도 한다. 미국의 경우 공매도와 관련하여 증권회사에 신용을 제공하는 증권회사는 FRB(Federal Reserve Bank)의 Regulation T 규정을 지켜야 되며, 필요시 추가 유지증거금을 부과한다.

등록투자회사도 차입과 공매도를 이용할 수 있지만, 헤지펀드에 비하여 규제가 강하다. ICA에서는 일반적으로 개방형 투자회사는 은행에서만 차입가능하고, 300%가 최대 차입한도이다.[6] 폐쇄형 투자회사는 덜 엄격한 한도를 갖고 있고, 등록투자회사의 이사회가 회사의 차입 사용과 관련한 책임이 있는데,[7] 허용

6) ICA Section (18)(f)(1)과 (18)(g).
7) SEC(2003).

그림 Ⅱ-1 헤지펀드의 차입 사용 추이

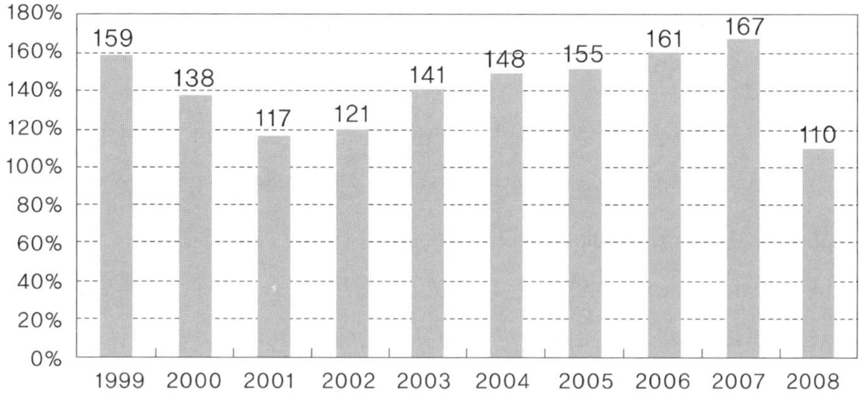

자료: IFSL(2009), Hennessee Group LLC.

된 차입 거래의 특성과 위험에 관한 정보가 펀드의 투자의향서에서 투자자들에게 공지되어야 한다.[8] 일반 등록투자회사의 경우 실제적으로 차입을 사용하는 경우는 1/3 정도인 것으로 알려져 있다.[9]

나) 공 매 도

공매도는 매도자가 소유하지 않은 증권을 매각하는 것으로 증권회사나 기관투자자로부터 증권을 차입하여 결제를 이행한다. 이후에 시장에서 동 증권을 매수하여 상환함으로써 공매도 거래를 종결하게 된다. 공매도는 시장의 유동성 제고와 효율성 증대를 가능하게 하지만 주가 조작에 사용될 가능성이 있으며, 규제받지 않은 공매도는 증권가격의 하락을 가속화시킬 수 있다.[10] 또한 헤지펀드는 증권을 공매도하거나 풋옵션을 매수하는 경우 증권의 가격하락을 대비하여 포지션을 설정하고 해당 증권 가격을 떨어뜨리기 위하여 증권 발행자에 관하여 부정적 보고서를 낼 가능성이 있다.[11]

기대수익률이 높은 증권을 사고 기대수익률이 낮은 증권을 파는 롱-숏 전략

8) 폐쇄형 투자회사의 차입 규정은 ICA Section (18)(a)-(e)에 논의됨.
9) Almazan, Brown, Carlson and Chapman(2004).
10) SEC(2003).
11) Smith(2003).

구사시, 숏을 하기 위해 공매도를 한다. 또한 합병대상 회사의 증권을 매수하고 동시에 합병회사의 증권을 매도하거나 전환증권(convertible securities)을 매수하고 동시에 본 증권(underlying securities)을 매도하여 가격 차이로부터의 이익을 추구하기도 한다.

미국의 경우 1934년 증권거래법(Securities Exchange Act of 1934)의 Rule 10a-1에서 공매도를 규제하고 있는데, 상장 증권의 경우 공매도를 할 수 있는 조건을 명시하고 있으며, up-tick rule을 배제하는 규정개정이 이루어졌으나, 글로벌 금융위기 이후 up-tick rule의 부활이 논의되고 있다.[12] 자율규제로 공매도 전에 회원사는 차입증권의 소재지를 확인하는 등 공매도에 관한 다른 필요 규정을 정하고 있다. 등록투자회사는 공매도에 있어 헤지펀드보다는 유연성이 부족한데, 적극적으로 공매도를 하는 등록투자회사도 있지만, ICA에 의해 규제를 받게 되어 공매도를 하는 등록투자회사는 투자설명서와 기타 공시를 통하여 공매도와 관련된 위험을 밝혀야 된다.[13]

2) 실적보수 허용

헤지펀드는 투자 실적을 내세워 특정 소수의 투자자로부터 투자자금을 모으고 투자이익에 대하여 고율의 성과급의 보수를 취득한다. 전통적인 펀드 운용자는 운용보수만 부과하는 데 비하여 헤지펀드 운용자는 운용보수와 성과보수를 동시에 부과한다.

운용보수는 일반적으로 운용 중인 자산의 일정 비율로 표시되며 매년 또는 분기마다 부과하게 된다. 통상 운용보수는 1~2%이며, 이는 운용에 필요한 비용을 조달하기 위해서 부과된다. 성과보수는 최대한의 수익을 올릴 수 있도록 운용자를 독려하기 위한 목적으로 부과되며, 일반적으로 연간 실현된 수익의 15~25% 수준이다. 펀드 오브 펀드의 경우 운용보수 1%와 기준수익률 이상의 수익에 대한 실적수익률 10%가 부과되는 것이 보통이다.

12) 일반적으로 틱 테스트(tick-test)로 알려져 있는 이전 규정에서는 (1) 이전의 가격보다 높은 가격에서(plus tick) (2) 마지막 매도 가격이 제일 높은 가격이라면 그 가격으로(zero-plus tick) 공매도를 행할 수 있다고 명시함.

13) 등록투자회사는 연간보고서와 반기보고서 등 재무보고서에서 공매도 상황을 밝히도록 요구됨.

운용보수 및 성과보수를 PEF와 비교시 헤지펀드의 운용보수는 순자산가치(NAV)에 기초하는 반면, PEF의 운용보수는 자본 계약(capital commitment)에 기초한다. 헤지펀드는 실현된 수익에 대하여 매년 성과보수를 산정하는 것에 비하여 PEF는 실현된 투자에 연동된 이익을 기초로 성과보수가 산정된다. 또한 투자설명서에 하이 워터 마크(high water mark) 조항이 삽입되어 있는데, 이는 운용자가 과도한 위험을 취하는 것을 방지하기 위하여 달성해야 하는 최소 수익률을 정하고, 기존에 손실을 만회한 이후 성과보수를 지불하도록 하는 조항이다.

2006년 Top 25 헤지펀드 매니저의 평균 수입은 5억 6천만달러이며, 르네상스 테크놀로지(Renaissance Technologies Corp.)의 CEO인 James Simons는 연수입이 17억달러였고, 10억달러 이상의 성과급을 받은 헤지펀드 매니저는 3명이었다. 이에 비하여 2006년 Wall Street에서 연봉을 가장 많이 받은 사람으로는 골드만삭스의 매니저인 Lloyd C. Blankfein으로 5천 4백만달러의 연봉을 받았다.[14] 이러한 성과급으로 인하여 거액의 손실이 난 경우 펀드를 폐쇄하고 신규펀드를 설정하기도 하는데, Herbst-Bayliss(2007)에 따르면 큰 손실을 보았던 아마란스 펀드 매니저가 신규펀드 설립을 검토하고 있는 것으로 알려져 있다.

3) 펀드 운용자의 펀드 참여 허용

일반적으로 헤지펀드 운용자는 개인적으로 펀드에 상당한 금액을 투자하기 때문에 투자자와 함께 위험을 공유한다.[15] 따라서 운용자의 개인적인 투자 때문에 헤지펀드 운용자의 이익이 투자자의 이익과 밀접하게 연결되어 있다. 이는 운용자가 위험을 적절히 통제하면서 수익을 달성할 유인을 제공한다.

4) 정기적 펀드의 환매 인정

헤지펀드는 일반적으로 운용기간에 제한이 없고, 보통 분기별로 환매를 허용하고 최초의 매각제한(lock-up)기간에는 환매가 금지된다. 뮤추얼펀드의 경우

14) Anderson(2007).
15) Alfred Winslow Jone가 설립한 최초의 헤지펀드의 경우 총 10만달러의 투자금액 중 4만달러를 운용자가 투자하였음.

일별로 투자와 환매가 가능하고, 이를 위하여 일정 수준 이상의 현금을 보유하여 유동성을 유지한다. 그러나 이러한 현금 보유는 투자 기회 상실을 의미하고, 일별 단위로 시장의 등락에 따라 투자자들이 신규 투자나 환매시 이에 따른 거래비용이 발생하기 때문에 수익률 저하의 한 원인이 될 수 있다.

하지만 헤지펀드는 가입 조건에 투자자가 헤지펀드에 투자할 수 있는 날짜를 명시하고, 최초의 매각금지기간을 설정하며, 환매조건을 명시함으로써 투자와 환매를 어렵게 한다.[16] 이는 투자자 입장에서 제한 조건으로 보이지만, 이러한 제한으로 인해 펀드운용자들은 시장 등락에 따른 환매 요청에 대비하기보다 투자에 집중할 수 있어, 펀드 운용자들이 유동성에 관계없이 장기투자를 가능하게 한다.

5) 사모발행

헤지펀드는 원칙적으로 사모로 발생된다. 그 이유는 스스로를 보호할 수 있는 투자자에 대해 제한적으로 발매되기 때문이다. 하지만 고수익을 향유하기 위한 개인투자자를 위해 펀드 오브 헤지펀드 전략을 사용하는 공모 형태의 펀드가 출현하고 있다. 이 경우 헤지펀드를 투자자산으로 편입하는 펀드는 차입 사용 등 헤지펀드가 이용하는 공모시의 규제를 적용받기 때문에 차입 사용 등 헤지펀드가 이용하는 전략을 사용할 수 없다.

6) 원칙적으로 제한 없는 자산 운용

헤지펀드의 투자대상은 증권, 파생상품, 일반상품, 부동산 등 제한이 없으

16) 폐쇄형 헤지펀드의 경우 최초 발행기간 동안만 투자가 가능하며, 개방형 헤지펀드의 경우 분기 또는 월 단위 등 정기적으로 투자를 할 수 있는 기간을 설정하여 이 기간을 제외하고는 개방형 펀드에 투자하는 것이 불가함. 보통의 매각금지기간은 1년이지만, 유명한 펀드의 경우 환매 기간이 더 긴 경우도 있음. LTCM(Long Term Capital Management)의 경우 1998년 붕괴 이전까지 매각금지기간은 3년이었음. 환매조건은 언제 어떤 기간에 환매가 가능한지를 명시하고 있는데, 현재 시장 표준은 분기 말임. 유동성이 낮은 시장이나 자산에 투자하는 경우에 더 긴 환매기간을 요구하기도 하며, 많은 펀드들이 환매 기간을 연장할 수 있는 조항을 넣거나 환매를 억제하기 위하여 기간에 따른 패널티 수수료를 부과하거나, 일정한 날짜에 환매할 수 있는 금액을 제한하는 경우도 있으며, 환매를 원할 경우 사전에 알리도록 요구하기도 함.

며, 투자 지역 및 투자 자산의 구성 등에 대하여 원칙적으로 제한이 없다. 하지만 자본시장법 제81조에서 규율하는 바와 같이 동일 종목의 증권 투자 한도와 같은 규율은 헤지펀드의 자산운용에 제약 요인으로 작용할 수 있다.

2. 헤지펀드의 경제적 의의

헤지펀드가 투자자, 금융시장, 금융산업 및 기업에 미치는 경제적 의의를 살펴본다. 경제적으로 유용하면, 국내 허용의 필요성이 존재하게 된다.

(1) 투자자의 효용 증진

헤지펀드는 투자자의 포트폴리오 구성시 위험대비 수익률을 향상시킬 수 있는 수단이 된다.

1) 투자자의 질적 변화

1990년대에는 대부분의 헤지펀드 투자자가 HNW였으나, 최근 들어 연기금, 대학, 기부재단 등과 같은 기관투자자로부터의 투자가 증가하고 있다. HNW의 투자 비중은 기관투자자의 증가로 인하여 1997년 61%에서 2008년 30%로 감소한 반면, 연기금, 대학 등의 기관투자자 비중은 1997년 25%에서 2008년 38%로 증가하였다. 특히 펀드 오브 펀드 형태로의 헤지펀드 투자가 1997년 14%에서 2008년 32%로 대폭 증가하였다.

Banks of New York(2006)에 의하면 향후 몇 년 내에 헤지펀드 투자의 약 50%

이상이 기관투자자에 의해 이루어질 것으로 예측하고 있으며, 신규 기관투자자로부터 유입되는 자산의 약 2/3가량이 연기금일 것이라고 추정하고 있다.

그림 Ⅱ-2 전세계 헤지펀드 자본의 원천

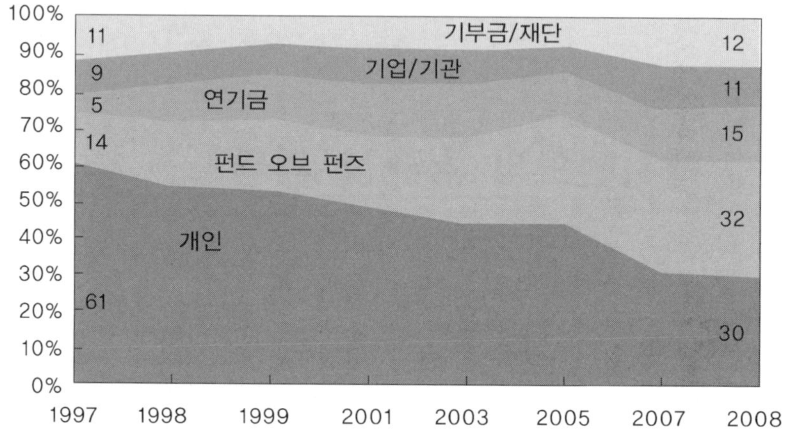

자료: IFSL(2009), Hennessee Group LLC.

그림 Ⅱ-3 헤지펀드 자산 유입의 미국 기관별 비중

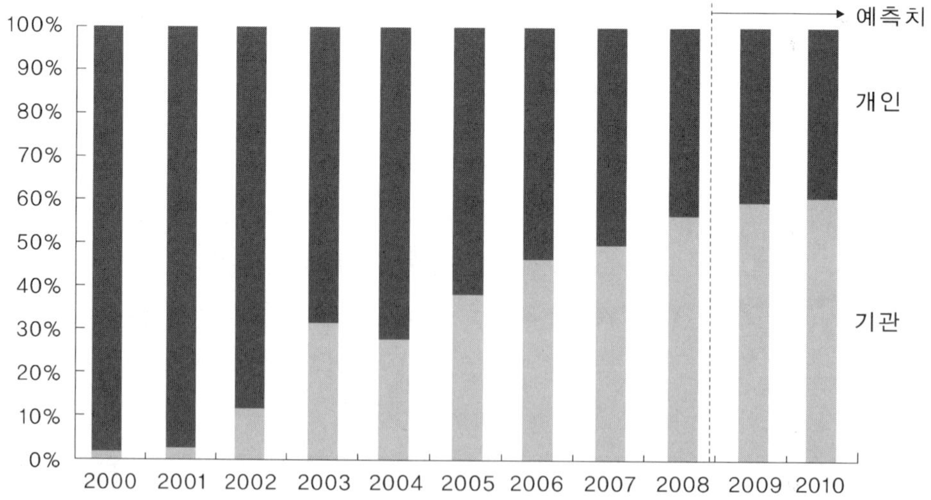

자료: Bank of New York.

헤지펀드 운용 자산의 증가와 더불어 이러한 기관투자자의 헤지펀드 투자 증가는 향후 헤지펀드 산업에 중요한 영향을 미칠 것이다. 대규모 자금을 투자할 수 있는 기관투자자의 증가는 향후 헤지펀드의 수요가 창출될 가능성이 높아짐을 의미하며, 기관투자자는 개인투자자보다 공식적인 절차와 관리 감독을 더욱 요구하게 될 것이다. 더불어 기관투자자의 증가는 기존 헤지펀드에 대한 위험·수익률 구조를 변화시킬 것으로 예상된다. 즉, 기존 헤지펀드가 추구한 고위험·고수익 대신 투명하고 안정적인 운용을 통하여 안정적인 수익률을 추구할 가능성이 높다. 따라서 Stulz(2007)가 제시하였듯이 헤지펀드가 뮤추얼펀드화 되어갈 가능성이 존재하게 된다.

2) 높은 수익률과 위험관리 향상 수단

Stulz(2007)는 헤지펀드의 경제적 기능은 뮤추얼펀드의 기능과 거의 유사하다도 밝히고 있다. 뮤추얼펀드는 크게 S&P500과 같은 벤치마크 수익률과 연동되어 수익을 창출하는 수동형 펀드(passive fund)와 보다 높은 수익률을 창출하고자 하는 능동형 펀드(active fund)로 분류될 수 있다. 능동형펀드의 경우 헤지펀드와 마찬가지로 일정 수준을 초과하는 수익을 얻기 위하여 능력 있는 운용자에게 운용을 맡긴다는 공통점이 있다.

뮤추얼펀드는 단순한 전략을 통하여 대규모의 자금을 모을 수 있으나, 헤지펀드는 일반적 뮤추얼펀드 투자자들에게는 난해한 투자 전략을 이용하고 있으며, 뮤추얼펀드보다 낮은 수준의 규제를 받게 된다. 그러나 헤지펀드는 다른 뮤추얼펀드에 비하여 위험 대비 높은 수익률을 제공하는 것으로 나타난다. 헤지펀드는 다양한 위험을 여러 혁신적 금융상품을 통하여 분산시키고 다각화된 포트폴리오를 통하여 투자를 다양화하는 것이 가능하므로 투자자 및 운용자에게 다양한 포트폴리오 수단을 제공할 수 있다.[17] 즉, 헤지펀드는 투자 성과에 있어 주식 및 회사채시장에서의 전통적인 투자와는 차이가 있고, 헤지펀드의 위험수익 프로파일(risk return profile)은 기존의 뮤추얼펀드와 상관관계가 낮아 투자자의 리스크를 경감시킬 수 있는 수단을 제공한다. 이러한 이유로 투자자는 헤지펀드를

17) FSA(2005a).

위험관리 수단으로 삼아 상대적으로 시장에서 높은 수익을 실현시킬 기회를 갖게 된다. 헤지펀드는 위험을 헤지하려는 투자자의 거래상대방(counterparty)이 되어 기업이나 기관의 금융위험 헤지를 가능하게 하고 다른 경제주체의 위험회피 비용과 노력을 절감시킨다.

그림 Ⅱ-4 헤지펀드 수익률

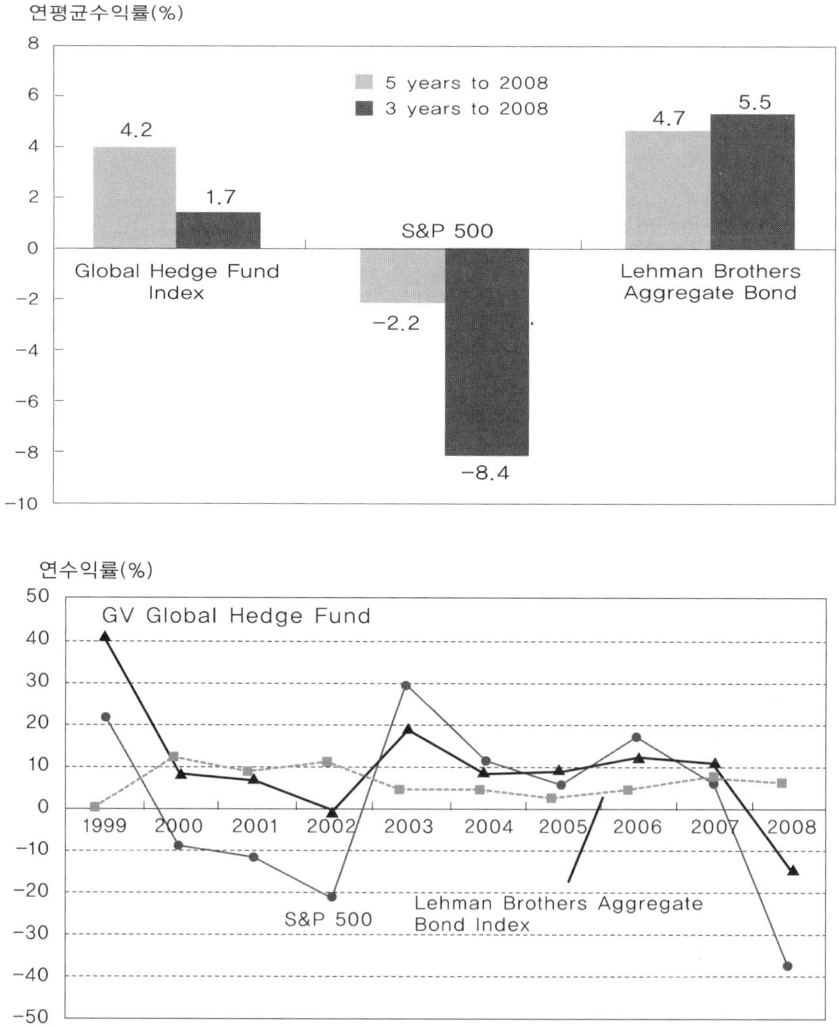

자료: IFSL(2009).

헤지펀드 수익률의 성과를 판별하기 위해 다양한 시도가 행해져 왔다. 측정기간 및 비교대상 지수에 따라 상이한 결과가 제시되나 장기적으로는 헤지펀드 지수가 비교대상 지수보다는 우수한 결과를 나타낸다. 하지만 시장의 상승기에는 공매도 전략을 취하는 헤지펀드가 불리한 결과를 나타내기도 한다.

IFSL(2009)에 의하면 [그림 Ⅱ-4]에서와 같이 2008년 기준 최근 3년간 헤지펀드 수익률과 최근 5년간 헤지펀드 수익률이 S&P500 수익률을 초과하는 것으로 나타나며 장기적 성과가 보다 우수한 것으로 나타났다. 또한 2000년대 이후 헤지펀드 수익률의 변동성이 감소하였으며 시장하락기의 수익률이 보다 우수한 것을 알 수 있다.[18)]

표 Ⅱ-3 헤지펀드 수익률과 위험

기간	헤지펀드 지수				비교대상지수				측정자
	지수	수익률	변동성	샤프 비율	지수	수익률	변동성	샤프 비율	
1994 ~2006	Credit Sussie/ Tremont Hedge Fund Index	10.8%	7.8%	–	S&P500	10.3%	14.5%	–	Stulz (2007)
1998 ~2004[1)]	Van Global Hedge Fund Index	16.0%	8.8%	1.5	MSCI world equity	6.6%	16.1%	0.3	Van Hedge (2005)
					S&P500	12.4%	15.2%	0.7	
					average Equity Mutual Fund	10.0%	15.7%	0.6	
					Lehman Brothers aggregate Bond Index	8.1%	4.4%	1.3	
1994.1 ~ 2006.3[2)]	CSFB Tremont Hedge Fund	10.95%	7.83%	0.90	S&P500	10.67%	14.63%	0.46	Tremont Hedge Fund (2006)
					FTSE 세계 지수	9.04%	13.90%	0.37	

주: 1) 순복리 수익률로 계산(단, 기타의 경우 연평균 수익률 이용.
2) 무위험수익률은 90일 만기 미국 단기재정증권 금리 이용.

18) 특정 연도 헤지펀드에 대해 발표된 결과는 당해 연도 폐쇄된 헤지펀드의 수익률은 포함하지 않음. 따라서 생존오차(survivorship bias)가 존재함.

[표 Ⅱ-3]에 나타난 바와 같이, 장기적으로는 헤지펀드의 성과가 우수하다. Stulz(2007)에 의하면, 1994~2006년 사이 Credit Sussie/Tremont Hedge Fund Index의 경우 연 10.8%의 수익률을 시현하는 반면 S&P500의 경우 연 10.3% 수익률을 기록하며, 연간 표준편차로 측정된 헤지펀드 지수의 변동성은 7.8%인 반면 S&P500의 변동성은 14.5%에 달하는 것으로 나타났다.

헤지펀드 전문조사기관인 Van Hedge(2005)에 따르면 지수를 집계하기 시작한 1998년~2004년의 헤지펀드 수익률은 다른 벤치마크 수익률보다 높은 것으로 나타났다. 이 기간 헤지펀드의 연간 수익률은 16.0%로 S&P500지수 수익률 12.5%, 평균 뮤추얼펀드 수익률 10.0%를 상회하였으며, 수익률의 변동성도 더 안정적이여서, 대표적인 펀드 성과지수인 샤프비율(sharp ratio)이 헤지펀드의 경우 1.5로 다른 벤치마크보다 높은 것으로 나타났다.[19] 특히, 2000년~2002년에 기술주 거품이 가라앉았는데 이 기간의 주가지수는 3년 연속 마이너스 수익률을 보인 반면 헤지펀드는 연 1%~7%의 수익률을 보였다. 특히 이 기간 중 주식시장이 마이너스 수익률을 기록한 기간의 누적수익률이 -69.9%를 기록한 반면 같은 기간 뮤추얼펀드는 -71.3%, 헤지펀드는 -10.6% 손실을 보임으로써 주식시장이 약세일 경우 헤지펀드의 성과가 상대적으로 양호하였다.

또한 Tremont Hedge Fund(2006)에 따르면 1994년 1월~2006년 3월 헤지펀드의 샤프비율은 0.90으로 S&P500(0.46)과 FTSE(0.37)보다 월등한 것으로 나타났다. 이는 주식, 채권 등 전통적인 금융상품에 비해 위험조정수익률이 높고 [표 Ⅱ-4]에 나타난 바와 같이 헤지펀드가 주식시장과의 상관관계가 낮아(0.48) 분산투자효과를 거둘 수 있어 기관투자자들이 헤지펀드 투자를 확대한 것에 기인한

표 Ⅱ-4 헤지펀드와 주식시장 간 상관관계

	헤지펀드 인덱스	S&P500 지수
S&P500 지수	0.48	1.00
FTSE 세계지수	0.48	0.93

주: 1994년 1월~2006년 1월.
자료: CSFB(Credit Suisse First Boston) Tremont Hedge Fund.

19) 샤프비율은 [(평균 수익률-무위험수익률)/표준편차]로 정의되는데 이는 펀드가 제공하는 위험 단위당 초과수익률을 의미하며 비율이 높을수록 성과가 양호한 것으로 판단할 수 있음.

것으로 판단된다. 즉, 헤지펀드는 주식시장과의 상관관계가 낮아 분산투자효과가 높은 것으로 나타난다.

헤지펀드는 1990년대 중반 이후 상대적으로 양호한 수익률을 시현하였고, 특히 2001년 IT 버블 붕괴에 따른 시장하락기에는 양의 수익률을 유지해왔으나 최근에 시장이 상승하고, 펀드 수 증가에 따라 경쟁이 심화되고, 안정적 수익률을 추구하는 전략으로의 전환, 차입비용의 상승 등으로 투자수익률이 둔화되어 2003년~2005년 연평균 수익률(10.9%)이 MSCI(Morgan Stanley Capital Index) 세계지수 수익률 17.9%, S&P500 지수 수익률 12.8%를 하회하는 것으로 나타났다.

그러나 헤지펀드 지수와 시장지수와의 비교시 내재하는 문제점으로 인해, 학계에서는 알파수익률을 측정함으로 헤지펀드의 유용성을 밝히고 있다.

표 Ⅱ-5 기관별 헤지펀드 및 주식시장수익률 비교

(단위: %, 연평균)

기간 / 지수	2001~2002	2005	2003~2005
헤지펀드	3.7	7.6	10.9
다우존수 지수	-11.9	-0.6	9.3
S&P500 지수	-18.2	3.0	12.8
MSCI 지수	-18.9	8.8	17.9

자료: CSFB Tremont Hedge Fund, Bloomberg.

개별 헤지펀드의 수익률이 뮤추얼펀드보다 높은가에 대해 Fung and Hsieh (1997)은 ① 헤지펀드 실적 보고가 규제를 받지 않으므로 편향된 표본에 근거할 가능성이 있으며, ② 헤지펀드에 대한 공정한 평가는 시장 포트폴리오의 노출 정도를 조정해야 가능하며, ③ 특정 헤지펀드의 과거 실적은 리스크에 대한 선택 결과이며, ④ 헤지펀드 수익률 계산시 가치평가의 문제가 있을 수 있으므로 이에 대한 결론을 내리기 곤란하다고 주장하였다. 따라서 이러한 문제로 헤지펀드의 수익률에 대해서는 시장위험에 대한 기대수익률을 초과한 정도를 나타내는 알파수익률을 헤지펀드 전략에 대한 수익률로 인식해야 할 필요가 있다고 주장하였으나, 알파수익률의 크기에 대하여는 보고하지 않았다.

Stultz(2007)는 헤지펀드 운용자의 기법은 베타위험을 취하지 않으면서 알파수익률을 산출한다고 주장한다. 베타위험은 시장의 변동으로부터 발생하는 위험으로 시장위험 노출의 척도이다. 펀드의 알파수익률이 2%라면, 베타위험에 의한 수익률 보다 2%의 초과수익률이 존재함을 의미한다. 즉, 헤지펀드가 시장위험과 동일한 베타위험을 취하면서 2% 초과수익률을 올릴 경우, 2%의 알파수익률이 투자자에게 제공된다.

여러 논문에서 알파수익률을 측정하고 있다. Brown, Goetzmann, and Ibbotson(1999)은 1989년~1995년 사이 역외 설정된 헤지펀드에 대한 연평균 수익률을 이용한 결과 공매도를 제외한 모든 투자 전략에 대하여 유의한 양의 알파수익률을 발견했다. Ackermann, McEnally, and Ravenscraft(1999)는 1988년~1995년 사이 헤지펀드에 대하여 유의한 양의 젠센 알파비율(jensen alpha ratio)을 발견하였으며. 1994년과 1995년을 제외한 다른 모든 기간에 대하여 그 범위는 6%~8%에 해당했다.[20] Liang(1999)은 1992년~1996년 사이 16개의 헤지펀드 인덱스에 대한 평균을 이용하여 알파수익률을 추정하였다. 이에 따르면 헤지펀드의 알파수익률은 투자 전략에 따라 상이하게 변했으며, 월별 -5.22%에서 1.26%의 범위를 가지며, 중앙값은 0.59%였다. 또한 16개 헤지펀드 중 7개에 대해서는 양의 유의한 알파수익률을 발견하였다. Agarwal and Naik(2000a)에서는 1994년~1998년 각기 다른 투자 전략을 지닌 헤지펀드가 벤치마크 포트폴리오보다 높은 수익률을 얻은 것을 발견했다. HFR 인덱스에서 무위험자산수익률을 차감하여 분석한 결과, 연간 1.56%에서 10.20% 사이 자산의 조합에 따라 양의 알파수익률을 기록하였다. Agarwal and Naik(2000b)에서는 10개의 각기 다른 투자 전략에 대하여 월별 평균 알파수익률을 분석하고 있는데, 투자 전략에 따라 -1.07%~1.31%의 알파수익률이 존재함을 밝히고 있다. 또한 생존오차를 고려할 경우 헤지펀드의 35%가 양의 유의한 알파수익률이 있음을 발견하였다. Caglayan and Edwards (2001)는 1990년 1월부터 1998년 8월 사이 헤지펀드의 월별 수익률을 이용하여 각기 다른 투자전략에 대하여 젠센 알파비율을 추정하였다. 헤지펀드의 25%가 양의 유의한 알파수익률을 가지며, 그 값은 투자 전략에 따라 상이한 것으로 나

20) 젠센 알파비율은 성과를 평가하는 지표로 특정 펀드에 대해 기대하는 수익률과 달성된 수익률과의 차이를 나타내는 지표임. 트레이너지수(Treynor ratio)와 샤프비율과 더불어 위험을 감안하여 펀드를 측정하는 방법으로 두 지수와 더불어 위험조정 후 수익률지수로 통칭됨.

타났다. 또한 이러한 결과는 지속성을 가지고 있는 것으로 나타났다. Kouwenberg (2003)는 1995년~2000년 사이 취리히 헤지펀드 유니버스(Zurich Hedge Fund Universe)를 이용하여 헤지펀드에 대한 알파수익률을 추정하였고, 그 결과 양의 유의한 알파수익률이 존재한다고 밝히고 있다. Ibbotson and Chen(2005)은 수수료를 고려하여 헤지펀드의 평균 알파수익률은 -3.2%임을 밝힌다. Kosowski, Naik and Teo(2005)는 대표본을 사용하여 헤지펀드의 평균 알파수익률이 0.42%임을 밝히고 있으나, 통제력으로 유의적이지 못하고, 실적이 좋은 상층 그룹의 헤지펀드는 유의미한 1%~1.25%의 알파수익률을 산출했다고 밝히고 있다. Fung, Hsieh, Naik and Ramadorai(2006)은 펀드 오브 펀드의 실적 중 기간별로 상이하나, 일부 기간은 유의성 있는 양(+)의 알파수익률이 존재하고, 20%의 펀드가 유의미한 양의 알파수익률을 산출했다. Jagannathan, Malakhov, and Novikov(2006)는 과거 3년을 기준으로 성과의 약 50%가 다음 3년에도 지속하는 것을 밝힌다. 이에 반하여 Malkiel(1995)는 1982년~1991년의 자료를 이용하여 주식 뮤추얼펀드의 알파수익률이 -3.20%가 됨을 밝히고 있다.

요약하면 헤지펀드의 알파수익률의 존재와 지속성이 증명된다.

표 Ⅱ - 6 알파수익률

연 구 자	연구결과
Malkiel(1995)	• 뮤추얼펀드의 평균 알파수익률: -3.2%
Brown, Goetzmann and Ibbotson(1999)	• 공매도를 제외한 모든 투자 전략에 대하여 유의한 양의 알파수익률
Ackermann, McEnally and Ravenscraft(1999)	• 유의한 양의 젠슨 알파비율 • 1994-95년을 제외한 다른 모든 기간 6%~8% 범위
Liang(1999)	• 16개 헤지펀드 중 7개에 대해서 양의 유의한 알파수익률 존재 • 월별 -5.22%~1.26%의 범위
Agarwal and Naik(2000a)	• 연간 1.56%~10.20% 사이의 유의한 양의 알파수익률 존재
Agarwal and Naik(2000b)	• 투자 전략에 따라 -1.07%~1.31%의 알파수익률 존재
Caglayan and Edwards(2001)	• 헤지펀드의 25%가 유의한 양의 알파수익률 존재
Kouwenberg(2003)	• 양의 유의한 알파수익률 존재

Ibbotson, Roger and Chen(2005)	• 헤지펀드의 평균 알파수익률: 3.7%
Kosowski, Naik and Teo(2005)	• 헤지펀드의 평균 알파수익률: 0.42%이나 유의적이지 못함 • 상층그룹의 헤지펀드: 1%~1.25%이며 통계적으로 유의적임
Fung, Hsieh, Naik and Ramadorai(2006)	• 펀드 오브 펀드의 실적 조사 • 약 205개의 펀드는 유의미한 양의 알파수익률 존재
Jagannathan, Malakhov and Novikov(2006)	• 성과의 약 50%가 다음기간에도 지속됨

(2) 금융산업의 활성화 기여

헤지펀드는 금융산업의 성장 동력이 되어 왔고 프라임 브로커리지(prime brokerage) 사업 등 투자은행(Investment Bank: IB) 부문에서 연관 사업을 발전시켜 왔다. 하지만 청산비율이 높아 위험성이 높으므로 위험관리가 크게 필요하게 되었다. 국내 금융산업에 있어, 헤지펀드는 금융산업 발전의 주요 수단이 되고, 또한 외국투기자본의 경쟁수단이 될 수 있으며, 허용시 규모도 상당할 것으로 추정된다.

1) 헤지펀드의 운용규모 변화

헤지펀드 산업은 운용자산 규모, 펀드 수의 측면에서 지속적인 성장을 하고 있다. Hennessee Group LLC 및 영국 IFSL(International Financial Services, London)에서 조사한 바에 따르면 2008년 말 기준 헤지펀드의 운용자산은 1조 5천억달러이며, 헤지펀드 수는 10,000여 개 수준이다. 2007년 말 기준 전세계 헤지펀드 운용자산은 2조 2,500억달러, 헤지펀드 수는 11,000여 개로 1990년대 이후 헤지펀드 산업은 꾸준히 성장하였으나 2008년 금융위기로 인하여 헤지펀드 산업이 크게 위축되었다.[21)]

21) 헤지펀드는 감독 당국에 의무적으로 자료를 제출하지 않으므로 조사기관별로 규모의 차이가 존재함.

세계 헤지펀드 운용자산은 전세계 금융자산의 0.8%를 차지하고 있는 것으로 알려져 있지만, 헤지펀드가 일반적으로 차입을 이용하기 때문에 금융시장에서 차지하는 비중은 더 크게 된다. 미국 금융시장에서 뮤추얼펀드에 비하여 상대적으로 적은 비중을 점하고 있지만, 헤지펀드의 성장률은 뮤추얼펀드보다 크다.[22] Bank of England(2006a)는 이러한 성장의 주요 배경 중 하나는 주식과 채권과 같은 전통적 투자 상품을 요소별로 분리하거나 결합할 수 있는 금융공학의 발전에 있다고 파악한다.

표 II-7 전세계 헤지펀드의 산업 추이

(단위: 개, 10억달러)

연도	1985	1990	1995	1997	1999	2000	2002	2004	2005	2006	2007	2008
수	68	683	2,800	3,200	4,000	4,800	5,700	8,050	8,500	8,900	11,000	10,000
금액	15	25	97	210	324	408	592	1,000	1,130	1,500	2,150	1,500

자료: IFSL(2007).

전세계 펀드 오브 헤지펀드에 운용되는 자산은 2001년 1,128억달러에서 2008년 6,000억달러 규모로 약 5.3배 증가하였으며, 이는 전세계 헤지펀드 운용자산의 약 40%를 차지하는 규모이다. 2008년 금융위기로 2007년 8,600억달러의 운용자산이 감소하였으나, 펀드 오브 헤지펀드 산업은 지속적으로 성장하는 추세에 있다. 자산의 약 28%는 미국, 24%는 영국에서 운용되고 있으며, 스위스, 홍콩, 프랑스 등을 중심으로 운용되고 있다.

표 II-8 전세계 펀드 오브 헤지펀드 산업 추이

(단위: 개, 10억달러)

	1999	2000	2001	2002	2003	2004	2005	2006	2007	2008
펀드수	800	1,020	1,400	1,750	2,200	2,550	2,950	3,150	3,250	3,000
운용자산	58.3	77.5	112.8	150	255	367.5	486	665	860	600

자료: Hedge fund research, Van Hedge.

22) SEC(2003).

2) 헤지펀드 순유입 자금의 변화

지속적으로 헤지펀드 산업에 자금이 유입되어서 2007년 2,345억달러의 자금이 유입되었다, 그러나 2008년 전세계 금융위기로 말미암아 헤지펀드 산업에는 2,840억달러의 순자금유출이 발생했다.

그림 Ⅱ－5 전세계 헤지펀드의 신규 유입 자금 추이

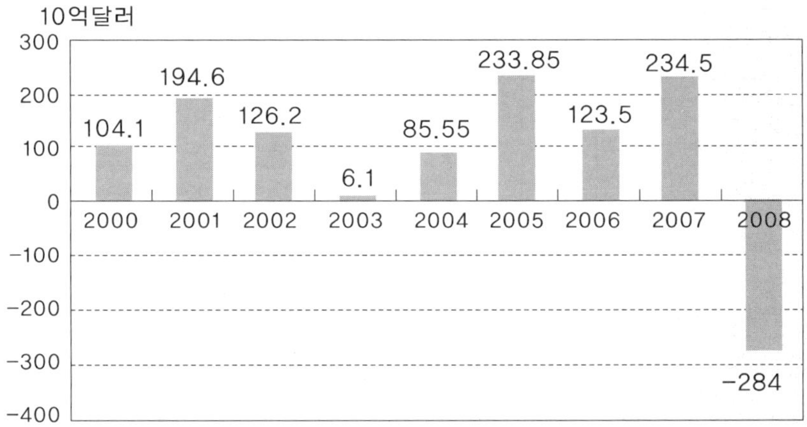

자료: IFSL(2009).

3) 헤지펀드의 대형화

헤지펀드 산업은 상위 펀드의 점유율이 점차 증가하며 집중화되는 경향을 띄고 있다. 2003년 상위 100대 헤지펀드는 전체 산업 자산의 54%를 차지하였으나, 2005년 65%, 2008년 75%로 시장점유율이 증가하고 있는 추세이다. Bridgewater Associates는 운용자산 규모가 386억달러로 세계 최대 헤지펀드 운용회사이며, JPMorgan(329억달러), Paulson&Co.(290억달러)가 그 뒤를 잇고 있다.

표 Ⅱ-9 세계 10대 헤지펀드

(단위: 10억달러)

운용회사명	규 모
1. Bridgewater Associates	38.6
2. JPMorgan	32.9
3. Paulson & Co.	29
4. D.E. Shaw Group	28.6
5. Brevan Howard	26.8
6. Och-Ziff Capital Management	22.1
7. Man AHL	22
8. Soros Fund Management	21
9. Goldman Sachs Asset Management	20.6
10. Farallon Capital Management	20
10. Renaissance Technologies	20

주: 2009년 1월 기준.

Absolute Return Magazine의 Billion Dollar Club Survey에 의하면 자산 규모가 10억달러 이상인 헤지펀드사가 2008년 7월 기준 268개사에서 2008년 말 218개로 약 19% 감소하였으며, 이들 회사의 운용자산 규모는 동기간 1조 6,750억달러에서 1조 1,340억달러로 약 32% 감소하였다고 보고하였다.

전반적인 헤지펀드 자산 감소에도 불구하고 헤지펀드의 대형화 추세는 강화되었다. 상위 10대 기업의 자산총액은 2,498억달러로, club자산의 20%를 점유하고 있다.

4) 프라임 브로커(prime broker)

프라임 브로커는 브로커리지와 기타 전문 서비스를 헤지펀드에 제공하며, 이는 투자은행의 주요 성장 분야이다. 최근 하나 이상의 프라임 브로커를 사용하는 헤지펀드가 출현하고 있다.

프라임 브로커는 [그림 Ⅱ-6]에서 나타나듯이 특정 서비스만을 제공하기 보다는 자금 유치, 거래의 청산과 결제, 보관업무, 위험관리 등의 다양한 서비스를

그림 Ⅱ-6 헤지펀드에 제공되는 서비스의 유형

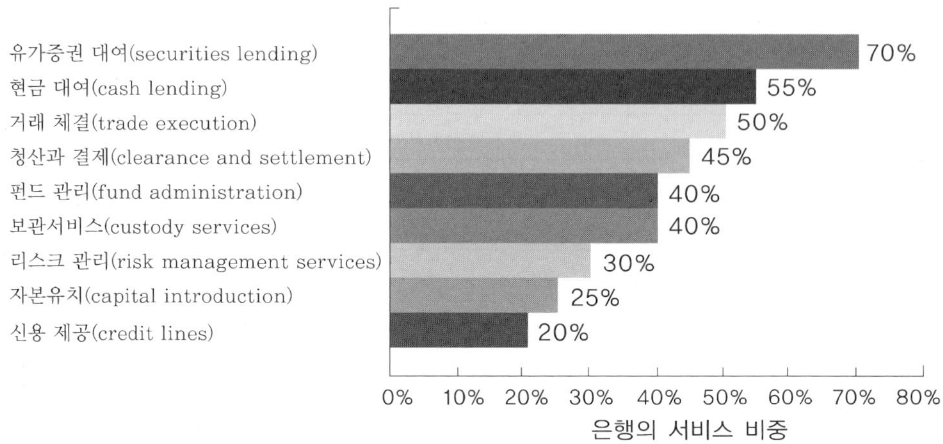

자료: IFSL(2007)

제공하며, 헤지펀드 운용자가 외주하는 관리기능의 범위는 매우 다양하다. 일부 헤지펀드는 모든 관리기능을 내부에서 처리하는 반면, 또 다른 헤지펀드는 회계, 투자서비스 또는 리스크 분석과 같은 기능을 외주하는 경우도 있다. 역외 헤지펀드의 운용자는 일반적으로 여러 유형의 서비스와 운용 지원을 역외 관리자에게 맡긴다. 또한 역외 헤지펀드를 설정하는데 있어 역외 관리자는 적절한 법률 자문이나 주식에 대한 펀드 포트폴리오의 독립적인 가격 제공 등 분석 및 회계 서비스를 제공한다. 일부 역외 지역에서는 특정 자격증을 취득하고 감사 자격 소지 등을 요구하기도 한다. 대부분의 헤지펀드는 재무제표의 외부감사를 요구하지 않는다. 그러나 일부 헤지펀드는 헤지펀드와 투자자 간 계약이 있는 경우 연간 감사를 받기도 하고, 바하마나 케이맨 제도와 같은 일부 역외 지역에서는 프라임 브로커에게 헤지펀드에 대한 감사를 의무화하고 있다.

프라임 브로커 간의 경쟁 심화는 다양한 범위의 서비스를 제공하는 데 일조하였다. 많은 프라임 브로커는 리서치, 온라인 연구자료 제공 및 컨설팅 서비스를 제공하고 있으며, 일부 프라임 브로커는 헤지펀드 운용자에게 법률업무, 회계업무 및 기타 서비스 제공자에 대한 위탁업무서비스도 제공하고 있다. 그러나 프라임 브로커 수입의 대부분은 차입을 지원하는데 따르는 현금 대출서비스와 공매도에 따른 주식 대여서비스로부터 발생된다.[23] 헤지펀드는 일반적으로 현금뿐만 아니라 실제 포트폴리오에 포함된 유가증권 등 투자자산을 보관기구에 예치하며, 보관기구는 증거금 추가 요청(margin call)에 비하여 현금흐름을 관리하기도 한다.

Tremont Tass(2007)의 조사에 따르면 2006년 모건스탠리는 프라임 브로커로서 고객 자산의 관리비중이 22%에 이른다. 베어스턴이 약 19%를 차지하고, 골드만삭스가 17%를 차지하여 상기 세 금융기관이 세계 프라임 브로커 사업의 58%를 차지하는 것으로 나타났다.

표 Ⅱ-10 전세계 프라임 브로커의 순위

(단위: %)

프라임 브로커	관리자산 비중
모건스탠리(Morgan Stanley)	22
베어스턴(Bear Stearns)	19
골드만삭스(Goldman Sachs)	17
UBS	7
크레디트스위스그룹(Credit Suisse)	5
시티그룹(CItigroup)	4
메릴린치(Merrill Lynch)	3
도이치뱅크(Deutsche Bank)	3
리만브라더스(Lehman Brothers)	2
JP 모건(JP Morgan)	2

주: 2006년 말 기준.
자료: IFSL(2007).

이와 같이 프라임 브로커는 자금 및 주식대여, 증권의 체결, 결제 및 보관서비스 제공 이외의 법률 및 회계 자문서비스 등을 제공하는 만큼, 헤지펀드 산업발전에 따른 향후 프라임 브로커리지 사업이 유망할 것으로 전망된다. 2006년 영란은행은 헤지펀드가 주요 IB에 2,580억달러의 수익을 유발했다고 보고하고 있다.[24]

23) Berman(2007).
24) Bank of England(2006b).

5) 국내 금융산업 발전 수단

정부는 2003년 12월 동북아 금융허브 추진전략을 확정한 이후 자산운용업을 선도 산업으로 육성하여 2007년까지 금융허브의 기반을 구축하고 2010년까지는 자산운용업 중심의 특화 금융허브를 완성한다는 전략을 가지고 있다.

자산운용업은 자본시장에 장기적이며 안정적인 수요기반을 제공하여 자본시장 발전의 초석이 될 수 있고, 안정적이고 효율적인 투자수단을 제공하여 은퇴 이후의 금융투자 수단이 되며, 개인들이 부를 축적할 수 있는 수단을 제공한다는 긍정적 효과를 지녀 금융산업 전반에 미치는 파급 효과가 매우 크므로 이를 바탕으로 세계 유수의 금융회사를 유치하고 금융관련 서비스 산업을 발전시켜 금융허브로 도약하고자 하는 것이다.

우리나라 자산운용업 규모는 2003년 145조원까지 규모가 감소하였으나, 이후 간투법의 시행과 투신사의 구조 조정 등을 바탕으로 2006년말 기준 234조 6,060억원 규모로 확대된 후, 2008년 말 361조원 수준으로 급성장하였다. 더불어 간접투자기구 유형별로 적립식 펀드를 기반으로 한 주식형 펀드가 지속적으로 증가함과 동시에 파생상품펀드 등 새로운 펀드의 규모도 커지기 시작하였다.[25)]

그러나 이러한 자산운용업의 외형적 성장에도 불구하고 구조적, 제도적인 문제점이 존재한다. 선진국에 비하여 국내 개인들은 예금자산을 선호하므로 예금위주로 금융자산이 편성되어 있으며[26)], 각 펀드 운용자가 관리해야 할 펀드수

25) 전체 간접투자기구 설정액 추이.

(단위: 10억원, %)

연월말	주식형	혼합형	채권형	MMF	기타	계
2000	4.07(2.9)	51.18(37.0)	56.24(40.7)	26.81(19.4)	-	138.29(100.0)
2001	6.92(4.5)	48.55(31.3)	64.17(41.4)	35.40(22.8)	-	155.04(100.0)
2002	10.48(6.0)	52.62(30.2)	61.59(35.4)	49.48(28.4)	-	174.17(100.0)
2003	9.40(6.5)	39.19(27.0)	54.39(37.5)	42.05(29.0)	-	145.03(100.0)
2004	8.55(4.6)	34.55(18.5)	75.89(40.6)	59.80(32.0)	8.20(4.4)	186.99(100.0)
2005	26.18(12.8)	42.46(20.8)	51.43(25.2)	64.85(31.7)	19.42(9.5)	204.34(100.0)
2006	46.55(19.8)	47.95(20.4)	50.42(21.5)	57.15(24.4)	32.54(13.9)	234.61(100.0)
2007	116.35(39.1)	44.66(15.0)	40.86(13.7)	46.74(15.7)	49.08(16.5)	297.69(100.0)
2008	140.21(38.8)	39.59(11.0)	30.52(8.4)	88.90(24.6)	62.09(17.2)	361.31(100.0)

주: ( )는 비중

자료: 금융투자협회

26) 최홍식(2006)에 따르면 가계의 금융자산 중 현금 및 예금이 차지하는 비중이 한국의 경우 58%인 반면, 일본은 55%, 미국은 11%, 미국, 일본 및 한국을 제외한 OECD (Organization for Economic Cooperation and Development) 국가의 경우 33%임.

가 많아서 적절한 운용 전략의 수립 및 관리가 어렵고[27], 펀드의 판매 채널이 증권사와 은행 위주로 구성되어 판매망 확보에 따라 운용 규모가 좌우되어 공정한 경쟁이 어렵다. 또한 해외증권 투자나 장외파생상품 투자 및 결제 측면의 인프라 구축 강화가 필요하고, 신규 자산운용회사의 설립에도 자본금 요건 등의 진입 장벽이 존재한다.

이러한 구조적·제도적 문제점을 극복하고 자산운용업이 금융허브 구축을 위한 선도 산업으로 육성되기 위해서는 법체계, 조세 체계, 금융 규제 및, 감독 수준의 시스템을 개선을 통한 자산운용산업의 질적 수준이 제고되어야 한다. 헤지펀드가 허용되면 자산운용기법의 향상, 금융 소비자의 니즈에 부응하는 추가적 금융상품의 제공, 창의적 금융인력의 육성, 금융업에서의 고용 기회 확대 등 국내 금융산업의 발전이 가능할 것이다. 또한 헤지펀드는 혁신적 금융상품을 개발함으로 선진금융기법을 전파하는데 일조한다. 금융 선진국인 영국, 홍콩 등에서 최근 헤지펀드 운용자를 적극적으로 유치하고 있는 것은 동일한 맥락으로 이해될 수 있는바, 헤지펀드는 선진금융산업의 핵심적인 상품이 될 수 있다.

또한 신규 관련분야 산업이 창출되어 금융산업 발전에 기여할 것이다. 즉, 프라임 브로커 시장이 발전될 것이다. 헤지펀드의 활동과 밀접한 관계가 있는 프라임 브로커 분야는 증권사 등의 새로운 수익모델로 성장할 가능성이 높다. 더하여 파생상품 시장 활성화 및 성장이 기대된다. 헤지펀드의 활동은 파생상품 시장의 활성화에 긍정적인 영향을 미칠 것으로 예상되기 때문이다.

6) 외국 투기성 자본의 경쟁 수단[28]

국내에는 1997년 외환위기 이후 기업 및 금융기관의 구조조정과정에서 외국자본이 크게 유입되었다. 1995년까지 20억달러도 미치지 못했던 직접 투자는 외환위기 이후 구조조정으로 많은 기업을 외국자본에 매각하면서 1999년과 2000년에 외국인 직접투자금액이 150억달러를 넘는 등 큰 폭으로 증가하였다.[29] 그

27) 주간조선(2007)에 따르면 펀드운용자 1인당 평균 10개 이상의 펀드를 운용하며, 평균 운용 규모는 5천억원이 넘는 것으로 나타났음.

28) 투기와 투자를 구별하기가 쉽지 않은 만큼 투기성 외국자본을 정확히 정의하기는 어려우나, 국내에 진출한 외국자본으로 고위험을 바탕으로 단기적 투자 이익을 추구하는 헤지펀드와 사모주식펀드가 투기성 외국자본의 범주에 들어감.

리고 이 시기에 뉴브리지캐피탈(Newbridge Capital)이 4억 2,700만달러로 제일은행을 인수하고, 올림푸스캐피탈(Olympus Capital)이 외환카드를 2억 100만달러로 인수하는 등 사모주식펀드에 의하여 많은 금융기관 및 기업이 인수되었다.

외환위기 이후 외국자본이 국내에 유입되면서 국내 경제에 미친 영향은 양면성이 존재하는데, 외국자본은 국내 기업 및 금융기관의 신용경색 해소와 구조조정에 상당 부분 기여하였고, 국내 증시로 외국자본이 유입되면서 증시수요기반이 확충되어 주식시장이 장기적 침체 상태가 되는 것을 방지하고, 국내 금융제도가 국제적 정합성을 확보하고 시장원리 정착을 촉진함으로써 국내 금융산업의 개선을 유도한 측면이 있다.

그러나 외국자본의 영향력이 확대되고 자본시장이 개방됨에 따라 우리나라는 국내 은행의 수익기반 위축, 중소기업금융 및 서민 금융의 위축, 국부 유출 등 외국자본에 대한 우려의 목소리가 높았다. 특히 헤지펀드 및 사모주식펀드 등 일부 투기성 외국자본의 경우 단기 투자이익 극대화를 위해 과도한 구조조정을 감행하고 고율의 배당, 유상감자로 인하여 국내 기업의 장기 성장성을 저해시키는 측면을 가지고 있는 등 금융 발전에 기여하지 못하거나 부작용을 초래하는 부분이 지적되고 있다.[30] 또한 투기성 외국자본에 의한 경영 간섭 및 적대적 M&A 위협을 통해 기업의 경영 안정성이 저해되는 한편 국내 기업들은 공격적인 경영보다는 단기실적 위주로 경영 형태가 보수화되고 경영권을 방어하는 데 치중하는 행태를 보이기도 했다.

국내의 경우 사모주식펀드 또는 헤지펀드와 같은 해외 투기성 자본이 유입되어 장기 국내 경제 발전에 반하는 행위를 할 수 있었던 배경에는 이를 대체할

29) 연도별 외국인 직접투자금액 추이.

(단위: 10억달러)

연도	1995	1998	1999	2000	2001	2002	2003	2004
금액	1.9	8.9	15.5	15.2	11.3	9.1	6.5	12.8

자료: 이병윤(2005).

30) 고율의 배당 및 유상감자사례로는 브리짓증권(고배당 및 유상감자: 대주주 BIH(Bridge Investment Holdings)의 전신인 KOL(코리아온라인)이 1999년 리젠트증권을 통해 70%의 고배당으로 200억원 회수하였고, BIH는 2002년 브리짓 증권 출범 후 3차례에 걸쳐 유상감자로 600억원 회수, 2004년 6월 유상감자를 통해 1,125억원 회수), 주식회사 만도(유상감자: 투자금액 246억원인데 비해 총 3회의 유상감자를 통해 1,710억원 회수), 메리츠증권(고배당: 2004년 5월 대주주인 Prudential Asset Management Asia는 주당 700원의 현금배당을 결의함에 따라 당기순이익이 114억원의 2배 수준인 234.5억원을 현금배당 실시하여 2003년 배당성향은 1,432%, 2004년 배당성향은 207% 기록) 등이 있음.

만한 국내 자본이 제한되어 있었다는 것이다. 특히 외환위기 이후 해외 사모펀드의 국내 진출이 급증하였고, 이에 대한 대응의 일환으로 도입된 사모투자전문회사는 미비한 법제로 인하여 투자가 활성화되기 어려운 상황이었다. 이러한 이유로 국내 펀드와 달리 제도적 규제를 받지 않는 해외 사모투자전문회사가 막대한 자금력과 선진 금융 기법을 바탕으로 국내 구조조정시장을 주도하고 있는 실정이다.

더불어 PriceWaterHouseCoopers(2006)가 주요 24개국의 헤지펀드 허용 여부를 조사한 결과 금융선진국이라 할 수 있는 미국, 영국, 홍콩, 일본 등은 헤지펀드 및 펀드 오브 헤지펀드의 설립을 허용하고 있는 것으로 조사되었다. 다만, 벨기에, 러시아, 노르웨이의 경우 헤지펀드 및 펀드 오브 헤지펀드의 설정 자체를 금지하였고, 오스트리아는 국내 헤지펀드의 설립을 금지하고 있으며, 이탈리아는 국내 헤지펀드와 펀드 오브 헤지펀드의 설립을 허용하는 반면 유럽연합(European Union: EU) 또는 기타 지역에 헤지펀드 및 펀드오브 헤지펀드를 설정하는 것을 불허하고 있다. 또한 최소투자자금의 제한이 없는 경우가 대부분이며, 펀드를 설정하는 데 소요되는 기간도 그리 길지 않은 것으로 나타나고 있다.

따라서 헤지펀드가 대안투자로 주목받으면서 대부분의 금융 선진국은 헤지펀드를 허용하고 있는 상황에서 국내외 금융시장에서 외국 헤지펀드와 공정한 경쟁을 벌일 수 있도록 헤지펀드를 허용할 필요가 있다.

7) 헤지펀드 허용시 예상규모[31)]

국내에 활동하고 있는 헤지펀드 산업에 대해서는 기간과 시기에 따라 다른 통계치를 보이기는 하지만, 현재 매우 미미한 수준으로 평가된다.

Hedgeweek(2007)에 따르면 2006년 9월말 기준 아시아에 주로 투자하는 헤지펀드 중 2개만이 한국에 운용되고 있으며, 이는 아시아 지역에 집중 투자하는 헤지펀드(679개)의 0.3%에 불과한 것으로 나타나고 있다. 또한 2002년부터 아시아 시장에 대한 헤지펀드 투자가 급등하기 시작해 2006년 4월말 현재 860개정도의 헤지펀드가 아시아지역에 투자하고 있는 가운데 한국에 투자하는 헤지펀드는 대략 10개 정도이며 규모도 3조원에 불과한 것으로 알려져 있다.[32)] 이러한 수준

31) 헤지펀드 T/F(2007) 참고.

은 한국의 경제 수준 및 자본시장 규모에 비하여 너무 적은 규모로서 기업의 구조조정이 지속적으로 필요하며, 한국 시장의 성장 잠재력이 높이 평가되는 것을 고려시, 향후 한국에 대한 투자증대가 필요하다.

표 Ⅱ-11 아시아에 집중 투자하는 헤지펀드의 국가별 분포

(단위: 개, %)

	2005년 11월		2006년 9월	
영 국	121	(21.6%)	133	(19.6%)
중국/홍콩	105	(18.8%)	126	(18.6%)
호 주	86	(15.4%)	101	(14.9%)
미 국	84	(15.0%)	121	(17.8%)
일 본	61	(10.9%)	42	(6.2%)
싱가포르	60	(10.7%)	74	(10.9%)
말레이시아	6	(1.1%)	5	(0.7%)
대 만	4	(0.7%)	5	(0.7%)
한 국	3	(0.5%)	2	(0.3%)
태 국	3	(0.5%)	6	(0.9%)
기 타	26	(4.7%)	64	(9.4%)
합 계	559	(100.0%)	679	(100.0%

주: ( )는 전체 대비 비중.
자료: Hedgeweek(2007).

국내 기관투자자의 헤지펀드에 대한 수요는 증대될 것으로 예상된다. 2007년 5월 현재, 국내 기관투자자가 헤지펀드에 약 2조원가량 투자(주로 펀드 오브 헤지펀드 형태에 국한)된 것으로 알려져 있다. 외국계 자산운용회사가 국내에 판매한 펀드의 현황을 보면, 2005년 6월 4조 3천억원에서 2007년 3월 13조 8천억원으로 증가하여 헤지펀드도 유사한 추세일 것으로 판단된다.

표 Ⅱ-12 외국간접투자증권의 국내 판매 현황

구 분	2005년 6월	2005년 12월	2006년 6월	2006년 12월	2007년 3월
펀드 수(개)	568	739	764	852	919
규모(조원)	4.3	6.1	9.4	12.9	13.8

자료: 헤지펀드 T/F(2007)

32) 머니투데이(2006).

이러한 상황에서 국내 헤지펀드 허용시 사모펀드에서 기관투자자등의 투자 자금 이동이 예상된다. 사모펀드 및 일임자문에서 허용 2년 내 1/4의 규모가 헤지펀드로 이동 가정시 최소 50조원의 헤지펀드 수요가 발생할 것이다. 하지만 기존 공모펀드에 투자된 자금의 급격한 이동은 발생하지 않을 것으로 예상된다.

표 Ⅱ-13 국내 펀드 규모 및 헤지펀드로의 이전 가능성

구분			규모1)(조)	헤지펀드로의 자금이동 가능성	비고
펀드	공모		229.3	낮음	소규모 투자규모, 전문투자 지식부족
	사모	일반	54.3	낮음	전문투자 지식부족
		단독	47.2	높음	탈규제 목적의 이동
		PEF	1.2	높음	자금이동성은 높으나 전체시장에 미치는 영향은 낮음
일임			110.3	높음	탈규제 목적의 이동

주: 1) 2007년 10월 말 기준(사모단독은 9월말 자료).
자료: 헤지펀드 T/F(2007).

(3) 금융시장의 유동성과 효율성 향상

헤지펀드가 금융시장에 미치는 주요 경제적 효과는 시장의 유동성과 효율성을 증진시키는 것이다. 역내와 역외에 설립된 헤지펀드를 역내에서 운용하도록 함으로써 역내 금융시장의 효율성과 유동성을 제고시킨다.

1) 헤지펀드의 설립 및 운용지역

헤지펀드는 설립 지역에 따라 역내(on-shore) 헤지펀드와 역외(off-shore) 헤지펀드로 구분될 수 있다. 미국 기준으로 역내 헤지펀드는 미국 소득세법 상 투자자의 편익을 위하여 보통 유한조합(Limited Partnership: LP)로 구성된다. 유한합자회사는 일반적으로 회사에 분리 과세되지 않아 투자자에게만 과세된다.

역내 헤지펀드는 보통 한 개 이상의 투자은행과 계약 관계를 유지하고, 투자

은행은 청산과 결제, 자금 조달 및 기타 부대 서비스를 제공한다. 역내 헤지펀드는 보통 체결 브로커, 회계사, 변호사, 보관자(custodian), 관리자(administrator), 판매 대리인(placing agent), 등록인(register) 및 전환대리인(transfer agent)을 두게 되고, 등록투자회사의 이사회와 유사한 기구를 갖지 않는다. 일부 헤지펀드는 세금과 기타 규제회피 목적으로 역내 헤지펀드를 운용하면서 동시에 동일 전략으로 운용하는 역외 헤지펀드를 설립하여 국내외 투자자에게 판매하기도 한다.

반면 역외 헤지펀드는 일반적으로 연기금펀드와 같은 면세투자기구가 선호되는데,[33] 전형적으로 케이맨 제도(Cayman Islands), 영국령 버진 제도(British Virgin Islands), 바하마(the Bahamas), 파나마(Panama), 네덜란드령 앤틸리스제도(the Netherlands Antilles). 버뮤다(Bermuda) 같은 지역에 회사형태로 설립된다.[34] 역외 헤지펀드는 전형적으로 투자자문업자와 계약을 맺고, 역외에 위치한 독립적 펀드 관리인(fund administrator)을 갖게 된다. 헤지펀드 자문업자는 증권의 평가,

그림 Ⅱ-7 전세계 헤지펀드의 설립 국가

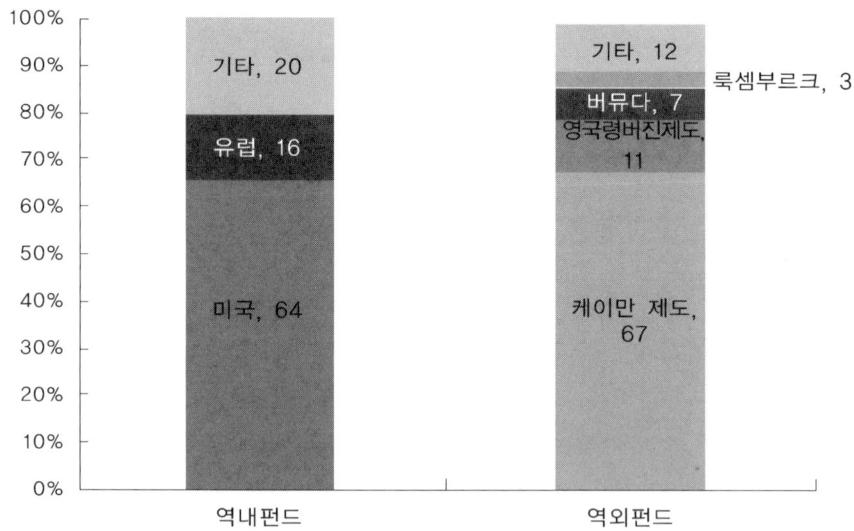

주: 2006년 1월 기준.
자료: Alternative Asset Center.

33) 미국의 소득세법에 따르면 면세투자기구라도 차입하여 투자를 하는 경우 과세대상이 될 수 있음(http://www.greencompany.com/HedgeFunds/OffDocOffshore.shtml).
34) SEC(2003).

순자산가치 산출, 펀드 기록 유지, 투자계약 처리 및 펀드 회계 등의 서비스를 제공한다. 역외 헤지펀드는 펀드의 감독을 위하여 일반적으로 독립된 이사회를 갖는다.

2008년 말 헤지펀드 수를 기준으로 약 50%가 역외에 설립되었으며, 역외 헤지펀드의 67%가 케이만제도에 설립되었다. 영국령 버진제도(11%), 버뮤다(7%)가 그 뒤를 잇는다. 반면 미국은 역내 헤지펀드의 2/3 가량이 설립되어 있으며, 나머지는 대부분 유럽에 설립되었다.

헤지펀드 운용자는 일반적으로 역내에 기반을 두고 활동한다. 2002년 헤지펀드 운용자의 약 82%는 미국에서 활동하였으나, 2002년 이후 유럽과 아시아가 헤지펀드 운용자의 활동지로 크게 부각되면서 2006년 63%로 감소하였으나, 2008년 유럽지역 헤지펀드의 환매로 69%로 다소 증가하였다. 유럽은 2002년 전세계 헤지펀드 자산 대비 12%가 운용되었으나 지속적으로 증가하여 2008년 20%의 자산이 운용되고 있다. 아시아의 경우 2002년 5%에서 2008년 7%로 운용규모가 증대되고 있으며, 아시아와 유럽지역의 상대적 운용규모가 증가하고 있다.

그림 Ⅱ-8 전세계 헤지펀드 운용자의 활동 지역

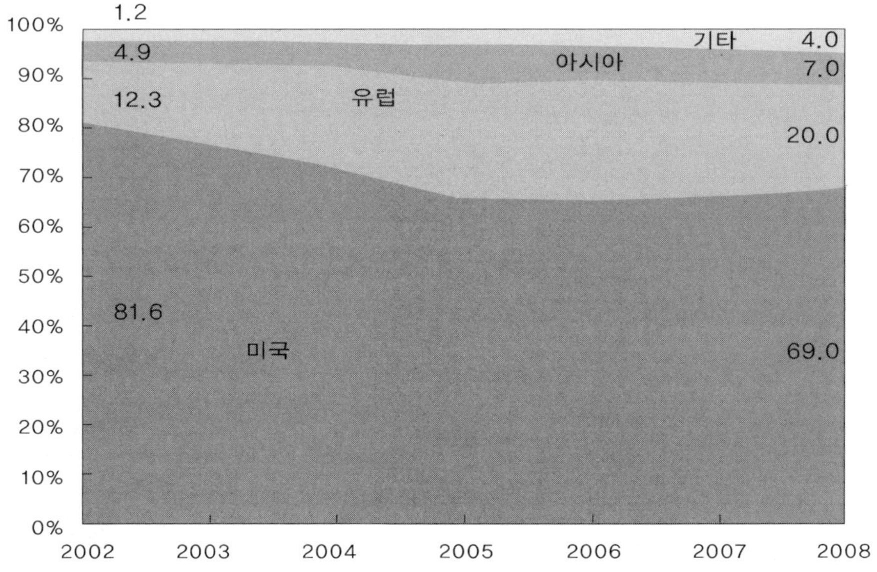

자료: IFSL(2007)

펀드 오브 헤지펀드의 경우, 2008년 말 기준 전체자산의 28%는 미국에서 운용되고 있으며, 영국(24%), 스위스(18%), 프랑스(4%), 홍콩(2%) 순으로 운용되고 있다.

2) 지역별 헤지펀드 규모 및 자산 전략 변화

HFI는 미국 헤지펀드 시장은 기관투자자의 적극적인 시장 참여 등으로 인해 총 운용자산이 1조달러를 돌파하며 전세계 헤지펀드 시장 성장의 주도적 역할을 하고 있다고 밝혔다. 최소 자산 규모가 10억달러 이상인 'Billion Dollar Club'에 속하는 헤지펀드의 총 운용자산은 8,500억달러를 돌파하고 있는 반면, 10억달러 미만의 헤지펀드의 총 운용자산 규모는 2천억달러 수준으로 집계되고 있다.

표 Ⅱ-14 유럽의 지역별 헤지펀드 운용 규모

국 가	펀 드 수	자산규모 (단위: 100만달러)	비 중
영 국	785	255,499	78.52%
프 랑 스	92	16,810	5.17%
미 국	36	11,520	3.54%
스 웨 덴	39	10,183	3.13%
스 위 스	92	6,735	2.07%
스 페 인	17	5,747	1.77%
러 시 아	17	4,787	1.47%
네덜란드	14	4,555	1.40%
노르웨이	29	2,610	0.80%
독 일	20	1,348	0.41%
아일랜드	27	1,322	0.41%
핀 란 드	16	1,109	0.34%
덴 마 크	8	978	0.30%
오스트리아	10	827	0.25%
기 타	56	1,351	0.42%
계	1,258	325,381	100.00%

주: 2006년 3월말 기준.
자료: HedgeFund Intelligence(2006b).

유럽시장에서 운용되고 있는 헤지펀드의 운용자산 규모는 전년 대비 약 25% 증가하여 3,250억달러에 달하는데, 유럽지역 펀드의 80%에 해당하는 2,550억달러 정도가 영국시장에서 운용되고 있다. 유럽내 두 번째 규모인 프랑스는 약 100개의 유럽 헤지펀드가 168억달러 규모로 운용되고 있다. 유럽 펀드 운용의 세 번째 국가는 미국으로 36여 개의 헤지펀드가 115억달러 규모를 운용한다.

아시아-태평양 지역의 헤지펀드는 2003년 12월말 352억달러에서 2006년 6월말 현재 1,280억달러로 규모로 증가하였다. 순수 일본펀드(Japan long/short strategy)는 2005년말과 거의 같은 수준인 484억달러 규모로 운용되고 있으며, 일본을 제외한 아시아지역펀드(asia ex-Japan and market neutral strategy)는 2005년말 145억달러에서 2006년 6월말 205억달러로 40% 이상 증가하여 이 시기에 가장 높은 성장률을 보였다. 일본을 포함한 아시아지역펀드(asia in-Japan and market neutral strategy)는 2006년 6월말 현재 177억달러로 2006년 상반기에 약 18% 가량 증가하였다.

표 Ⅱ-15 아시아 지역 투자 헤지펀드 규모

(단위: 10억달러)

투자지역	2003년 12월	2004년 12월	2005년 12월	2006년 6월
순수 일본펀드	14.99	24.26	48.45	48.48
일본을 제외한 아시아지역펀드	5.73	11.87	14.48	20.50
일본을 포함한 아시아지역펀드	7.80	10.62	15.08	17.73
기타	6.69	12.36	36.57	41.34
계	35.21	59.11	114.58	128.05

자료: HedgeFund Intelligence(2006c).

아시아-태평양 지역의 헤지펀드 운용규모를 살펴보면 호주가 헤지펀드 투자의 중심지로 역할하고 있음을 알 수 있다.[35] 호주에서는 2006년말 305억달러의 헤지펀드가 운용되어 아시아-태평양지역 헤지펀드의 약 23%가 운용되고 있다. 그 다음은 미국과 홍콩으로 2006년 6월말 현재 각각 280억달러, 223억달러가 운용되고 있다. 홍콩으로부터는 2005년보다 약 37억달러가 더 유입되었는데 중

35) HedgeFund Intelligence(2006c).

국에 투자되는 펀드 규모가 증가한 것이 가장 큰 원인이 될 수 있다.

3) 금융시장의 유동성 및 효율성 향상

헤지펀드 산업은 운용자산 규모, 펀드 수 및 헤지펀드에 유입되는 자금이 점차 확대되고 있으며, 향후 이러한 추세는 계속될 것으로 예상되어 헤지펀드 산업은 금융산업에서 성장산업으로 인식된다. 다만 국제 금융위기 이후 헤지펀드의 규모가 2조에서 1조 5천억달러로 감소하였으나, 경제회복시 다시 그 규모가 증가할 것으로 예견된다. 또한 주식시장에서 유동성 공급자로서의 역할을 수행한다. FSA(2005b)에 따르면 헤지펀드는 전세계 운용자산의 약 5%를 차지하지만, 뉴욕증권거래소(New Yok Stock Exchange: NYSE)와 런던증권거래소(London Stock Exchange: LSE)의 거래 규모의 약 1/3~1/2를 차지함으로써 시장의 유동성을 제고시키는 것으로 나타났고, Anderson(2006)에 따르면 헤지펀드는 NYSE와 LSE 거래 규모의 약 절반가량을 차지하는 것으로 보고하고 있다.

또한 헤지펀드는 기업의 본질적 가치평가에 따라 비정상적 가격기회를 포착하여 투자함으로써 기업의 가격이 내재가치에 따라 움직이도록 주식시장의 효율성을 증가시키는 역할을 한다. 뮤추얼펀드의 경우 공매도의 제약으로 차익거래에 제약이 있는데, 뮤추얼펀드의 2/3가 공매도를 금지하는 것으로 보고된다.[36] 그러나 헤지펀드는 특정 자산의 시장가격과 실제가치의 불일치를 이용한 매매전략을 사용하며 이로 인해 시장가격은 실제가격에 접근하게 되며, 부실유가증권, 비유동성 유가증권, 파생상품 등 다양한 부문에 투자함으로써 금융시장의 효율성을 제고하는데 기여한다.

(4) 기업의 효율성과 투명성 증진[37]

헤지펀드는 기업의 효율성과 투명성을 증진시킨다. 헤지펀드가 이끄는 주주

36) Almazan, Brown, Carlson and Chapman(2004).
37) 헤지펀드 T/F(2007) 참고.

행동주의는 기업의 실적 발표를 기다리기에 앞서 미리 주주행동에 돌입한다는 점에서 매우 사전적이며 전략적이다.

1980년대부터 등장한 전통적 주주행동주의는 '싫으면 떠난다'는 Wall Street rule에 따라 행동하는 것이었다. 즉, 기업의 실적이나 주가가 부진해지면 그 때 가서 문제를 제기하거나 투자 기업의 주식을 단순히 팔고 떠나는 소극적 행동 양태를 보이는 것이었다.

반면, 헤지펀드의 적극적 주주행동주의는 이사회 구조, 배당정책, 회사전략, 회사 자본구조 그리고 M&A 계획 등에 대한 변화 등에 대하여 주주에게 주어진 법적 수단을 충분히 활용하게 되었다. 이로 인해 과거 명목상의 권리에 불과하던 주주들의 기업 감시 권한을 보다 효율적으로 사용할 수 있게 되어 기업의 투명성을 제고시킬 수 있다. 2003년~2005년까지 미국 155개 기업을 대상으로 벌어진

표 II-16 미국에서 헤지펀드가 요구한 내용과 이를 수용한 기업의 수

헤지펀드의 요구	요구를 받은 기업 수	요구 수용 기업 수(%)
이사회 구성원의 교체	41	30 (78%)
경영 전략의 변화	29	14 (48%)
기업 인수 반대	18	10 (56%)
매각 혹은 타 기업에 의한 합병	16	9 (56%)
타기업 인수를 위한 추가 주식 매입	12	7 (58%)
자사주 매입	4	4(100%)
주주명부 열람	4	2 (50%)
경영진 지지	4	2 (50%)
보유 현금으로 재무적 투자 강화	4	4(100%)
기업지배구조 문제적 지적	3	1 (33%)
CEO 교체	3	3(100%)
CEO 보수 삭감	2	1 (50%)
현금 배당	2	2(100%)
기타	13	4 (31%)
전체 타깃 기업의 수	155	93 (60%)

자료: Klein and Zur(2006).

헤지펀드 행동주의를 분석한 결과 93개의 타깃기업이 헤지펀드의 요구를 수용한 것으로 나타났다.

특히 헤지펀드는 기관투자자와는 달리 많은 회사의 지분을 조금씩 인수하기 보다는 제한된 회사에 집중해서 투자하는 전략을 취함으로써 감시에 소요되는 비용을 기꺼이 감수하기도 한다.[38] 또한 공격적으로 주주권을 행사함으로써 회사 가용 자산의 효율적 사용과 경제적 관점에서의 위험 대비 수익 향상을 꾀할 수 있으므로 기업의 효율성을 제고시킬 수 있다. 헤지펀드는 적극적으로 타깃이 될 만한 기업을 발굴하고 꾸준히 감시함으로써 기업 경영진과 투자자 모두에게 절제된 위험관리를 통한 안정적인 수익 창출 기회를 가능하게 해 주며, 투자 다변화의 역할도 수행 할 수 있다.

한국은 외환위기 이후, 외부투자자의 권리를 보호하는 방향으로 지속적인 제도적인 개혁이 이루어진 결과 헤지펀드가 활용할 수 있는 법적 수단이 증가하였다. 한국에 있는 많은 외국의 헤지펀드들은 5%이하의 지분만으로도 장부 열람, 임시 주총 소집, 주주 제안권 등의 권리를 행사할 수 있게 되었다.

표 Ⅱ-17 한국 법에서 보장하는 소수(소액)주주의 권리

필요 지분	내 용
1주	주주명부열람권, 이사회의사록 · 정관 · 재무제표열람권, 주총결의 관련 소 제기
0.01%	대표소송권
0.05%	위법행위유지청구권
0.10%	회계장부열람권
0.50%	임원해임청구권
1%	주주제안권, 집중투표청구권
3%	임시주총소집청구권, 검사인선임청구권
10%	회사해산청구권

헤지펀드의 적극적인 행동주의는 CEO에 대한 인신공격 및 비공식적인 공격으로 이어져 비판의 대상이 되기도 하지만, 외부 투자자에게 기업의 경영 실적 및 성과를 투명하게 공개하도록 함으로써 투자자가 안고 있는 비대칭정보

38) Eisinger(2005).

(information asymmetry)문제 해소에도 일정 부분 기여하고 있는 것으로 판단된다. 또한 뮤추얼펀드나 연기금 같은 대형 기관 투자자들은 헤지펀드가 선도적으로 주주행동을 벌인 기업에 적극적으로 지원함으로써 위험부담은 상대적으로 줄이면서 수익률은 높일 수 있는 전략을 구사하기도 한다.[39]

3. 헤지펀드 투자전략

(1) 헤지펀드의 운용 전략 및 전략별 분포

헤지펀드의 전략은 매우 다양하여 분류 체계도 조사기관이나 연구자에 따라 상이하나, 본 연구에서의 헤지펀드 정의를 고려하고, 최근 해외 연구를 참고하여 전략을 분류한다.[40]

1) 차익거래전략

차익거래전략은 공매도와 차입을 일반적으로 사용한다. 동 전략은 시장의 비효율성 및 구분된 시장에서의 가격불일치에 기초한 차익거래기회(arbitrage opportunity)를 통하여 수익을 추구하고 시장 전체의 움직임에 대한 노출(exposure)을 회피함으로써 시장변동성에 대비하는 투자 전략이다. 구체적으로 전환사채차익거래(convertible arbitrage), 채권차익거래(fixed income arbitrage), 주식시장중립형(equity market neutral)이 차익거래전략에 해당된다.

39) Armitstead(2005).
40) SEC(2003), Lhabitant(2002), Stefanini(2006).

전환사채차익거래는 전환사채 간의 가격 차이와 전환사채 가격결정에 영향을 주는 요소들의 예상 추세를 이용하여 이익을 얻고자 할 때 사용한다. 전환사채와 주가 간의 가격불일치 발생시 대부분 전환사채는 기초 주식의 가격 변동에 상관없이 가격 차이로부터 이익을 취할 가능성을 극대화시킨다.

채권차익거래는 채권 등 금융상품 간 가격 차이에 주목해 가격이 합리적 수준으로 수렴하는 과정에서 수익을 추구하는 전략으로, 공사채, 자산담보증권, 스왑(swap) 등 파생상품이 주요한 투자대상이 된다. 이는 채권 간의 상대적 가치평가의 비효율성 또는 예상되는 스프레드 변화를 이용하여 수익을 추구하는데, 이자율 등락의 영향을 없애기 위해 이자율 변동에 민감한 증권들에 대해서 동시에 매수·매도 포지션을 취한다. 이자율에 민감한 증권은 수익률곡선, 콜 조건, 예상되는 현금 흐름, 신용등급, 변동성 곡선(volatility curve) 등에 의해 변동하므로 가치평가상 비효율성 발생시 이를 포착하여 수익을 추구한다. 일반적으로 채권차익거래는 수익률곡선 차익거래(yield curve arbitrage), 회사채와 국채 간의 이자율 스프레드(corporate versus treasury yield spread), 지방채와 미국국채 간의 이자율 스프레드 및 현선물 간의 차익거래 등이 있다.

주식시장중립형은 동일한 규모의 롱과 숏 포지션을 통해 개별주가의 동향과 주식시장 전체의 상관관계를 나타내는 지표인 베타를 중립화시킴으로써 시장동향에 상관없이 일정한 수익률을 실현하는 것을 목표로 한다. 롱-숏 전략(long-short strategy)은 두 개의 서로 다른 주식을 동시에 매수하고 매도함으로써 이익을 추구하는 전략으로 전통적인 롱(매수)전략은 매수한 주식의 가격이 상승함으로써만 수익이 발생하는 반면 롱-숏 전략은 매수 포지션과 매도 포지션 간의 성과차이, 공매도로 발생한 현금에 대한 이자, 브로커에게 예치한 증거금으로 남아있는 유동성 준비금에 대한 이자, 매수 포지션과 매도 포지션 간의 배당금 차이로 인해 수익이 발생할 수 있다. 이 전략은 강세 시장은 물론 약세 시장에서도 좋은 성과를 달성할 수 있다는 특징을 지닌다. 이러한 롱-숏 전략을 변형하여 매수 포지션과 매도 포지션을 정하여 시장에 대한 노출을 없애거나 무시할 정도로 줄여 결과적으로 시장 상황과 무관하게 일정한 성과를 달성하는 것을 목표로 시장중립투자 전략이 사용된다.

이론적으로 완전하게 헤지된 포트폴리오는 무위험 수익률에서 거래비용을 제외한 수익을 내게 되지만, 실제적으로는 일부 시장요인에 대해 헤지를 하지 않기 때문에 무위험수익률보다 약간 높은 수익률을 추구하고, 시장과 상관관계가 낮으며 헤지되지 않은 포지션보다는 위험수준이 낮고, 일부 시장중립 펀드 운용자들은 차입을 사용하여 보다 높은 수익을 추구하기도 한다. 그러나 시장중립전략은 헤지된 포지션을 계속 유지하기 위해서 더 많은 거래를 해야 하기 때문에 거래비용이 많이 발생한다.

이러한 전략 이외에 폐쇄형 펀드의 순자산가치와 그 펀드의 시장거래가격 간에 존재하는 프리미엄과 디스카운트의 변동을 포착하여 이익을 얻는 폐쇄형 펀드 차익거래(closed end fund arbitrage)전략, 주택저당증권과 이와 관련된 파생상품을 주요 투자대상으로 주택저당증권을 매수하고 미국국채나 다른 주택저당증권을 공매도하거나 고정수익증권 파생상품을 이용해서 이자율 위험을 헤지하는 주택저당증권 차익거래(mortgage-backed securities arbitrage), 주가지수선물과 기초증권 바스켓 간의 스프레드를 거래하여 지수에 포함될 주식을 매수하면서 동시에 시장위험을 헤지하기 위하여 지수 자체를 공매도하는 주가지수 차익거래펀드(stock index arbitrage funds), 미국에서 발행되는 주식예탁증서가 기초주식의 낮은 유동성과 미국 시장과 현지 시장의 차이로 인해 기초주식의 가격과 괴리가 있을시 차익거래를 통해 이윤을 추구하는 주식예탁증서 차익거래펀드(ADR arbitrage funds) 등이 있다.

2) 상황의존형 전략

상황의존형 전략은 위험을 적극적으로 취하고, 상황에 따라 공매도와 차입을 사용한다. 동 전략은 기업의 합병, 사업 개편, 청산 및 파산 등 기업 상황에 영향이 큰 사건을 예측하고 이에 따라 발생하는 가격 변동을 이용하여 수익을 창출하는 방법으로 부실채권투자(distressed security investment), 위험차익/합병차익거래(risk arbitrage/merger arbitrage)로 구분된다.

부실채권투자는 파산 신청 중이거나 또는 파산상태에서 회복하거나 단기적 파산 선언이 예상되는 등 재무적으로 어려움을 겪고 있는 기업의 주식이나 채권에 투자하는 것이다. 대부분의 개인투자자는 위험을 회피하고자 재무적 곤경에

처해있는 기업의 증권을 매각하고자 하며, 기관투자자의 경우 내규나 감독기관에 의해 일정 투자등급 이하의 채권을 보유하는 것이 금지되므로 부실채권을 매각하여야 하고, 정보의 부족 등으로 부실채권의 가치가 저평가되는 경향이 있다. 부실기업을 대상으로 하는 주식시장은 비조직적이고 비유동적이며, 확실한 매수가격이 존재하지 않는 시장이므로 전통적 투자자들은 부실기업의 증권 매입을 기피한다. 그러나 헤지펀드는 유동성 제공자로서 역할을 하며 이러한 시장에서 기회를 포착하고자 한다. 수동적인 헤지펀드는 부실채권을 매입하여 보유하는 전략을 취하기도 하며, 적극적인 헤지펀드의 경우 채무 잔액의 상당 부분을 회수하고자 노력하며 보유한 채권의 규모가 크므로 구조조정 과정에서 영향력을 행사하거나 기업회생 계획 및 부채의 차환 및 기업 합병 과정에 참여하는 경우도 있다.

위험차익거래는 위험이 내재된 차익거래로 보통 기업 합병과 관련하여 매수를 시도하는 기업의 주식을 공매도하고 동시에 매수 대상기업의 주식을 매입하는 거래로 합병차익거래라고도 한다. 합병차익거래의 주요 목적은 시장중립 포지션을 유지하면서 지속적인 수익을 발생시키는 것인데, 투자기간은 대부분 단기이며 합병차익거래의 스프레드는 보통 1년 안에 이익을 실현시킬 수 있어 자금의 회전율이 상대적으로 높다. 합병차익거래의 주요 위험은 감독기관 규제로 인한 거래의 결렬, 거래 조건에 대한 미합의, 주주의 반대 및 예상치 못한 사태의 발생 등이 있다.

3) 방향성 전략

방향성 전략은 위험을 적극적으로 취하고, 상황에 따라 차입과 공매도를 사용한다. 동 전략은 특정주가 또는 시장의 방향성에 근거하는 전략으로 시장 위험을 헤지한 종목 선택으로 수익을 극대화하기 보다는 증권이나 시장의 방향성에 따라서 매매 기회를 포착하는 기법이다. 또한 포지션을 늘리거나 수익을 제고하기 위해 차입을 적극적으로 이용하기도 하는데, 주식의 롱-숏(equity long-short), 글로벌 매크로(global macro), 이머징마켓 헤지펀드(emerging market hedge fund), 선물거래(managed future fund) 등이 포함된다.

주식의 롱-숏 전략은 대표적 차익거래 전략이나 개별 주식의 방향성을 기대하며, 롱-숏의 배분 비율을 달리함으로써 방향성의 전략으로도 사용된다. 즉, 차익거래 전략의 롱-숏 전략과 상이한 형태의 롱-숏 전략을 사용할 수 있다. 주식의 롱-숏 전략은 가격 상승(하락)이 기대되는 종목에 롱(숏) 포지션을 취하여 시장 변동성을 축소시킴으로써 이익을 추구하는 것으로 롱과 숏의 비중에 따라 롱 치중형(long-biased), 숏 치중형(short-biased)으로 구분된다.

글로벌 매크로는 금리, 경제정책, 인플레이션 등과 같은 요인을 고려한 전세계 경제 추세를 예측하여 포트폴리오를 구성하고, 개별 기업의 증권가치보다는 전체 자산가치의 변화로부터 투자 수익을 추구하는 전략이다. 이러한 펀드는 헤지를 하지 않고 경제 추세나 특정한 사건에 영향을 받는 시장 방향에 대한 예측을 근거로 시장방향성에 투자를 하게 된다. 즉, 가격 변동이 나타나기 전 이를 미리 예상하고, 차입을 이용하여 포지션을 매입하고 예상되는 가격 변동이 발생하기를 기다리는데 이는 예측에 대한 정확성과 시기에 따라 성과가 좌우된다. 이는 어느 한 시장이나 상품에 전문화되어 있지 않으며, 전세계 여러 시장 및 상품에 투자하고 수익률의 제고와 시장 포지션의 확보를 위해 파생상품이나 차입을 이용하므로 수익률과 위험은 다른 전략에 비해 큰 편에 속한다.

이머징마켓 헤지펀드는 주로 신흥시장에서 거래되는 모든 증권에 대해서 포지션을 취한다. 신흥시장의 경우 선진국 시장보다 비효율적이고 유동성이 낮다. 이머징마켓 국가는 일반적으로 공매도를 허용하지 않으므로 주로 매수 전략을 사용한다. 또한 시장위험을 헤지할 수 있는 선물시장이 존재하지 않는 경우 주식스왑이나 워런트 같은 장외상품을 이용하기도 한다.

섹터헤지펀드(sector hedge fund)는 특정 산업 분야에 속하는 기업의 증권에 대하여 롱-숏 투자를 전문으로 한다. 투자가 전문적으로 이루어지는 분야는 오락, 통신, 방송 및 금융기관 등이 있으며, 대형주·중형주·소형주, 가치주·성장주 및 특정한 재료가 있는 주식 등 넓은 범위의 섹터를 투자대상으로 한다.

매도전문펀드(dedicated-short hedge fund)는 매도 포지션을 취함으로써 주가가 하락할 때 이익을 추구하는데 매도할 주식을 차입하고 차입한 주식을 나중에 시장에서 더 낮은 가격으로 매입하여 주식대여자에게 반환한다. 예상대로 주식가격이 하락하면 이익이 발생하지만, 주식가격이 상승하면 손실이 발생하므로 펀드운용자의 종목 선택 능력과 매매기회 포착기술이 중요하다.

4) 펀드 오브 헤지펀드(fund of hedge funds) 전략

펀드 오브 헤지펀드 전략은 다양한 헤지펀드 전략의 조합이라고 볼 수 있다. 자금을 여러 개의 헤지펀드에 배분하여 투자하는 펀드 오브 펀드는 어느 특정 헤지펀드에 투자하는 것이 아니라 보통 15~30개의 헤지펀드의 포트폴리오에 투자한다. 현재 펀드 오브 펀드는 연금펀드, 장학기금, 보험회사와 고액 순자산 보유 개인들이 선호하는 헤지펀드 투자 수단으로 위험분산(risk diversification), 투자의 적정성(affordability), 접근의 용이성(accessibility), 전문가에 의한 운용(professional management), 사전 자산배분(built-in asset allocation) 등의 장점을 가지고 있다.

펀드 오브 펀드의 가장 큰 장점은 분산투자효과가 크다는 점인데, 헤지펀드는 전략에 따라 투자수익, 위험 및 변동성에 차이가 큰 반면, 펀드 오브 펀드는 자산 종류를 선택하기 보다는 펀드 운용자를 선택하여 투자하기 때문에 투자자들에게 높은 위험분산효과를 제공하고 하나의 헤지펀드에 모든 자산을 투자하는 경우보다 수익의 변동을 줄여준다. 반면 펀드 오브 펀드의 운용자는 보통 총 운용자산의 1%로 정해져 있는 운용보수와 투자성과의 10%인 성과보수 이외에 보수반환(retrocession), 킥백(kickback) 및 유지보수(trailing fee) 등의 서비스 수수료를 부과하므로 수수료가 이중으로 부과된다는 단점이 있다.[41] 또한 펀드 오브 펀드의 환매정책은 하위 펀드의 상환정책보다 유연한 경우가 많고 펀드 오브 펀드의 약 80%가 월별이나 분기별로 신규 투자나 환매를 허용하고 있다.[42] 그러나 펀드 오브 펀드 운용자들은 하위 펀드 운용자를 통제할 수 없다는 한계점을 가지고 있다.

---

41) 보수반환이란 하위 헤지펀드 운용자가 받은 보수의 일부를 펀드 오브 펀드 운용자에게 반환하는 것이며, 킥백은 펀드 오브 펀드가 하위 펀드에 청산브로커가 운용하는 결제 시스템을 사용하도록 해 준 대가로 청산 브로커로부터 일종의 리베이트를 받는 것임. 또한 유지보수는 펀드 오브 펀드의 환매금지기간이 지난 후 헤지펀드에 투자하고 남은 자산의 일정 비율에 대해 수수료를 부과하는 것임.

42) Lhabitant(2002).

5) 헤지펀드의 전략별 분포

[그림 Ⅱ-9]에서 처럼 헤지펀드는 롱-숏 전략을 가장 많이 사용하는 것으로 나타났으나, 그 비중은 2007년 41%에서 2008년 33%로 감소하였다. 주식이나 채권의 차익거래, 인수합병, 외환 등 다양한 대상에 투자되는 다중전략(multi strategy)의 경우 17%, CTP/Managed futures[43]의 경우 13%로 2007년 대비 본 전략의 사용비중이 증가하였다. 즉, 헤지펀드의 전략은 보다 광범위한 자산에 보다 자유롭고 다양한 운용전략을 이용하는 형태로 가고 있다.

그림 Ⅱ-9 헤지펀드 산업의 전략 구성 내역

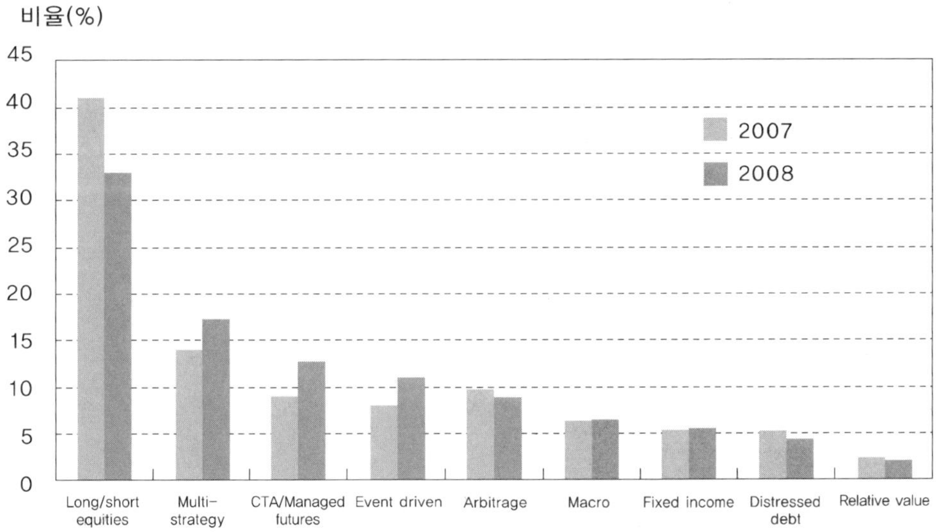

자료: Hedge Fund Research.

43) CTA(Commodity Trading Adrisors)와 manager futures 전략을 금·은과 같은 광물, 콩, 외환, 채권, 지수 등과 같은 자산과 관련된 선물계약에 대하여 롱-숏 포지션을 취하는 등 재량적 또는 체계적인 방법을 이용하는 전략임.

4. 헤지펀드 활성화를 위한 프라임 브로커의 역할

헤지펀드의 발전을 위해서는 프라임 브로커의 역할이 필수적이며, 오늘날 프라임 브로커는 헤지펀드에 대한 단순한 서비스 제공기관이 아닌 성장의 동반자로 인식되고 있다.

(1) 프라임 브로커의 역할 및 현황

1) 프라임 브로커의 역할

미국에서의 프라임 브로커리지 사업은 1994년 SEC의 Division of Market Regulation에 의해 공표된 no-action letter(1994 Letter)에서 공식적인 출범을 하였다. 1994년 Letter[44]에서 SEC는 1994년 Letter에 의해 고려된 일정 서비스가 브로커-딜러에 의해 제공되는 경우, 미국의 증권법에 따른 SEC의 강제조치가 취해지지 않을 것이라고 언급하고 있다.[45] 1994년 Letter에 의한 SEC의 포지션이 취해지지 않았다면, 오늘날의 프라임 브로커리지는 존재하지 않았을 것이다.[46] 1994년 Letter에 의하면 프라임 브로커리지에 있어 증권거래체결은 복수의 브로커-딜러에 의해 행해질 수 있으나, 청산 및 결제는 하나의 브로커-딜러에 의해 행해진다.

44) 1994년 Lettter는 1995년 12월 31일 까지 한시적으로 유효하였으나 연장을 거쳐 1997년 12월 30일에 영구화되었음.

45) 미국의 프라임 브로커는 동 서비스 제공이 1994년 letter와 부합해야 됨. 그러나 프라임 브로커리지 서비스를 미국 이외의 헤지펀드에 제공하는 경우에는 1994년 Letter의 조항을 반드시 적용할 필요는 없음. 프라임 브로커의 거래 취소(disaffirm) 한도나 최소한도의 자본금 요건 등은 미국 이외의 프라임 브로커에는 적용되지 않아도 됨. 프라임 브로커리지에 관한 규제 체계가 없는 국가는 동 국가의 계약법이 프라임 브로커와 헤지펀드의 관계를 규정하는 조항에 적용 될 것임.

46) Berman(2007).

표 Ⅱ-18 SEC 1994 Letter의 프라임 브로커에 대한 주요 규제

• 프라임 브로커로 활동하고자 하는 의도를 SRO인 DEA(Designated Examining Authority)에 신고 • 프라임 브로커로 활동하고자 하는 브로커는 150만 달러 이상의 순자본 • 헤지펀드 위탁 주문을 받은 증권사는 100만 달러 이상의 순자본 • 프라임 브로커 업무 개시전 계약 참여자는 프라임 브로커의 의무와 책임을 규제한 계약을 체결할 것 • 프라임 브로커는 헤지펀드를 인식할 수 있도록 분리된 기록 유지 • 헤지펀드는 당일의 거래 사실을 익일 오전까지 프라임 브로커에게 알릴 것 • 프라임 브로커는 헤지펀드의 거래를 체결할 책임을 질 것

프라임 브로커리지는 프라임 브로커, 체결 브로커(executing broker) 및 고객이라는 세 개의 상이한 주체를 포함한다. 프라임 브로커는 고객의 요청에 의해 하나 이상의 등록 브로커-딜러에 의해 체결된 거래를 청산 결제하는 등록 브로커-딜러이다.

프라임 브로커는 헤지펀드의 가장 중요한 서비스 제공자 중의 하나로서 헤지펀드에 대한 거래의 집행과 결제, 유가증권 및 자금의 대출 그리고 새로운 펀드 출범시 투자자 소개 등의 서비스를 통하여 헤지펀드의 운용과 성장에 필요한 서비스를 원스톱쇼핑(one stop shopping)으로 제공한다.

프라임 브로커의 가장 큰 기능은 유가증권 대여(securities lending) 기능이다. 주식대여란 주식의 장기보유자가 수수료를 받고 차후 같은 주식을 되돌려 받는 조건으로 시장에서 매도자에게 주식을 빌려주는 제도로 헤지펀드가 공매할 수 있는 능력을 촉진시키는 데 가장 중요한 요소가 된다. 헤지펀드의 공매도와 관련하여 프라임 브로커는 주식을 대여하고, 공매도를 청산하고, 담보와 증거금을 정산하고, 공매도 과정에서 이윤 및 배당금을 정산하고 지불한다. 주식대여자는 대주 중개인, 은행과 브로커-딜러 같은 금융기관이 있을 수 있으며, 연금이나 보험사와 같은 기관투자자들도 투자 전략상 장기 보유해야 하는 주식에 대해서도 주식대여자가 될 수 있다. 프라임 브로커는 은행, 대규모 기관 및 브로커-딜러로 구성된 주식대여가 가능한 기관들과의 네트워크를 유지하는데, 순수한 수탁은행들도 제한적이나마 헤지펀드에 주식대여와 신용을 제공하기도 하지만, 프라임

브로커의 서비스와 비교하면 그 규모는 매우 작다.

주식대여와 더불어 프라임 브로커는 신용을 제공하기도 한다. 신용대출(margin lending)은 헤지펀드 투자 전략에서 중요한 레버리지를 활용할 수 있는 유동성의 주요 원천으로서 신용대출과 주식대여로부터의 이윤은 프라임 브로커의 주요 수익 원천이 된다.

프라임 브로커는 헤지펀드에 레버리지나 공매도를 제공하기 때문에 시장위험에 항상 직면하게 된다. 특히 프라임 브로커는 대여 가치 이하로 주식가격이 하락할 위험과 헤지펀드의 부도위험을 감수해야 한다. 또한 프라임 브로커는 운영위험(operational risk)과 평판리스크(reputational risk)도 지니게 된다. 시장위험과 관련하여 헤지펀드에 대출하고 증권을 대여하면서 발생한 위험을 회피하고, 펀드의 파산시에 법적인 관계를 확보하기 위하여 보통 담보를 요구한다. 이러한 담보는 자산의 일부 양도, 전통적인 담보 대출의 형태를 취하거나 헤지펀드 자산에 대한 수수료 부과의 형태를 취할 수도 있다. 만일 프라임 브로커가 동시에 수탁은행 역할을 수행하는 특별한 펀드가 파산하면 잠재적인 이해상충이 발생한다. 즉, 브로커가 자산을 자기 채권에 대한 담보로써 보유하여야 하는 것을 강조하여야 할 것인지 아니면 수탁은행의 기능을 강조하여야 할 것인지 사이에 이해상충이 발생한다.

미국의 경우, 헤지펀드의 거래와 관련하여서 프라임 브로커는 헤지펀드 매니저가 결정하는 거래를 체결해줌으로써 체결 브로커(executing broker)로서 역할도 한다. 또한 프라임 브로커는 펀드가 다른 브로커와 실행한 거래를 결제하고 청산한다. 즉, 고객은 자금과 증권을 프라임 브로커의 계정에 유지하고, 체결 브로커에게 주어진 주문은 고객의 편익을 위해 프라임 브로커의 이름으로 된 체결 브로커의 계좌에서 실행된다. 이 경우 헤지펀드와 거래를 실행한 브로커 모두 프라임 브로커에게 거래 내역을 통보하여야 하며, 프라임 브로커는 거래 내역이 맞으면 거래를 결제하고 수탁은행에 통보한다. 거래는 프라임 브로커의 현금이나 증거금 계정(margin account)에 기록된다. 동시에 프라임 브로커는 동 거래를 체결 브로커의 결제 불능 계좌(fail-to-receive/deliver)에 기록한다. 만약 거래 내역이 상이하면 펀드와 주문을 실행한 브로커 사이에서 문제를 해결하도록 한다. 프라임 브로커는 고객에게 거래체결 확인통지서를 발급하고 모든 적용가능한 신용과 Regulation T 금액을 계산한다. 또한 체결 브로커는 DTC(Depository Trust Company)의 Institutional Delivery System(오늘날은 Omgeo TradeSuite)를 통하여 프라임 브로커와 거래를 확인한다. 프라임 브로커는 동 정보가 체결브로커로부터 제공된 정보와 일치하면 최종적으로 동 거래를 확인한다. 동 거래는 NSCC (National Securities Clearing Corporation)에 제시되어 청산과 결제 절차를 밟게 되며, 프라임 브로커는 헤지펀드와 통상적인 방법으로 결제하게 된다.

그림 Ⅱ-10 청산결제업무 process

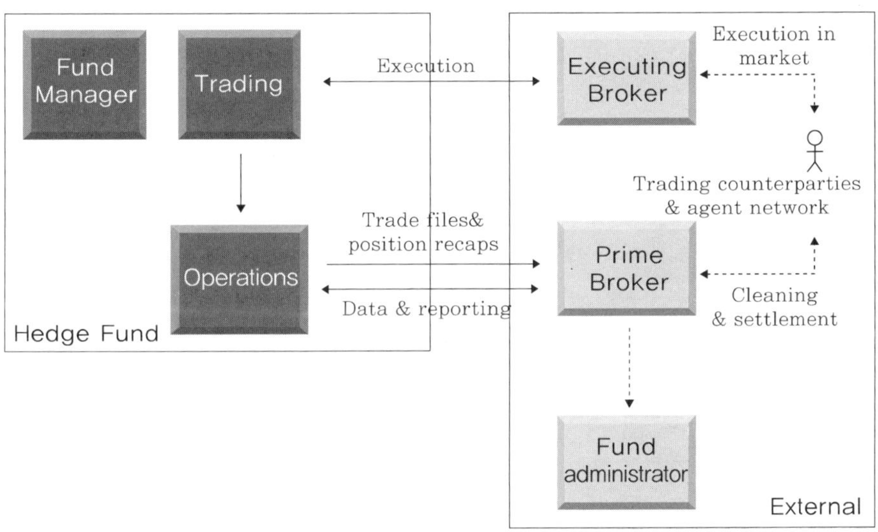

자료: Goldman Sachs.

프라임 브로커는 펀드 자산을 보관하고 보관 기능과 관련된 기타 서비스를 제공하는 커스터디(custody) 서비스를 제공하고 헤지펀드의 다양한 포지션의 보관을 통합하여 펀드가 보다 효율적으로 자산을 이용할 수 있도록 한다. 자문업법(Advisers Act) Rule 206(4)-2은 일반적으로 적격보관기관(qualified custodian)은 자문 고객의 자산을 보유하도록 요구하고 있는데, 1934년 증권거래소법(Securities Exchange Act of 1934)의 Section 15(b)(1)에 등록된 브로커-딜러 및 고객의 금융자산을 보유한 외국 금융기관은 적격보관기관으로 간주된다. 또한 자산의 보관에 더하여, 프라임 브로커는 헤지펀드 매니저에게 투자 대상 기업의 기업 행위 및 보관과 관련된 다양한 서비스를 제공하기도 한다.

또한 프라임 브로커는 헤지펀드의 수탁은행 역할을 하는 것이 일반적이다. 그 이유는 헤지펀드에 있어서 핵심정보 중의 하나인 거래, 포지션 및 성과에 관한 통합된 보고가 가능하기 때문이다. 프라임 브로커는 헤지펀드 매니저에게 회계, 포트폴리오 정보, 실시간 포트폴리오 추적, 온라인 거래 추적 등 헤지펀드 매니저가 필요로 하는 다양한 정보를 제공한다. 프라임 브로커의 보고는 일일정산된 손실·이윤 보고, 가치 평가, 성과 보고, 포지션 정리, 수익-비용 구조 등에 대한 정보도 포함된다.

투자은행은 증권 발행시 주간사의 역할을 한다. 미국의 경우 신규 주식 발행은 자율규제기관인 NASD[47]의 규제를 따르는데, Rule 2790은 restricted person으

표 Ⅱ-19 프라임 브로커의 역할

유가증권 대여(securities lending)	• 주식의 장기보유자가 수수료를 받고 차후 같은 주식을 되돌려받는 조건으로 시장에서 매도자에게 주식을 빌려줌
현금 및 신용대출(margin lending)	• 헤지펀드에 현금 대출 또는 증거금 통하여 자금 대출
체결업무(trade execution)	• 거래 체결
청산결제업무(settlement)	• 헤지펀드 대리하여 청산결제 업무 수행
보관업무(custody)	• 펀드 자산 보관 • 보관 기능과 관련된 기타 사항 제공
보고업무(reporting)	• 헤지펀드 활동 관련 보고서 작성 • 헤지펀드 계좌 관련 장부 등 기록
증권대차(securities loan and borrowing)	• 증권의 대차
발행시장참여(access to securities offering)	• 발행시장의 참여
자본소개(capital introduction)	• 매니저와 잠재적 투자자를 만나도록 하며, 관련 미팅과 컨퍼런스를 스폰서
초기서비스(incubation service)	• 초기자본, 사무 공간, 사무 지원, 기타 관리 서비스 제공
컨설팅(consulting)	• 법률 자문 등 컨설팅 서비스 제공

47) 2007년 7월 30일 NYSE Regulation과 NASD의 합병으로 FINRA(Financial Industry Regulatory Authority)가 탄생되었으며, 기존 NASD의 규제업무 승계.

로 규정된 특정인에게만 신규 발행 주식을 판매할 수 있다. 헤지펀드 매니저는 프라임 브로커에 대한 Rule 2790의 상태에 따라 인증을 받을 수 있으므로 신규 발행 주식에 투자를 원하는 헤지펀드 매니저는 NASD 규정을 준수해야 한다. 또한 프라임 브로커는 주식이나 채권의 사모 발행에 대한 헤지펀드 고객 접근권한을 제공하기도 한다.

그리고 프라임 브로커는 헤지펀드에 자본소개(capital introduction) 역할을 하기도 한다. 헤지펀드와 매니저를 육성하는 데 중요한 자본소개는 매니저와 잠재적 투자자를 만나도록 하며, 관련 미팅과 컨퍼런스를 스폰서하기도 한다.

이러한 서비스 이외에 헤지펀드는 초기 서비스(incubation service)를 제공하기도 한다. 초기자본(seed capital), 사무 공간, 사무 지원, 기타 관리서비스를 제공하는 것이다. 프라임 브로커는 프라임 브로커와의 거래, 신용거래계좌, 공매도 등의 교환의 대가로 이를 제공하기도 한다. 하지만 헤지펀드 매니저는 고객과의 거래에 대한 신인의무(fiduciary responsibility)를 인지해야 하며 이를 고려하여 프라임 브로커를 선정해야 한다.

이상과 같이 프라임 브로커의 역할은 단순히 헤지펀드의 백 오피스 업무를 대신하는 것 이상으로 거래의 실행과 운영의 핵심적 기능에 관한 서비스를 제공한다.

그림 Ⅱ-11 헤지펀드에 제공되는 프라임 브로커 서비스 현황

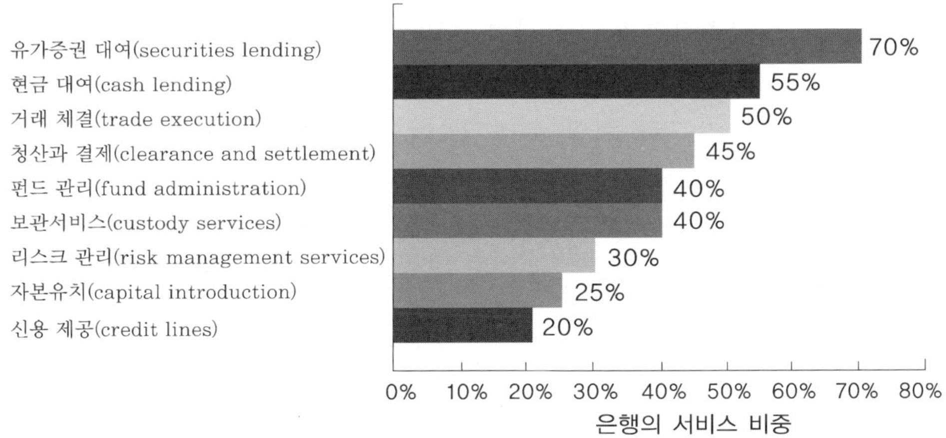

자료: IFSL(2007).

ESCB(European System Central Banks)의 BSC(Banking Supervision Committee)가 7개국의 20개 대형 은행을 대상으로 한 조사에 따르면 헤지펀드에 제공되는 주요한 서비스는 [그림 Ⅱ-11]에서와 같이 유가증권 대여 , 대출, 거래체결 서비스 순인 것으로 나타났다.

2) 헤지펀드와 프라임 브로커와의 관계

헤지펀드와 프라임 브로커의 관계는 계약 문서, 프라임 브로커와 헤지펀드 운용자에게 부과되는 법적 요구조건에 의해 결정된다. 프라임 브로커와 헤지펀드의 관계는 자금조달(funding), 주식차입(stock borrowing), 최초 자본금(seed capital), 보관 서비스(custody service), 자본 소개 프로그램(capital introduction programes) 등에 의해 결정된다. 어떠한 프라임 브로커도 자금조달서비스만 제공하지는 않을 것이며, 그러한 경우 헤지펀드의 이사나 general partner는 또 다른 프라임 브로커를 선정하거나 프라임 브로커를 바꿀 것이다.

미국의 경우 프라임 브로커와 헤지펀드 사이에 영향을 미친 요소로 1994년 Letter에 의해 인식된 주여 법적 이슈는 Regulation T의 적용, 신용규제(credit regulation), 고객확인(customer confirmation), 공매도, 투자자 보호(customer protection)와 순자본 규정(net capital rules) 등이다. 1994년 Letter에서 Regualtion T와 여타 거래의 규정을 유예하기 위해 16개의 조건을 부과하였다.

헤지펀드가 출현하였을 때 프라임 브로커가 된 상업은행과 투자은행은 오늘날의 일반화된 PBA(Prime Broker Agreement)를 이용하지 못하였다. 초기에는 헤지펀드는 자금 모집, 주식 차입, 보관 필요성으로 인해 기본적으로 프라임 브로커를 이용했는데, 그 이후 상업은행과 투자은행은 헤지펀드로 하여금 주식 차입과 대출 계약 등을 하도록 하였다. 점차적으로 두 가지 종류의 PBA가 나타나게 되었는데, 1994년 SEC의 no-action letter에 의한 미국 모델(American model)과 미국 이외의 국가에서 사용되는 글로벌 모델(global model)이다.

1994년 Letter에 의하면 프라임 브로커가 모든 고객의 거래가 어디에서 이루어지든지 간에 청산 역할과 고객의 증권과 자금에 대하여 집중 보관자(central custodian) 역할을 하기 때문에 PBA는 이러한 절차가 프라임 브로커리지 고객에게 이득을 주는 것으로 인식하고 있다.

PBA는 동 관계의 주요 요소인 신용(credit), 파산 사건(events of default), 증권의 이자(security interest), 계약의 종료(termination), 거래감시(trading oversight), 자금 모집의 비용과 조건(cost and terms of funding)을 정의하고 규율하는 문서계약이다. 초기 PBA는 신용(credit), 증권이자(security interest), 부도(default)와 계약종료(termination)의 관점에서 프라임 브로커의 리스크를 최소화하는 계약이었다.

프라임 브로커는 초기 단계에 신용제공자였으나, 오늘날에는 과거와는 다른 방식과 조건으로 신용을 제공하고 있다. 특히, 자본 소개 프로그램(capital introduction program)과 다중 역할의 전자 플랫폼(multi-functional electronic platform) 서비스를 제공하는바, 상이한 자산 종류와 화폐를 거래할 수 있는 다중 전략을 사용할 수 있고, 헤지펀드가 한 프라임 브로커 이상과 거래할 수 있도록 한다. 복수의 프라임 브로커는 어떤 헤지펀드에 있어서는 필수적이라 할 수 있다.

헤지펀드는 투자운용자에게 돌아가는 운용수수료와 성과 수수료와 서비스 제공자에 대한 수수료에 더하여 투자자들에 대한 적절한 수익을 제공해야 한다. 헤지펀드와 프라임 브로커 모두에 있어서 양자의 관계는 차입-대출자의 관계에서 파트너의 관계로 발전하고 있다.

3) 프라임 브로커 현황

최근 프라임 브로커 업무는 모건스탠리, 베어스턴, 골드만 삭스, 메릴린치 및 Bank of America 등 몇 개의 주요 투자은행에 집중되어 있다. 이들은 이미 자산운용, 대주 및 수탁업무를 하여 왔고, 운용업무부터 백오피스 업무에 필요한 기술적인 지원을 할 수 있기 때문에 자연스러운 경쟁력을 가지고 있다. 이러한 프라임 브로커들은 대상 고객을 선택하는 데 있어서 펀드의 최소 자본금이라든지 투자 약정액, 거래량, 총자산 또는 공매거래량 등과 같은 상당히 엄격한 기준을 적용한다.

Tremont Tass(2007)의 조사에 따르면 2006년 모건스탠리는 프라임 브로커로서 고객 자산의 관리비중이 22%에 이른다. 베어스턴이 약 19%를 차지하고, 골드만삭스가 17%를 차지하여 상기 세 금융기관이 세계 프라임 브로커 사업의 58%를 차지하는 것으로 나타나, 프라임 브로커 업무가 모건 스탠리, 베어스턴스, 골드만 삭스, 메릴린치 및 Bank of America 등 몇 개의 주요 투자은행에 집중되어 있는 것을 알 수 있다. 이러한 대형 IB는 이미 자산운용, 대주 및 수탁업무를 하여 왔고, 운용업무부터 백오피스 업무에 필요한 기술적인 지원을 할 수 있었으며, 대상 고객을 선택하는 데 있어서 펀드의 최소 자본금이라든지 투자 약정액, 총자산 또는 공매거래량과 같은 기준을 적용하였다.

표 Ⅱ-20 전세계 프라임 브로커의 순위

(단위: %)

프라임 브로커	관리자산 비중
모건스탠리(Morgan Stanley)	22
베어스턴(Bear Stearns)	19
골드만삭스(Goldman Sachs)	17
UBS	7
크레디트스위스그룹(Credit Suisse)	5
시티그룹(CItigroup)	4
메릴린치(Merrill Lynch)	3
도이치뱅크(Deutsche Bank)	3
리만브라더스(Lehman Brothers)	2
JP 모건(JP Morgan)	2

주: 2006년 말 기준.
자료: Tremont Tass(2007).

그러나 2008년의 경우 세계적인 금융위기로 인한 헤지펀드 자산의 감소와 이에 따른 프라임 브로커의 수입 감소, JP Morgan의 Bear Stearns 인수, Barclays Capital의 Lehman Brothers 투자금융 및 트레이딩 부문 부분 매입 및 Bank of America의 Merrill Lynch 인수 등으로 인하여 프라임 브로커리지 산업의 변화가 존재했다.

2008년 헤지펀드 사업으로부터의 IB 수입 감소가 있었는데, Morgan Stanley의 경우 헤지펀드 사업으로부터의 투자 은행 수입이 2007년 600억달러로서 투자은행 수입의 약 21%를 점유하였으나, 2009년은 전년도 수입의 45~55% 정도 감소할 것으로 예상하고 있다. 이러한 수입 감소에 대응하여, 일부 프라임 브로커는 연기금과 국부펀드와 같은 비헤지펀드 고객에게 프라임 브로커리지 업무를 제공하려고 시도하고 있다.

또한 JP Morgan의 Bear Stearns 인수, Barclays Capital의 Lehman Brothers 투자금융 및 트레이딩 부문 부분 매입 및 Bank of America의 Merrill Lynch 인수와 같은 기존 대형 IB의 변화는 기존 투자은행의 시장점유율 감소와 상업 은행의 시장점유율 증가라는 결과로 이어졌다.

더불어 최근 프라임 브로커들간의 경쟁 증가로 인하여 공급자 중심의 시장에서 수요자 위주의 시장으로 변화되고 있다. 경쟁, 시장 변동성, 서비스 제공자에 대한 규제, 높은 수익에 대한 투자자의 요구 증대, 주주행동주의, 시장력(market force)으로 인한 다수 프라임 브로커를 이용할 필요성이 증대되었고, 이는 산업의 수요를 증가시켰다. 특히 헤지펀드가 일정 수준 이상의 자산을 운용하며, 일정 정도의 정보를 공개하여 투명성을 갖을 것을 요구하며, 다수의 프라임 브로커 서비스를 필요로 하게 만들고 있다. 10억달러 이상의 자산을 운영하는 헤지펀드의 56%는 4개 이상의 프라임 브로커를 쓰고, 28%는 7개 이상의 프라임 브로커를 쓰는 것으로 나타나고 있으며, 미국의 헤지펀드인 Amaranth Advisors LLC의 경우 거래액이 60억달러에 달했는데 약 8개의 프라임 브로커를 이용했던 것으로 보고되고 있다.[48] 또한 Merrill Lynch(2007)에 따르면 10억달러 이상의 자산규모를 가진 헤지펀드의 약 3/4 가량이 2개 이상의 프라임 브로커를 이용하고 있으며, 이들 중 35%는 4개 이상의 프라임 브로커를 사용하는 것으로 보고하고 있다. 이러한 복수의 프라임 브로커를 이용함으로써 경쟁에 있어 서비스와 비용상의 혜택이 있고 유동성이 낮은 증권을 용이하게 취득할 수 있는 장점이 있지만, 리스크 평가에 있어서는 불리하게 작용할 수 있다.

이러한 변화에 따라 프라임 브로커는 부가서비스(리서치 자료 제공, 세금보고, 인터넷, 거래일과 결제일 상호 거래 및 결제 확인서비스 등)를 제공함으로써 헤지펀드 매니저들을 독점적인 관계를 시도하고 있으나, 규모가 큰 펀드는 거래상대방에 따른 위험을 줄이고 자기계정거래에 대한 비밀을 유지하며 여러 시간대에 속하는 지역의 거래를 결제하기 위하여 점차로 여러 개의 프라임 브로

48) Berman(2007).

그림 Ⅱ-12 헤지펀드 운용자산 규모에 따른 프라임 브로커 이용 개수

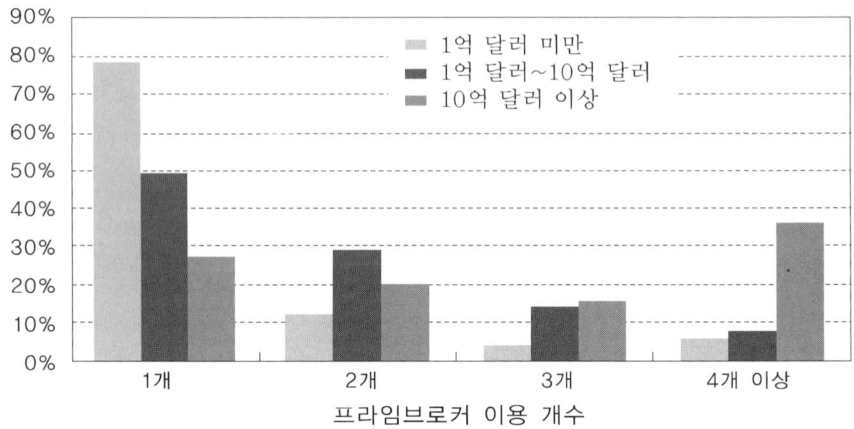

자료: Merrill Lynch(2007).

커를 이용하는 추세에 있다. 이에 따라 주요 프라임 브로커의 파산에 따른 잠재적인 영향을 줄일 수 있었으나, 매일의 손익 상황이나 포지션 보고에 필요한 자료를 취합하여야 하기 때문에 헤지펀드의 프라임 브로커리지 관련 업무는 오히려 증가하였다.

프라임 브로커는 일반적으로 서비스 전체를 하나로 묶어 수수료를 청구하지 않고, 주식 및 현금 대여와 같은 대여 수수료 및 스프레드, 거래 수수료와 프라임 브로커로부터 발생한 결제서비스 관련 수수료 등을 통해 수입을 얻는다. 특히 고객 대출(client loans), 고객 예치금(client deposits), 고객 공매도 및 스왑이나 CFDs(Contract for Difference)와 같은 자산 가치에 대하여 bp(basis points)로 수수료를 부과하는 것이 수입의 주요 원천이 되고 있으며, 2006년 영란은행은 헤지펀드가 주요 IB에 2,580억달러의 수익을 유발했다고 보고하고 있다.[49] 또한 프라임 브로커는 잠재적으로 공매도나 차입 및 대출 서비스에 집중할 수밖에 없으나, 투자은행 사업영역에서 레포(repo), 외환 등의 영역은 충분한 경제적 기회를 가지고 있으므로 이에 대한 서비스 역량도 강화하고 있는 추세이다.

Global Custodian Prime Brokerage Survey 2009에서는 전세계 약 2,000명의

49) Bank of England(2006b).

헤지펀드 매니저를 상대로 설문하여 2008년 프라임 브로커 산업의 현황을 진단하였다. 금융위기로 인한 2008년 헤지펀드 산업이 축소되었으며, 43.6%의 헤지펀드 매니저가 대형 프라임 브로커인 Goldman Sachs의 balance를 감소시킨 것으로 조사되었다. 주된 이유로는 거래상대방 신용 리스크(counterparty credit risk) 때문인 것으로 조사되었다. 그리고 '마진율이나 자금조달비용을 높이더라도, 기존과 같은 업무상 관계를 유지할 용의가 있는 유일한 프라임 브로커' 또는 '2008년 금융위기 기간 동안 높은 수준의 서비스를 제공받으며 업무관계를 유지한 프라임 브로커'에 대한 조사 결과 Credit Suisse와 Deutsch Bank에 대한 선호가 높은 것으로 조사되었다.

표 Ⅱ-21 전세계 프라임 브로커의 순위(2008년 기준)

회 사 명	가중평균점수
1. Credit Suisse	5.82
2. Deutsch Bank	5.80
3. Citi Prime Finance	5.72
4. J.P. Morgan	5.70
5. Barclay	5.61
6. Bank of America Merrill Lynch	5.59
7. Goldman Sachs	5.52
8. Moran Stanley Prime Brokerage	5.51
9. UBS	5.46
10. Newedge	5.45

자료: Global Custodian Prime Brokerage Survey 2009.

또한 헤지펀드 매니저의 49%가 지난 12개월 동안 프라임 브로커와 새로운 관계를 형성하였는데, 프라임 브로커를 선정할 때 거래상대방 신용리스크와 자산의 안정성을 고려하여 선정하는 것으로 조사되었다. 응답자의 61%가 거래상대방 신용리스크를, 50%가 자산의 안정성을 주요하게 고려하는 것으로 나타났다.

헤지펀드 매니저는 회계, 투자자 서비스 및 리스크 분석과 같은 관리 기능을 사무수탁회사에 외주하기도 하는데, 2008 년의 경우 금융위기로 인하여 사무수탁회사 관리 헤지펀드 자산은 전년대비 약 30% 감소한 것으로 나타났다. 2008년 기준 최대 헤지펀드 수탁관리회사는 Citco Fund Services로 전년 대비 24% 감소한 3,750억달러의 자산을 관리하고 있으며, State Street Alternative Investment Solutions (2,430억달러), Goldman Sachs(1,820억달러)가 그 뒤를 이으며, 이러한 헤지펀드 사무수탁 관련 서비스는 프라임 브로커 산업의 잠재적 시장이 될 수 있을 것이다.

표 Ⅱ-22 헤지펀드 사무수탁회사 순위(2008년 기준)

(단위: 10억달러)

회 사 명	자산규모
1. Citco Fund Services	375
2. State Street Alternative Investment Solutions	243
3. Goldman Sachs Administration Services	182
4. Citi	151
5. The Bank of New York Mellon	148
6. HSBC Securities Services	146
7. Fortis Prime Fund Solutions	110
8. SS&C Fund Services	100
9. GlobeOp Financial Services	95
10. CACEIS Investor Services	92

자료: IFSL(2009).

(2) 프라임 브로커의 역할 제고 방안

주요 역할이 유가증권 대여와 현금 대여이므로 미국과 한국의 관련 제도를 검토하고 한국의 제도적 개선 방안을 제시한다.

1) 공매도 관련 제도 현황

가) 미국의 공매도 제도

미국의 공매도 제도는 미국 증권거래법과 Regulation SHO(regulation of short

sales)의 규정을 적용받는다. 1934년 증권거래소법의 Rule 10a-1은 공익 및 투자자 보호를 위하여 제정한 감독 당국의 규정을 위반하여 공매도를 행하는 것을 불법적인 행위로 규정하고 있다. 특히 Rule 10a-1은 Regulation SHO 도입 이전 공매도에 대한 규제로써 증권가격 하락기의 공매도행위를 제한하는 것이 주목적이다. Regulation SHO에서는 공매도를 "매각자가 소유하지 않은 증권의 매각, 혹은 매각자가 빌린 증권의 전달로 완료되는 모든 매각[50]"으로 정의하고 있으며, 공매도 결제자산의 확보 요건(Location requirement), 결제위험증권에 대한 종결 요건(Close-out requirement), 주문표시 요건(Order marking requirement), 공매도 호가제한 요건(uptick or zero-tick rule) 등을 규제하였다.

공매도 결제 자산의 확보를 위하여 브로커-딜러는 공매도 거래의 결제를 위한 증권확보(차입 등)에 대한 합리적 판단이 필요하며, 이러한 사항은 공매도 거래가 수행되기 전에 문서화되어야 하도록 요구하고 있다.[51] 이 규정은 증권회사의 브로커나 딜러에 대해서 주식을 빌렸거나 팔아도 좋다는 증서를 제출하지 않았을 경우 공매도 주문 자체를 받지 못하도록 하고 있다. 또한 Rule 3370(b)(2)(B)에 따르면 회원은 결제일까지 자신이 증권을 차입할 수 있거나 또는 증권을 양도할 수 있다는 단정적인 판단(Affirmative determination)이 있는 경우를 제외하고는 자신의 계좌에 대한 공매도를 금지하며, 다만 이 요건은 회사채증권에 대한 매매, 나스닥 마켓메이커로서 등록된 회원의 선의의 마켓메이커 거래, 독립 호가매체에서 양 방향 호가를 내는 비Nasdaq 증권의 마켓메이커 매매, 헤지/차익거래에는 적용되지 않는다.

결제위험증권에 대비하기 위하여 threshold 증권[52]을 공매도하는 경우, 브로커-딜러는 유사한 종류 및 수량의 증권을 매입해야 한다. 또한 증권의 공매도

50) rule200(a) The term short sale shall mean any sale of a security which the seller does not own or any sale which is consummated by the delivery of a security borrowed by, or for the account of, the seller.

51) 단, Rule 200과 Rule 203에서 예외적으로 브로커나 딜러가 다른 등록 브로커나 딜러로부터 주문을 받았을 때, 진정한 시장 조성(market making)을 하는 경우 브로커나 딜러가 고객을 위해 공매도를 하는데 주식을 받을 수 있다는 것에 대해 충분히 믿을만한 정황이 있는 경우 예외적으로 허용하고 있음.

52) threshold security list란 증권거래법에 의하여 등록된 증권 중에서 ① 5일 연속의 결제기간 동안 결제 실패한 증권규모가 10,000주 이상인 증권, ② 실패거래규모가 전체 발행주식의 0.5%이상인 증권, ③ 자율규제기구(SRO; Nasdaq, NYSE, AMEX etc)에서 threshold security로 분류된 증권임.

주문을 위한 특정문구 삽입조건으로 주문에 'long,' 'short' 혹은 'short exempt'라는 문구가 삽입되어야 하며, 이를 표시하지 않는 공매도는 금지된다. 이 밖에 일정기간 이상 결제 실패가 지속되는 경우 증권회사에게 강제 청산의무를 부여하였고, '요주의 증권리스트'를 작성·공표함과 동시에 리스트 게재 종목에 대해서는 증권회사에게 강제 청산의무를 부여하였다. 이는 무담보공매도(naked short sale)가 결제불이행의 위험 및 투기유발 가능성 유발 및 소형 종목의 도산에 이용되는 사례가 발생하면서 결제 실패에 대한 방지책으로 도입되었다.

공매도 호가제한 요건(uptick or zero-tick rule)과 관련하여 공매도로 인한 증권가격 하락을 조장하거나, 가속화시키는 작용을 제거하기 위하여, 공매도 가격은 이전 거래 가격보다 높게 책정하도록 공매도 호가를 제한하였는데, 이러한 uptick rule은 2007년 6월 6일 폐지되어 공매도 가격규제가 철폐되었다. 하지만 국제 금융위기로 이러한 uptick rule의 부활에 대한 논의가 진행중이다.

나) 한　　국

① 공매도 제도

현재 우리나라에서는 전반적인 공매도 규제와 관련된 규정은 증권거래소의 업무규정에 규제되어 있다.

현행 업무규정 제 17조에서는 보유하지 아니한 주식에 대하여는 원칙적으로 공매도를 금지하고 있다. 그러나 미 보유한 경우에도 보유에 준하는 경우(차입주식의 매도, 취득주식의 결제전 매도, 전환사채의 전환권행사, 소유하고 있으나 다른 보관기관 등에 보관하고 있는 경우 등으로서 결제가 확실한 경우)에 한해서만 예외적으로 공매도를 허용하고 있다.[53)]

53) 거래소 업무 규정 제17조(공매도 호가의 제한) 1항에서는 ① 위탁자가 증권을 당해 회원외의 다른 보관기관에 보관하고 있거나 그 밖의 방법으로 소유하고 있으며, 결제일까지 결제가 가능하다고 확인서 등에 의하여 확인된 경우, ② 신용거래대주 또는 대차거래에 의하여 차입한 증권으로 결제를 하고자 매도하는 경우로서 결제일까지 결제가 가능한 경우 또는 그 밖의 방법에 의하여 차입한 증권으로 결제를 하고자 매도하는 경우로서 결제일까지 결제가 가능하다고 확인서 등에 의하여 확인된 경우, ③ 시장에서 매수계약이 체결된 증권을 당해 수량의 범위 내에서 결제일 전에 매도하는 경우, ④ 전환사채·교환사채·신주인수권부사채 등의 권리행사로 취득할 주식 또는 유·무상증자, 주식배당 등으로 취득할 주식을 매도하는 경우로서 결제일까지 결제가 가능한 경우, ⑤ 신주발행 또는 추가설정 청구에 의하여 교부받을 상장지수펀드의 매도로서 결제일까지 당해 상장지수펀드의 결제가 가능한 경우, ⑥ 상장지수펀드의 환매청구에 의하여

이 경우 보유 여부의 판단은 증권회사의 예탁 여부를 기준으로 판단하고 있으며, 미예탁증권의 매도시에는 회원들로 하여금 업무규정 시행세칙 제18조의 2(확인서 등에 의한 확인방법 등)에 의한 확인 절차를 거치도록 하고 있다.

한편 차입한 증권에 대하여는 공매도를 허용하되 가격규제를 적용하고 있으며 다만 현·선물간의 원활한 차익거래를 위해 차익거래에 대해서는 가격규제의 예외를 인정하고 있다.

우리나라의 경우 업무규정 18조에서는 공매도 호가의 가격제한(Uptick Rule)을 규정하고 있는데, 현행 규정은 차입한 증권으로 하는 매도를 하는 경우에는 차익거래를 제외하곤 직전의 가격보다 낮은 가격으로 호가할 수 없도록 하고 있다.[54] 이와 같이 차익거래에 대하여도 순수 공매도를 허용하지 않고 차입한 증권으로만 하게 함에 따라 신용거래 및 대차거래가 활성화되어 있지 않은 우리 시장에서는 차익거래가 주로 매수차익거래(현물매수, 선물매도)를 중심으로 이루어지고 매도차익거래(현물매도, 선물매수)는 상대적으로 미약한 실정이다.

또한 증권거래소 업무 규정 17조 제4항에서는 시장관리상 필요한 경우에는 회원에게 제1항 및 제2항의 규정에 의하여 공매도한 종목의 수량, 가격, 일자

교부받을 주권의 매도로서 결제일까지 당해 주권의 결제가 가능한 경우, ⑦ 주식예탁증서의 원주전환청구로 취득할 주권의 매도로서 결제일까지 결제가 가능한 경우 등을 제외하고 유가증권을 소유하지 아니하거나(매도 후 지체없이 당해 유가증권을 제공할 수 있는지의 여부가 불분명한 경우를 포함한다) 차입한 증권으로 결제하고자 하는 매도(이하 공매도)의 위탁을 받아 호가를 할 수 없다고 규정함. 또한 2항에서는 호가를 하는 날의 장종료후 시간외시장에서 거래량가중평균가격 등으로 당해 종목을 매수하기로 위탁자와 약정한 경우로서 약정수량범위 이내에서 당해 종목을 정규시장에서 매도하는 경우를 제외하고는 공매도 호가를 할 수 없도록 규정하고 있음.

54) 거래소 업무규정 제18조(공매도 호가의 가격제한) 제1항에서는 차입한 증권으로 결제하고자 매도하거나 차입한 증권으로 결제하고자 하는 위탁자로부터 위탁을 받아 매도를 하는 경우에는 직전의 가격 이하의 가격으로 호가할 수 없으나, 다만, 직전의 가격이 그 직전의 가격보다 높은 경우에는 직전의 가격으로 호가할 수 있다고 규정하고 있음. 또한 동 규정 제2항에서는 ① 지수차익거래를 위하여 매도하는 경우, ② 기초주권과 당해 기초주권에 대한 선물거래종목 또는 옵션거래종목 간의 가격차이를 이용하여 이익을 얻을 목적으로 기초주권과 선물거래종목 또는 옵션거래종목을 연계하여 거래하는 것으로서 세칙으로 정하는 거래를 위하여 기초주권을 매도하는 경우, ③ 상장지수펀드를 매도하는 경우 또는 상장지수펀드와 당해 상장지수펀드가 목표로 하는 지수의 구성종목의 주식집단 간의 가격차이를 이용하여 이익을 얻을 목적으로 상장지수펀드와 주식집단을 연계하여 거래하는 것으로서 세칙으로 정하는 거래를 위하여 주식집단을 매도하는 경우, ④ 주식예탁증서와 원주의 가격차이를 이용하여 이익을 얻을 목적으로 주식예탁증서와 원주를 연계하여 거래하는 것으로서 세칙으로 정하는 거래를 위하여 매도하는 경우 등에 한하여 직전의 가격 이하의 가격으로 호가할 수 있다고 규정하고 있음.

표 Ⅱ-23 한국과 미국의 공매도 제도 비교

	한 국	미 국
규제법률	증권거래법 유가증권시장업무규정	美증권거래법 Regulation SHO
공매도 참가자	거래소 및 상장사 임직원, 주요 주주를 제외한 나머지 (증권거래법)	제한없음
공매도거래 중개기관	예탁결제원, 증권회사, 증권금융회사	제한없음 (주로 프라임 브로커가 수행)
공매도결제 이행 보증 수단	결제증권의 보유 및 결제가능성에 대한 확인서 요구	결제가능에 대한 합리적 판단 요구 및 결제실패우려가 되는 증권의 경우, 유사증권의 보유(Location requirement, Close-out requirement)
공매도 호가규제	이전 거래가보다 높게 호가 (유가증권시장업무규정)	제한없음 (2007년 6월 uptick규정 폐지)

자료: 헤지펀드 T/F(2007).

및 위탁자명 등의 자료제출을 요구할 수 있도록 하고 있다. 한편 미국의 경우 상기 사항에 대한 보고를 의무화하고 있다.[55)]

한편 자본시장법 제180조(공매도의 제한) 제1항에서는 증권시장에서 상장증권에 대하여 ① 소유하지 아니한 상장증권의 매도, ② 차입한 상장증권으로 결제하고자 하는 매도를 하거나 그 위탁 또는 수탁을 금지함으로써 원칙적으로 공매도를 제한하고 있다. 다만, 예외적으로 ① 증권시장에서 매수계약이 체결된 상장증권을 해당 수량의 범위에서 결제일 전에 매도하는 경우, ② 전환사채·교환사채·신주인수권부사채 등의 권리 행사, 유·무상증자, 주식배당 등으로 취득할 주식을 매도하는 경우로서 결제일까지 그 주식이 상장되어 결제가 가능한 경우, ③ 결제 이행 우려가 없는 경우로 대통령령이 정하는 경우에 한하여 이를 공매도로 보지 않는다.

② 대차거래제도

우리나라는 1996년 증권대차거래제도가 도입되었으며, 1998년 채권대차거래가 허용되었으나, 대차거래관련 규제는 완화되는 추세에 있다. 그 예로 1998년 외국인에게 대차거래가 허용되었으며, 차입한도도 높였으며, 2000년 뮤추얼펀

55) NYSE Rule 440F.10 및 NASD Manual Rule 3360. Short Interest Reporting.

드 등의 유가증권대여가 허용되었고, 2001년 대차중개업무기관 확대를 통하여 서비스경쟁을 유도하였다.

표 Ⅱ-24 한국 대차거래제도 주요변화

일 시	주 요 변 화
1996년 9월	증권대차거래제도 개시
1998년 9월	채권대차거래업무 개시
2000년 8월	신탁계정의 유가증권 대여 허용 * 뮤추얼펀드의 유가증권대여 허용
2000년 9월	대차중개업무를 증권회사와 증권금융회사[56]에 허용
2001년 12월	외국법인의 대차거래 제한 완화

우리나라 대차시장의 주요 대여자는 연금, 보험회사, 증권회사, 은행, 투신 및 증권사 고객인 개인 등이며, 기관투자자가 주류를 이루며, 차입자는 증권회사 및 개인 등으로 이루어진다. 대차거래시장의 참가자들은 해당참가자관련 법령 및 업무지침 등에 의해서 다음과 같은 대차거래 활동에 규제를 받고 있다.

표 Ⅱ-25 참가자별 대차거래근거규정 및 업무범위

참가자	관련규정	업무범위	대여	차입
증권회사	증권거래법시행령 제36조의제5항	대차거래 가능	○	○
은행 (고유계정)	은행업무중부수업무의범위에 관한지침	대여 · 차입가능(차입은 헷지/ 결제/차익거래 목적으로 한정)	○	○
펀드, 변액 보험, 은행 (신탁)	간운법시행령 제69조제1호	대여 · 차입가능(펀드총액의 50% 한도로 대여, 20%한도로 차입)	○	○
보험회사	보험업감독규정 제1-3조관련 별표	대여가능	○	×
국민연금	국민연금법 제102조제2항제3호	대여가능	○	×
공무원연금	공무원연금법시행령 제74조제1항	대여가능	○	×

56) 증권거래법 제147조.

기타	교원공제회 유가증권운용규칙	대여가능	○	×
	새마을금고연합회 자금운용지침	대여가능	○	×
	사학연금재단 사립학교직원연금법	대여가능	○	×

자료: 증권예탁결제원.

2) 차입 관련 규제

가) 미　　국

미국의 경우 헤지펀드와 같은 비등록투자회사의 경우 레버리지에 관한 규제는 없다. 투자회사법상의 투자회사 역시 레버리지를 사용할 수 있으나 헤지펀드에 비해서는 제한적이라고 할 수 있다. ICA에서는 일반적으로 개방형 투자회사는 은행에서만 차입가능하고, 300%가 최대 차입한도이다.[57] 폐쇄형 투자회사는 덜 엄격한 한도를 갖고 있고, 등록투자회사의 이사회가 회사의 차입사용과 관련한 책임이 있는데,[58] 허용된 차입 거래의 특성과 위험에 관한 정보가 펀드의 투자의향서에서 투자자들에게 공지되어야 한다.[59] 일반 등록투자회사의 경우 실제적으로 차입을 사용하는 경우는 1/3정도인 것으로 알려져 있다.[60]

나) 한　　국

국내 펀드에 대한 차입규제를 살펴보면, 사모투자전문회사는 단독으로 또는 공동으로 투자단계에서 구체적인 투자수단으로 활용하는 도구로서 투자목적회사(SPC)를 설립하여 투자할 수 있도록 하고 있으나, SPC도 PEF와 동일하게 투자를 제한하고 있다. SPC는 상법상 주식회사 또는 유한회사 형태로 설립해야 하며, 지나친 레버리지를 방지하기 위하여 차입과 보증의 합계는 자기자본의 2배를

57) ICA Section (18)(f)(1)과 (18)(g).
58) SEC(2003).
59) 폐쇄형 투자회사의 차입 규정은 ICA Section (18)(a)-(e)에서 규정.
60) Almazan, Brown, Carlson and Chapman(2004).

초과하지 못하도록 제한을 부과하고 있다.[61)]

자본시장법에서 금전차입 등에 대하여 제한을 부과하고 있다. 자통법 제83조 제1항에서는 집합투자업자는 집합투자재산을 운용함에 있어서 집합투자기구의 계산으로 금전을 차입하지 못한다고 명시하고 있으며, 다만, ① 집합투자증권의 환매청구가 대량으로 발생하여 일시적으로 환매대금의 지급이 곤란한 때, ② 매수청구가 대량으로 발생하여 일시적으로 매수대금의 지급이 곤란한 때에 한하여 집합투자기구의 계산으로 금전을 차입할 수 있다. 그러나 차입금의 총액은 차입 당시 집합투자재산 총액의 100분의 10 이내에서 이루어져야 한다.

자본시장법 제72조에서 투자매매업자 또는 투자중개업자는 증권과 관련하여 금전의 융자 또는 증권의 대여의 방법으로 투자자에게 신용을 공여할 수 있다고 규정하고 있다. 신용공여 관련 금융투자업 규정에서 신용거래 종목, 신용거래 한도 및 담보징구방법 등의 기준을 설정하고 있으며, 신용거래와 관련하여 각 금융투자회사별로 신용거래 한도 설정이 자율화 되어 있다.

사모투자전문회사(PEF)의 경우 법 제270조 제7항에서는 ① 사원의 퇴사에 따른 출자금을 지급하기 위하여 불가피한 경우, ② 운영비용에 충당할 자금이 일시적으로 부족한 경우, ③ 투자대상기업에 투자하기 위하여 필요한 자금이 일시적으로 부족한 경우에 한하여 차입금액 및 채무보증액의 합계가 사모투자전문회사재산의 100분의 10 범위 내에서 자금을 차입할 수 있도록 규정하고 있다. 투자목적회사의 경우 법 제271조 제3항에서 차입을 하거나 투자대상기업 또는 투자대상기업과 관련된 타인을 위하여 채무보증을 할 수 있으나, 차입금액과 채무보증액의 합계는 대통령령으로 정하는 한도를 초과하지 못한다고 규정하고 있다.

2009년 2월 개정된 자본시장법에서 제249조의2를 신설하여 대통령령으로 정하는 적격투자자만을 대상으로 하는 사모집합투자기구의 경우 집합투자기구에게 차입을 허용하여 헤지펀드가 레버리지를 사용할 수 있는 법적 근거를 제공하였다. 차입금의 총액은 집합투자재산 총액의 100분의 400 이내로 대통령령으

61) 간접투자자산운용업법 제144조의9 제3항에서는 투자목적회사는 차입을 하거나 투자대상기업 또는 투자대상기업과 관련된 타인을 위하여 채무보증을 할 수 있으나, 차입금액과 채무보증액의 합계는 대통령령이 정하는 한도를 초과하지 못한다고 규정하고 있음.

로 정하는 비율을 초과할 수 없도록 규정하였다.

3) 공매도와 차입의 활성화를 위한 제언

헤지펀드가 활성화되기 위해서는 우선 헤지펀드가 공매도 및 차입의 허용을 통하여 헤지펀드의 활성화가 필요하고, 이러한 규제 개선을 통하여 헤지펀드 활성화 및 프라임 브로커의 기능 향상이 필요하다.

일차적으로 공매도는 가격결정의 효율성, 수급불균형의 조절을 위한 유동성 공급 기능이 있다. 공매도의 위험성을 고려시 공매도 참가자는 일반적으로 정보가 상대적으로 풍부한 정보투자자(informed investor)들이며, 이들의 참여로 가격은 정보를 효율적으로 반영할 수 있다. 특히 차익거래와 연계된 공매도는 파생상품과 기초자산 간의 가격괴리를 신속히 해소하는 데 기여한다. 또한 공매도에 의한 인위적 공급(artificial supply)을 통하여 수요 급증시에는 공급물량을 제공하며 매도물량이 과다할 때에는 공매도 포지션 청산을 통하여 매수세를 창출할 수 있다. 그럼에도 불구하고 공매도가 가지는 위험성은 결제불이행과 시세 조정의 수단이 될 수 있다는 점이다. 시장에서의 유통물량을 초과하는 인위적 물량이 대규모로 창출될 때 결제불이행 사태가 초래될 위험성이 커지게 되고, 이러한 위험성이 시장전체로 파급될 수 있다.

또한 인위적인 가격하락을 도모할 목적으로 시세조종을 초래할 수도 있다. 그러나 결제불이행에 대한 우려로 공매도 자체를 원칙적으로 금지하기 보다는 그 문제점을 최소화시키며 자율적인 자산운용이 가능하도록 할 필요가 있다. 따라서 결제시스템의 안정을 위하여 무담보공매도(naked short sale)는 허용되지 않는 것이 바람직하며, 사전적으로 차입 증권이 확인된 covered short sale[62)]을 활성화할 수 있는 방안이 마련될 필요가 있다.

그리고 펀드의 공매도를 활성화시키기 위해서는 펀드가 공매도거래에 참여할 수 있는 여건을 조성하는 것이 필요하며, 그 일환으로 펀드의 대차거래허용수준을 완화시키는 것이 바람직하다.[63)] 이를 위하여 시세 조종에 따른 시장 교란

62) 정상적으로 주식을 빌려서 파는 것으로 normal short sale이라고도 함. 원칙적으로 주식이 없는 상태에서 매도할 수 없으나 대주에 대한 약정을 한 상태에서 매도가 가능함.

63) 간투법 제 88조 1항, 시행령 제 72조 제2호 및 시행규칙 제 72조에 의하여 공모의 경우

가능성이 거의 없는 거래에 대해서는 up-tick rule 적용을 배재하게 되면 적시 매도가 가능해지므로 시장의 효율성을 확보할 수 있으므로 이러한 방안을 고려할 필요가 있다.

더불어 헤지펀드의 활성화와 직접적 연계가 있는 프라임 브로커의 기능을 제고하기 위하여 공매도 규제의 실효성을 확보해야할 것이다. 실질적으로 기관투자자와 외국인의 매도물량 보유여부에 관한 확인절차가 이루어지는 시스템 확보가 필요하며, 회원뿐만 아니라 위탁자에게도 명시의무 등을 부여하여 공매도 규제의 실효성을 제고할 필요가 있다. 또한 공매도 가능 여부를 판단하는 기준인 보유물량의 순포지션 계산 방식에 대하여 매매거래 단위별 차감 방식 등 합리적이고 구체적인 지침이 제시되어야 할 것이다.

차입의 경우 이익과 손실을 확대할 수 있는 효과적인 수단이며, 헤지펀드의 롱-숏 전략에 중요한 수단이다. 레버리지는 경제적 측면에서 시장 유동성을 제고하고 자금조달 비용을 낮추며 보다 효율적인 자산 배분을 가능하게 함으로 헤지형 사모펀드에 차입을 허용할 필요가 있고, 프라임 브로커 역할을 하는 증권회사의 헤지펀드에 대한 대출을 허용해야 한다.

다만, 레버리지와 관련된 문제점은 과도한 레버리지 사용으로 손실이 확대될 경우 시스템 리스크를 유발할 수 있다는 점이다. 대부분의 정책 및 학술 논의에서 헤지펀드 활성화에 따른 시스템 리스크를 대비하기 위한 제언을 하고 있다. 특히 동일한 전략 및 포지션을 가진 다수의 헤지펀드가 동시에 시장을 이탈하거나 한 방향으로 거래할 때 집단거래(crowded trades) 위험이 있으며, 이 경우 시장 전체로의 파급 및 유동성 경색을 초래할 가능성이 있으므로 헤지펀드의 의미 있는 정보 공개, 금융기관의 위험관리시스템 개선, 건전한 해결 메커니즘 확립 등을 통한 시스템 리스크관리 방안이 필요하다.

이에 대한 대처방안으로 헤지펀드 차입 거래에 대한 직접 규제는 헤지펀드는 전략별로 차입 정도가 달라지므로 차입 규모를 획일적으로 규제하기는 어렵다. 따라서 헤지펀드의 이러한 위험성을 모니터링하기 위한 방안으로 차입 규모에 대한 감독 당국의 정보 집적이 필요하다. 이를 위해 헤지형 사모펀드 운용자가 이를 감독 당국에 보고하도록 하는 것이 한 방안이 될 수 있다. 헤지펀드의

대차거래는 50/100까지 허용되며, 사모의 경우 제한이 없음.

차입 규모가 전반적으로 급격히 증가하면, 금융 당국은 자금을 대여하는 프라임 브로커 등 일반 금융기관에 대한 건전성 규제 강화를 통해 시스템 리스크를 예방할 수 있을 것이다.

또한 최초 거래에서 차입을 이용할 경우 신규로 매입한 주식과 같은 자산은 또 다른 대출의 담보로 사용될 수 있는데, 이에 대한 제약은 은행과 프라임 브로커-딜러가 추가적인 거래에 대한 자금 차입 한도에 의존한다. 과도한 담보 제공은 신용위험을 상승시키고 유동성 위험에 노출되도록 만든다. 따라서 개별 프라임 브로커는 이러한 위험을 감안하여 과도한 거래 한도를 주지 않도록 자체적으로 리스크관리에 만전을 기해야 한다. 특히 장외파생상품 거래에 있어서는 프라임 브로커의 역할이 중요한데 거래상대방 위험의 통제뿐만 아니라 담보거래 등 거래 종료까지 많은 작업이 필요하기 때문이다. 따라서 프라임 브로커 자체의 리스크관리 능력 개선뿐만 아니라 금융감독 당국의 프라임 브로커에 대한 감독 방안 마련이 시급하다.

국내의 경우 프라임 브로커리지 업무는 매우 생소한 분야이므로 프라임 브로커리지 업무에 앞서서 프라임 브로커와 헤지펀드의 법적 관계에 대한 정비가 필요하다. 특히 프라임 브로커와 헤지펀드가 법적 관계를 정립하는 프라임 브로커리지 계약(prime brokerage agreement: PBA)은 파산에 관한 결의(act of insolvency), 프라임 브로커가 헤지펀드에 대해 보유하고 있는 증권이나 현금 등 자산, 채무불이행 사항, 순자산가치(NAV) 및 산정 관련 사항, 담보금(margin) 관련 사항 등을 포함하고 있으므로, 국제적 정합성을 가지고 있는 PBA 가이드 라인 제시가 필요하다.

더불어 국제금융시장에서 경쟁할 수 있는 헤지펀드 도입 및 관련 제도의 개선에 맞추어 국내 전문인력의 보강이 필요하다. 우수한 인재는 선진 금융기법을 국내에 도입할 수 있는 창구가 되므로 전문 인력의 육성이 절실하다.

5. 헤지펀드의 해외제도

(1) 세계 각국의 전반적 헤지펀드 규제환경

IOSCO(2006)은 2006년 3월 20개의 기술상임위원회 위원(SC5)대상으로 개별 법제하에서의 헤지펀드의 전반적 규제 환경을 조사하였다.64) 이 조사에서는 2003년 IOSCO의 헤지펀드에 관한 보고서에서 제시한 헤지펀드의 특성을 확장하여 이머징 마켓 등 다양한 신규 전략을 인정하고 있다.

헤지펀드에 관하여 공식적이고 법적 정의를 채택하고 있지 않으며, 헤지펀드 운용자는 대부분 규제를 받고, 소매화(retailization)가 심각하게 진전되지는 않았으나 향후 진전될 가능성이 있으며, 헤지펀드와 관련한 사기가 발생하나 심각한 정도는 아니라는 결론을 내리고 있다. 그리고 헤지펀드의 규제 방법에 관하여 그 방식은 각 법제하에 상이하게 발전하고 있으며, 대부분의 법제하에서 등록되거나 허가받은 간접투자증권의 헤지펀드 전략 사용은 법제별로 상이하게 적용되고 있다. 헤지펀드에 부과되는 투자 제한은 법제별로 상이한데, 예를 들면, 프랑스는 차입을 제한하는 반면, 네덜란드와 독일은 이에 대하여 제한을 두지 않고 있다. 또한 대부분의 회원국에서는 헤지펀드와 운용자에 대하여 다양한 규제를 하고 있는 것으로 나타났다. 다음 표에서 개별 회원국의 개별 법제 관련 답변 내용을 전반적으로 요약 정리한다.

64) 조사대상 법제는 호주, 브라질, 캐나다(온타리오), 캐나다(퀘벡), 프랑스, 독일, 홍콩, 아일랜드, 이탈리아, 일본, 저지, 룩셈부르크, 멕시코, 네덜란드, 포르투갈, 스페인, 스위스, 영국, 미국(CFTC), 미국(SEC)임.

표 Ⅱ-26 세계 각국의 전반적 헤지펀드 규제환경

항　목	법제별 현황			
	Y	N	N/A	Y/N
가. 일반사항				
1) 등록 헤지펀드의 존재	15	2	3	–
2) 헤지펀드의 다양한 10가지 전략 허용	9	2		9[1)]
나. 헤지펀드의 정의				
3) 헤지펀드가 정의되는가?	0	20	0	–
4) 헤지펀드와 집합적 투자펀드(Collective Investment Fund: CIF)의 정의와 다른가?	1[2)]	14	5	–
5) 헤지펀드, PEF, 벤쳐캐피탈과 future fund를 구분하는가?	13	7	–	–
6) 단일 전략펀드인 헤지펀드와 펀드 오브 헤지펀드가 구분되는가?	9	10	1	–
다. 운용자, 펀드, 증권규제				
7) 헤지펀드 운용자가 규제되는가?	17	2	1	–
8) 사모펀드와 공모펀드 운용자 규제가 상이한가?	6	10	4	–
9) a) 헤지펀드 자체가 규제되는가?	16	3	1	–
b) 헤지펀드의 등록이 요구되는가?	13	5	1	1
10) 헤지펀드가 차입, 공매도, 파생상품의 사용에 있어 구체적으로 제약받는가?	9	7	3	1
11) 공모시 등록되어야 하는가?	16	1	3	–
12) 헤지펀드 증권이 거래소 상장 허용되는가?	12	5	3	–
13) a) 광고 허용여부?	15	4	1	–
b) 펀드 등록여부와 관련 있는가?	7	11	2	–
라. 판매적격성/판매제약				
14) 소매판매가 허용되면, 등록브로커가 충족할 면허 요건이 있는가?	4	10	6	–
15) 소매판매시 브로커에게 요구되는 다른 제한이 있는가?	9	7	4	–
마. 소매 헤지펀드 정보 공개				
16) 소매투자자에게 최소정보공개범위를 지닌 판매각서(offering memorandum)의 제공의무가 있는가?	16	–	4	–
17) 투자한도, 차입 규모, 투자집중, 공매도나 다른 전략을 공개할 의무가 있는가?	15	2	3	–
18) 소매투자자에게 구체적 경고 의무가 있는가?	13	2	5	–
바. 소매 헤지펀드의 보고 의무				
19) 소매투자자에 대한 실적의 정기보고서 제시 의무가 있는가?	13	2	5	–
20) a) 소매투자자에 대한 연간 재무보고서 송부 의무가 있는가?	14	1	5	–

b) 재무보고서가 US GAAP(Generally Accepted Accounting Practice)나 국제회계 기준의 일치 여부?	5	8	7	–
21) 재무보고서의 감독 당국제출 여부?	14	1	5	–
22) a) CIS(Collective Investment Scheme) 보고의무와 일치여부?	12	2	6	–
b) CIS보다 더 빈번?	3	9	8	–
23) a) 헤지펀드나 CIS의 가치평가 문제 있는가?	6	11	3	–
b) 운용자에 대한 가치평가에 관한 구체정책이 있는가?	10	8	2	–
24) 프라임 브로커 규제 의무가 있는가?	10	7	3	–
사. 검사와 제재(enforcement)				
25) 헤지펀드나 운용자의 검사가 요구되는가?	18	1	1	–
26) a) 헤지펀드 관련 고객 불평 여부?	5	5	10	–
b) CIS 불평 여부?	4	6	11	–
27) 과거 5년간 헤지펀드에 대한 규제 조치가 있는가?	7	9	4	–
28) 헤지펀드에 대한 민사고소 유무?	2	9	9	–
29) 기타 다른 문제가 있는가?	12	5	3	–

주: 1) 일부전략 허용.
2) US(SEC).
3) Y: Yes, N:: No, N/A: Not Available .
자료: IOSCO(2006) 자료를 요약 정리하였으며 숫자는 국가 수임.

(2) 주요국 제도

1) 미 국

가) 설 립

미국의 경우 집합투자 증권은 원칙적으로 등록되어 규제받지만 헤지펀드는 등록면제를 위한 예외 조항을 이용하여 설립·운용 및 공시에 대한 규제를 적용받지 않는다.

ICA에서는 투자회사가 SEC에 등록할 의무를 규정하고 있다. 그러나 동법에 의하면 투자자 기준에 관한 일정 요건이 충족되는 경우 투자회사로서 등록의무가 면제되는데, 면제되기 위한 투자자 기준은 Section 3(c)(1)에 규정된 소수투자자펀드(private fund)와 Section 3(c)(7)에 규정된 적격투자자펀드(qualified purchaser fund)에 한정된다. Section 3(c)(1)에서 규정하고 있는 소수투자자펀드는 100명 이하의 투자자에 의해 소유되고 공모로 발행되지 아니한 투자회사로 투자회사의 정의에서 제외된다.[65] Section 3(c)(7)은 적격투자자(qualified purchasers)에 의해 증권이 매수되고 공모로 매각되지 아니한 경우는 투자회사의 예외조항에 해당된다. 적격투자자펀드는 투자자 수에 제한이 없으나 모든 투자자는 반드시 적격투자자로 구성되어야 하며, 여기에서 적격투자자란 500만달러 이상의 투자 잔고를 가진 개인과 법인 또는 2,500만달러 이상의 투자 잔고를 가진 기관투자자를 말한다.

1933년 증권법(Securities Act of 1933)의 Section 5에서는 증권을 공모하고자 하는 법인은 SEC에 등록해야 하고, 공모기업과 증권에 관한 투자설명서를 제출할 의무를 부과하고 있으나 공모가 아닌 경우에 한하여 헤지펀드는 등록의무와 투자설명서 제출의무를 면제받게 된다. 특히 증권거래법상의 Rule 506 of Regulation D는 일반적인 권유나 광고의 형태를 취하지 않고, 특정투자자(accredited investors)에게만 증권을 매각하여 발행회사는 면제 혜택을 받을 수 있도록 사모에 적용될 면책기준(safe harbor)을 설정하였다. 이러한 면책기준에서의 100만달러 이상의 순자산을 보유하거나 직전 2년간 연소득이 20만달러 이상이거나 부부합산 연간소득이 30만달러 이상인 개인은 특정투자자로 분류된다.

1934년 증권거래법에 의하면 직전 회계연도 말 500인 이상의 증권소지자가 있고, 1천만달러 이상의 자산을 보유한 발행 기업은 SEC에 헤지펀드의 지분증권을 등록해야 한다. 따라서 헤지펀드는 등록의무를 회피하기 위해 지분증권의 소지자를 500명 미만으로 제한하는 경우가 많다.

나) 운　　용

운용업자의 경우는 1940년 투자자문업법(Investment Advisers Act of 1940)에 따라 이전 12개월 동안 고객 수가 15인 미만이고 일반 대중을 상대로 투자자문 서비스를 제공하지 않았거나 영업행위를 하지 않은 경우 등록투자회사의 투자자문업자로 등록을 면제해 준다.[66] 많은 헤지펀드 자문업자는 동 면제 규정에 의하여 SEC의 등록을 회피하고 14개까지 헤지펀드를 운용하고 있다.

65) 일반적으로 법인 투자자는 투자자 수의 계산시 1명으로 계산됨.
66) 1940년 투자자문업법 Section 203(b)(3).

다) 판 매

판매업자에 대해서는 공적인 규제가 없고 자율규제기관이 일부 규제하고 있다.

2) 영 국

가) 설 립

영국의 경우 유럽에서 헤지펀드 매니저가 가장 선호하는 지역으로 정부는 헤지펀드를 유치하기 위해 적극적으로 노력하고 있다. 영국은 헤지펀드가 법령상 정의되어 있지 않고, 규제 외 집합투자기구(unregulated collective investment scheme)로 분류되고 있으므로 설립 규제는 하고 있지 않다. 실제로 대부분의 헤지펀드가 영국 외에서 설정·운용되고 있는데, 이는 헤지펀드가 영국에 설정되는 경우 배당·이자소득 및 양도소득이 법인세의 대상이 되기 때문에 이를 회피하고자 하기 때문이다.

나) 운 용

FSA는 투자 관리나 투자자문 등의 규제대상 업무를 행하는 자는 금융서비스시장법(Financial Services and Markets Act 2000: FSMA)에 근거하여 인가를 받도록 의무화하고 있으며, 헤지펀드 매니저에 대한 규제 방침은 다른 투자 매니저에 적용되는 규제 방침과 유사하다.

다) 판 매

FSA는 헤지펀드 상품에 대한 판매와 마케팅에 대한 규제를 강조하고 있다. 영국에서 판매업자는 고객을 금융기관 등 시장당사자(market counterparty), 중간고객(intermediate customers) 및 일반고객(private customers)의 3가지로 분류하도록 하고 있으며, 헤지펀드는 규제 외 집합투자기구로 분류되고 있기 때문에 일반고객에 대한 판매권유 행위는 인정되지 않고, 당사자나 중간고객 등에 대한 판매권유 행위만이 가능하다.[67] 그러나 2004년 적격투자자 제도(Qualified Investor

Scheme: QIS)가 도입되어 법인고객 등 일부 투자자를 대상으로 한정적으로 판매가 허용되었다. 또한 헤지펀드는 투자회사의 형태로 설정할 수도 있지만, 헤지펀드의 특징 중 하나인 공매도가 상장기준에 충족되지 않으므로, 순수한 헤지펀드를 거래소에 상장하는 것은 불가능하다.

라) 기타 규제

영국은 투자자 보호를 위하여 헤지펀드 운용회사의 조직 및 자산운용 관련 정보를 의무적으로 제출하도록 하는 등 헤지펀드 시장의 안정성 확보를 위한 대책을 마련하고 있으며, FSA는 헤지펀드의 금융시스템 안정성 저해에 대응하여 2005년 10월 헤지펀드 감독팀(center of hedge fund expertise)[68]을 신설하여 주기적으로 리스크를 점검하고 모니터링을 강화하는 한편 런던 소재 25개 대형 헤지펀드 회사와의 정기 간담회를 정례화하고 대형 헤지펀드 운용자에 대해 집중적으로 관리 감독하고 있다.

3) 일 본

가) 설 립

일본의 헤지펀드 규제정책은 비교적 헤지펀드에 유리한 쪽으로 적용된다. 헤지펀드를 증권의 한 종류로 취급하는 일본에서는 모든 투자자들이 헤지펀드에 투자할 수 있는 반면 자국 내에 판매되는 증권은 다른 증권과 똑같이 규제를 받는다. 사모의 경우 유가증권의 모집을 하기 위해서는, 증권정보(펀드의 명칭, 발행가격, 신청 기간 등), 펀드정보(펀드의 목적, 투자 방침, 투자대상, 운용체계, 투자 제한 등) 및 특별정보(위탁회사 등의 회계 상황 등) 등을 기재한 유가증권신고서를 내각총리 대신에게 사전에 제출할 의무를 면제받는다.

67) 영국의 고객구분 규제에서는 일반고객의 요청 등이 있으면 고객의 특정 상품 투자 경험을 감안하여 일반고객을 중간고객으로 분류하는 것이 가능함. 이 경우 판매업자는 적절한 조치를 강구한 다음, 해당 고객에게 헤지펀드의 판매권유 행위를 행하는 것이 가능함.

68) 10명의 인원으로 구성됨.

나) 운　　용

투자자문업을 영위하려는 자는 투자자문업법에 의해 등록해야 하고, 감독의 대상이 된다. 단 투자판단의 전부 혹은 일임의 경우 내각총리대신의 인가를 받아야 한다. 펀드 운용에 있어 공매도는 규제되고 있지만, 차입 거래에 대해서는 일정 제한을 두되 허용하고 있다.

다) 판　　매

펀드 판매에 있어서는 공모와 사모 모두 약관의 신고 및 운용보고서의 작성을 의무화하고 있다.

4) 독　　일

가) 설　　립

독일의 경우 헤지펀드를 명시적으로 규정하고 있지 않지만 차입 또는 공매도를 사용하는 펀드를 추가적인 리스크를 가지는 펀드(싱글 헤지펀드)로 규정하고 있으며, 또한 추가적인 리스크를 가지는 펀드를 포함한 펀드 오브 헤지펀드를 별도로 규정하여 이를 사모로 설립할 수 있도록 허용하고 있다. 단, 독일 역내에서 설립한 헤지펀드 및 펀드 오브 헤지펀드의 경우 등록을 의무화하고 있다.

나) 운　　용

펀드 운용에 있어서 일정 제한을 가하기는 하지만 보다 자유로운 상품 및 전략을 허용하되, 펀드 자문업자에 대해서는 운용자의 책임을 강화하고 있다. 즉, 펀드 운용자는 투자설명서 또는 계약 조건 등을 통하여 금융상품, 비용 조건에 대한 정보를 반드시 제공해야 한다.

다) 판　　매

판매에 있어서는 헤지펀드의 사모 판매만이 인정되고, 펀드 오브 헤지펀드는 일반투자자에 대한 판매를 허용하고 있다. 다만, 역외 펀드 오브 헤지펀드는 독일연방청의 통지가 전제되어야만 한다.

5) 홍　　콩

가) 설　　립

홍콩의 경우 홍콩증권선물위원회(Securities and Futures Commission: SFC)는 2002년 5월 투자신탁 규칙 중에서 헤지펀드에 관한 규칙(Chapter 8.7 of the Code on Unit Trust and Mutual Funds)을 신설하여 운용자산이 1억달러 이상이고 헤지펀드 운용경험이 5년 이상인 운용인력의 보유를 헤지펀드 등록 및 판매 조건으로 명시하고 투자설명서에 투자위험 경고 문구를 삽입하도록 의무화하는 한편, 헤지펀드를 일반투자자에게 판매할 때 그 헤지펀드 운용회사의 SFC의 등록의무를 부과하였다.

나) 운　　용

헤지펀드 운용회사의 등록시, SFC가 적합성을 평가함으로써 적절한 위험관리와 내부 관리를 위한 충분한 인원이 배치되고 있는지를 평가 항목으로서 도입하였다.

다) 판　　매

사모는 제한이 없으나 공모헤지펀드의 판매시 투자금액에 대한 제한을 두고 있다.

6. 헤지펀드의 정책적 학술적 논의와 시사점

(1) 정책적 논의

1) 국제기구

2007년 6월 선진 8개국(Group of Eight: G8) 재무장관 회담에서 헤지펀드의 규제 방안을 논의한 결과, 헤지펀드의 활동과 연계돼 잠재적으로 나타나는 구조적 위험 및 포지션 청산이 일시에 이루어질 경우의 금융위기 발생가능성 등 헤지펀드가 국제 금융시장의 안정성을 위협할 가능성이 높고 규제가 필요하다는 데 동의하였다.

그러나 헤지펀드 규제 강화를 주장하고 있는 독일은 헤지펀드가 자본시장을 교란하는 것을 방지하기 위해 헤지펀드 운용에 제한을 가하고 아울러 데이터베이스를 구축해 헤지펀드의 위험성을 파악할 수 있는 시스템을 갖추는 방안을 추진하며, 헤지펀드의 투명성 제고를 통해 시장 제재를 강화하는 방안과 헤지펀드 운용에 대한 감시, 감독을 법제화하는 방안을 주장하였다. 반면 미국과 영국은 헤지펀드 산업의 입장을 고려해 헤지펀드에 대한 규제는 시장 기능에 맡겨야 한다는 입장을 고수하였다. 헤지펀드에 대한 실질적 규제 방향은 각국의 헤지펀드 산업의 중요도에 따라 상이한 입장을 보이고 있어 향후 논란이 계속될 것으로 보인다. 하지만 국제 금융위기 이후 G-20, 영국의 FSA의 수장의 명칭을 붙인 Turner Review, 2009년 6월 17일 오바마 행정부가 발표한 "새로운 기반: 금융감독 및 규제의 재확립(A New Foundation: Rebuilding Financial Supervision and Regulation)" 등에서 헤지펀드와 운영자에 대한 규제강화 방침이 나오고 있다.

IOSCO는 헤지펀드에 대한 시스템리스크 예방과 헤지펀드 시장의 자체적인 투명성 강화를 권고하며, 시스템 리스크 예방을 위해서 헤지펀드의 위기 촉발 가능성에 대한 스트레스 테스트 실시, 헤지펀드의 유동성 공급가능성 평가, 헤지펀드와 거래하는 금융기관의 위험관리 강화 등의 필요성을 주장하고 있다.

IOSCO(2003)에서는 헤지펀드와 관련된 감독과제 중 헤지펀드에 투자하는 개인투자자 보호에 초점을 맞추고 있다. 개인투자자는 헤지펀드의 리스크나 상품의 복잡함을 충분히 이해하지 못하며, 헤지펀드의 운용자가 펀드 운용에 대한 설명 능력과 프로세스를 보유하지 않을 가능성이 큰 상황에서 향후 헤지펀드의 소매화가 진행될 가능성이 크다고 지적하고 있다. 따라서 소매투자자(retail investor) 보호를 위하여 헤지펀드의 투자 전략 등이 상세히 소개되어야 하며, 감독 당국이 헤지펀드의 운용자 및 그 내부 통제 프로세스에 대한 절차를 마련해야 하고, 공시의무 등을 강화해야 한다고 주장하였다.

또한 IOSCO(2007)에서는 헤지펀드 포트폴리오 전략과 내재된 상품의 복잡성, 헤지펀드에 있어 금융상품 평가의 중요성 때문에 헤지펀드 포트폴리오의 가치평가가 중시되어야 한다고 주장하고 있다. 유동성이 있는 시장이 존재하지 않거나 불완전한 자료를 사용하는 가치평가모형을 사용하는 경우, 이해상충의 문제 등으로 인하여 헤지펀드 가치평가가 어렵다는 점을 지적하고 있다. 따라서 이러한 가치평가상의 문제를 극복하기 위하여 IOSCO는 헤지펀드 가치평가에 관한 정책 확립 등 헤지펀드 가치평가에 대한 9가지 원칙을 제시하였다.

유럽증권규제당국위원회(The Committee of European Securities Regulators: CESR)는 2004년 11월 제7회 시장참가자 자문 패널 모임을 통해 헤지펀드는 유익한 투자수단이지만 유럽 전체 수준에서의 규제가 필요하다고 주장했다. 그러나 중요한 것은 규제 수준이 헤지펀드의 발전에 방해가 되지 않는 수준으로 설정되어야 한다고 주장했다. 따라서 펀드 오브 헤지펀드에 대해서는 헤지펀드 선택시 자산실사(due diligence) 의무 부과, 부적격자산에 대한 경고를 포함한 모니터링 프로세스의 실시와 같은 다양한 규제를 실시하고, 헤지펀드 투자자문업에 대한 규제, 수수료 구조의 투명화 등의 기본 규제를 도입해야 한다고 권고하고 있으며, 효과적 규제를 위해 국제적인 의견 일치가 필요하다고 주장한다. 또한 헤지펀드가 개인투자자에게 판매되는 경우 수익성, 차입, 리스크, 보수 등 관련 정보가 투자자에게 정확하게 전달될 필요가 있다고 강조하였다.

영국을 포함한 유럽 지역에서는 소매 및 기관투자자의 증가에 따라 EU 지역의 헤지펀드 수가 증가하게 되었고, 이러한 시장 변화에 따라 EU의 금융상품지침(Markets in Financial Instruments Directive: MiFID)이 투자서비스지침(Investment Services Directive: ISD)을 대체하고 증권회사와 시장의 행위를 규율하는 개혁이 이루어졌다. MiFID의 변화는 헤지펀드 운용자 구성에 있어 형식적인 절차를 지키도록 요구할 것이고, 위험관리에 대한 세밀한 규칙을 설정하며 이를 준수하고, 분쟁에 관한 관리 및 준법감시 등에 영향을 끼치며 유럽 헤지펀드 산업을 변화시킬 것으로 예상된다. 유럽국가 간 세부적 규율에는 차이가 존재하지만, 펀드 운용자는 헤지펀드 상품을 관리하는 규율이 적용되고, 헤지펀드 운용자와 기존 펀드 운용자는 동일한 규제를 받게 된다.

국제통화기금(International Monetary Fund: IMF)은 감독 당국이 해야 할 일은 헤지펀드의 운용과 시스템 리스크에 대한 헤지펀드의 잠재적인 영향을 정확하게 이해하는 것으로, 주요 금융시장에서는 헤지펀드 업계의 기관화가 진행되고 있기 때문에 기관투자자의 협력을 얻어 헤지펀드의 활동과 잠재적인 시스템 리스크에 대한 감시·감독이 가능하다고 지적하고 있다.

거래상대방리스크관리정책그룹Ⅱ(Counterparty Risk Management Policy GroupⅡ: CRMPGⅡ)는 거래상대방 리스크관리와 직접적 관계가 없으나 무시할 수 없는 요소의 하나로서 헤지펀드의 공적인 감시를 제시하고 있다.[69] 금융시스템 전체에 중대한 영향을 미칠 수도 있는 리스크에 대해 금융시스템의 효율성을 저해하지 않는 적정한 대응과 시장참가자로서의 헤지펀드 규제나 그 거래상대방인 금융기관 위험관리에 대하여 제언하고 있다.

미국의 대체투자업협회인 MFA(Managed Funds Association)는 2005년 헤지펀드 운용자를 위한 건전한 실무지침을 공표하였는데, 이 지침은 2003년에 공표한 지침을 개정한 것으로, 헤지펀드 운용자에 의한 건전한 비즈니스 관행의 추진과 투자자 보호를 위하여 작성되었다.[70]

69) CRMPGⅡ(2005).
70) 본 지침에서는 헤지펀드를 사모형식으로 판매되지만 넓게는 일반투자자가 구입할 수 없는 프로투자운용회사(헤지펀드 운용자)에 의해 운용되는 투자수단이라고 정의하고 있으며, 이는 펀드 오브 헤지펀드를 대상으로 하지 않았음.

표 Ⅱ-27 국제기구의 헤지펀드 규제에 관한 정책 논의

국제기구	논의 연도	논의 내용	규제적 시사점
G20	2009	• 헤지펀드나 그 운영자에 대한 등록과 시스템 리스크 평가를 위한 정보공개 의무화	• 헤지펀드에 대한 규제강화
G8	2007	• 헤지펀드의 규제 필요성 • 헤지펀드에 대한 직접규제와 프라임 브로커를 통한 간접규제	• 프라임 브로커를 통한 헤지펀드 규제 강화
IOSCO	2003	• 헤지펀드의 소매화가 향후 진행될 가능성이 있음 • 소매투자자 보호 • 소매 헤지펀드의 공시의무 강화	• 소매투자자 보호 강화
	2007	• 헤지펀드 포트폴리오의 가치평가 정확성 제고 • 가치평가에 관한 9가지 원칙 적용	• 헤지펀드 가치평가와 규율 확립
EU	2004.11	• 헤지펀드에 대한 유럽전체차원에서의 규제필요 • 헤지펀드 발전에 방해되지 않는 수준의 규제 필요 • 펀드 오브 헤지펀드와 헤지펀드 투자자문업에 대한 기본 규제 도입 • 소매투자자에 대한 정보전달 의무 강조	• 헤지펀드의 적정규제 필요 • 소매투자자 보호를 위한 규제 필요
	2007.11	• EU 국가별 금융상품지침 적용 • 헤지펀드 운용자와 기존 펀드 운용자의 동일한 규제 적용	• 헤지펀드 운용자 규제 강화
IMF	2005	• 감독 당국의 헤지펀드 영향 이해 필요 • 기관투자자의 협조로 시스템리스크에 대한 감시감독	• 시스템리스크파악을 위한 간접규제 필요
CRMPG Ⅱ	2005	• 헤지펀드의 규제 방향 • 금융기관을 통한 간접규제	• 금융기관을 통한 간접규제 필요
MFA	2005	• 헤지펀드 운용자를 위한 건전한 실무지침 • 투자자 보호	• 투자자 보호 필요

2) 규제당국

Department of the Treasury et al.(1999)은 LTCM의 사태를 통하여 한 금융기관의 위험이 다른 금융기관에 전이되고 종국적으로 시장 전체에 시스템 리스크

를 야기할 수 있는 가능성이 있으므로 이를 해결하기 위한 정책을 제안하였다. 차입은 금융시스템에 보다 높은 이윤 창출이라는 긍정적 역할을 수행할 수도 있지만, 금융회사가 고객과 거래상대방에게 너무 많은 차입을 제공할 경우 문제를 야기할 가능성이 높으며, 시장중심의 경제체계하에서는 차입을 통제하는 데 원칙적으로 시장 원리에 의존한다.

이러한 사태에 대하여 이 보고서에서는 헤지펀드와 관련하여 정보공개, 위험관리 개선에 대하여 정책적으로 제언하고 있다. 정보공개와 관련해서는 헤지펀드에 대하여 의미 있는 정보가 보다 빈번하게 공개되어야 하며, 금융기관을 포함한 공적 기업은 헤지펀드를 포함해서 차입 비중이 높은 기관에 대한 여신현황 및 노출 정도에 관하여 추가적 정보를 공시해야 한다고 제언하고 있다. 그리고 위험관리와 관련되어서는 금융기관은 거래상대방 리스크관리(counterparty risk management)를 개선해야 하며, 규제 당국은 피규제기구의 위험관리시스템의 개선을 권장해야 하며, 자본적합도(capital adequacy)에 관하여 리스크에는 더 민감하되(more risk-sensitive) 신중한(prudent) 접근법을 개발할 필요가 있다고 권고하고 있다.

SEC(2003)에 의하면 헤지펀드의 실제 투자자는 적격투자자 요건을 일반적으로 충족시킨다. 적격투자자 요건은 소수투자자 사모의 특정 투자자 요건보다 재무적 측면에서 더 엄격하기 때문에 헤지펀드 투자자는 실제적으로 특정 투자자 요건을 능가하는 투자자들이 투자하고 있다고 밝히고 있다. 이 보고서에서는 향후 헤지펀드 성장에 따른 문제점과 이를 해소하기 위한 대책을 제시하고 있다.

헤지펀드 성장에 따른 문제점은 투자자에게 제공되는 정보의 적절성, 규제기관의 정보 부재와 이로 인한 사기와 기타 부절절한 행위, 헤지펀드 포트폴리오 평가의 어려움, 소매투자자가 헤지펀드에 직접투자하는 경우 투자자 보호장치 미흡, 헤지펀드 자문업자와 헤지펀드 사이의 이해상충 등이다. 이러한 우려사항의 해결책으로 헤지펀드 운용자는 등록의 이득과 부담을 고려하여, 헤지펀드 운용자 등록을 요구하며, 프라임 브로커의 자본제공에 대한 감시, 헤지펀드의 베스트 프랙티스(practice) 개발에 의한 이해상충 문제 해결 및 투자자의 위험과 수익률에 대한 인식의 향상을 위한 헤지펀드 투자자에 대한 교육 증진 등을 제시하고 있다.

SEC(2004)는 투자자 보호와 증권시장 건전성 유지가 감독 당국의 주요한 책무이며, 헤지펀드 산업에 대한 적절한 규제조치가 필요하다고 주장하고 있다. 헤지펀드는 시장의 효율성과 유동성 증진에 기여하며, 시장의 움직임과 상관관계가 작아 위험 분산의 기회를 제공하는 긍정적 측면이 있다. 그러나 헤지펀드 성장에 따라 사기 행위가 증가하고 있으며, 운용자의 실적에 대한 과다 평가, 불필요하거나 공시되지 않은 보수의 지급, 고객 자산 평가의 오류 등으로 투자자 보호에 문제가 있고, 헤지펀드 실적보수의 지급은 가치평가의 오류를 유발할 수 있다고 지적하였다. 따라서 감독 당국은 헤지펀드의 합리적 활동을 저해하지 않는 수준에서 투자자 보호의 책무와 금융시장에서의 헤지펀드의 역할에 대한 균형 있는 시각을 가지고 규제를 실시해야 한다. 헤지펀드 운용자에 대한 정보와 규제에 대한 관찰이 필요하며, 헤지펀드 투자자문업자를 등록하게 함으로써 투자자와 증권시장을 보호할 필요가 있다.

FSA(2002)에 따르면 영국에 소재한 헤지펀드 매니저는 FSMA에 의한 규제를 받고, 헤지펀드의 역내 설정시 소득과 자본 이득에 관한 법인세 부과 등으로 역외에 설정하는 경우가 대부분이다. 대부분의 국가에서 소매투자자에게 헤지펀드 마케팅시 규제를 두고 있는데, 이는 비전문적 투자자에 대한 적합성 우려 때문으로 미국의 경우 특정투자자(accredited investor)에게 한정하여 마케팅이 가능한 실정이다. 따라서 소매투자자에 대한 판매시 규제 설정이 필요한데, 이러한 헤지펀드에 대한 규제 변화는 비용 증가가 수반하므로 금융소비자의 편익과 비용을 고려해서 결정할 필요가 있다고 주장하고 있다.

FSA(2005b)에서는 헤지펀드가 시장 유동성과 효율성을 증진시키고 IB 수익의 주요 원천이 된다고 밝히고 있다. 일반 공모펀드와 달리 헤지펀드는 펀드의 가치평가의 객관성을 담보하는 독립적 보관기관이나 신탁인(trustee)의 사용이 강제되지 않아, 헤지펀드 운용자가 스스로 가치평가를 할 경우 이해상충이 생길 우려가 있다. 또한 헤지펀드는 시장 전체의 붕괴를 초래할 위험과 헤지펀드의 내부자 거래와 시장 조작의 가능성, 가치평가 방법론의 취약성 및 이해상충으로 인한 시장의 신뢰 저하를 가져올 잠재적 위험이 존재한다. 따라서 규제 당국은 정기적으로 헤지펀드의 거래상대방으로서의 조사를 실시하고, 헤지펀드 운용자와 거래상대방에 대한 헤지펀드의 시장행위를 사전 감시하며, 거래보고를 목적으로 거래상대방으로 헤지펀드보다 헤지펀드 운용자를 고려할 필요가 있다. 리스크 완화를 위해 헤지펀드 이슈에 관해 시장 참가자들과 비감독적 대화를 하며, 헤지펀드 운용자와 다른 운용자의 좀더 분명한 구분에 의해 감독할 필요가 있으며, 헤지펀드의 가치평가를 개선할 필요가 있다고 밝히고 있다.

FSA(2006a)에서는 영국이 헤지펀드 운용자에게 매력적인 지역으로 남아 있게 하는 데 FSA의 역할이 크다고 밝히고 있다. 헤지펀드는 유동성의 주요 원천이고 시장 효율성을 상당히 증가시킬 수 있으며, 헤지펀드 운용자 감독팀을 만들어 위험관리를 지도하고 있으며, 향후 가치평가에 관한 규제가 필요하며, 프라임 브로커에 대한 정기적 검사가 이루어질 것이라고 밝히고 있다.

FSA(2006b)는 헤지펀드가 가지는 핵심적인 리스크는 시장의 붕괴와 헤지펀드 거래상대방에 대한 신뢰의 손상이라고 주장하고 있다. 또한 헤지펀드의 내부자 거래와 시장 조작, 거래확인의 지연과 비통보 거래활동과 같은 운영 위험 및 공시되지 않은 이면 계약(side letter)을 통한 투자자들에 대한 차별적 대우 등이 존재한다고 주장한다. 그러므로 헤지펀드에 대하여 내재하는 리스크를 파악하고 완화하는 방안을 찾기 위해 필요시 규제 당국이 개입하여 규제하는 것이 바람직하다고 주장한다. 이때 감독 당국은 헤지펀드 시장참여자의 사기를 저하해서는 안되고, 거래행위의 공정성 확보와 헤지펀드의 위험을 최소화하는 차원에서 개입해야 한다. FSA는 2005년 10월 헤지펀드 전문팀을 설립하여 헤지펀드 운용자와 프라임 브로커 서비스를 제공하는 증권회사를 감독하여 리스크를 관리하고 있으며, 헤지펀드에 대한 신용공여와 프라임 브로커의 위험관리 시스템 개선을 공조하고 있다. 더불어 FSA는 헤지펀드와 관련된 시장 오용의 방지, 신용파생상품시장에서 은행을 통한 국제 공조, 가치평가의 지침 및 이면 계약 관련 정보의 공개 지침 등을 마련하고 있다.

FSA(2006c)에서는 헤지펀드의 규제 목적은 헤지펀드가 금융시장 안정에 영향을 미치는 위험의 정도를 나타내는 건전성(prudential) 확보, 소매고객이 헤지펀드에 직접 투자하도록 허용할 경우의 소비자 보호(consumer protection), 시장 오용을 방지하기 위한 시장행위 규제 등 시장의 완전성(market integrity) 확보에 있다고 주장한다. 이를 위해서는 헤지펀드와 헤지펀드 운용자를 구분해야 하며, 규제의 대상은 헤지펀드가 아니라 헤지펀드 운용자, 판매자, 투자자이다. 헤지펀드의 건전성과 관련되어서 거래상대방인 프라임 브로커에게 전이되는 위험이 중요하므로, FSA는 프라임 브로커의 헤지펀드 노출 정도를 조사해야 한다고 주장한다. 또한 보수, 상환정책(redemption policy), 가치평가(valuation process), 투자전략, 관리, 투자자와 프라임 브로커에 대한 결과 보고에 대한 투명성 확보 등이 필요하다고 주장한다.

표 Ⅱ-28 규제당국의 헤지펀드 규제에 관한 논의

규제당국	연도	주요 내용	규제적 시사점
미국행정부	2009	• 헤지펀드의 SEC 등록 의무화	• 규제강화
미국 Dept. of Treasury 외 3개 기관	1999	• LTCM 사건은 한 금융회사의 문제가 다른 회사 및 금융시스템 위험으로 전이될 수 있음을 보여줌 • LTCM의 경우 투자자, 신용공여자, 거래상대방들은 LTCM의 전반적 거래행위에 대해 효과적인 감시를 하지 못했음 • 헤지펀드의 의미 있는 정보의 빈번한 공개필요 • 금융기관을 포함한 공적기업은 헤지펀드를 포함한 차입비중이 높은 기관에 대한 금융상의 노출정도에 관한 추가적 정보 공시 • 금융기관의 헤지펀드에 대한 대출규모 공시 필요 • 규제대상기관의 위험관리 시스템 개선	• 헤지펀드의 정보공개 필요
SEC	2003	• 헤지펀드에 실제적으로 특정투자자 요건을 능가하는 투자자가 투자하고 있음 • 포토폴리오 증권 평가의 정확성 우려 • 소매화에 따른 투자자 보호문제 • 이해상충의 문제 • 헤지펀드 운용자 등록의 이득과 부담의 정도를 고려하여 등록해야 함	• 헤지펀드 운용자등록을 통한 규제 수단 마련
	2004	• 헤지펀드 산업에 적절한 규제 필요 • SEC의 주요 책무는 투자자 보호와 증권시장 건전성 유지임 • 헤지펀드 투자자문업자 등록을 통하여 투자자와 증권시장 보호	• 헤지펀드 운용업자에 대한 규제 필요
FSA	2002	• 대부분의 국가는 소매투자자에게 헤지펀드 마케팅시 규제	• 소매투자자 판매시 규제 필요
	2005	• 헤지펀드로 인한 시스템리스크 존재 • 규제당국이 이에 대처할 충분한 정보부족 • 헤지펀드 운용자가 스스로 가치평가시 이해상충 발생 • 헤지펀드 가치평가의 개선 필요	• 규제당국의 헤지펀드 관련 정보 수집 확대 • 헤지펀드 가치평가의 개선

	2006a	• 가치평가에 관한 규제 필요 • 프라임 브로커에 대한 정기적 검토가 이루어질 것임	• 헤지펀드 가치평가의 규제 강화
	2006b	• 헤지펀드 시장참여자의 사기를 저하하지 않으면서 거래행위의 공정성 확보와 헤지펀드의 위험을 최소화하도록 규제 • 헤지펀드에 내재하는 리스크 파악과 완화 방안 마련 • 공시되지 않은 이면 계약 발행으로 투자자에 대해 차별 대우 가능	• 위험관리 필요 • 투자자 보호 필요
	2006c	• 헤지펀드의 규제는 건전성 확보, 소비자 보호, 시장 오용을 방지하기 위한 시장 행위 규제 등 시장의 완전성 달성 차원에서 이루어져야 함 • 규제 대상은 헤지펀드가 아니라 헤지펀드 운용자, 판매자, 투자자임	• 적절한 정보 제공 메커니즘을 통한 투명성 확보 • 헤지펀드 운용자, 판매자, 투자자 규율 필요
	2009	• 헤지펀드와 같이 중요한 모든 비규제 금융기관에 대하여 전반적 시스템 리스크를 평가하기 위하여 정보취합 권한 보유 필요	• 헤지펀드가 시스템 리스크에 미치는 영향 평가

(2) 최근 학술적 논의

Stulz(2007)은 헤지펀드 운용자산은 뮤추얼펀드 운용자산보다 과거 10년에 걸쳐 더 빠른 속도로 성장해 왔는데, 헤지펀드와 뮤추얼펀드는 동일한 경제적 역할을 하나, 뮤추얼펀드는 규제를 엄격하게 받지만 헤지펀드는 규제를 거의 받지 않아 왔다고 밝히고 있다. 향후 헤지펀드와 뮤추얼펀드의 실적 차이는 좁혀질 것이며, 규제강화로 헤지펀드의 유연성이 제약되며, 또한 헤지펀드는 더욱 기관화 될 것이라고 주장하고 있다.

규제 설정시는 규제로부터 발생하는 이익과 비용을 고려할 필요가 있다. 헤지펀드 규제 체계에 대하여 Danielsson et al.(2005)은 헤지펀드의 활동으로 얻는 이익의 원천을 보존하면서 실패로부터 야기되는 잠재적 비용을 줄이도록 규제를 할 필요가 있으며, 이러한 시각에 입각한다면 소비자 보호를 위한 규제보다는 시스템 리스크 방지를 위한 규제가 필요하다고 주장하고 있다.

헤지펀드 규제의 주요 경제적 동인이 무엇인지 인식하고 적정한 규제를 해야 하는데, 헤지펀드 규제 논쟁은 일반적으로 소비자 보호와 금융시스템 안정에 있다. 소비자 보호 측면에서 헤지펀드 투자자가 전통적 부유한 개인이나 사적기관인 경우에는 특별한 규제적 보호가 바람직하지도 않고 필요하지도 않다. 그러나 점차 헤지펀드의 고객 기반이 연기금과 같은 규제받는 기관과 일반 투자자로 확대됨에 따라, 어떤 형태의 규제가 불가피하게 발생할 수밖에 없다. 그러나 헤지펀드 산업 자체에 대한 규제보다는 연기금이나 일반투자자의 헤지펀드에 대한 투자나 그들의 투자행위를 규제하는 방식이 타당하고, 결과적으로 소비자 보호를 위한 헤지펀드 산업에 대한 직접 규제는 필요 없다고 주장한다.

그러나 헤지펀드의 실패가 시스템 위기를 유발할 가능성이 있으며, 이러한 사건의 발생가능이 낮다고 해도 그 결과가 심각하다는 것을 고려하여, 그 가능성이 완전히 무시되어서는 안된다. 헤지펀드는 투자자와 운용자에 대한 사적 이익에 더하여, 금융시스템에 상당한 이득을 유발하게 된다.

헤지펀드의 거래행위는 시장 효율성, 가격발견과 소비자 선택을 향상시키고, 더욱이 금융위기를 경감시키는 데 일조를 할 수 있는 측면이 있다. 또한 규제받지 않는 헤지펀드는 유동성이 필요한 영역에 규제대상 금융기관이 공급할 수 없는 유동성을 제공할 수 있으므로 행위규제와 공시와 같은 전통적 규제기법은 헤지펀드 규제에 효과적이지 않을 것으로 판단된다.

헤지펀드를 역외에 설립하여 행위 규제 및 공시 규제를 회피하거나 또는 헤지펀드는 가장 발전된 금융기법을 사용함으로써 그러한 규제를 회피할 수 있다. 이러한 규제는 헤지펀드 활동비용을 유발하고 효율적이고 유동적인 시장과 같은 긍정적 이득을 감소시킨다. 헤지펀드 활동으로부터 발생하는 외부경제에 대한 부정적 효과와 긍정적 효과가 동시에 발생하게 되므로 부정적 효과를 억제하기 위한 전통적인 규제기법은 긍정적 효과도 억제시킬 수 있다.

따라서 금융안정성에 대한 우려를 고려하면서 동시에 헤지펀드의 이득을 보존하기 위해서 새로운 규제적 접근이 필요하며, 헤지펀드로부터 야기되는 시스템리스크에 대처하는 가장 효과적인 방법은 시스템에 영향을 줄 수 있는 헤지펀드의 실패를 제어하는 건전한 해결 메커니즘을 갖는 것이며, 성공적인 헤지펀드의 활동이 규제되어서는 안된다는 것이다.

이를 위하여 감독기관은 헤지펀드의 실패가 시스템 위기의 가능성이 있다고 판단될 시는 해결과정에 있어 의무와 권한을 가질 필요가 있으며, 프라임 브로커와 고객 은행은 참여 의무를 갖도록 해야 하며, 금융시스템 리스크 방지를 위해 꼭 필요한 경우가 아니면, 헤지펀드 운영자에게 상응하는 책임을 물어야 될 것이다. 또한 공적자금 투입의 경우에는 공적 자금이 사용되지 못하도록 함으로써 도덕적 해이를 막아야 한다.

표 Ⅱ-29 최근 학술적 논의

관련논문	연도	논의사항	규제적 시사점
Stulz	2007	• 헤지펀드 운용자산은 뮤추얼펀드 운용자산보다 과거 10년에 걸쳐 더 빨리 성장해 왔음 • 헤지펀드와 뮤추얼펀드는 동일한 경제적 역할을 하나, 뮤추얼펀드는 규제를 엄격하게 받지만 헤지펀드는 규제를 거의 받지 않아 왔음 • 헤지펀드와 뮤추얼펀드의 실적차이는 좁혀질 것임 • 규제 강화로 헤지펀드의 유연성이 제약될 것임 • 헤지펀드는 더욱 기관화 될 것임	• 헤지펀드의 규제 강화 예상
Danielsson et al.	2005	• 소비자 보호와 시스템위기 우려로 헤지펀드 규제에 관한 요청이 커지고 있음 • 소비자보호를 위한 직접규제는 큰 의미가 없고 시스템 우려에 대비하기 위한 규제는 의미가 있음 • 헤지펀드의 현 활동으로부터의 이득을 지키면서 시스템 실패의 잠재적 비용을 줄여야함	• 시스템위기를 극복하는 건전한 해결 메커니즘 필요 • 감독기관이 시스템 위기 예견시 의무와 권한을 갖고 프라임 브로커와 고객 은행을 참여시켜 해결 방안 마련

(3) 시사점 도출

1) 헤지펀드의 법률적 정의

[표 Ⅱ-26]에 나타난 바와 같이 20개의 법제 전부에서 헤지펀드 정의가 존재하지 않는다. 즉, 헤지펀드의 특성을 허용하는 펀드가 존재하고, 법제에서는 이를

규율한다. 우리나라의 자본시장법 제9조 제7항에서 사모투자전문회사를 "경영권 참여, 사업구조 또는 지배구조의 개선 등을 위하여 지분 증권 등에 투자·운용하는 투자합자회사로서 지분증권을 사모로만 발행하는 집합투자기구"로 정의하고 있다. 헤지펀드를 이러한 방식으로 정의하고 규율하는 것은 국제적 정합성이 없다. 따라서 헤지펀드 허용을 위해서는 헤지펀드에 내재하는 요소의 규제여부를 검토할 필요가 있다.

2) 헤지펀드의 설립 및 운용에 대한 규율방식

헤지펀드의 설립 및 운용에 있어 국가별로 상이한 규율방식이 존재함을 [표 Ⅱ-26]에서 알 수 있다. 즉 헤지펀드의 등록 여부, 헤지펀드 운용자에 대한 규제 여부 및 사모펀드와 공모펀드 운용자의 규제상 차별 여부에 있어서 상이한 법제가 존재한다. 헤지펀드 및 운용자의 등록면제를 허용하는 미국과 같은 법제와 헤지펀드 및 운용자의 등록과 사모펀드 운용자와 공모펀드 운용자가 동일한 규제를 받는 일본과 같은 법제도 존재하며, 헤지펀드의 등록은 하지 않아도 되나 헤지펀드 운용자는 공모펀드와 동일한 규제를 받는 영국과 같은 법제도 존재한다. 국제적으로 통일된 규율체계가 존재하지 않기 때문에, 우리 금융환경에 부합하는 형태의 규율을 취하면 될 것이다.

3) 헤지펀드의 판매 및 투자자에 대한 규율방식

판매적격성이나 판매제약은 [표 Ⅱ-26]에 나타나 있는 바와 같이 소매판매시 법제별로 상이한 규제가 존재한다. 스스로를 보호할 수 있는 기관투자자나 전문투자자 대상으로 한정하여 판매를 허용하는 경우에는 헤지펀드 판매자에 대한 특별한 규제가 없다. 예를 들어, 미국의 경우 적격투자자와 소수투자자 대상으로 판매시 헤지펀드 운영자의 등록이 면제되고, 판매자에 대한 특별한 규제는 없다. 영국의 경우도 일반투자자가 아닌 자신의 보호능력이 있는 중간고객, 시장당사자에 한정해 판매가능하며, 헤지펀드 판매자에 대한 특별한 규율을 하지 않는다. 다만 헤지펀드를 판매할 수 있는 기관투자자나 전문투자자의 자격요건을 규율할 필요가 있다.

4) 헤지펀드에 대한 우려사항 존재

헤지펀드에 대한 다음과 같은 우려사항이 존재하므로, 헤지펀드 허용시 이러한 우려사항을 완화하기 위한 조치가 필요할 것이다.

가) 시스템 리스크에 대한 우려

헤지펀드 활동에 있어 국제기구, 해외의 규제당국 및 학계에서의 주요 우려사항은 시스템 리스크의 발생가능성이다.

LTCM 사태를 계기로, 헤지펀드가 투자전략상 높은 차입을 활용할 수 있는데 비하여, 규제는 거의 받지 않아 금융시장의 불안을 가중시킨다는 점이 지적되었다. 이러한 일부 헤지펀드의 실패로 인해 헤지펀드 포지션을 보유한 투자은행들로 위험이 전이되어 금융시스템 전체로 위험이 확대될 가능성이 있으며, 특히 동일한 전략 및 포지션을 보유한 다수의 헤지펀드가 동시에 위기에 봉착하거나 한 방향으로 거래할 때 집단거래(crowded trades)의 위험이 존재하며, 이 경우 시장의 가격급변동(price swings) 및 유동성 경색을 초래할 가능성이 있다.

시스템 리스크에 대한 대처 방안은 크게 세 가지로 나누어 볼 수 있다.

첫째, 헤지펀드 운용자에 대한 직접 규제 방식이다. 즉, 헤지펀드의 차입, 공매도 및 파생상품의 사용을 직접적으로 규제하는 방식이다. [표 Ⅳ-1]에 나타난 바와 같이 9개의 법제에서 이러한 규제를 행하고 있다. 또한 LTCM 사건 이후 SEC 등에서 주장한 바와 같이 헤지펀드의 차입규모 등 의미 있는 정보를 감독당국이 수집하여, 시스템 리스크를 예방할 필요가 있다.

둘째, 프라임 브로커를 통한 간접규제 방식이다 프라임 브로커 역할을 하는 투자은행들은 이미 건전성 규제 등의 공적 규제를 받고 있어 이러한 프라임 브로커의 헤지펀드에 대한 대출 등을 규제함으로써 헤지펀드를 간접 규제할 수 있다. G8 회의에서 미국과 영국이 주장하는 방식이다.

셋째, Danielsson et. al(2005)에서 주장한 바와 같이, 시스템 위기를 극복하는 건전한 해결 메커니즘을 만드는 것이다. 헤지펀드의 현 활동으로부터의 이득을 지키면서 시장실패의 잠재적 비용을 줄이는 방안이다. LTCM 사건의 해결 때 적용한 바와 같이, 감독기관이 시스템 위기 예견시 의무와 권한을 갖고 프라임 브로커와 고객은행을 참여시켜 해결방안을 마련하는 메커니즘을 만드는 것이다.

나) 투자자 보호에 대한 우려

해외 논의에서의 투자자 보호 이슈는 소매투자자 보호에 집중되어 있고, 일부 학문적 연구에서는 헤지펀드에 대한 규제보다는 투자자의 투자행위 규제가 필요하다는 측면에서 큰 의미가 없는 것으로 주장한다.

소매투자자의 헤지펀드에 대한 직접 참여는 헤지펀드의 투자자 및 감독 당국에 대한 정보 제공 부족으로 투자자 보호의 문제를 야기한다. 미국의 경우와 같이 헤지펀드와 운용업자 모두 등록면제를 하면, 감독 당국이 헤지펀드에 대한 정보수집으로 할 수 없게 되어, 사기예방 등의 사전적 투자자 보호를 할 수 없게 된다.

또한 헤지펀드 포트폴리오 평가의 정확성, 헤지펀드 운용자와 투자자의 이해 상충 문제도 존재할 수 있어 투자자 보호를 위한 조치가 필요할 것이다. 하지만 기관투자자 등 적격투자자를 대상으로 한 헤지펀드가 발매되는 경우에는 투자자 보호 이슈는 크게 중요하지 않다.

7. 헤지펀드의 국내 제도 및 향후 발전 방향

헤지펀드의 투자자, 금융산업, 금융시장 및 기업에 미치는 경제적 영향을 고려해 보면 허용의 필요성이 시급하다. 하지만 해외에서 논의되는 바와 같이 시스템 리스크와 일반투자자 판매시 투자자 보호의 우려가 헤지펀드 허용을 망설이게 하는 요인이 된다. 또한 국내 자산운용업계의 설문조사를 통해서도 헤지펀드의 국내 허용 필요성이 자산운용업계에도 인식되고 있음을 알 수 있다. 국내 제도에서 헤지펀드를 조속히 허용하되, 제도 설계시 이러한 우려를 완화하는 조치가 필요하다.

헤지펀드의 국내 허용 방안을 제시하기 위해서는 국내에서 새로운 형태의 사모펀드 도입시 어떤 방식으로 규율체계를 변경시켰는지 살펴볼 필요가 있다. 또한 국내 허용 방안 강구시 헤지펀드 관련 규율을 위해 현행 사모펀드 규율을 살펴볼 필요가 있다. 따라서 먼저 국내 사모펀드의 도입 과정 및 규율체계를 살펴본 이후에, 헤지펀드의 허용 방안을 제시한다.

(1) 국내 사모펀드 제도 검토

1) 사모펀드의 도입 과정

우리나라에 사모펀드 제도가 도입된 것은 1998년으로 제7차 「증권투자신탁업법」 개정을 통해 사모증권투자신탁 제도가 도입되었으며, 같은 해 「증권투자회사법」 제정을 통해 사모증권투자회사 제도가 도입되었다. 그 후 2004년 1월 간투법 제정시 사모간접투자기구에 대한 특례조항이 도입되었다. 사모간접투자기구는 일반공모펀드와 달리 사적 자치의 원칙이 중시되고 투자자 보호의 요구가 상대적으로 적은 펀드임을 감안하여 공모펀드에 비하여 규제를 완화하여 적용하도록 규정하고 있다.[71)]

일반 사모펀드에 비하여 특수한 형태의 사모펀드로 기업인수증권투자회사(이하 사모M&A펀드)와 사모투자전문회사가 도입되었다. 사모M&A펀드를 사모간접투자기구 중 다른 회사를 계열회사로 편입하는 것을 목적으로 하는 투자회사를 말한다. PEF는 사모로 조달된 투자전문회사이다. 투자전문회사는 회사의 재산을 주식 또는 지분 등에 투자하여 경영권 참여, 사업구조 또는 지배구조개선 등의 방법으로 투자한 기업의 가치를 높여 그 수익을 사원에게 배분하는 것을 목적으로 설립된 상법에 의한 합자회사를 말한다. 특수한 형태의 사모펀드는 일

71) 김철배 외(2005).

반사모펀드에 대한 규제를 완화하고 있다.

2) 규율체계

본 연구에서 정의된 헤지펀드의 특성 관련 자본시장법상의 규정을 먼저 살펴본다. 특성 관련 규율 검토 후, 헤지펀드 관련 규율 대상을 검토한다. 해외의 헤지펀드 제도에서 살펴본 바와 같이 주요 규율 대상은 헤지펀드 설립, 운용자, 판매자, 투자자의 자격요건이다. 따라서 국내 사모펀드 설립, 운용자, 판매자, 투자자의 자격요건을 살펴본다. 간투법이 자본시장법에 흡수되었으나, 자본시장법상의 시행령 제정이 진행중이므로, 간투법과 자본시장법을 함께 살펴본다.

가) 헤지펀드 특성 관련 자본시장법상의 규정 검토

본 서에서 정의한 헤지펀드의 특성은 다음과 같다. ① 원칙적으로 제한 없는 자산운용, ② 차입허용, ③ 공매도 허용, ④ 성과보수 허용, ⑤ 펀드 운용자의 자기자금 투자허용, ⑥ 정기적 환매 허용, ⑦ 사모발매 등이다.

자산운용과 관련하여 자본시장법 하에서는 사모투자기구의 운용대상자산에 대해서 포괄적 정의를 하고 운용대상자산의 제한을 없애고 있다. 집합투자대상 자산의 범위에 관하여 제6조 제5항에서 집합투자대상 자산을 열거하지 않고 '재산적 가치가 있는 모든 재산'을 집합투자대상 자산으로 정의함에 따라 집합투자대상 자산의 범위를 확대하였고, 동법 제229조에서는 집합투자재산의 운용대상에 따라 증권집합·부동산·특별투자기구, 부동산투자기구로 분류하여 펀드 종류별 운용대상자산의 제한을 없앰으로써 MMF를 제외한 모든 펀드가 다양한 투자대상에 운용할 수 있도록 하고 있다.[72] 하지만 동법 제81조 제1항[73]에서는

72) 특히 혼합자산펀드의 경우 모든 자산에 자유롭게 투자할 수 있도록 하고 있음.

[표] 자본시장법 상 간접투자기구별 운용대상자산의 종류

구 분	증권펀드	부동산펀드	특별자산펀드	MMF	혼합자산펀드
증 권	○	○	○	○	○
파생상품	○	○	○	×	○
부 동 산	○	○	○	×	○
실물자산	○	○	○	×	○
특별자산	○	○	○	×	○

자료: 재정경제부(2006b)

73) 자본시장법 제81조 제1항에서는 집합투자업자는 집합투자재산을 증권 또는 파생상품

집합투자업자의 자산 운용에 대하여 제한을 부과하고 있다.

차입과 관련하여 자본시장법 제83조 제1항에서 집합투자업자는 집합투자재산을 운용함에 있어서 집합투자기구의 계산으로 금전을 차입하지 못하도록 원칙적으로 금전 차입을 제한하고 있고,[74] 사모투자전문회사의 경우에도 사원의 퇴사에 따른 출자금을 지급하기 위하여 불가피한 경우 등에 한하여 차입금액 및 채무보증액의 합계가 사모투자전문회사재산의 10%를 초과하지 않는 범위 내에서 자금을 차입하거나 투자대상기업 또는 투자대상기업과 관련된 타인을 위한 채무보증을 할 수 있다.

공매도와 관련하여 자본시장법 제180조 제1항에서 증권시장에서 상장증권에 대하여 소유하지 아니한 상장증권의 매도 또는 차입한 상장증권으로 결제하고자 하는 매도를 하거나 그 위탁 또는 수탁을 금지함으로써 원칙적으로 공매도가 제한되어 있고 대통령령에서 예외적으로 허용할 수 있도록 하고 있다.

보수와 관련하여 자본시장법 제86조 제1항에서는 운용실적에 연동하여 미리 정하여진 산정방식에 따른 성과보수의 제한을 두고 있다. 그러나 사모집합투자기구의 경우 성과보수를 허용하고 있다.

펀드운용자의 자기자금 참여와 관련하여 자본시장법 제186조는 투자회사 등의 경우 담보권의 실행 등 권리행사가 필요한 때를 제외하고 자기의 계산으로 자기가 발행한 집합투자증권을 취득하거나 질권의 목적으로 받지 못하도록 규정하고 있다. 그러나 동법 제213조에서 투자합자회사 설립의 경우에는 집합투자업

에 운용함에 있어서 ① 각 집합투자기구 자산총액의 100분의 10 이내에서 대통령령으로 정하는 비율을 초과하여 동일종목의 증권에 투자하는 행위, ② 각 집합투자업자가 운용하는 전체 집합투자기구 자산총액으로 동일법인 등이 발행한 지분증권 총수의 100분의 20을 초과하여 투자하는 행위, ③ 각 집합투자기구 자산총액으로 동일법인 등이 발행한 지분증권 총수의 100분의 10을 초과하여 투자하는 행위, ④ 대통령령으로 정하는 적격 요건을 갖추지 못한 자와 장외파생상품을 매매하는 행위, ⑤ 파생상품의 매매에 따른 위험평가액이 대통령령으로 정하는 기준을 초과하여 투자하는 행위, ⑥ 파생상품의 매매와 관련하여 기초자산 중 동일법인 등이 발행한 증권의 가격변동으로 인한 위험평가액이 각 집합투자기구 자산총액의 100분의 10을 초과하여 투자하는 행위, ⑦ 같은 거래상대방과의 장외파생상품 매매에 따른 거래상대방 위험평가액이 각 집합투자기구 자산총액의 100분의 10을 초과하여 투자하는 행위를 금지하고 있음. 다만, 투자자 보호 및 집합투자재산의 안정적 운용을 해할 우려가 없는 경우로서 대통령령으로 정하는 경우에는 가능함.

74) 자본시장법 제83조(금전 차입 등의 제한) 제2항에서 집합투자증권의 환매청구가 대량으로 발생하여 일시적으로 환매대금의 지급이 곤란한 때 또는 매수청구가 대량으로 발생하여 일시적으로 매수대금의 지급이 곤란한 때에 한하여 집합투자기구의 계산으로 금전을 차입할 수 있도록 규정하고 있음.

자는 설립시에 출자금을 금전으로 납입하여야 한다고 규정함으로써 투자합자회사를 이용하는 경우 자산운용회사의 출자가 의무사항으로 규정되어 있다.

정기적 환매와 관련하여서는 자본시장법 제235조 1항에서 투자자는 언제든지 집합투자증권의 환매를 청구할 수 있다고 규정하고 있어 정기적 환매를 허용하고 있지 않다.

사모 관련하여서는 자본시장법 제9조 제19항에서 사모집합투자기구를 집합투자증권을 사모로만 발행하는 집합투자기구로서 대통령령으로 정하는 투자자의 총수가 대통령령으로 정하는 수 이하인 것이라고 정의하고 있다.

나) 헤지펀드 관련 규율 대상 검토

간투법이 자본시장법에 흡수통합되었지만, 규율체계를 살펴보기 위해 이전의 간투법과 자본시장법을 규율 대상의 측면에서 비교하여 살펴본다.

① 사모펀드 설립

(a) 간 투 법

사모간접투자기구는 간투법 제175조에 의한 특례 규정의 적용을 받아 모집 또는 매출 외의 방법으로 간접투자증권을 발행하는 간접투자기구로서 ① 간접투자자가 기관투자자 등으로만 구성된 경우 또는 ② 간접투자자 수가 30인 이하의 간접투자기구를 말한다.

사모펀드에 대한 규제는 원칙적으로 공모펀드와 동일한 차원으로 규정되며, 일반 공모펀드와 달리 사적 자치의 원칙이 중시되고 투자자 보호의 요구가 상대적으로 적은 펀드임을 감안하여 공모펀드에 비해 규제를 완화하여 적용하도록 규정하고 있다. 특히 펀드 설립과 판매 구조 등에 관한 규제와 불공정거래를 제한하기 위한 규제는 공모펀드와 동일하게 규제하고 있다. 즉, 펀드로서 수탁회사의 감시기능, 판매회사를 통한 판매 등 기본 체계는 유지하되, 사적 자치 충실을 위하여 일부 규제의 적용을 배제하고 있다. 다만, 펀드의 공시 및 운용 등에 관한 일부 규제는 예외적으로 면제하거나 완화하고 있으며, 그 밖에 개별 조문에서 사모펀드에 인정된 특례로서는 판매보수 및 보수 한도 적용이 배제되며,[75] 성과

75) 간투법 시행령 제58조 제4항.

보수의 취득이 가능하며,[76] 유가증권 등 실물자산 납입이 가능하다.[77] 설립에 관한 규제로 금융감독위원회 등록의무가 있다.

(b) 자본시장법

자본시장법 제9조 제18항에서 사모집합투자기구를 집합투자증권을 사모로만 발행하는 집합투자기구로서 대통령령으로 정하는 투자자의 총수가 대통령령으로 정하는 수 이하인 것으로 정의하여 민법, 상법 등 현행법상 설립가능한 모든 기구를 집합투자기구로 활용할 수 있도록 허용하고 있다. 유한회사, 합자회사, 조합 및 익명조합 형태의 집합투자기구를 인정하고 있다.

자본시장법에서는 사모펀드에 대한 규제를 대폭 완화하고 있는데, 자본시장

표 Ⅱ-30 공모펀드와 사모펀드 규정 비교

구 분	공모펀드 (현행)	사모펀드 (현행)	사모펀드 (개선)
금융감독위원회 등록	적용	적용	적용
자산운용회사만 운용가능	적용	적용	적용
수탁회사(자산보관회사) 위탁 의무	적용	적용	적용
수익자 평등원칙 준수 의무(매입 · 환매 기준가격, 수익권 · 주권 동등원칙 등)	적용	적용	적용
자산평가(시가평가 원칙)	적용	적용	적용
투자설명서 제공의무	적용	면제	현행과 같음
판매보수 · 보수 한도	있음	없음	현행과 같음
자산운용 규제(동일종목 투자한도 등)	적용	면제	현행과 같음
회계감사 의무	적용	면제	현행과 같음
약관(정관) 공시의무	적용	면제	현행과 같음
자산운용보고서 · 수탁회사(자산보관회사) 보고서 작성 및 제공 의무	적용	면제	현행과 같음
수익자총회 개최 의무	적용	적용	면제
수탁회사(자산보관회사)의 감시의무[1]	적용	적용	면제

주: 1) 자산운용업자의 운용지시(행위)의 법령 · 약관(정관) · 투자설명서 위반여부 확인 의무, 간접투자재산의 평가 · 기준가격 산출의 적정성 확인 의무 등.
자료: 재정경제부(2006b).

76) 간투법 제177조 제2항.
77) 간투법 시행령 제40조 제1항.

통합법 제249조에서 사모간접투자기구에 대한 특례로서 투자설명서, 결산서류 비치, 신탁약관 또는 정관의 열람, 수탁회사(자산보관회사) 보고서 작성 및 제공 의무가 면제되며, 수익자총회 및 수탁회사(자산보관회사)의 자산운용감시 의무가 면제된다. 이에 따라 자산운용업자의 운용지시(행위)의 법령 · 약관(정관) · 투자설명서 위반 여부 확인 의무, 간접투자재산의 평가 · 기준가격 산출의 적정성 확인 의무 등이 면제된다.[78]

자본시장법에서는 경영권 참여, 사업구조 또는 지배구조의 개선 등을 위하여 지분증권 등에 투자 · 운용하는 투자합자회사로서 지분증권을 사모로만 발행하는 집합투자기구를 사모투자전문회사로 규정하고 있는데, 일반 펀드에 관련된 조항을 모두 적용하되, 사모투자전문회사로 활동하기에 적용이 불필요한 조항에 대해서는 열거하여 배제하는 형식으로 규제되고 있다. 또한 자본시장법에서도 사모펀드 설립을 위한 금융감독위원회 등록의무가 존속된다.

② 사모펀드 운용자 규제

(a) 간 투 법

자산운용회사는 간투법 제2조 제16호에 의거하여 투자신탁의 위탁자가 되거나 투자회사의 법인 이사가 되어 간접투자재산의 운용을 업으로 하는 자로 정의되는데, 공모펀드 및 일반 사모펀드 운용을 하기 위해서는 상법상의 주식회사 또는 금융기관으로 법 제5조와 제6조에 의해 금융감독위원회의 허가를 받아야 한다. 구체적인 업무로서 투자신탁의 설정 · 해지, 투자신탁재산의 운용 · 운용지시, 투자회사재산의 운용을 주로 담당한다. 그러나 사모투자전문회사의 경우 소수의 일반투자자 또는 기관투자자 등에 의해 설립이 가능하므로 허가를 받을 필요가 없다.

금융감독위원회의 허가를 받기 위해서는 법 제5조의 허가요건을 충족시켜야 하는데, 100억원 이상의 자본금을 확보해야 하며, 자산운용회사의 업무를 수행함에 충분한 인력과 전산설비 등 물적 시설을 갖추고 있어야 한다. 자산운용회사의 업무 수행을 위한 전산요원 등 필요한 인력을 갖추고, 업무를 영위하는데 필요한 전산설비를 구축하고 사무실 등 업무 공간을 충분히 확보해야 한다. 특히

78) 간투법 제175조에 따르면 사모펀드는 투자설명서, 결산서류 비치, 자산운용보고서, 수탁회사(자산보관회사)보고서 등 작성 및 제공 의무가 면제됨.

자산운용회사는 자산운용의 전문성을 높이고 투자자를 보호하기 위해 법 제9조 제1항 규정에 의해 운용전문인력을 확보해야 하고, 자산운용협회에 등록된 운용전문인력이 아닌 자는 펀드 운용을 할 수 없다.[79)]

(b) 자본시장법

자본시장법에서는 자본시장 관련 금융업은 경제적 실질에 따라 투자매매업[80)], 투자중개업, 집합투자업, 투자자문업, 투자일임업, 신탁업으로 나누어 금융기능별 인가체제로 전환하여 동일한 금융기능에 대해서는 동일한 인가요건이 적용되도록 금융기능별로 진입 요건을 마련하였다. 이에 따라 금융투자업을 영위하려는 자는 자본시장법 제12조에 의하여 업무단위의 전부나 일부를 선택하여 금융감독위원회로부터 하나의 금융투자업 인가를 받아야 한다. 인가를 받기 위한 자본 요건은 인가업무 단위별 5억원 이상으로서 대통령령으로 정하는 금액 이상의 자기자본을 갖추어야 하며, 사업계획이 타당하고 건전해야 하며, 투자자 보호가 가능하고 영위하고자 하는 금융투자업을 수행하기에 충분한 인력과 전산설비, 그 밖의 물적 설비를 갖추어야 한다. 임원의 경우 법 제24조에 해당하는 결격 사유에 해당하는 자가 없어야 하며, 필요한 세부 사항은 대통령령으로 정하고 있다.

법 제286조 제3항에서는 집합투자재산·신탁재산 또는 투자일임재산을 운용하는 업무를 수행하는 자를 투자운용인력으로 정의하고 있으며, 법 제85조 제7항에서 투자운용인력이 아닌 자에게 집합투자재산을 운용하게 하는 행위가 불건전영업행위로 금지하고 있다.

---

79) 간투법 제9조 제2항에 의하여 등록된 운용전문인력이 아닌 자가 간접투자재산의 투자·운용과 직접적으로 관련된 업무, 투자자문업무 또는 투자일임업무를 행하여서는 아니됨.

80) 자본시장법 제6조에서 투자매매업은 자기의 계산으로 금융투자상품을 매도·매수, 발행·인수 또는 그 청약의 권유·청약·청약의 승낙을 하는 업, 투자중개업은 타인의 계산으로 금융투자상품을 매도·매수, 그 청약의 권유·청약·청약의 승낙 또는 발행·인수에 대한 청약의 권유·청약·청약의 승낙을 하는 업, 집합투자업은 2인 이상에게 투자권유를 하여 모은 금전 등을 투자자 등으로부터 일상적인 운용지시를 받지 아니하면서 자산을 취득·처분 그 밖의 방법으로 운용하고 그 결과를 투자자에게 배분하여 귀속시키는 업, 투자자문업은 금융투자상품의 가치 또는 투자판단에 관하여 자문을 하는 업, 투자일임업은 투자자로부터 자산에 대한 금융투자상품에 대한 투자판단의 전부 또는 일부를 일임받아 투자자별로 구분하여 자산을 취득·처분 그 밖의 방법으로 운용하는 업, 신탁업은 신탁법에 의한 신탁을 수탁하는 업으로 각각 정의하고 있음.

③ 사모펀드의 판매자 규제

(a) 간 투 법

우리나라의 경우 법 제26조 제1항에 의하여 간접투자증권의 판매를 업으로 하고자 하는 자로 증권회사, 보험회사 또는 은행으로 반드시 금융감독위원회에 등록하도록 규정하고 있는데, 사모펀드의 판매에 있어서도 이러한 규제를 준용하고 있다. 단, 사모펀드의 경우 법 제59조에 의해 광고 자체를 금지하고 있다.

법 제57조 제5항에 따르면 판매회사의 판매 업무를 담당하는 임·직원은 판매 업무에 관한 교육을 이수하도록 규정하고 있으며, 시행령 제55조 제2항에서는 30시간 이상 간접투자증권에 관한 법규, 판매행위준칙이 포함되어 있는 교육과목을 이수하고 펀드판매인력 시험에 합격해야 한다.

(b) 자본시장법

자본시장법에서 집합투자재산을 판매하기 위해서는 투자매매업 또는 투자중개업으로 금융감독위원회로부터 금융투자업자 인가를 받아야 한다. 인가를 받기 위해서는 상법에 따른 주식회사이거나 대통령령으로 정하는 금융기관, 또는 외국 금융투자업자로서 외국에서 영위하고 있는 영업에 상당하는 금융투자업 수행에 필요한 지점, 그 밖의 영업소를 설치한 자로 인가업무 단위별로 5억원 이상으로서 대통령령으로 정하는 금액 이상의 자기자본 및 투자자의 보호가 가능하고 그 영위하고자 하는 금융투자업을 수행하기에 충분한 인력과 전산설비, 그 밖의 물적 설비를 갖추어야 한다.[81]

법 제51조와 제52조에서 투자권유대행인[82] 제도를 도입하고 있는데, 투자권유대행인은 금융투자회사의 위탁을 받아 금융투자상품 판매의 사실상 중개업무만을 수행하는 자로 정의하여 증권관련 자격증 등 전문지식을 갖출 것을 요구하고 있다. 또한 제286조에서 투자권유자문인력은 투자권유를 하거나 투자

81) 자본시장법 제12조.

82) 투자권유대행인에게 판매시 투자자 보호를 위하여 금융상품의 내용·위험에 대한 설명의무를 부과하고 손해배상책임 의무를 지도록 하는 등 '투자권유 규제'를 모두 적용하여 불완전 판매를 예방하고 투자권유시 자기 명의·계산에 의한 판매를 금지하고 투자권유대행인임을 고지하도록 함. 간투법 시행령 개정을 통해 도입된 수익증권 판매권유제도를 법률에 규정함으로써 판매 권유자에 대하여 불완전 판매를 방지하기 위한 투자권유 규제(자격, 영업행위 규제 등)를 강화하여 위반시 제재도 가능하고, 투자권유대행인은 업무를 위탁한 금융투자회사가 관리하도록 하되 불완전 판매로 손해를 끼친 경우 회사에게도 배상책임 부과할 수 있음.

에 관한 자문업무를 수행하는 자로 정의하고 있는데, 법 제71조 제4항에서는 투자권유대행인 및 투자권유자문인력이 아닌 자에게 투자권유를 하게 하는 행위를 불건전영업행위로 규정함에 따라서 투자권유대행인 및 투자권유자문인력에 한하여 투자권유가 가능해지며, 관련 상세 사항은 대통령령으로 정하고 있다.

④ 사모펀드의 투자자 규제

(a) 간 투 법

사모간접투자기구는 간투법 제175조 및 시행령 제163조에 의한 특례 규정의 적용을 받아 모집 또는 매출 외의 방법으로 간접투자증권을 발행하는 간접투자기구로서 ① 간접투자자가 기관투자자 등으로만 구성된 경우 또는 ② 간접투자자 수가 30인 이하의 간접투자기구를 말한다. 특히 현행 규제에서 적격투자자를 기관투자자, 「기금관리기본법」에 의한 기금 또는 간접투자증권을 100억원 이상 매입한 개인이거나 500억원 이상 매입한 법인으로 규정하고 있다.

사모투자전문회사의 사원은 1인 이상의 무한책임사원과 1인 이상의 유한책임사원으로 구성되며, 사원의 총수는 30인 이하이어야 한다. 한편, 투자자 보호를 위한 별도의 규제를 최소화하기 위하여 사원은 특정·소수의 일반투자자 또는 기관투자자 등으로 한정하였다. 즉, 유한책임사원인 일반투자자에 대하여는 최소투자금액으로서 개인인 경우에는 10억원, 법인(기금, 투자신탁과 투자회사를 포함)인 경우에는 20억원으로 제한된다. 이외에도 사모투자전문회사의 무한책임사원에 대하여는 일반 회사는 무한책임사원이 될 수 없도록 한 상법 규정을 배제함으로써 회사가 사모투자전문회사의 무한책임사원이 될 수 있도록 허용하고 있으며, 무한책임사원은 노무 또는 신용출자를 할 수 없도록 하고 반드시 금전 또는 시장성 있는 유가증권을 출자하도록 하였다.

(b) 자본시장법

자본시장법 제9조에서 사모집합투자기구의 투자자 총수는 대통령령으로 정하는 수 이하인 것으로 규정하면서 투자자의 수에 대해서는 대통령령으로 정하고 있다. 사모투자전문회사의 사원에 대해서는 법 제269조 제1항에서 1인 이상의 무한책임사원과 1인 이상의 유한책임사원으로 하되, 사원의 총수는 대통령령으로 정하는 수 이하로 하도록 정하고 있다. 또한 동 법에서 금융투자상품에 관한 전문성 구비 여부, 소유자산규모 등에 비추어 투자에 따른 위험감수능력이 있는 투자자로서 대통령령으로 정하는 자를 전문투자자로 규정하고 있다.

다) 규제 대상의 규율체계 요약

현행 규정에서의 사모펀드의 설립, 운용자, 판매자 투자자에 대한 자격요건은 [표 Ⅱ-31]과 같이 요약할 수 있다.

표 Ⅱ-31 헤지펀드 규제대상의 규율체계요약

규제 대상	간 투 법	자본시장법
사모펀드 설립	등록	등록
운용자(단, PEF 운용자 제외)	인가	인가
판매회사	인가	투자매매업 또는 투자중개업자로 인가
투자자	적격투자자, 소수투자자	시행령에서 규율 예정

(2) 헤지펀드의 국내 허용 방안[83)]

본 서에서 정의된 헤지펀드를 허용하기 위해서는 기존 사모펀드 관련 규제 중 어떠한 조치가 필요한가를 살펴보고, 헤지펀드의 설립, 운용자, 판매자, 투자자에 관한 규율체계를 일반 사모펀드에 대비하여 설정한다. 또한 국제기구 등에서 논의되는 헤지펀드 활동으로부터 야기되는 우려사항 완화를 위한 규제 설정을 한다.

1) 본 연구의 정의에 의한 헤지펀드 특성이 내재된 헤지형 사모펀드 허용

전장에서 검토한 헤지펀드 특성을 억제하는 규제를 완화할 필요가 있다.

83) 허용방향 설정의 일부(펀드의 사후신고 및 신고 내용, 투자자 보호, 허용순서) 사항에 대하여 재경부 주도 2007년 9월에 설립된 헤지펀드 T/F팀의 의견을 참고하였음.

원칙적으로 제한 없는 자산운용과 관련하여 자본시장법 제81조 제1항의 증권 또는 파생상품 운용에 대한 규정은 헤지형 사모펀드의 자유로운 자산운용을 제한하므로 적용을 배제할 필요가 있다. 특히 헤지펀드의 경우 파생상품에 대한 자유로운 투자가 투자 전략상 필요하므로, 동 조항의 제5호에서 규율하는 파생상품 거래에 따른 총위험평가액 제한의 확대가 필요하다.

차입과 관련하여 자본시장법 제83조 제1항에서 집합투자업자의 금전 차입을 원칙적으로 제한하므로, 헤지형 사모펀드에 한하여 적용을 배제할 필요가 있다.

공매도와 관련하여 자본시장법 제180조 제1항에서 공매도를 제한하고 있으나 대통령령에서 예외적으로 허용할 수 있도록 하고 있다. 결제시스템의 안정을 위하여 순수 공매도(naked short sale)[84]는 허용되지 않는 것이 바람직하다. 그러나 헤지형 사모펀드에 한하여 예외 허용 규정을 적용하여 사전적으로 차입 증권이 확인된 covered short sale[85]을 활성화할 수 있는 방안이 마련될 필요가 있다.[86]

자본시장법 제86조 제1항에서는 사모집합투자기구의 경우 성과보수를 허용하고 있으므로, 헤지형 사모펀드의 경우 동 규정을 적용하여 실적보수를 허용하도록 한다.

펀드운용자의 자기자금 참여와 관련하여 자본시장법 제213조에서 투자합자회사 운용자의 자금자금 출자가 의무화되어 있으므로 헤지형 사모펀드의 경우 동 규정을 적용하면 자기자금 투자가 가능할 것이다.

정기적 환매와 관련하여서는 자본시장법 제235조 제1항은 집합투자증권의

84) 간접투자기구가 투자증권을 보유하지 않은 상태로 하는 순수공매도의 경우는 1934년 미국 증권거래 위원회 규정 Act of 34에서 결제불이행의 위험 및 투기유발가능성을 우려하여 불법으로 규정하고 있고, 레귤레이션 SHO(Regulation SHO)에서 공매도를 악용하지 못하도록 공매도를 할 경우 주식을 빌린다는 약정을 먼저 하도록 규정하고 있음. 즉, 이 규정은 증권회사의 브로커나 딜러에 대해서 주식을 빌렸거나 팔아도 좋다는 증서를 제출하지 않았을 경우 아예 공매도 주문 자체를 받지 못하도록 하고 있음. 단, Rule 200과 Rule 203에서 예외적으로 브로커나 딜러가 다른 등록 브로커나 딜러로부터 주문을 받았을 때, 진정한 시장 조성(market making)을 하는 경우 브로커나 딜러가 고객을 위해 공매도를 하는데 주식을 받을 수 있다는 것에 대해 충분히 믿을 만한 정황이 있는 경우 예외적으로 허용하고 있음.

85) 정상적으로 주식을 빌려서 파는 것으로 normal short sale이라고도 함. 원칙적으로 주식이 없는 상태에서 매도할 수 없으나 대주에 대한 약정을 한 상태에서 매도가 가능함.

86) 최근 미국에서는 공매도 활성화를 위해 주식의 상승시에만 공매도를 할 수 있는 up-tick rule를 완화한 바 있음.

상시 환매를 허용하므로 헤지형 사모펀드의 경우 동 규정의 적용을 배제할 필요가 있다.

자본시장법 제9조 제19항에서 사모집합투자기구를 규율하고 있다. 따라서 동 규정을 적용하면 특수한 형태의 헤지형 사모펀드 설립이 가능할 것이다.

요약하면, [표 Ⅱ-32]에서와 같이 자본시장법 상의 규정을 통하여 헤지펀드의 특성이 내재된 헤지형 사모펀드를 허용할 필요가 있다.

표 Ⅱ-32 본 연구의 정의에 입각한 헤지펀드 허용을 위한 조치사항

헤지펀드 요소	자본시장법상의 사모펀드 관련 규제	헤지형 사모펀드 허용을 위한 조치
원칙적으로 제한 없는 자산운용	• 파생상품운용제한: 자본시장통합법 제81조 제1 항 마	• 동 규정 적용배제
차입허용	• 차입제한: 자본시장법 제83조 제1항	• 동 규정 적용 배제
공매도 허용	• 공매도 제한: 자본시장법 제180조 제11항	• 예외 허용 규정을 적용하여 사전적으로 차입증권이 확인된 공매도는 활성화하되, 순수공매도 규제 • up-tick rule 완화 검토 필요
성과보수 허용	• 사모집합투자기구의 성과 보수 허용: 자본시장법 제86조 제1항	• 동 규정 적용
펀드 운용자의 자기자금 투자 허용	• 투자합자회사의 운용자의 자기자금 출자의무: 자본시장법 제213조	• 동 규정 적용
정기적 환매 허용	• 집합투자증권의 상시 환매 허용: 자본시장법 제235조 제1항	• 동 규정 적용 배제
사모	• 사모설립허용: 자본시장법 제9조	• 동 규정 적용하되 특수한 형태의 헤지형 사모펀드 설립 허용

2) 헤지형 사모펀드 설립, 운용자, 판매자 및 투자자 규율

가) 헤지형 사모펀드 설립

해외의 헤지펀드 등록 국가의 경우, 헤지펀드에 대하여 집합적 투자펀드의 규율이 적용된다. 헤지펀드는 역외 설립이 가능하므로, 역내 설립에 관해 엄격한 규제를 할 필요가 없다. 국내 자산운용업계는 등록을 수용하는 편이나, 현재까지 모든 펀드의 등록이 요구되므로, 헤지펀드의 등록도 당연시 하는 것으로 인식된다.

그러나 헤지펀드 설립의 활성화를 위해서는 펀드, 설립의 신속성 및 효율성이 높은 영미식의 등록면제 방식을 취하되, 최소한도의 정보수집 및 감독을 위해 설립 후 감독 당국에 대한 신고를 하도록 한다. 신고내용은 펀드명칭, 운용자, 규모, 투자자 수 등으로 가급적 최소화한다.

표 Ⅱ-33 헤지형 사모펀드 설립 요건

	자본시장법상의 사모펀드 설립	헤지형 사모펀드
설립요건	금융감독위원회 등록	설립 후 사후신고

나) 헤지형 사모펀드 운용업자

[표 Ⅱ-28]에서 나타난 바와 같이 대부분의 국가에서 헤지펀드 운용자에 대한 규제가 존재하며, 공모펀드 운용자와 사모펀드 운용자에 대한 동일한 규제를 적용하는 국가와 상이한 규제를 적용하는 국가가 혼재한다. 인가 요건으로 홍콩의 경우 자본금, 운용자의 전문성, 헤지펀드 운용자산의 총액, 운용회사의 위험관리 및 내부관리 체제 구축 여부 등이 있고, 미국의 경우도 LTCM 사건 이후 운용자의 등록을 추진하고 있다. 그러나 외국의 경우 운용업자 자본금 규정과 관련하여 일반 자산운용업자의 필요 자본금 규모가 높지 않으므로 헤지펀드 운용업자에 대해서도 특별한 요건을 적용하지 않고 있다.

국내 사모펀드 운용업자는 공모펀드 운용업자와 동일한 규제를 적용받고, 금융감독위원회의 인가가 필요하며, 자본금, 인적·물적 요건, 전문성, 적격성 관련 인가 요건이 있다. 단, 사모전문투자회사 운용자는 운용업 인가를 받을 필요가 없다. 이러한 상황에서 시장의 건전성, 투자자 보호 및 시장리스크의 방지를 위해서 헤지펀드 운용업자에 대한 인가 제도는 유지하되, 현재의 높은 자본금 규정이 헤지펀드 운용업자의 자산 운용 산업에 진입하는데 진입장벽이 될 소지가 있다. 따라서 헤지형 사모펀드 운용업자에 한하여 자본금 규모 수준을 대폭 낮춤으로써 진입을 용이하도록 하여 헤지펀드의 활성화를 도모할 필요가 있다.

그러나 국내 운용업자의 전문성이 미흡하다는 지적이 있고, 헤지형 사모펀드의 경우 다양한 투자 전략을 사용하는 만큼 운용전문인력의 전문성을 강화해야 할 필요가 있다. 싱가포르나 홍콩과 같이 운용업자는 일정 경력 이상의 운용전문인력을 확보하도록 하며, 금융산업에서 규정 위반 전력이 있는 경우 등 부적격자의 진입을 차단해야 한다. 더불어 대주주의 경우 사회적 신용요건 등을 적용하여 부적격 대주주의 진입을 차단해야 한다.

표 Ⅱ-34 헤지형 사모펀드 운용업자 인가 요건

	자본시장법상의 사모펀드 운용업자	헤지형 사모운용업자
자 본 금	• 인가업무별 5억원 이상 대통령령으로 정하는 금액(시행령에서 규율 예정)	• 자본금요건 대폭 낮춤
전 문 성	• 시행령에서 규율 예정	• 일정 경력 이상의 운용전문인력 확보
적 격 성	• 시행령에서 규율 예정	• 적격성 기준을 적용하여 부적격자의 진입차단 • 금융산업에서의 규정 위반 전력, 사회적 신용요건 등 고려

다) 헤지형 사모펀드 판매업자

해외에서는 헤지펀드가 적격투자자 대상 사모로 판매되는 경우 판매업자에 대한 특별한 규제가 없으며, 소매 판매시 투자자 보호를 위한 판매업자 규제가 적용된다. 자본시장법 상 판매업자는 금융감독위원회의 인가를 받도록 되어 있으나, 헤지펀드 판매업자의 경우 헤지펀드는 사모펀드로 판매되기 때문에 운용자에게 자기펀드 판매를 허용하여 헤지펀드 활성화를 도모해야 한다. 더불어 국내 헤지펀드는 사모로 전문투자자에게 판매되므로 PEF의 GP와 같이 운용자의 투자자 모집이 가능하도록 할 필요가 있다.

따라서 [표 Ⅱ-35]에서와 같이 헤지형 사모펀드 운용업자가 판매를 할 수 있도록 규정을 개선하되 현행 판매 담당자에 대한 규정은 유지하도록 한다.

표 Ⅱ-35 헤지형 사모펀드 판매업자

	자본시장법상의 사모펀드	헤지형 사모펀드
판매업자	• 투자매매업 또는 투자중개업으로 인가[1]	• 운용회사의 자기 펀드의 투자자 모집 인정
판매 담당자	• 투자권유대행인 및 투자권유자문인력에 한하여 투자권유 가능2) • 시행령에서 규율예정	• 유지

주: 1) 자본시장법 제12조.
2) 자본시장법 제71조.

라) 투 자 자

해외의 경우 헤지펀드에는 다양한 위험이 내재하므로 위험으로부터 자신을 보호할 수 있는 전문투자자에게 사모로 판매되는 것이 일반적인 형태이다. 최근 홍콩 등의 경우 소매투자자에게도 판매되는 경우가 있으나 대부분의 경우는 전문투자자를 대상으로 하고 있다. 일반등록펀드가 헤지펀드 전략을 사용할 수 있으나, 소매투자자를 대상으로 판매하는 것에 대해서는 투자금액 제한 등의 측면에서 공모펀드 이상의 규제를 받는다. 미국의 경우 적격투자자펀드와 소수투자자펀드가 있다.

자본시장법 상 시행령에서 사모투자자의 구체적인 요건이 규율될 것이다. 간투법상에 규율되었든 적격투자자 사모와 소수투자자 사모의 요건은 [표 Ⅱ-36], [표 Ⅱ-37]에서와 같이 미국보다 엄격하다. 따라서 헤지펀드의 투자자는 적격투자자나 소수투자자가 될 것인바, 그 요건을 완화할 필요가 있다.

적격투자자 요건을 설정하는 데 있어 스스로 투자판단을 할 수 있는 전문적 능력이 있는 자, 헤지펀드 투자에 따른 위험 및 손실을 감내할 수 있는 능력이 있는 자로 정하되 개인과 법인에 대한 투자 규모를 완화할 필요가 있다.

표 Ⅱ-36 헤지형 사모펀드의 적격투자자 요건

	현행 사모펀드의 적격투자자	헤지형 사모펀드
요 건	• 기관투자자, 기금 • 간접투자증권을 100억원 이상 매입한 개인 또는 500억원 이상 매입한 법인	• 기관투자자, 기금 • 개인과 법인에 대한 투자규모 완화

미국에 비해 적은 소수투자자의 수를 상향 조정하고, 소득규모, 자산상태 등을 고려하여 소수투자자의 특정 요건을 검토할 필요가 있다.

표 Ⅱ-37 헤지형 사모펀드의 소수투자자 요건

요 건	현행 사모펀드	헤지형 사모펀드
투자자수	30명	인원 상향 조정
자산규모	-	자산규모 고려
수입규모	-	수입규모 고려

3) 우려사항 완화를 위한 방안

국제기구와 해외의 규제당국 및 학계에서 최근 논의되고 있는 헤지펀드의 우려사항인 시스템 리스크예방과 투자자 보호를 위해 어떤 방식의 규제가 바람직한가를 검토해야 한다.

가) 시스템 리스크

① 헤지펀드 차입 규모 보고

LTCM, 아마란스 펀드 및 서브프라임 사건과 같이 헤지펀드로 인한 시스템 리스크의 발생가능성이 존재하는 만큼 대부분의 정책 및 학술 논의에서 헤지펀드 활성화에 따른 시스템 리스크를 대비하기 위한 제언을 하고 있다. 특히 동일한 전략 및 포지션을 가진 다수의 헤지펀드가 동시에 시장을 이탈하거나 한 방향으로 거래할 때 집단거래(crowded trades) 위험이 있으며, 이 경우 시장 전체로의 파급 및 유동성 경색을 초래할 가능성이 있으므로 헤지펀드의 의미 있는 정보공개, 금융기관의 위험관리시스템 개선, 건전한 해결 메커니즘 확립 등을 통한 시스템리스크관리 방안이 필요할 것이다.

헤지펀드가 금융시장 전체에 미칠 수 있는 잠재적인 위험의 원천은 과도한 차입을 사용함에 따라 시장이 악화되거나 예상치 못한 일이 발생하는 경우 등 파급효과가 확대된다는 것이다. 이에 대한 대처방안으로 헤지펀드 차입 거래에 대한 직접 규제는 헤지펀드는 전략별로 차입 정도가 달라지므로 차입 규모를 획일적으로 규제하기는 어렵다. 따라서 헤지펀드의 이러한 위험성을 모니터링하기 위한 방안으로 차입 규모에 대한 감독 당국의 정보 집적이 필요하다. 이를 위해 헤지형 사모펀드 운용자가 이를 감독 당국에 보고하도록 하는 것이 한 방안이 될 수 있다. 헤지펀드의 차입 규모가 전반적으로 급격히 증가하면, 금융 당국은 자금을 대여하는 프라임 브로커 등 일반 금융기관에 대한 건전성 규제 강화를 통해 시스템 리스크를 예방할 수 있을 것이다.

② 「채무자 회생 및 파산에 관한 법률」(이하 통합도산법)상 금융거래 특칙의 적용 검토

통합도산법상에서 금융거래에 대하여 특칙을 입법화한 것은 금융시스템 위험의 방지와 국제 금융환경과의 정합성 유지라는 차원에서 논의된 것이다. 통합도산법상 일부 금융거래 및 금융제도에 대한 특칙을 두어 통합도산법상 각종 제한의 적용대상에서 제외함으로써 당해 금융거래로부터 발생할 수 있는 금융시스템에 대한 위험가능성을 제거하는데 있다. 특히 상호 간 긴밀하게 연계되어 있는 각종 위험이 시장참가자들을 연계하여 국내의 다른 금융시장 참가자뿐만 아니라 전세계 금융시장으로 전파되어 시스템 리스크를 발생시킬 수 있는 가능성을 차단하고자 한 것이다.

미국의 경우 금융거래에 따른 계약의 헤지 및 그에 대한 담보권 행사를 미국 도산법상 자동정지의 예외로 규정함으로써 엔론 사태 등 시스템 위기를 방지한 사례도 있다.

헤지펀드의 경우 다양한 장외파생상품에 투자할 뿐만 아니라 이에 대한 차입거래전략을 사용하기 때문에 개별 헤지펀드의 리스크가 금융시스템 전반으로 확산되어 시스템 리스크를 일으킬 가능성이 존재한다. 이를 방지하기 위하여 헤지형 사모펀드 허용시 계약 당사자가 일방에 의한 채무불이행 발생시 네팅(netting)에 대해 명확히 규정하고 통합도산법 상 금융거래 특칙에 포함함으로써 헤지형 사모펀드의 실패가 타 금융기관 또는 금융시스템 전반으로 전이되는 고리를 차단할 수 있다.

그러나 장외파생상품 등의 거래에 관하여 통합도산법의 특칙 적용이 오히려 시스템 리스크를 증폭시키는 결과를 초래할 위험이 있음을 간과할 수 없다.

즉, 금융거래에 따른 계약의 해지 및 그에 대한 담보권 행사를 예외로 규정할 경우 관련 금융기관의 도산을 촉진하고, 다량의 담보 물건이 일시에 시장에서 처분하려는 시도 등이 발생할 소지가 있다. 또한 '시스템 위험 방지'라는 금융규제법의 원칙과 '일반채무자 평등의 원칙'이라는 통합도산법의 원칙이 충돌하기 때문에 특칙에 대한 남용이 우려된다. 따라서 통합도산법상 금융거래 특칙에 헤지펀드를 포함시킬지 여부는 헤지펀드 허용 후 좀더 많은 논의가 필요하다.

나) 투자자 보호

해외 논의에서의 투자자 보호는 소매투자자 보호에 집중되어 있고, 일부 학문적 연구에서는 투자자 보호 이슈는 헤지펀드에 대한 규제보다는 투자자의 투자 행위 규제가 필요하다는 측면에서 큰 의미가 없는 것으로 주장한다.

소매투자자의 헤지펀드에 대한 직접 참여는 헤지펀드의 투자자 및 감독 당국에 대한 정보 제공 부족으로 투자자 보호의 문제를 야기한다. 미국의 경우와 같이 헤지펀드와 운용업자 모두 등록면제를 하면, 감독 당국이 헤지펀드에 대한 정보 수집을 할 수 없게 되어, 사기예방 등의 사전적 투자자 보호를 할 수 없게 된다. 또한 헤지펀드 포트폴리오 평가의 정확성, 헤지펀드 운용자와 투자자의 이해 상충 문제도 존재할 수 있어 투자자 보호를 위한 조치가 필요할 것이다.

하지만 자기 자신을 보호할 수 있는 적격투자자를 대상으로 발매하는 헤지펀드의 경우, 투자자 보호는 크게 중요하지 않아, 공모펀드와 동일한 수준의 투자자 보호 규제를 적용할 필요가 없다. 그러나 헤지형 사모펀드의 경우 각종 사기

표 Ⅱ-38 투자자 보호 대비 방안

	자본시장법상의 사모펀드 투자자 보호 조항[1]	헤지형 사모펀드
• 정보제공 • 자산평가	• 면 제 • 면 제	• 펀드 규약이 정하는 바에 따라 일정 정보의 제공 • 포트폴리오 가치평가는 공정 가치로 평가하도록 규정 – 제 3자에 의한 검증은 규약에서 정하는 바에 따르도록 함

주: 1) 법 제249조(사모간접투자기구에 대한 특례)에 의하여 투자설명서, 결산서류 등의 비치, 신탁약관 또는 정관의 열람, 자산운용보고서·수탁회사(자산보관회사) 보고서 작성 및 제공 의무와 수탁회사(자산보관회사)의 자산운용회사 감시 의무 면제

및 불법적 행위가 유발될 소지가 있으므로 헤지형 사모펀드 허용시 펀드 규약이 정하는 바에 따라 일정 정보를 제공하도록 하며, 포트폴리오 가치를 공정 가치로 평가하고 사무수탁회사 등을 통한 제3자에 의한 검증은 집합투자규약에서 정하는 바에 따르도록 하는 방안을 권고 사항으로 규정할 필요가 있을 것이다.

4) 기타 필요사항

향후 금융회사가 헤지펀드와 직·간접적으로 금융거래를 하고자 하는 경우 엄격한 사전심사 및 내부통제절차를 준수하도록 지도하고 거래중인 헤지펀드의 시장리스크, 신용리스크, 유동성 리스크, 법적 리스크 등 거래관련 위험을 지속적으로 모니터링 하는 시스템을 갖출 필요가 있다. 투기성 자금에 의한 금융시장 교란위험을 감독하고 국내에서 활동중인 헤지펀드로 인해 야기되는 부작용을 최소화할 수 있도록 외국 금융감독기관과의 정보교류 및 대내기관의 협력을 강화해야 할 필요가 있다.

외국 자본의 성격을 조기에 파악하고 효율적으로 감시하기 위하여 금융감독원, 한국은행, 재정경제부, 증권선물거래소 등이 긴밀한 협조체제를 구축하여 외국 자본의 유입단계부터 투자·운용단계, 자금유출단계까지 유기적으로 관리해야 할 것이다.

또한 금융회사가 보유중인 헤지펀드에 대해서는 헤지펀드 신용평가를 위한 적절한 정보 입수 가능 여부, 헤지펀드 편입상품의 변동성 및 유동성 정도, 헤지펀드 투자대상 시장의 변동성 정도, 차입과 이에 따른 리스크, 신용리스크 완화를 위한 담보의 적정성 여부 및 법률체계와 관할이 다른 국가와의 거래에 따른 계약불이행의 가능성 및 구제수단의 존재 여부 등 시장리스크, 신용리스크, 유동성 리스크, 법적 리스크 등 거래관련 위험을 지속적으로 모니터링 하도록 지도해야 할 필요가 있다.

외국간접투자증권에 대해서는 자본시장법 시행령에서 규율 예정인바, 국내 규제 수준에 부합하는 외국간접투자증권 판매를 허용하도록 한다.

헤지펀드 허용은 가급적 신속히 이루어지되, 업계의 준비를 위해 단계적으로 실시한다.

1단계에서는 적격투자자 사모 헤지펀드를 업계에 미치는 영향을 고려하여 일정 준비기간을 두어 가능한 조기 허용한다. 법 개정 시간 등을 고려하면 2009년도 정도가 될 것으로 생각된다. 스스로 리스크를 감내할 수 있는 적격투자자는 가능한 조기에 허용하여 헤지펀드의 유용성을 향유할 수 있도록 한다.

2단계에서는 소수투자자 사모 헤지펀드를 적격투자자 사모 헤지펀드를 허용한 다음, 1~2년 후 허용한다. 소수투자자 보호를 위해 적격투자자 헤지펀드를 통하여 경험을 쌓은 후 허용하자는 취지이다. 이 경우 소수투자자 요건에 대한 검토가 필요하다. 미국의 경우 소수투자자에게 일정 요건을 부과하는 데 비하여 우리나라 간투법에서는 30명의 인원제한만 존재한다. 소득규모, 자산상태 등을 고려하여 우리나라도 소수투자자의 특정 요건을 검토함이 필요할 것이다. 펀드 오브 펀드 공모형 헤지펀드는 일반투자자의 투자기회를 확대한다는 취지로 허용하되, 일반투자자 보호를 위해 공모의 엄격한 규제를 적용하도록 한다.

3단계에서는 헤지형 사모펀드와 PEF의 규제를 합리적으로 조정하여 양자를 통합한다. 이 단계가 되면, 모든 사모펀드가 규제의 틀을 거의 벗어나게 될 것이다. 다만 단독 공모형 헤지펀드는 투자자 보호 등의 문제로 당분간 허용하지 않기로 한다.

5) 헤지펀드 도입을 위한 자본시장법의 개정

상기사항을 고려하여 헤지펀드를 허용하기 위한 자본시장법 개정이 2009년 2월 이루어졌다. 자본시장법 제249조의2를 신설하여 적격투자자만을 대상으로 하는 사모집합투자기구의 법적 근거를 마련하였는데, 운용주체를 집합투자업자로 제한하고, 대상 투자자는 대통령령으로 정하는 적격투자자로 제한하여, 차입금의 총액은 집합투자재산 총액의 100 분의 400 이내로 대통령령으로 정하는 비율을 초과할 수 없도록 규정하고 있다. 자산운용에 관한 규제는 일반 사모집합투자기구에 비하여 완화하였으나, 자본시장법이 위임하는 세부 기준을 규정하는 시행령이 마련되지 않아 시행되고 있지 않은 상태이다.

III

사회책임투자펀드

1. 서 론

최근 기업의 사회적 책임(Corporate Social Responsibility: CSR)과 사회책임투자(Socially Responsible Investment: SRI)에 관한 관심과 논의가 확산되고 있다. 엄청난 사회적 비용을 유발시킨 태안반도의 기름유출 사고나 삼성의 비자금 문제에 관한 특검 등은 모두 기업의 사회적 책임에 대한 인식이 부족하여 발생한 일이다.

UN에서 SRI의 원칙으로 제시한 환경, 사회, 기업지배구조(Environmental, Social and Governance: ESG) 기준은 환경, 사회, 지배구조에 관한 원칙이다. 기름유출 사고는 기업이 환경문제를 소홀히 한데서 발생한 것이고 삼성의 비자금 문제는 비합리적 지배구조하에서 발생한 측면이 크다. 이러한 원칙을 지키는 일은 향후에는 기업이 장기 존속을 위해 선택 사항이 아니라 필수적으로 지켜야만 하는 원칙이 될 것이다.

또한 국제표준화 기구(International Organization for Standardization :ISO)에서 CSR에 관한 국제표준을 제정하고 있다. 국제표준이 제정되면 표준화된 기업의 사회적 책임을 이행하지 않는 기업은 국제 상거래에 있어 불리한 대우를 받을 가능성이 있다.

본 서에서는 CSR과 SRI의 개념과 필요성을 살펴보고 국내외 동향을 파악한다. 더하여 자본시장과 주주에 대한 기여의 측면에서 SRI를 살펴본다. 즉 기업의 주주는 CSR을 잘 수행하는 회사의 주가가 상승하면 이득이 될 것이다. SRI의 투자자는 자신의 효용에 적합한 위험 대비 수익률을 SRI 투자로부터 실현할 수 있으면 투자 유인이 존재한다. 그렇게 되면 SRI 투자가 활성화되어 CSR을 잘 하는 기업의 주가는 상승하고 자본시장 발전에도 기여할 것이다. 이러한 선순환을 위한 선결 과제는 SRI를 위한 기업의 CSR 관련 정보 공개에 있다고 할 수 있다. 따라서 기업의 정보 공개 방향을 살펴본다. 그 다음에 SRI 투자에 관련된 투자체계 및 투자 성과를 파악한다. 마지막으로 CSR과 SRI의 발전 방향을 제시한다.

2. 사회책임투자 개념과 필요성

(1) CSR과 SRI의 개념

사회책임투자와 기업의 사회적 책임은 동전의 양면과 같다. CSR이란 기업 경영에 있어 사회 및 환경 문제를 균형 있게 고려한 기업의 경영상 책무이고, SRI는 CSR을 잘 수행하는 기업에 투자하여 투자자를 위한 수탁자의 책무를 다하는 투자라고 할 수 있다.

지난 몇 십 년 동안 CSR은 복잡다양한 개념으로 발전되어 왔는데, 이에 대하여 국제적으로 통일된 정의가 내려지지 않았으나, 국제표준화기구에서 CSR에 대한 표준화(ISO26000) 작업이 진행되고 있다. 초기 CSR의 형태는 기업의 자선행위로 즉각적인 기업의 수익과 직접적으로 관련되지 않으나 공익적 측면을 강조하였으나, 1950~60년대 사이 미국의 시민운동, 환경운동, 소비운동 등 새로운 행동주의 운동과 1960년~70년대 초반의 베트남전을 거치면서 다양한 행동주의 그룹이 언론과 기타 압력을 기업에 적용하기 시작하였고, 기업은 상품, 정책 등을 변화시켜 대응하게 되었다.[1] 장기적으로 사회적·경제적 목적은 내재적으로 상충하는 것이 아니라 종합적으로 연결되어 있으므로 기업은 사회와 기업 모두에 이익을 주는 자선행위 영역을 발견하여 기업 전략을 이용하는 형태로 변모해 왔다.[2]

CSR에 관한 최초의 학술적 논쟁은 경영자는 기업의 주주에 대해서만 책임을 지닌다는 주장을 한 콜롬비아대학의 Adolf A. Berle 교수와 경영자는 보다 넓은 범위의 책임을 지닌다는 E. Merrick Dodd 교수에 의하여 이루어졌다.[3] Dodd 교수는 현대 대기업은 근원적으로 법에 의해 허가되고 장려되므로 경영자는 주주에 대하여 경제적 책임뿐만 아니라 사회적 책임도 진다고 주장하여, 기업의 CSR에 이론적 기초를 만들었다.

CSR의 정의에 대한 학계의 연구를 [표 Ⅲ-1]에서 정리한다.

표 Ⅲ-1 학계의 CSR에 대한 정의

연 구 자	CSR의 정의
Howard Bowen(1953)	사회의 목적과 가치관에 부합하는 정책을 추구하며, 결정을 내리고 행동을 취하는 기업인의 의무
McFarland(1982)	도덕적, 윤리적, 경제적 가치를 기준으로 행동
McGuire et al.(1988)	경제, 사회 및 환경문제를 균형 있게 고려하는 것
Carroll(1991)	경제적 책임, 법적 책임, 윤리적 책임, 자선적 책임
Mcwilliams & Siegel(2001)	좋은 사회를 만들기 위한 기업의 행동
Mohr et al.(2001)	사회에서 발생할 수 있는 위험을 사전에 제거하거나 최소화하고, 장기적으로 긍정적 효과를 최대화 하기 위한 행동

이런 학계의 정의와 더불어 국제 기구에서 내린 CSR의 정의를 [표 Ⅲ-2]에서 정리한다. 국제기구에서의 정의를 종합해보면 CSR은 기업 경영시 경제적 성장, 사회적 책임 및 환경적 책임을 균형 있게 고려하는 것이다.

1) William Frederick(1978).
2) Porter & Kramer(2002).
3) Philip L. Cochran(2007).

표 Ⅲ-2 국제기구의 CSR에 대한 정의

국제기구	CSR의 정의
EU	사회적 또는 환경적 요소를 함께 고려하는 것
UN	투자시 환경, 사회, 지배구조의 ESG 측면을 고려하는 것
ISO	경제, 사회 및 환경 문제를 균형 있게 고려하는 것

자료: 한국표준협회(2008).

SRI는 CSR을 잘 수행하는 기업에 투자하는 기법이다. SRI에 대하여 UN은 ESG 측면을 고려한 투자로 인식하는바, ESG가 투자성과에 직간접적인 영향을 미쳐 기업의 장기존속가능성(sustainability)과 밀접한 관계가 있다. 기존의 일반적인 투자가 전통적인 위험평가와 재무적 관점만을 중시한데 비하여, SRI는 기업의 재무적 수익 이외에 ESG 요소 등 기업의 장기 존속 가능성에 영향을 미치는 위험 관련 요소도 고려하여 투자를 하는 것이다.

SRI의 유형은 크게 사회적 선별 투자(screening), 주주행동주의(shareholder advocacy) 그리고 저소득지역이나 지역 개발을 위한 지역공동체 투자(community investment)로 구분된다. 사회적 선별투자는 재무성과 자체만을 평가하는 것이 아니라 기업의 이해관계자인 주주, 소비자, 종업원, 지역사회와 환경 등 관련 사항을 평가하여 투자하는 것을 말하며, 투자 방식은 negative screening과 positive screening으로 구분된다. negative screening은 무기, 주류, 유해물 제조 등 사회적 책임을 위반하는 기업을 투자 대상에서 배제하는 투자방식으로 1970년대 SRI 형성 초기의 윤리적 투자 원칙에 충실한 투자 방식이다. 반면 positive screening은 지속가능경영에 충실한 기업을 선별하여 투자하는 방식으로 최근 들어서 강조되고 있다.

주주행동주의는 기업의 사회적 책임과 환경문제에 대해 주주로서 대화를 요구하거나 의결권과 주주제안권을 행사하는 것으로 지속가능 경영을 하는 기업을 선별하여 투자하는 것에 그치지 않고 주주가 기업의 지속가능 경영을 유도하는 역할을 수행한다. 사회적 선별투자가 장기적이고 구조적인 성격을 갖는데 비하여 주주행동주의는 기업과 직접적인 대화를 통하여 즉각적인 효과를 얻을 수 있는 적극적 투자 방식이다. 최근 SRI에 연기금의 투자가 확대되면서 주주행동주의의 중요성이 커지는 추세에 있는데, CalPERS(California Public Employees' Retirement System)나 미국 교원 퇴직연금기금(TIAA-CREF) 등이 기업 실적이 좋으나 사회적 리스크가 큰 기업에 의결권을 행사하여 지속가능 경영을 유도하고 높은 수익을 얻고 있다.

지역사회투자는 소수인종과 저소득층 등 주류 금융의 혜택에서 소외된 사람에게 혜택을 주기 위한 지역사회개발금융기관에 대한 지원과 투자이다.

SRI가 과거에는 종교계를 중심으로 군수물자, 담배, 주류 등 반사회적, 윤리 및 환경에 반하는 기업에 투자하지 않는 데서 출발한 사회운동의 일환으로 시작되었지만, 최근에는 주류 투자기법으로 자리잡아가고 있다. 즉, SRI는 기존 "사회에 대한 책임"에서 사회적으로 지속가능한 기업에 투자하여 더 많은 수익을 창출하는 이익극대화를 위한 투자 패러다임 중심의 "투자자에 대한 책임"으로 바뀌고 있으며, 최근에는 수탁자의 책무를 강조하여 의도적으로 UN을 중심으로 SRI에서 S(Social)를 제외하고 RI(Responsible Investment)로 표기하고 있다.

즉, SRI는 순수한 경제적 목적을 위한 투자기법으로 자리잡기 시작하였다.

(2) 필 요 성

초기 CSR은 불우이웃 돕기나 수재의연금과 같은 기부행위에서 시작되었으나, 장기적으로 기업의 지속가능한 성장과 관련되어 경영활동의 주요 분야가 된다. 특히 CSR이 재무성과에 영향을 미치는데, CSR은 기업의 평판 또는 브랜드 이미지를 제고할 수 있으며, 근로자, 소비자, 정부, 언론 등 이해 관계자를 만족시키고, 기업이 직면한 위험을 감소시킬 수 있다. 기업의 윤리경영에 대한 전문지인 Business Ethics는 매년 100대 Best Corporate Citizen(BCC)을 선정하고 있는데,[4] Verschoor and Murphy(2002)는 BCC의 경우 재무성과와 명성이 우수하며, 이를 S&P500 기업과 비교한 결과 77개 BCC 기업의 재무성과 평균 순위가 나머지 372

4) BCC는 주주, 지역사회, 기업지배구조, 다양성(diversity), 종업원, 환경, 인권, 상품 등 8개 분야에서 재무정보와 기업의 사회적 성과를 측정하여 선정하고 있음. 재무성과는 3년간 평균 주주에 대한 수익에 기초하며, 환경, 사화 및 지배구조 관련 성과는 미국 기업에 대한 KLD의 측정 방식에 기초함.

개 기업의 평균 순위보다 높다고 밝히고 있다. 또한 최근 많은 학술적 논의는 기업의 CSR과 수익성과의 관계를 분석하고 있는데, Wu(2006)은 '높은 수준의 CSR에 대한 비용은 매우 작으며, 높은 CSR을 하는 기업은 사회책임 행동으로부터 이익을 얻는다고 주장하고 있으며, Turban & Greening(1997)은 '기업의 CSR는 구직자 모집에 있어 경쟁적 우위를 가진다'고 주장하는 등 CSR의 경제적 개념에서의 필요성을 주장한다.

CSR과 SRI의 필요성은 궁극적으로 경제적 이유에서이다. 즉 CSR은 주주의 이익을 위해 필요하고, SRI는 투자자의 이익을 위해 필요하다. CSR과 SRI를 통해 주주와 투자자 효용을 만족시켜 줄 수 있는 배경은 다음과 같다.

첫째, 기업이 직면한 환경의 중요성이 증대되었기 때문이다. 최근 글로벌 환경에 대한 규제가 강화되는 추세인데, 2005년 2월부터 교토의정서(온실 가스 규제 협약)가 발효되었고, 기업의 친환경성을 중시하는 녹색소비자(green consumer)가 증가하고 있으며, 친환경상품 시장이 급속하게 확대되고 있다. 이러한 환경적 요인을 통제하지 못했을 경우 이는 기업의 막대한 경제적 손실로 연결된다.

둘째, 다양한 이해관계자의 등장으로 기업의 사회적 책임 요구가 확대되고 있다. 과거 기업의 책임은 주주에 대한 경제적 책임과 법적 책임에 한정되었으나, 최근 들어 기업의 윤리적 책임이 강조되고 있으며 주주 이익의 극대화에서 이해당사자 모두의 이익을 추구하는 형태로 변화되고 있다.

셋째, CSR에 대한 국제적 표준이 형성되고 있다. UN Global Compact의 10대 기본원칙, GRI의 가이드 라인이 제정되고, 국제표준화기구의 사회적 책임에 대한 국제 표준(ISO 26000)이 향후 1~2년 내에 제정·공포될 예정이므로 CSR은 기업의 선택 문제라기 보다는 필수적 요구사항이 되고 있다.

또한 금융기관이 투자시 경제적, 사회적, 환경적 책임을 함께 고려하는 사회책임금융(Socially Responsible Finance: SRF) 비중이 증가하고 있는데, 이는 기업의 지속가능 경영 정보를 요구하고 있으며, 기업의 경쟁력 및 가치 평가에서 CSR이 중요 요인으로 작용하고 있다.

넷째, 기업이 CSR을 소홀히 할 경우 직접적인 폐해를 입게 된다. 1980년대 미국 유니온 카바이드사의 보팔 참사, 1990년대 나이키의 아동 고용, 2000년대 엔론과 월드콤의 분식회계, 2001년 소니사의 네덜란드 세관에서 겪었던 유해물질 검출 사건 등은 기업이 환경적, 사회적 리스크 관리를 소홀히 한 피해 사례로 꼽히고 있다.

다섯째, 과거 기업의 경영 목표는 외형 위주, 이익 위주였던 데 반하여 지속가능 경영으로 경영의 패러다임이 변화하고 있다. 과거 기업가치만을 극대화하려던 경영 패러다임은 ESG 측면을 모두 고려한 기업경영 패러다임인 지속가능경영으로 변화되어 가고 있으며, 이로 인하여 주주를 포함한 이해관계자의 가치 극대화와 기업가치 극대화가 조화를 이루는 방향을 모색중이다. 더불어 기업이 외부에 공대하는 정보도 재무정보 중심에서 지속가능 활동 정보 제공으로 변화하고 있다.

3. 사회책임투자의 투자전략

(1) 투자체계

1) 투자절차

수익자의 이익을 추구하여 행동할 의무란 기본적으로 어떠한 투자결정도 수익자의 이익을 우선하여 결정하는 것을 의미한다. 여기에 자기이익을 추구하는 상황이 아닌 경우로, 수탁자인 투자의사결정자가 재무적 수익을 넘어 ESG에 대한 고려사항을 투자결정에 반영할 수 있는지에 대해 각국은 공통되게 다음과 같은 입장을 보이고 있다. 첫째, 적어도 수익자가 동의한 경우에는 ESG요소를 투자결정시 고려할 수 있다는 것이다. 즉, 투자유형을 배제하려고 하는 의사결정자는 그러한 배제를 옹호하는 수익자 간의 합의를 중요시할 필요가 있다. 둘째,

ESG 요소가 재무적 성과에 중대한 영향을 미칠 것으로 합리적으로 기대되는 경우에는 이를 투자에 고려하는 것이 요구된다. 셋째, 전체 투자전략적인 측면에서 동등한 매력을 가진 많은 대안의 하나로 ESG고려사항을 포함하여 재무적 기준의 분석에 전력을 다하는 경우에도 주의의무 위반이 되지 않을 것으로 보인다.

그림 Ⅲ-1 투자결정시 ESG요소 반영 절차 흐름도

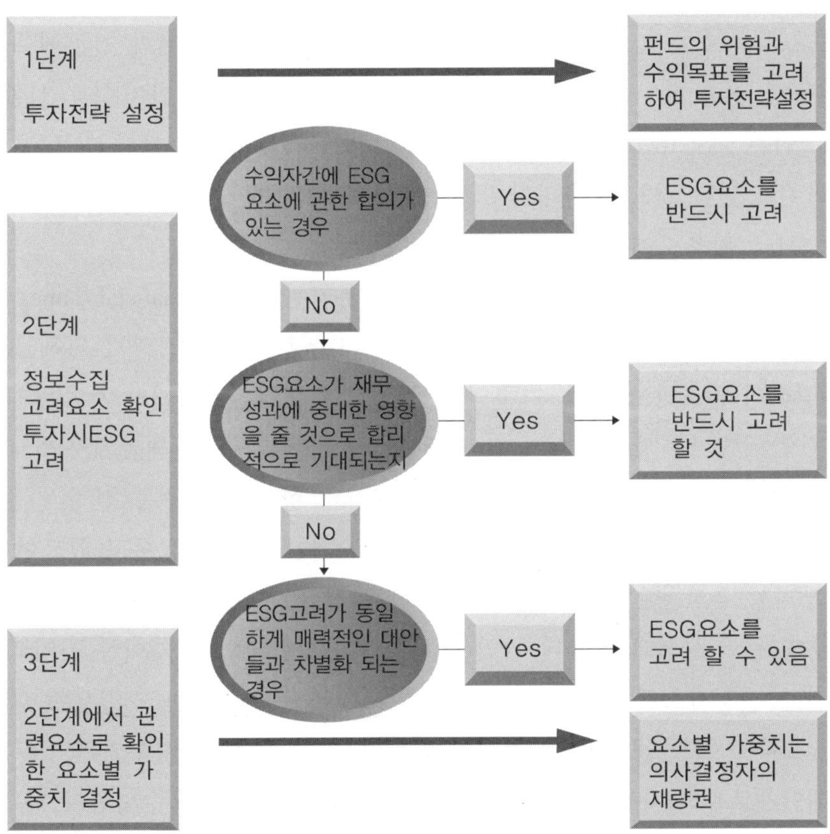

자료: UNEP(2005).

2) 투자기준

SRI의 발전을 위해서는 SRI 투자 성과와 비교할 수 있는 기준이 되는 지표가 필요하다.

국제기구뿐만 아니라 전세계 선진 금융기관에서도 기업의 정보 공개를 위한 지수를 발표하고 있다. DJSI(Dow Jones Sustainability Indexes)는 스위스의 SAM(Sustainable Asset Management)사가 다우존스사와 공동으로 1999년 세계 최초로 개발하여 발표하는 지수로, 다우존스글로벌지수(Dow Jones Global Indexes: DJGI) 2500에 포함되는 기업의 지속가능성을 평가하여 산업별(18개 섹터, 60개 산업)로 상위 10%(약 300개)를 선정하여 지수를 구성하였다. 대상기업의 지속가능성보고서, 환경보고서, 사회보고서, 재무보고서, 연차보고서와 언론에 노출된 지속가능성 이슈 및 설문지 조사 등을 종합하여 정보를 평가지수를 산출하고 있는데, 이는 MSCI(Morgan Stanley Capital International) 지수보다 더 나은 성과를 보여주고 있는 것으로 나타나며, 현재 세계 50여 개 금융기관에서 이를 투자지표로 적극 활용중에 있다.

FTSE4Good 지수는 영국의 주가지수 전문기관 FTSE(Financial Times Stock Exchange)에서 SRI의 실적을 평가하고 이에 대한 투자를 촉진하기 위해 2001년 7월 개발하여 발표하고 있다. 기존의 FTSE지수에 포함된 757개의 기업을 대상으로 환경적 지속가능성(Environmental Sustainability) 추구, 이해관계자와 긍정적 관계추구, 보편적인 인권보장 및 지원 등 3가지 항목만을 종목 선정 기준으로 위의 세 분야에서 기업이 투자하는 노력을 평가하는데 초점을 두고 있으며, 담배제조, 우라늄 추출, 핵무기의 부품 혹은 전체 생산, 무기류 제조, 핵발전소 소유 혹은 운영 등의 산업과 연관된 기업은 지수편입에서 제외한다. 이는 기업의 CSR과 관련된 경영시스템을 공개하고 성과를 보고하도록 장려하고 있으며, 자문위원회가 도출한 초안을 전 세계적으로 책임성 강한 투자자, 정부기관, 상장기업 및 이해단체로부터 자문을 받은 후 시장으로부터의 피드백을 수렴하여 자체적으로 도출한 초안을 수정하여 최종 확정하는 방식으로 종목을 선정하고 있다.

Domini Social 400 Index(DSI400)는 다양한 사회적 스크린닝에 의한 주식 포트폴리오 최초의 벤치마크로 윤리적 기준으로 선별된 미국의 400개 기업들로 편성되어 있다. 선별시 지역사회와의 관계, 노사관계, 다양성, 인권, 생산의 질, 안전 등의 요소를 고려하여 사회적 환경적으로 기여하는 기업을 선별하며, 시장전체뿐만 아니라 산업과 섹터의 내용도 고려하여 평가하며, 주류, 담배, 도박,

핵 및 군사산업에 속한 기업들은 배제한다. 현재 S&P 기업 약 250여 개, 섹터 다양화와 시가총액 등의 요소에 의한 비S&P 기업 100여 개 및 대표적 사회환경적 실적을 가진 50개 기업으로 지수를 구성하며, 기업 선별에 대해서는 DSI400 Committee에서 지속적으로 평가하여 기업이 반사회적, 반환경적, 비윤리적 행위 시 DSI400에서 제외시킨다.

(2) 투자 성과

가) SRI와 투자성과

SRI의 투자 성과를 비교하기 위하여 일반적으로 SRI 인덱스를 S&P 500와 같은 벤치마크 수익률과 비교한다. 1990년에 출시된 Domini 400 Social Index (DS400)을 S&P 500과 비교시 설정 이후 DS400은 11.17%의 연평균 수익률을 얻은 반면 S&P500의 경우 10.66%의 연평균 수익률을 기록함으로써 비교적 장기적으로 SRI 관련 지수가 더 나은 성과를 보이는 것으로 나타났다.

표 Ⅲ-3 DS400과 벤치마크 수익률 비교

	1개월 수익률	직전 분기 수익률	연간 수익률	1년간 수익률*	3년간 수익률*	5년간 수익률*	10년간 수익률*	설정이후 (1990.5.1 이후)*
DS400	-5.89%	-3.24%	-5.89%	-4.34%	5.48%	10.65%	4.77%	11.17%
S&P500	-6.00%	-3.33%	-6.00%	-2.31%	7.28%	12.04%	5.14%	10.66%

주: 1) 2008년 1월 말 기준.
　2) * : 기간 동안의 연평균 수익률 산출.
자료: KLD.

또한 Social Investment Forum 조사에 따르면 SRI 펀드의 수익률 현황을 통하여 자산 1억달러 이상의 대형 SRI 펀드의 60%(1999년), 88%(2000년), 58%(2006년)가 상위 2개 등급에 포함되며, 대부분의 SRI 펀드가 양호한 실적을 갖는 것으로 나타났다. 그리고 시티그룹 자산운용보고서에 근거한 SRI 펀드 수익률을 비교한 결과 대형 SRI 펀드의 73%(2001년 9월 기준)가 모닝스타 및 리퍼의 1년 및

3년간 펀드수익률 순위 최상위그룹에 포함되는 것으로 나타나고 있다.

많은 학술적 논의에서도 이러한 SRI 펀드와 투자성과에 관하여 분석되고 있는데, 이에 대한 결과는 연구자마다 상이하게 분석되고 있으며, [표 Ⅲ-4]에서 이를 요약 정리한다.

SRI펀드가 투자성과와는 무관하다고 주장하는 연구로서 Hamilton, Jo, and Statman(1993)은 사회적 스크리닝된 펀드의 수익률을 분석한 결과 사회적 스크리닝 받지 않은 펀드와의 수익률과 확률적인 차이가 존재하지 않음을 발견하였다. Guerard(1997)은 1987년~1994년 사이 가치와 성장 요소를 결정짓는 예상수익 모형을 분석하였는데, 사회적 스크리닝이 기업의 정량적인 경영 전략에 결정적인 영향을 미치지 못한다고 분석하고 있다. 특히 이러한 사회적 기준은 1987년~1994년 사이에 투자자에게 평균 이상의 수익을 창출하지 못했다고 밝히고 있다. 또한 Bauer, Koedijk, and Otten(2002)은 1990년~2001년 사이 독일, 미국 및 영국의 103개 스크린된 뮤추얼펀드의 성과를 다차원요인분석모델(multi-factor attribution models)을 통해 분석하였다. 투자 유형별로 조정 후, 스크린된 펀드와 그렇지 않은 펀드 간 젠센알파를 통하여 위험조정수익률을 측정한 결과, 이 둘 간 위험조정수익률은 차이가 존재하지 않는 것으로 분석되었다. 그러나 장기간 스크린된 펀드는 단기간 스크린된 펀드보다 높은 성과를 나타내었는데 이는 학습효과(learning effect)에 의한 것일 수 있다고 주장하며, SRI 관련 기준 지표는 다른 기준 지표에 비하여 펀드의 성과를 설명하는데 효과가 적다고 주장하였다.

반면 SRI의 펀드와 투자성과간의 관계를 규명하는 연구들도 존재한다. Waddock and Graves(1997)는 KLD의 SRI 자료를 포춘지(Fortune magazine)의 기업 평판 또는 명성 자료를 비교하였는데, 이 둘 간 매우 높은 상관관계가 있음을 발견하였다. 주주, 고용인, 소비자 등 특정 주요 이해관계자가 가지는 기업 경영 수준 또는 질에 대한 인식은 성과의 질적 요소에 의해 설명되어질 수 있지만, 환경적 평가는 중요한 요소가 아니라고 주장한다. Russo and Fouts(1998)는 1991년과 1992년 243개 주식을 대상으로 환경적 요소 자료를 이용하여 성과를 분석하였다. 그 결과 산업 집중도, 산업성장률, 개별 기업성장률, 기업 규모, 자본집약도, 광고 집중도 등 요소를 제어한 후 환경적 평가는 기업 자산에 대하여 유의한 양(+)의 영향을 미치는 것으로 분석되었으며, 그 효과는 작지만 유의성이 매우 높은 것으로 나타났다. 특히 이러한 관계는 고성장 산업의 기업에 더욱 강한 것으로 나타났다. Repetto and Austin(2000)은 미국의 13개 대형 펄프제지 제조회사를 대상으로 환경리스크의 경제적 효과를 추정하였는데, 이는 환경 정책이라는 사회적 요소를 규정된 가치 모형에 통합한 첫 시도로 평가된다. 할인현금흐름모델(discounted cash flow models)을 통해 각기 다른 시나리오에 따른 미래의 환경 규제의 재무적 영향을 추정하였다. 환경 비용이 높은 가격으로 소비자에게 전가되는 저탄력성 상황과 환경 비용이 전가되지 않는 고탄력성 상황에서 환경적 규제의 순수 효과 범위는 2.9%에서 -10.8% 사이로 미래에 환경 규제가 기업 재무에 영향을 미침을 보여주었다. Dowell, Hart, Yeung(2000)은 1994년~1997년 사이 S&P500의 제조업과 광업에 속하는 기업의 환경 정책과 시장의 가치평가를 연구하였다. 다만, 이 분석은 1인당 GDP가 8천달러 미만의 국가에서 조업 중인 기업만을 대상으로 분석하였기에, 1인당 GDP 8천달러 미만인 국가에서의 환경 규제 감소 등에 대한 함의를 지닌다. 분석 결과 IRRC에 의해 보고된 높은 환경 기준을 가진 기업은 보다 높은 주가순자산비율(price to book ratio)을 가지는 경향이 있고, 토빈의 Q로 측정된 기업의 시장가치와 기업이 보유한 환경에 대한 기준의 수준은 유의한 양(+)의 관계를 가진다고 밝혔다. 더불어 기업의 시장 가치는 기업이 선택하는 높은 수준의 환경 기준을 매우 즉각적으로 평가하는 것으로 나타났다. Gompers, Ishii, and Metrick(2001)은 1990년~1999년 사이 누적투표제, 독약처방(poison pill)[5]과 같은 기업지배구조 관련 관행 24개와 1,500개 기업의 주가와의 관계를 분석하였다. Investor Responsibility Research Center의 기업지배구조 자료를 통하여 기업 지배구조에 대한 정책이 주주 또는 경영에 호의적인지 정도를 측정하여 분석하였는데, 기업 경영에 호의적인 지배구조를 가진 기업은 낮은 주가순자산비율(price to book ratio)을 가지는 경향이 있다고 주장하였다. 또한 기업 지배구조 순위에서 하위 사분위에 속하는 기업은 성과에서 유의한 부(-)의 알파를 가짐으로써, 평균 위험조정수익에 미달하는 수익을 가진다고 주장하였다.

5) 독약처방(poison pill)이란 위협적인 M&A 세력이 나타났을 때 극단적인 방법을 동원해 주가를 높이거나 대상 기업의 매력을 감소시켜 적대적 M&A를 포기하게 만드는 전략임. 구체적 방법은 매수 기업이 적대적 M&A를 시도할 때 전환우선주를 보통주로 전환하여 방어 지분율을 높이는 것, 상환우선주의 상환을 통해 일시적으로 막대한 현금을 유출시켜 매수 대상 기업의 가치를 떨어뜨리는 것, 자체 지분을 늘릴 수 있도록 전환사채나 신주인수권부사채를 대량 발행하는 것 등이 있음.

Orlitzky, Schmidt, and Rynes(2003)은 기업의 사회적 성과(Corporate Social Performance: CSP)와 기업의 재무 성과(Corporate Financial Performance: CFP)와의 관계를 메타분석(meta-analysis)을 통하여 분석하였다. CSP는 KLD 등의 기관 등의 자료 등을 이용하였고, CFP는 주식가격에 대한 수익률, P/E 비율, ROE, ROA, ROA 등을 이용하였다. 그 결과 CSP와 CFP 간에는 유의한 정(+)의 관계가 있으며, 평판효과(reputation effect), 기업의 사회적 성과에 관한 정보 공개 및 기

표 Ⅲ-4 SRI 투자성과에 대한 학술적 분석

	연 구 자	분석결과
차별적 SRI 투자성과 존재하지 않음	Hamilton, Jo, and Statman(1993)	• 사회적 스크리닝된 펀드와 그렇지 않은 펀드의 수익률 간 확률적 차이 존재하지 않음
	Guerard(1997)	• 사회적 스크리닝이 기업의 정량적인 경영 전략에 결정적인 영향을 미치지 못함
	Bauer, Koedijk, and Otten(2002)	• 스크린된 뮤추얼펀드와 그렇지 않은 펀드 간 위험조정 수익률에서 유의한 차이 존재하지 않음
차별적 SRI 투자성과 존재	Waddock and Graves(1997)	• 기업의 명성 또는 평판이 CSR 등급 분류와 매우 밀접한 관계
	Russo and Fouts (1998)	• 더 좋은 환경적 요소를 가진 기업이 자산에 대하여 평균 수익률 이상의 수익 발생
	Repetto and Austin(2000)	• 미래 환경 규제가 펄프제지회사의 기업시장가치에 최대 11% 영향
	Dowell, Hart, and Yeung (2000)	• 글로벌 환경에 대한 높은 기준 보유 다국적 기업은 그렇지 못한 기업에 비하여 주가순자산비율(price to book ratio)이 높음
	Gompers, Ishii, and Metrick(2001)	• 기업 경영에 호의적인 지배구조를 가진 기업은 낮은 주가순자산비율 • 기업 지배구조 순위에서 하위 사분위에 속하는 기업의 수익은 평균 위험조정수익에 미달
	Orlitzky, Schmidt, and Rynes(2003)	• 기업의 사회적 성과와 기업의 재무적 성과(corporate financial performance)간 유의한 정(+)의 관계
	Guenster, Derwall, Bauer, and Koedijk(2005)	• 이노베스트의 환경평가지표는 기업 가치평가와 운영성과와 유의한 관계를 지님
	Barber(2006)	• CalPERS의 기업지배지침(corporate governance initiatives)을 통해 1992년~2004년 주주의 부는 30억 달러 이상 창출

업의 재무적 성과에 대한 측정 방법 간의 차이 등으로 그 크기는 각기 다른 것으로 나타났다. 또한 CSP는 시장 평가에 의한 CFP보다 회계 측정에 의한 CFP에 대하여 보다 높은 예측력을 갖는다고 밝히고 있다.

Guenster, Derwall, Bauer, and Koedijk(2005)는 이노베스트의 환경평가지표에 담긴 환경적 정보가 기업의 재무성과와 관련이 되며, 기업의 가치 평가에 중요하다는 것을 밝히고 있다. 1996년~2002년 사이 이노베스트가 다루는 기업을 대상으로 이노베스트의 평가체계를 수치화하여 분석하였는데, 이노베스트의 평가체계는 기업 가치와 운영 성과와 관련된 것으로 나타났다. 첫 번째, 기업 가치와 관련하여 토빈의 Q를 통하여 기업 가치를 측정하였는바, 이노베스트 평가와 토빈의 Q와 유의한 양(+)의 상관관계를 보임으로써 높은 환경 효율성(eco-efficiency) 등급의 기업은 높은 가치 평가를 받는 것으로 나타났다. 둘째, ROA를 통하여 기업의 운영성과를 측정하였는바, 높은 환경 효율성(eco-efficiency) 등급 기업의 ROA가 높은 것으로 나타났다. 또한 그 효과는 비대칭적인데, 낮은 환경 효율성 등급 기업은 그 효과가 매우 유의적이고 뚜렷하지만, 최상의 환경효율성 등급 기업의 경우 그 효과는 유의적이지 않은 것으로 나타났다. 따라서 경영자는 환경효율성과 재무성과 간 교환(trade off)을 해야 하는 것은 아니며, 투자자는 투자 결정에 환경적 정보를 이용할 수 있다고 결론내리고 있다. Barber(2006)는 CalPERS의 주주행동주의는 1992년~2005년 사이 총 31억달러의 부를 창출하였으나, 장기적으로 이를 평가내리기에는 곤란한 측면이 있다고 주장한다.

국내의 경우 아직까지 국내에 설정되어 있는 SRI 펀드는 규모와 펀드 수 그리고 운용수익률 등에 있어서 SRI 펀드의 도입 역사가 짧아 전반적으로 평가하기 어려운 실정이다.

SRI 펀드와 일반 주식형 펀드 간의 수익률 차이가 있는지를 분석하기 위하여 2007년 10월 현재 8개의 SRI 펀드와 270개의 일반 주식형 펀드의 수익률을 비교한 결과 8개의 SRI 펀드는 일반 주식형 펀드의 평균 샤프지수 이상의 비율을 갖는 것으로 나타나 위험대비 수익이 일반 주식형 펀드보다 우수한 것으로 나타났다.

표 Ⅲ-5 국내 SRI 펀드의 샤프지수(SISRI)

SRI펀드	SISRI
Tops아름다운SRI주식 1-A	0.27
기업가치향상장기주식G-1(C/A)	0.31
기업가치향상장기주식G-1(C/C)	0.30
기업가치향상장기주식G-1(C/I)	0.28
농협CA뉴아너스SRI주식 1CLASS A	0.28
프런티어지속가능기업SRI주식 1C1	0.28
행복나눔SRI주식H 1CassC	0.27
산은SRI좋은세상만들기주식 1CassC1	0.28
* 일반 주식형 펀드의 평균 샤프지수: 0.27	

자료: 박정윤(2008).

그러나 머니투데이(2007)에 따르면 국내 출시된 11개 SRI 펀드를 대상으로 상대적 변동성과 수익률을 비교한 결과 SRI 펀드의 베타는 평균 1.01%로 414개 성장형 주식펀드가 평균 1.02임을 감안할 때 이와 유사한 수준의 변동성을 보이는 것을 나타났다. 펀드별 표준편차의 경우 펀드별로 32.86%에서 24.80%의 범위를 가지며 성장형 펀드 평균 28.88%에 비하여 격차가 크게 존재하는 것으로 나타났다. 또한 수익률면에서 SRI 가중평균수익률은 코스피 지수보다는 좋지만, 일반 성장형 펀드에는 못미치는 것으로 나타났다.[6] 국내 SRI 펀드는 업종 대표주와 우량주로 포트폴리오를 구성한다는 점에서 다른 우량주 펀드와 크게 구분되지 않고 있으며, SRI 펀드가 다른 성장형 펀드의 포트폴리오와 차별적인 포트폴리오를 가지기 위해서는 기업의 지속가능성 수준이나 성장정도를 파악할 수 있는 정보가 공개되어야 하지만, 국내 기업들은 기존의 재무제표 이외에 환경 및 지속가능보고서와 같은 SRI 관련 정보의 공개를 기피하고 있다. 또한 국내에는 국제기준에 맞는 공식적인 지속가능보고서를 작성할 수 있는 표준화된 양식의 보급이 미흡하고 지속가능 관련 국내 대표 지수도 없다.

6) 1개월간 코스피 지수는 1.2% 하락한 반면 SRI 펀드는 1.21%, 일반 주식형은 2.42%의 수익을 얻었으며, 연초 이후 코스피 지수는 38.76% 상승한 반면 SRI 펀드는 50.21%, 성장형펀드는 54.45%의 수익률을 나타냄.

4. 사회책임투자의 국제동향

(1) 국제 동향

1) CSR의 국제 동향

기업의 CSR은 단순 논의에서 벗어나 규범화의 방향으로 진행되고 있다. UN은 CSR을 진전시키려는 노력으로 기업의 사회적 문제에 대한 적극적 참여를 촉구하는 차원에서 'The Global Compact'를 발표하였다. 이는 ILO, UNEP 등 6개 UN 기관과 정부, 기업 노동계, 시민사회단체 등 모든 이해관계자를 포함하고 있는 네트워크로 기업이 사회적 책임을 이행함으로써 세계화의 문제에 대한 해결을 지향하며 기업들이 인권, 노동, 환경, 반부패 영역에서 10개의 원칙을 채택·준수하는 데 주도적으로 동참하는 것을 요구하고 있다. Global Compact는 법적 구속력은 없으나 점차적으로 전세계에서 인지도가 높아지며 그 영향력이 확대되고 있다.[7)]

2) SRI의 국제동향

가) 사회책임투자 원칙

20세기 중반의 SRI는 종교적 신념과 윤리적인 측면이 강조되었으나 1990년대 이후 UNEP/FI(Finance Initiative) 산하의 AMWG(Asset Management Working Group)의 연구[8)] 등을 통하여 투자시 ESG 요소가 주가에 직·간접적으로 영향을

---

7) 2007년 8월 25일 기준 글로벌 콤팩트는 전 세계 116개국에서 4,500개의 기업과 단체가 여기에 가입해 있다. 기준 전세계 국가별 가입 현황을 보면 스페인(458), 미국(171), 이탈리아(150), 중국(117), 인도(86), 한국(76), 일본(56), 캐나다(41), 프랑스(39), 영국(27) 등임.

미친다는 연구 등이 진행되었고, SRI는 투자의 리스크를 감소시키고 새로운 투자 기회를 찾아주는 도구로 인식되었다. 이에 따라 UNEP/FI는 2000년대 초반부터 ESG이슈가 주가에 미치는 영향과 금융기관의 대응에 대한 연구를 계속 진행하면서 투자시 ESG이슈를 고려하는 것이 바람직한 장기투자의 방향이며, 수탁자 책무(fiduciary duty)에 충실한 투자라는 인식을 하게 되었다. 이러한 배경에 따라 UNEP/FI와 글로벌 콤팩트의 주도하에 2005년 4월부터 2006년 1월에 걸쳐 금융기관, 정부기관, 시민사회단체, 학계 전문가 등 70여 명으로 이루어진 다양한 이해관계자 그룹에 의해 금융기관을 위한 "책임투자원칙(PRI: The Principles for Responsible Investment)"를 제정되었다.

UN PRI는 6개 원칙, 33개 세부 실천프로그램으로 구성되어 있으며, 투자의사결정시 ESG이슈 반영, 투자대상기업의 ESG이슈 정보공개 요구, PRI의 충실한 이행 및 이에 대한 세부 활동과 진행 사항 보고, PRI 원칙의 이행에 있어서 효과 증진을 위한 상호 협력, 투자자를 위한 수탁자 책무와 투자를 통한 바람직한 사회 발전 추구 등을 주요한 내용으로 삼고 있다. 33개 세부 실천프로그램은 금융기관들로 하여금 책임투자 방침을 만들도록 요구하고 있으며, 투자대상기업에 대한 지속적인 대화와 모니터링, 적극적인 의결권행사, 자산운용과 관련된 용역 제안요청서(RFP) 조건 반영, 투자프로세스의 개선, 책임투자와 관련된 모든 활동들에 대한 정보공개를 요구하고 있다.

국제적인 사회책임투자의 원칙뿐만 아니라 개별 선진금융기관에서도 자체적인 RI(Responsible Investment) 방침을 보유하고 있다. CPP(Canada Pension Plan), Schroder, JPMorgan Chase, Hermes 등에서는 환경 및 사회적 이슈의 비재무적 요인을 투자의사 결정의 요소로 고려하여 관련 정보를 공개하는 방침을 가지고 있다.[9)]

---

8) AMWG(2004)에서는 ESG이슈와 재무적 가치와의 관계에 대하여 규명함으로써 PRI (Principles for Responsible Investment) 개발을 주장하고 있음. 본 보고서는 8개 산업군에 대해서 ESG이슈와 재무 가치, 기업 수익성 사이의 관계를 밝힘으로써 ESG이슈가 주주가치를 향상시킨다고 결론짓고 있다. ESG이슈를 고려한다면 투자자와 자산관리자들은 리스크를 잘 관리할 수 있으며, ESG이슈를 투자의사결정에 통합한다면 투자자와 자산관리자들은 이익을 증가시킬 수 있으므로 ESG이슈의 투자 프로세스로의 통합이 미래 모든 평가의 핵심이 될 것이라고 주장함.

9) 노희진 외 13인(2006).

나) SRI 관련 각국의 제도[10)]

UN에서 제시한 바와 같이 SRI 관련 핵심 제도는 수탁자의 책무 범위이다.

미국의 경우 연방법과 주법 등에 의해 기관투자자의 투자 행위가 규제되고 있으며, 뮤추얼펀드에 대한 연방법상의 규제와 보험회사에 대한 주법에 의한 규제를 제외하고, 기관투자자의 투자재량권에 대한 주된 제약으로 신인의무(fiduciary duty)를 들 수 있다. 법규제에서 공통된 것으로 기관투자자의 투자 시 신인의무가 적용된다는 점이며, 현대의 신중한 투자자원칙(Prudent Investor Rule)은 현대포트폴리오 이론을 강조하고 있다. 미국의 경우 기관투자자들이 상당한 수준으로 포트폴리오 투자계획에서 ESG이슈를 고려하고 있다는 연구보고가 많이 제시되고 있고,[11)] 특히 법제에서는 ESG 고려사항을 투자결정에 반영하는 것이 신중한 투자계획의 맥락으로 ESG 고려사항은 투자결정과정의 일부를 구성하는 것으로 평가된다.[12)] 수익자의 이익과 펀드의 목적에 초점을 두고 관련 없는 목적을 추구하지 않는 한 ESG 고려사항을 일상적인 펀드 운용과정에 반영하는 것에 대한 금지규정은 없는 것으로 나타난다.

캐나다는 연기금 수탁자·관리자로 하여금 수익자의 재무적 이익에 앞서 ESG이슈를 우선 고려하도록 강제하는 입법이나 정부차원의 지침은 없다. 다만 일부 연기금은 이익극대화 차원에서 ESG이슈를 고려하고 있으며[13)], 뮤추얼펀드

10) 노희진 외 10인(2007).

11) 노희진 외 10인(2007).

12) ERISA에서는 명시적으로 충성의무를 포함하고 있는데, 현대 포트폴리오이론을 지지하는 노동부는 투자시 ESG이슈를 배제하지 않는 것을 ERISA의 공식적인 입장으로 채택하였음. 신탁 제3리스테이트먼트(Restatement(Third) of Trusts: Prudent Investor Rule)에서는 신중함 여부를 평가함에 있어서는 반드시 신탁의 포트폴리오와 목적에 부합하여 행해져야 하며, 사후의 이득 여부로 결정하는 것이 아니고 투자결정시점을 기준으로 행해져야 한다고 규정하면서, 주석을 통하여 사회적 투자를 고려하고 있음. 구체적으로 충성의무는 수익자의 이익 또는 설정자의 목적 이외의 이익에 봉사하고자 하는 투자시에도 적용되며, 사회적·정치적 고려가 신탁의 조건에서 허용하거나 또는 수익자가 동의하는 한 그 범위 내에서는 수탁자의 투자결정에 적절한 영향을 미칠 수도 있고, 자선신탁은 정당화될 수 있는 범위에서 사회적 이슈를 고려할 수 있다고 밝히고 있음. 또한 통일 신중인투자자법(Uniform Prudent Investor Act, UPIA) 제2조 c항은 수탁자에게 ESG이슈를 고려함에 있어서 상당한 융통성을 제공하며, UPIA 제5조의 주석에서는 사회적 투자이슈를 언급하며 수탁자가 책임투자전략의 맥락에서 ESG를 고려하는 것을 금지하고 있지는 않음. 더 나아가 코네티컷 주법 Connecticut General Statutes §3-13(d)(a)에서는 명시적으로 주 연기금업자가 투자시 사회, 경제, 환경상의 의미를 고려하는 것을 허용하고 있음.

의 경우 신탁증서와 투자목적에서 요구하는 경우 ESG는 반드시 고려되어야 한다고 권고하고 있다. 최근 ESG이슈를 투자전략에 고려하려는 입법적 시도들이 이루어지고 있다.

EU에서 투자 결정과정에서의 ESG 요소를 고려하는 것은 지속가능한 발전의 더 넓은 범위, 특히 CSR 차원에서 논의되어 왔는데 European Commission은 SRI를 CSR을 촉진하는 중요한 수단으로 간주하고 있다. 따라서 EU 회원국인 유럽 국가들은 EU의 법제와 결정을 따름으로써 ESG 요소를 고려한 투자에 관하여 관심을 가지며 CSR과 SRI의 지속적 발전을 장려하고 있다.

영국의 경우 법상 사회책임투자결정과 관련하여 명시적으로 행동을 강제하거나 금지하는 규정을 두고 있지는 않다. 그러나 영국법상 기관투자자의 투자에 있어 ESG 이슈를 고려해야 하는 정도에 있어 신인의무는 투자결정자에게 한계를 제공한다. 즉, 신인의무는 연기금펀드나 뮤추얼펀드와 같이 신탁으로 구성된 투자에만 발생하며, 신탁구조를 갖지 않는 기관투자자의 투자는 그러한 제약을 받지 않게 된다. 다만 ESG이슈는 투자결정과정에서 반드시 고려해야 하는 관련요소가 되며, ESG에 대한 고려 정도는 투자결정자에게 모든 수익자의 이익을 위하여 재량권인 투자결정을 하여야 하는 것으로 수권이 되어 있다.[14] 투자권한의 목적이 수

13) Ontario Municipal Employee Retirement System(OMERS)에서는 투자대상 물색과 성과 점검에 대한 조사의 일부로서 우리는 장래 수익에 대한 잠재적 영향의 관점에서 비재무적 요소도 고려한다고 SIPP와 위임장지침(proxy voting guideline)에 기재하도록 하고 있음.

14) 영국의 경우 법에서 기금을 관리하는 의사결정자(즉 수탁자, 펀드매니저 및 투자자문자)에게 신인의무와 계약법상의 의무가 부과될 수 있음. 수탁자는 신탁의 조건에서 부여된 재량권을 행사하여야 하는데 있어 신인의무는 광범한 행동기준을 제시하고 있음. 즉, 즉 신인의무는 투자 및 관리에 있어 재량권의 행사에 영향을 미치므로 수탁자와 그의 대리인은 반드시 신중(prudently)하고 적절한 목적(a proper purpose)을 위하여 행동하여야 한다. 신중하게 행동할 의무(the duty to act prudently)는 타인을 위하여 투자를 결정하는 경우에 신중한 사람이라면 기울였을 주의와 기술 및 근면함(care, skill and diligence)을 기울여 행동하며, 전문적인 수탁자인 경우 전문수탁자에게 기대되는 능력을 발휘하며, 투자와 관련된 고려사항들은 모두 고려하여야 하며 관계없는 사항은 무시하되 의사결정의 위치에 있는 자로서 합리적인 사함이라면 투자의 성과 내지 투자기간동안 투자에 중대하게 영향을 미칠 것으로 기대되는 요소를 모두 고려해야 한다고 명시함. 실무적으로 신중하게 행동할 의무에 대해서는 법이나 판례에서 명확하게 정의하고 있지는 않으나, 1993년 판결에서 항소법원은 종전에는 개별적인 투자재산이 이슈가 되었던 것에 비하여 전체 포트폴리오의 위험수준이 이슈가 된다는 점에서 현대포트폴리오이론이 투자의 신중함이 평가되는 방식을 변경하였다는 점을 인정한 바 있음. 또한 영국법상에서는 투자의사결정시 정확한 절차를 따르고, 투자결정이 목적에 부합하여 결정되었는지 여부를 중시함. 특히 의사결정자의 결정을 조사함에 있어 법원은 다각화에 대한 수요와 각 투자의 적합성을 고려하였는지 그리고 의사결정자가 관련요소들을 모두 고려하였는지에 관하여 주의를 다하여 전문능력을 다하고 성실하게(care,

익을 발생하는 경우 투자결정자는 현대 포트폴리오접근방식을 취하여 모든 수익자의 이익을 고려하여 반드시 그러한 목적을 달성할 주된 목적으로 여겨야 하며, 이 경우 무엇보다도 중요한 것은 신중하고 적절하게 동기화된 투자분석에서 관련한 요소를 모두 고려해야 하는 것이다. 따라서 수익자의 이익에 부합하는 경우 또는 동등하게 매력적인 투자 대안 중 ESG를 고려한 투자는 허용될 수 있다.

프랑스는 법상 기관투자자의 투자결정시 ESG이슈를 고려하는 것과 관련하여 일반적인 규정을 두고 있지는 않다. 다만 뮤추얼펀드나 보험회사의 경우 위에서 언급한 법규정을 준수하는 한 ESG이슈를 고려하는 것은 허용된다. 연기금에 대하여 법에 특별한 규정을 두고 있지 않고 있으나, FRR(French Pension Reserve Fund)의 2004년 4월 투자정책에 관한 일반 가이드라인에 관한 결정에 의하면 관리자는 경제, 사회, 환경의 균형적인 발전이라는 가치를 금융자산과 회사지배구조의 투명성의 분석에 포섭하도록 독려되고 있다. 이에 따라 유럽주식을 관리하는데 있어 FRR이 선정한 매니저로 하여금 ESG이슈를 고려하도록 하는 기준과 주식연구의 강화 전략이 채택되어 ESG 투자와 모범 회사지배구조관행을 발전시키도록 하고 있다. 보험회사 적립금이나 뮤추얼펀드에 대해서 투자회사가 ESG이슈를 고려하여 투자하는 것에 대해 제한하는 규정을 특별히 두고 있지 않으므로 일반적으로 법적 의무가 적절히 준수되는 한 ESG 이슈는 고려될 수 있다.

독일은 법상 연금펀드로 하여금 ESG이슈를 투자결정과정에 고려하도록 하는 요구하거나 이를 금지하는 규정은 없으나, 연금펀드가 윤리적인 투자형태에 투자할 것을 결정한 경우 반드시 그러한 결정에 관해 근로자에게 정보를 알려주도록 하고 있다. 또한 보험회사 적립금에 대하여 투자 내역의 공시 의무를 지니므로 투자하는 회사는 반드시 ESG이슈를 고려했는지 여부와 고려 정도를 보고해야 한다. 뮤추얼펀드 투자에 관한 의사결정과 관련한 투자회사의 의무는 독일투자법에 규정되어 있으나, 동법에서는 ESG이슈에 대해 침묵하고 있다. 따라서 투자의사결정자는 투자자를 위하여 가능한 한 최대이익을 실현해야 할 의무를 지므로, 투자결정시 ESG이슈를 고려할 것을 투자회사와 투자자간계약상의 조건

skill and diligence) 행해졌는지 여부를 조사하므로 의사결정자는 의사결정 전에 반드시 투자 관련요소들을 모두 확인해야한다. 따라서 ESG 요소는 반드시 의사결정자가 고려해야하는 전체 고려 사항 중의 일부가 되며, 그들의 비중을 평가하고 모든 투자결정에 이들이 합리적으로 관련되어 있다고 할 수 있음.

에서 명시적으로 이를 언급한 경우 이를 준수해야 하며, 만약 ESG이슈를 계약조건에 포함하지 않는 한 그러한 이슈를 고려할 수 없다.

일본의 경우 뮤추얼펀드를 운용하는 투자회사는 이미 ESG이슈를 고려한 다양한 투자 상품을 소개하고 있으나, 법적인 측면에서 ESG이슈에 대한 고려는 아직 초기단계에 머물고 있는 실정이다. 일본법상 사회책임투자에 관한 명시적인 규정은 없으나, 환경성이 일본의 금융산업에 있어서 환경과 사회적 공정성을 증진시키기 위한 많은 논의가 필요하다고 지적한 바 있으며, ESG이슈와 수익 간의 상관관계에 대한 실증조사가 나오고 있다.

다) 국제 동향

전 세계 SRI의 규모는 약 3천조원 이상이 되는 것으로 파악되고 있다. 해외 SRI펀드는 대부분 미국과 유럽을 중심으로 발전되어 왔는데, 특히 1990년대 연기금을 비롯한 기관투자자의 참여가 본격화 되면서 SRI펀드는 급속히 성장하였다. 2007년 SRI 펀드업계에서는 새로운 SRI 펀드가 출시되었다. 2007년 2월 영국의 Mark & Spencer Money의 윤리펀드의 출시를 시작으로 대체에너지 및 환경펀드가 출시되었다. 또한 KLD는 KLD Global Sustainability Index를, Merrill Lynch는 Energy Efficiency Index를 만드는 등의 SRI에 대한 활발한 활동을 하였다.

표 Ⅲ-6 미국의 SRI 시장 현황

(단위: 10억달러)

	1995	1997	1999	2001	2003	2005
Social Screening	162	529	1,497	2,010	2,143	1,685
SRI mutual fund	12	96	154	136	151	179
Separate account	150	433	1,343	1,874	1,992	1,506
Shareholder Advocacy	473	736	922	897	448	703
Screening and shareholder[1)]	n.a	(84)	(265)	(592)	(441)	(117)
Community investing	4	4	5	8	14	20
총 계	639	1,185	2,159	2,323	2,164	2,290

주: 1) screening과 shareholder advocacy를 동시에 쓴 자산은 이중 계산을 막기 위해 차감함.
자료: SIF(2006)

SRI의 세계 최대 시장인 미국을 살펴보면 미국 SRI 시장은 1995년 6,390억달러 수준에서 2005년 2조 2,900억달러 수준으로 지난 10년간 약 3.6배 증가하였다. 이는 동 기간 전세계 투자 자산 규모가 7조달러에서 24조 4천억달러로 3.48배 증가한 것보다 높은 수치이며, 2005년 기준 전세계 투자 자산 중 약 9.4%가 미국 SRI에 투자된다.

투자 유형을 살펴보면 1990년대 중반까지는 주주행동주의가 SRI 시장을 주도해왔으나, 1990년대 후반에 들어 사회적 선별투자가 급격히 성장하였다. 특히 SRI 뮤추얼펀드를 통한 투자가 증대되었는데, SRI 뮤추얼펀드는 1995년 120억달러 규모에서 2005년 1,790억달러 규모로 증가하였다. 또한 SRI 시장에서 개인 및 기관투자자에 의해 투자되는 분리 계정자산 규모는 1995년 1,500억달러에서 2003년 1조 9,920억달러로 증가하였다가, 2005년 1조 5,060억달러로 그 규모가 약간 감소하였다. 분리계정자산은 주로 고액자산보유개인(high-net-worth individual)과 기관투자자이 투자하고 있는데, CalPERS 등의 연기금과 퇴직연금 등의 공적 연금의 주요 투자자인 것으로 나타났다. 기관투자자의 투자자는 공적 연금이 차지하는 것으로 나타났다. 20개 주와 지방자치단체가 연금 투자 계획에 사회적 스크리닝 에 대한 선택권을 부여하고 있으며, 캘리포니아, 콜롬비아, 펜실베이니아 및 텍사스의 529개 교육저축 프로그램에서도 동일한 선택권을 부여하고 있다.

표 Ⅲ- 7 기관투자자의 SRI 투자 자산 비중

(단위: %)

공적 연금	기 업	종교단체	재 단	기 부 금	병 원	기 타
80.9	9.2	3.6	2.5	2.2	1.4	0.3

주: 2005년 기준.
자료: SIF(2006).

캐나다의 경우 SRI 시장은 2000년 499억 3,500만달러에서 2006년 5,035억 1천만달러 규모로 10배 이상 성장하였다. 이는 공적 영역에서 Broad SRI를 통한 연기금의 투자 확대에 기인하는 것으로 파악된다.

표 Ⅲ-8 캐나다의 SRI 시장

(단위: 10억달러)

		2000	2002	2004	2006
Core SRI	Screening	11.30	16.73	21.22	36.49
	Retail investment fund	10.35	9.94	14.81	18.14
	Community investment	0.08	0.07	0.55	0.81
	Socially responsible lending	-	0.17	1.29	1.94
	Total	21.73	26.87	37.86	57.38
Broad SRI	Asset manager employing ESG integration	-	-	-	12.71
	Pension Fund employing ESG integration, ESG proxy voting, corporate engagement, economically targeted investment	27.20	24.10	25.45	433.067
	Shareholder advocacy	1.00	0.45	2.10	-
	Sustainable venture capital	-	-	0.05	0.45
	Total	28.20	24.55	27.59	446.22
Total Core and Broad SRI		49.93	51.42	65.46	503.61

자료: SIO(2006).

유럽의 경우 영국, 스웨덴 등의 연기금 사회책임투자법이 통과되면서 규모가 크게 증가하였는데 2005년 Core SRI는 1,050억유로이며, Broad SRI는 1조 330억유로에 달하는 것으로 나타나고 있다.[15] Core SRI의 약 70%는 negative screening으로 투자되고 있으며, Broad SRI 중 6,410억유로는 Integration으로 7,300억유로는 engagement로 투자되고 있다. Core SRI 시장의 경우 지난 3년간 실질적으로 연평균 1%의 성장세를 이은 반면, Broad SRI의 경우 연평균 36%의 성장세를 보였고, 특히 2006년의 engagement에 대한 투자는 2003년 대비 157%가 증가하였다. 더불어 투자자 중 약 94%가 기관투자자로 구성되어 있으므로, 향후 유럽 SRI 시장에 engagement와 integration을 통한 Broad SRI 시장의 성장 및 변화가 예상된다.

15) 유럽의 경우 Core SRI는 Negative screening 및 Best-in-class, Pioneer Screening 등을 포함한 positive screening을 의미하며, Broad SRI는 Core SRI와 더불어 Simple exclusion, Engagement 및 Integration을 포함하는 개념으로 정의함.

5. 사회책임투자자를 위한 기업의 정보공개

(1) 정보공개지침에 관한 국내외 동향

1) 국제동향

국제표준화기구(International Organization for Standardization)에서는 글로벌 흐름에 따라 사회책임(SR: Social Responsibilities)"에 대한 국제 표준(ISO26000)을 만들 것을 결의하였고, 최종완료 작업이 진행중이다. ISO에서는 사회적 책임을 "조직이 사회 및 지역공동체에 혜택을 줄 목적으로 경제, 사회, 환경문제를 해결하는 등의 균형 잡힌 접근"이라고 정의하고 있는데, ISO 26000은 기업뿐만 아니라 공공기관, 시민단체 등 모든 조직에 적용되는 사회적 책임에 관한 것으로 기업, 정부, 소비자, 노동, 시민단체, 기타로 구분된 6개 이해관계자 그룹의 균형을 고려하여 조직에 공통적으로 적용할 수 있는 사회적 책임 체계를 수립·시행하며 이를 유지하고 개선하는데 기여하는 것을 목적으로 한다.

SR 국제표준의 규격 명칭은 "Guidance on Social Responsibilities"이며, 회계투명성, 뇌물공여금지, 내부자거래 금지 등 경제활동의 투명성 제고 관련 조항, 환경오염 방지 등 환경문제 관련 조항 및 아동노동 근절 등 인권 관련 조항 등을 CSR의 국제표준에 포함하고 있다. 국제표준화기구의 표준규격화에 따라 선진 글로벌기업들의 "기업사회책임" 인증을 위한 다양한 시도들이 지속적으로 이어질 전망이며, ISO9001(품질경영), ISO14001(환경경영) 등 기존 국제표준규격에 버금가는 글로벌 스탠다드로 자리 잡을 것으로 예상된다.

또한 UN 산하기관으로 시작한 GRI(Global Reporting Initiative)를 중심으로 지속가능보고서(Sustainability Report: SR)의 발간이 이루어지고 있다. SR은 기업

그림 Ⅲ-2 ISO 26000 주요 항목

거래관행

공정거래
윤리적 광고홍보
시장지배의 폐해 회피 등

담합활동

공정경쟁 원칙 등
기업지배구조
준법감시체계
이사회 구성 및 통합성
투명공시 및 정보공개
리스크 관리
내부감사체계
지적재산 보호
부패방지 메커니즘
내부고발자 보호 등

임직원 및 산업관계

평등기회
정당한 임금 및 근로조건
결사의 자유권
임직원 차별금지
아동노동 금지
강제노동 금지
합리적 징계 관행
합리적 근로시간 및 조건
개인 프라이버시 보호
고충/이슈처리 메커니즘
내부의사소통 메커니즘 등
관리

제품 책임성
재활용/재사용 설계
에너지 효율성
유해 물질/공정 제거
환경영향 최소화
제품 재활용
제품 처리/폐기물 관리 등

좋은 비지니스 관계
윤리 구매
공정 입찰
가격담합 회피 등

보건 및 안전
안전한 작업 활동
안전한 작업 환경
작업장 위생
적절한 작업장 시설
유해물질 및 위험제품의

인체공학설계
응급상태 대응
공평한 보상, 회복, 재투입
프로그램 등

환경보호/지속가능성

지속가능한 생산
에너지 절감
폐기물 및 오염 관리
동식물군/문화재 보호
이해관계자 의견수렴/
의사소통 등

바람직한 기업시민

사회복지에의 기여
인류애
조직의 정보공개
사회책임 보고서
뇌물부패의 제거 등

이 CSR 관련 사항을 자발적으로 보고서를 만들어 공개하는 것인데 GRI 가이드라인(GRI Reporting Initiative Guideline)은 기업의 활동, 제품, 서비스의 ESG 요소에 대하여 자발적인 보고를 하기 위한 공시 프레임워크로 기능하고 있다. GRI에서 요구하는 지속가능 보고서는 ① 기업의 지속가능 경영에 대한 "비전과 전략," ② 이를 실행할 수 있는 "지배구조와 경영체제," ③ 이를 통해 얻은 경제, 사회, 환경 측면의 "성과"를 요구를 요구하고 있으며, 이는 이해관계자를 고려하여 자발적인 보고 원칙과 글로벌 표준에 입각하여 기업의 지속 경영에 대한 보고 기준을 제시하는 다양한 지표들 중 가장 보편적인 기준이 되고 있다. 2006년 이후 세 번째 가이드라인(GRI G3)을 발표하였으며, 2007년 5월 현재 전세계 1,000여 개 회사에서 본 가이드라인을 준용하여 SR을 주기적으로 발간하고 있다.

2005년 미국을 비롯한 23개 글로벌 사회책임투자회사 관련자들은 SRI 가이드라인에 따른 지속가능성 보고서 발간을 촉구 성명을 발표하였고, 2007년 4월 S&P 100개 기업 중 49개 기업이 지속가능성 보고서를 발간하고 있으며, 38개 기업이 GRI 가이드라인을 따르는 것으로 보고되었다. 또한 2006년 기준 미국 상위 250개 기업의 65% 이상이 지속가능성 보고서를 발간하고 있으며, 2006년

3월 GRI 가이드라인에 따라 지속가능성 보고서를 발간한 기업 수는 일본 128개, 미국 84개, 영국 83개 등 총 51개국 814개임 것으로 보고되고 있다.

2) 국내 동향

국내에서 ESG 정보 공개에 대한 가이드라인으로는 산업자원부에서 발표한 BSR(Best Sustainability Report Guidelines) 가이드라인이 있다. 이는 유엔환경계획(UNEP)이 주관하는 GRI와 같은 글로벌 지표는 다국적기업을 대상으로 개발되어 이를 국내 기업들을 대상으로 그대로 활용하는 데 어려움이 있어 국제적으로 통용되는 가이드라인을 기초로 중복·복잡한 일부 지표는 통합하고 있으며, 글로벌 지속가능성(CSR 포함) 관련 모델, 지표를 벤치마킹하여 GRI, AA1000, BiTC, Global Compact, OECD 다국적 기업 가이드라인 등 선진 가이드라인을 리뷰하여 주요 내용을 포괄하고 있다. 지속가능 경영의 균형잡힌 성과 측정 및 보고를 위해 윤리경영, 사회책임경영, 환경경영뿐만 아니라 혁신경영, 창조경영을 포함한 전체 5가지 요소로 구성되는데, 이는 GRI 가이드라인을 기초로 하여 복잡하고 중복적인 지표 일부 통합하고, 국내 기업환경의 특수성을 반영하여 노사관계 등의 지표를 보완한 것으로 기업 규모에 관계없이 자유롭게 보고 단계를 선택할 수 있는 장점을 지닌 것으로 평가받고 있다.

국내의 ESG 관련 평가지수로서 경실련 KEJI 지수는 경제정의실천시민연합(이하 경실련) 산하 경제정의연구소에서 기업의 윤리경영 및 사회적 책임을 평가하기 위해 개발한 모델로서 경제정의연구소에서 수여하는 '경제정의기업상'의 선정기준으로 활용되고 있는 지표이다. 이는 1991년 12월 제1회 경제정의기업상 수상을 시작으로 매년 거래소 상장기업을 대상으로 KEJI 지수(경제정의지수)에 의한 정량평가와 정성평가를 실시하고 있다. 정량평가는 KEJI 지수에 의해 이루어지는데, 이는 7대 평가항목 49개 평가지표, 4개 고려 지표로 이루어져 있으며,[16] 정량평가 전체 상위 10%, 업종상위 20% 기업을 정성평가 대상기업으로 선정하여 설문항목 평가 및 정성평가 기준을 적용하고 있다.

16) KEJI Index의 7대 평가항목은 건전성, 공정성, 사회봉사가이드, 소비자보호만족도, 환경보호만족도, 환경친화성, 종업원만족도, 경제발전기여도임.

2007년 6월 기준 한화석유화학, 삼성SDI 등 약 33개의 국내 기업이 지속가능성 보고서를 작성하고 있으나, 환경, 사회, 경제 등의 지표를 모두 담고 있는 GRI 지표 보고 준수율은 평균 45%에 불과하며, 특히 노동 인권 등의 분야에서 정보가 빈약한 등 질적으로 미흡하다는 평가를 받고 있다.[17)]

ESG 관련 정보는 기업의 잠재적 위험에 대한 정보이며, 장기투자를 위한 필수적인 정보로 자리 잡고 있는 것이 세계적 흐름이다. 기업이 자국뿐만 아니라 해외에서도 영업해야 하므로 전세계에서 통용되고 있는 각종 규제에 적극적으로 대응하여 시장을 선점하기 위해서는 이러한 ESG 측면의 위험관리가 반드시 필요하다.

(2) 기업의 정보공개 방향

기업을 둘러싸고 있는 정부, NGO, 노조 등 다양한 이해관계자가 ESG 관련 정보를 요구하고 있으나, 무엇보다 시장의 강력한 요구가 있을 때 정보공개가 활성화 될 수 있다. 시장이 기업의 ESG 정보를 성장성과 수익성 측면에서 바라본다면 기업들 역시 자발적인 ESG 정보공개를 기업 경쟁력 제고 차원에서 접근하게 될 것이다. 국내에서도 SRI 투자자들이 기업의 ESG 정보공개 필요성을 피력하고 있으나 필요성만 강조할 뿐 구체적으로 기업의 정보공개 또는 보고서 발간을 요구하고 있는 상황은 아니다. 실제로, 기업을 둘러싼 다수의 이해관계자 중 ESG 정보공개를 가장 강력하게 요구하고 있는 그룹은 투자자 그룹이 아니며, 오히려 NGOs 등의 단체에서 더욱 활발하게 ESG 정보공개를 요구하고 있다.

SRI 활성화를 위해서는 ESG 정보공개의 질적 성장이 함께 이루어져야 한다.

	건전성	공정성	사회봉사 가이드	소비자보호 만족도	환경보호 만족도	종업원 만족도	경제발전 기여도
지표	• 주주구성의 건전성 • 투자지출의 건전성 • 자본조달의 건전성	• 공정성 • 투명성 • 협력관계	• 소외계층 보호 • 사회공헌	• 소비자권리 보호 • 품질 • 광고	• 환경개선노력 • 환경친화성 • 위반 및 오염 실적	• 작업장 보건 및 안전인증 • 인적자원투자 • 임금 및 복지 후생 • 노사관계 • 남녀고용평등	• 연구개발노력 • 경영성과 및 경제기여

17) 노희진 외 6인(2008).

국내에서도 자발적으로 지속가능성 보고서를 발간하는 기업이 점차 증가하는 추세인 것은 명백하나 양적, 질적 면에서 아직 미흡한 점이 많으며 현재 시스템 하에서는 공개된 정보 또한 신뢰성에 의문을 가지는 경우도 있다. 따라서 모든 투자자의 공감대를 형성하기 위해 국내에서도 SRI 지수개발과 관련한 논의가 필요한 시점이며, 이를 위해 외국의 지수개발 사례를 적극 검토해야 한다.

한편, 국내 사회책임투자 시장의 성숙도 등 현행 여건을 감안할 때 강제적인 ESG 정보공시보다는 자발적 정보공시 형태를 취하는 것이 바람직하다. 사회책임투자가 활성화 되어있는 유럽 각국 등과 유사하게 ESG 정보공시를 강제화하는 경우 지속가능 경영의 본질 추구보다는 형식적인 보고서 작성으로 추가 비용을 유발할 우려가 있기 때문이다.

6. 사회책임투자의 국내동향 및 발전 방향

(1) 국내 동향

1) 국내의 CSR 동향

대한상공회의소(2006)는 우리나라의 CSR 발전을 3단계로 나누고 있다. 1990년대 중반까지는 압축 성장 과정에서 기업의 부정행위가 관행으로 묵인되었으나, 1995년~2002년 사이는 CSR이 본격적으로 도입된 시기라고 할 수 있다. 1995년 노태우 전 대통령의 비자금 사건 폭로로 정경 유착에 대한 비난이 거세졌고, 1996년 한보그룹 등 대형 그룹의 연쇄 도산, 1996년 삼풍백화점 붕괴 및 1996년 호남정유 유조선 기름 유출 사건 등으로 기업의 사회적 책임에 대한 문제점이 부각되었다. 이에 대하여 1996년에는 전경련이 기업윤리헌장을 제정하였고, 1996년 사외이사제도가 국내 최초로 도입되었으며, 1997년 아시아 외환위기 발생으로 인하여 기업의 투명성 및 지배구조에 대한 국제표준 준수가 강조되었다. 그 이후 2003년 국내 최초로 지속가능 보고서가 발간되고 환경 및 기업의 지배구조에 대한 관심 고조 등으로 노조, 시민단체, 정부 등이 참여하는 CSR이 사회적 이슈로 부상하고 있다.

산자부는 2006년 10월 기업의 지속가능성(경제, 환경, 사회)을 통한 경쟁력 확충의 일환으로 '지속가능 보고서 가이드라인(Best Sustainability Report Guidelines: BSR)의 세부지표를 개발하였다.

2) 국내의 SRI 동향

국내 SRI 펀드는 SRI 펀드는 2000년대 초 시장에 등장하였으나, 낮은 성과로 실패하였다. 그러나 최근 기업의 사회적 책임을 강조하면서 SRI 펀드가 재등장하여 2009년 4월 20일 기준 광의의 공모 국내 SRI 펀드는 약 7,600억원 수준이다. 국내투자 SRI는 총 16개로 3,730억원이며, 동 펀드들의 누적수익률은 10.54%이고, BM 초과수익률은 8.14%인 것으로 파악된다. 또한 해외에 투자되고 있는 국내 SRI 펀드는 총 16개로 3,828억원이다. 해외투자 SRI 펀드의 누적수익률은 -38.11%이며, BM 초과수익률 -18.75% 인 것으로 나타났다.

표 Ⅲ-9 국내 공모 SRI 펀드 규모

(단위: 개, 억원)

		ESG	지 배	환 경	합 계
국내투자 SRI	펀 드 수	13	3	–	16
	펀드규모	2,364	1,366	–	3,730
해외투자 SRI	펀 드 수	3	–	13	16
	펀드규모	50	–	3,778	3,828
합 계	펀 드 수	16	3	13	32
	펀드규모	2,414	1,366	3,778	7,557

주: 2009년 4월 20일 기준.

또한 2009년 3월 기준 국민연금은 6,600억원을 SRI 방식으로 운용하고 있는 것으로 파악됨에 따라 국내 SRI 투자규모는 약 1조 4천억원 수준으로 추정된다.

(2) 발전 방향

기업의 CSR은 기업 지속가능성의 요소들을 포괄하는 개념으로서 '기업의 지속가능한 경영을 위한 행위준칙'이며, 투자자 입장에서도 기업에 대한 투자수익의 달성을 위해 반드시 고려해야만 하는 요소가 됨에 따라 기업의 지속가능 경영 내지는 사회책임경영을 적극 유도할 수 있는 투자방법으로 SRI가 등장하였다. 사회책임투자를 통해 기업의 지속가능성과 장기적 투자이익이 증가하게 되면, 이는 투자자에게도 이익이 될 뿐만 아니라 궁극적으로는 전 인류사회의 지속가능한 발전에 기여하게 된다는 것이며, 사회책임투자는 기업의 사회적 책임을 매개로 인류사회의 지속가능한 발전을 추구하는 도구적 투자기법의 의의를 갖게 된다. 따라서 CSR과 SRI가 상호 보완하며 발전할 수 있는 전략을 도입하여 기업, 투자자 및 금융기관의 상호 발전을 꾀할 필요가 있다.

1) CSR의 발전 방안

첫째, CSR에 대한 사회적 인식과 최고경영자의 인식 전환이 필요하다. 기업은 경제적 합리성을 기반으로 한 조직이므로, 사회적 책임에만 국한된 사회적 압력으로 CSR을 지속시키기는 어렵다. 그러나 세계화가 진전되고 기업 정보가 신속히 전파되고 있는 상황에서 기업 윤리가 경쟁력의 새로운 요소로 부상하고 있는 실정이다. 그러므로 기업의 CEO는 윤리 경영에 대한 인식을 제고하여 윤리 경영이 경쟁력의 원천임이라는 인식의 전환을 할 필요가 있다. CSR이 투자자, 소비자 및 근로자의 충성심을 제고시킬 수 있을 뿐만 아니라 잠재적인 소비자와 투자자를 발굴하여 기업 가치를 제고시킬 수 있다는 인식이 필요하다.

둘째, 기업의 CSR을 위한 인프라 구축이 필요하다. 주요 인프라로는 표준 기업 윤리 강령 및 실천 매뉴얼, 기업윤리강령 전문가 및 전문기관, 기업윤리강령

성과 모니터링 및 평가체계의 확립, 윤리 경영 우수기업에 대한 인센티브 제공 등이 있다.

셋째, CSR이 기업의 자발적인 경영전략의 일환이지만, 이에 대한 정부 차원의 지원 및 노력이 부족한 실정이다. CSR은 일차적으로 기업의 문제이나 CSR의 정착 여부가 최종적으로 국가의 지속가능 발전과 사회적 가치 창출에 기여한다는 측면에서 정부의 지속적 관심이 필요하다. 따라서 CSR과 기업의 성과와의 관계에 대한 홍보 및 인센티브 제공 등으로 사회적 인식이 변할 수 있는 계기를 마련함과 동시에 대내적으로 CSR 확산을 위해 국제표준의 도입 및 관련 법규의 정비 필요가 있으며, 기업들의 자발적 참여를 유도하는 정책이 필요하다. 다만, 기업에 부담을 지우는 새로운 규제의 생산에는 유의해야 할 것이다.

넷째, 대기업과 중소기업 간 거래의 윤리경영 활성화 방안이 요구된다. CSR은 대기업뿐만 아니라 중소기업에도 적극적으로 도입될 필요가 있지만, 중소기업 스스로 이를 인식하고 도입하는 데는 상당한 시간이 필요할 것이다. 또한 한국은 대기업과 중소기업 간의 거래에서 많은 문제점이 노출되어 있다. 따라서 중소기업의 이해가 반영되는 중소기업단체를 통하여 중소기업의 CSR 인식 확산 및 도입을 활성화하며, CSR을 실시하는 중소기업에 대한 인센티브 정책 등이 시행될 필요가 있다. 또한 대기업과 중소기업 간 거래 관행 제고를 위해서 대기업이 중소기업을 동반자로 생각하는 인식을 자발적으로 가지며, 대기업의 중소기업에 대한 불공정한 거래 관행에 대하여 정부의 적극적 감독이 필요하다.

2) SRI의 발전 방안

첫째, SRI에 관한 명확한 개념의 인식이 필요하다. SRI는 사회운동의 성격을 넘어선 투자 기법임에도 불구하고 우리나라의 경우 사회책임투자 추진과정에 있어 사회운동으로 SRI를 인식하는 경향이 있다. 따라서 우리나라도 수탁자의 책무를 강조하는 투자기법으로서의 SRI를 발전시키기 위한 노력을 할 필요가 있다.

둘째, SRI의 투자를 위해서는 기업의 ESG 요소에 관한 정보가 공개될 필요가 있다. 국내 기업은 자발적으로 지속가능 경영 보고서 등을 통해 ESG 관련 정보를 공개하는 방안을 마련하고 이를 유도하기 위한 유인책이 마련되어야 한다. 또한 투자자는 증권회사에 ESG요소를 고려한 리서치 정보 요구, 자산관리자는 투자의사 결정에 ESG리서치 정보 통합시키고 더 나은 리서치 정보 제공을 요구해야 한다.

셋째, 투자분석 기관의 분석체계를 확립할 필요가 있다. Innovest Strategic Value Advisors(미국), Sustainable Asset Management(스위스), EIRiS(영국) 등이 RI를 위해 기업의 ESG를 평가하고 있으나 국내의 경우 이러한 전문적 투자분석 기관이 부재한 상황이다. 따라서 투자분석기관은 투자 및 분석 프로세스에 ESG 이슈를 체계적으로 통합하도록 노력하는 방안으로 ESG분석에 대한 장기적 목표 설정하고, 애널리스트에 대한 트레이닝과 적절한 인센티브 시스템을 마련할 필요가 있다.

넷째, 자산운용회사는 사회책임투자 방침과 프로세스, 시스템, 인력 개발 등 필요한 인프라를 갖추고 ESG이슈에 대한 리서치를 강화하는 등의 활동을 지속적으로 추진해 나가야 할 것이다. 특히 SRI 펀드를 위해 보다 적극적인 투자 대상을 발굴하도록 노력해야 할 필요가 있으며, 국내 운용회사들이 투자 기준을 구체화하고, 기업에 ESG 정보공개를 요구하는 등의 노력이 필요하다. 이는 SRI에 대한 관심을 지속적으로 유지시킬 수 있을 뿐만 아니라 기업의 CSR을 촉구하는 방침이 될 수 있을 것이다.

다섯째 , 일반투자자와 금융기관의 SRI 펀드에 대한 투자를 이끌어내려면 투자성과를 객관화할 수 있는 지표를 증권거래소 또는 자산운용사 등이 주도로 개발할 필요가 있다. DJSI, FTSE4Good 지수, DS400 등은 금융기관이 투자 대상을 선정하고 SRI의 실적 평가에 있어서 주요한 잣대로 이용되고 있는 만큼 이러한 공신력있는 지수 개발이 필요하다. 남아공 요하네스버그 증권거래소(JES)는 2004년 5월 SRI 지수를 도입하여 상장기업에 대해 기업의 지속가능성과 관련된 기본원칙을 적용하고 해당기업들에 대한 투자를 촉진시키기 위하여 노력하고 있다.

여섯째, 증권거래소, 증권협회, 자산운용협회 등은 UN Global Compact이나 UNEP/Finance Initiative에 가입 또는 교류를 강화하여, SRI 투자에 대한 해외조류를 국내에 전파시키는 역할이 필요하다.

일곱째, SRI를 통한 CSR의 활성화를 위한 금융기관의 역할이 필요하다. CSR을 잘하는 기업이 기업의 자금조달을 용이하게 된다면, 금융을 통하여 기업이 자발적으로 CSR을 활성화시키는 수단이 될 수 있을 것이다. 따라서 은행 등 기업에 대한 중장기 익스포져를 보유하는 금융기관은 기업 가치를 평가하기 위한 자체적인 평가모델을 만드는 것도 고려해 볼 필요가 있다. 또한 프랑스, 독일, 영국 등에서는 연기금과 관련된 투자의사 결정시 ESG 사항 고려 여부 및 정도를 공시하도록 입법 조치되어 있으므로 연기금 등의 투자에 SRI 원칙을 이용함으로써 시장을 교란시키지 않고 기업을 올바른 방향을 유도할 수 있을 것이다. 또한 향후 우리나라는 국민연금을 비롯한 공적 연금에서 사회책임투자를 점차적으로 확대해 나가기 위해서는 기존의 SRI투자가 다른 대안적 투자보다 더 나은 위험대비수익률을 제시할 수 있어야 하며, 국민연금 등은 공적 연금에서 할당되는 SRI 운용 실적에 대한 평가를 장기적 관점에서 행할 필요가 있다.

IV

상장지수펀드

1. 상장지수펀드의 개념과 특성

(1) ETF의 정의 및 구조

ETF(Exchange Traded Fund: 상장지수펀드)는 발행 시장에서 특정주가지수의 수익률을 얻을 수 있도록 설계된 지수연동형 펀드로 추적대상 주가지수의 구성비중대로 종목을 편입한 주식 바스켓을 상장함으로써 거래소 시장에서 자금투자 및 회수가 가능하고, 주식 바스켓 납입에 대한 대가로서 보관 증거 성격의 증권을 발행하는 현물 설정·환매 구조를 가지고 있다. 이는 지수구성 비중대로 종목을 펀드 자산에 편입시킴으로써 목표 지수를 추적하게 되는데, ETF 시장은 주식시장과 마찬가지로 ETF가 설정·환매되는 발행시장과 발행된 ETF가 매매되는 유통시장으로 나누어진다.

발행시장은 ETF가 최초로 발행되는 시장으로서 대량의 단위(Creation Unit: CU)[1]로 설정(매수) 또는 환매(매도)가 이루어지기 때문에 일반적으로 기관투자자만이 이 시장에 참여할 수 있다. 발행시장에서 ETF 설정을 원하는 경우 투자자

1) CU(Creation Unit)란 발행시장에서 설정 또는 환매시 주식바스켓과 교환되는 ETF 증권 블럭의 최소 설정단위로 CU의 크기는 자산운용사가 정하게 되며, 설정 및 환매는 CU의 정배수로만 가능함.

는 지정판매회사(Authorized Participant: AP)로 지정된 증권회사를 통하여 ETF 설정에 필요한 주식바스켓을 납입하고 이에 해당하는 수의 ETF증권을 교부받아 ETF를 인수한다. 환매시에는 반대로 ETF를 납입하고 주식바스켓을 인수한다.

유통시장은 발행시장에서 발행된 ETF가 거래소에 상장되어 투자자간에 거래되는 시장으로 ETF는 일반주식과 동일한 방법으로 거래된다.

그림 Ⅳ-1 ETF시장 흐름도

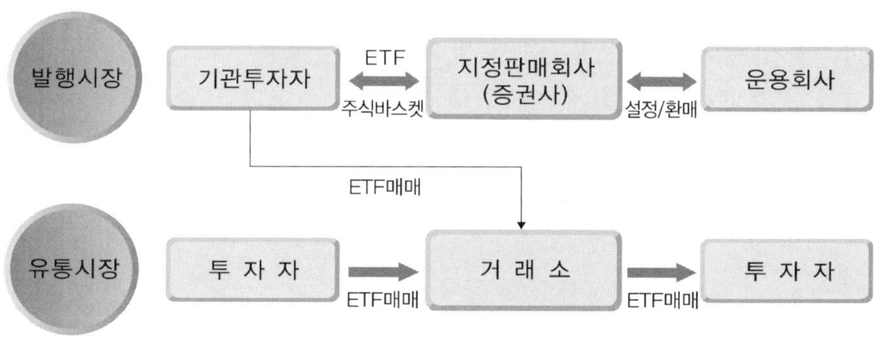

ETF는 대상 주가지수, 순자산가치 및 거래가격이 일치하도록 설계된 상품으로 이 세 가지가 일치하지 않을 경우 바스켓 조정과 차익거래가 이루어지고, 운용사는 ETF가 대상 주가지수를 따라 가도록 바스켓을 운용하고, 추적 오차를 최소화하는 것을 목표로 한다. 만약 ETF의 순자산가치와 거래가격이 일치하지 않을 경우 AP 및 투자자들이 공매도를 이용한 차익거래를 통해 이를 일치시킨다.

ETF의 성공을 위해서는 ① 차익거래 등의 활성화를 유도하기 위하여 기초자산의 유동성이 풍부해야 하며, ② ETF의 거래가격과 순자산가치의 괴리를 방지하는 차익거래 메커니즘이 활성화되어야 하며, ③ 일반 주식형 인덱스 펀드와의 상품 차별화를 위해 거래비용이 최소화되어야 한다.

ETF는 기본적으로 주식에 투자하는 펀드로서 시장에서 거래되는 상품이기 때문에 가격하락리스크, 유동성 리스크, 신용리스크 및 추적 오차와 같은 리스크를 지니게 된다. ETF는 원칙적으로 모든 자산을 주식으로 운용하기 때문에 개별 주식 투자에 비해 손실규모는 줄일 수 있겠지만 시장가격의 변동에 따른 가격하락 리스크는 피할 수 없게 되며, ETF 자체의 수급상황에 의해 시세의 변동이 발생하므로 유동성리스크를 지닌다. 즉, ETF는 거래소에 상장되어 매매되는 상품이기 때문에 거래량이 적은 경우 당해 추적대상 주가지수와 동일한 가격으로 매매되지 않을 수 있다. 또한 ETF에 편입된 종목의 경영·재무상황의 변화 등에 의해 투자원금의 손실을 볼 수 있고, ETF 펀드의 분배금은 보유하고 있는 주식바스켓에서 발생하는 배당수익에 의존하므로 분배금 등 수익에 대한 배분이 보장되지 않는다. 더불어 ETF는 수익률이 주가지수와 연동되도록 설계된 상품으로서 주가지수와 ETF의 기준가격의 변동률을 일치시키는 것을 목표로 하고 있지만 주식바스켓의 배당금 및 운용수수료 발생, 펀드의 대상지수 전구성종목 불편입 등으로 추적오차가 발생할 수 있다. 대부분의 경우 ETF는 순자산가치에 매우 가깝지만, 매입 및 매도호가의 차이가 발생하고, 차익거래에 의한 조정에도 불구하고 ETF의 거래가격이 순자산가치와 다를 수 있다.

(2) ETF의 장단점

ETF는 전통적 개방형 펀드에 비하여 거래 유연성(trading flexibility), 저비용(low cost), 운영의 투명성(operational transparency)과 세제 혜택(tax benefit) 등의 장점을 보유한다.

전통적 개방형 펀드는 시장 마감 후 한번만 거래되고, 시장 마감후 NAV가 발표되는 반면, ETF는 시장 개장 내내 거래되고, limit order와 stop-limit order를 포함하여 다양한 주문이 가능하며, 공매도 또한 가능하므로 유연한 거래가 가능하다. 그리고 투자자가 어떤 특정 분야에 위험에 노출되어 있는 경우 다양한 자산 구성을 통하여 포트폴리오를 구성함과 동시에 공매도를 통하여 위험을 관리할 수 있다. 그럼에도 불구하고 ETF는 고객서비스 관련 비용이 브로커리지 회사에 전가되기 때문에 낮은 비용 구조를 갖게 된다. 일반적으로 개방형 펀드는 콜센터 운영, 보고서 발송 등의 펀드 관리비용이 소요되는 반면, ETF는 펀드의 운용수수료가 낮으며, 판매수수료가 없기 때문에 낮은 비용 구조를 갖게 된다. 또한 포트폴리오의 교체가 빈번하지 않으므로 포트폴리오 교체에 따른 세금, 수수료 등의 부담이 작고, 주가지수와 순자산가치의 근접성에 따라 투명성을 평가할 수 있다. 또한 ETF의 이러한 현물납입 특성 때문에 설정 및 환매를 위해 주식의 매매가 수반될 수밖에 없는 통상의 펀드에 비해 펀드 운용비용이 저렴하다. 일반 펀드에 비해 ETF의 운용수수료(management fee)가 저렴할 뿐만 아니라 매매시 증권거래세가 부과되지 않아 거래비용을 최소화할 수 있다. 특히 뮤추얼펀드는 선취수수료(front-end load)를 지불해야 하는데, 이외에 판매수수료(distribution fee)와 주주서비스 수수료(shareholder service fee) 등을 지불하는 반면, ETF의 경우 매매수수료(brokerage fee)와 운용수수료를 지불하게 된다. 이러한 비용의 차이는 세금에서도 발생한다. 미국의 경우 뮤추얼펀드는 투자매니저가 포트폴리오를 변경하고자 주식을 팔 경우 이에 대한 자본이득세 발생시 뮤추얼펀드 투자자가 세금지불 의무를 갖게 되는 반면, ETF의 경우 자본이득세 발생을 투자자 자신이 통제할 수 있다.

그리고 ETF는 개방형 펀드이므로 ETF 가격이 순자산가치[2]로부터 괴리되는 경우 펀드의 설정·환매를 통한 차익거래로 가격의 불균형이 해소되고, 시장의 입장에서는 환매에 따른 시장 충격이 거의 없다는 장점이 있다. ETF는 펀드에 속하지만 거래소에 상장되어 거래되기 때문에 일반 펀드와는 달리 주식시장이 열려 있는 동안에는 매매체결시점에 확정된 가격으로 언제라도 실시간 매수·매도할 수 있으므로 높은 환금성을 가진다.

그러나 이러한 장점에도 불구하고 ETF를 사기 위해서는 증권회사에 구좌를 만들고 수수료를 지불해야 하므로 거래비용이 발생하며, ETF는 매도 및 매수 호가 간의 가격 차이가 존재한다. 또한 모든 ETF는 낮은 수수료를 부과하는 것은 아니다. Morningstar에 의하면 미국의 경우 2005년 이전에는 평균 0.4%의 평균 수수료가 부과되었으나, 신규 펀드의 평균 비용은 0.6%이고 1.0%의 수수료를 부과하는 ETF도 출현하고 있다.[3]

---

2) NAV(순자산가치)는 주식, 현금, 배당, 이자소득 등을 포함한 ETF의 총자산을 의미함. 주당 NAV는 NAV를 총발행 ETF 증권수로 나누어 산출하게 되며, NAV는 장종료 후 운용회사가 산출하여 공시하며 추정 NAV는 전일 펀드 자산구성내역을 기초로 거래소가 실시간으로 산출·공시하게 됨.

3) Richard A. Ferri(2008).

(3) 유사상품과의 비교

일반적으로 개별 주식에 비하여 ETF는 펀드라는 점과 AP를 통한 환매가 이루어진다는 차이점이 있다. 그러나 ETF는 펀드 투자의 장점과 주식투자의 장점을 보유하고 있으며, 투자자 입장에서는 적은 투자 자금과 싼 거래 비용으로 해당지수를 구성하는 전 종목에 분산투자하는 효과를 지니게 된다. ETF는 대상주가지수에 포함된 종목으로 이루어진 주식바스켓을 세분화하였기 때문에 주식바스켓을 이루는 주가지수의 움직임에 따라 가격이 결정되는 상품이다. 따라서 1주의 ETF를 매입하더라도 ETF가 추종하는 지수구성종목 전체에 분산투자하는 효과가 있으므로 개인투자자도 손쉽게 소액으로 분산투자를 할 수 있다. 또한 특정 종목의 주식을 보유하는 경우 당해 회사의 영업 실적이 악화되거나 파산시 예기하지 않은 큰 손실을 입을 수 있지만, ETF의 경우 여러 종목에 분산 투자하는 효과가 있으므로 투자 리스크를 줄일 수 있다.

표 Ⅳ-1 개별 주식과 ETF의 비교

항 목	개별주식	ETF
거 래	거래소에서 거래시간 동안 매매	좌동
거래단위	거래소에서 통용되는 단위	좌동
거래비용	위탁수수료, 거래세 등	좌동
거래중개	브로커	좌동
결 제 일	T+2	좌동
기초자산	개별 주식	주식 포트폴리오
옵션 및 선물	일부 주식은 옵션과 선물 존재	일부 ETF의 경우 대상 주가지수나 ETF에 옵션과 선물존재
시장조성	일반적으로 필요없음	대부분의 ETF는 유동성 제공을 위해 시장 조성자를 둠

자료: 고광수·박기홍(2002).

투자자는 증거금으로 뮤추얼펀드를 매입할 수 없는 반면, ETF는 주식처럼 거래되기 때문에 증거금을 통하여 유통시장에서 매입이 가능하다. 미국의 경우 뮤추얼펀드는 투자회사법(Investment Company Act: ICA) Section12(a)(3)에 따라 공매도(short-sale)가 금지되는 반면, ETF는 공매도가 가능하므로 포트폴리오의 헤지수단을 제공하고, ETF는 투자자들에게 높은 비용 부담 없이 market-neutral 전략, long-short equity 전략과 같은 헤지펀드 전략을 모방할 수 있다.

표 Ⅳ-2 ETF와 일반 뮤추얼펀드의 비교

	일반 뮤추얼펀드	E T F
발행형태	• 수익 증권 또는 주권	• 좌동
개방 · 폐쇄형	• 모두 허용	• 개방형만 허용
펀드 설정	• 현금납입(투자자)→ 펀드→ 주식 매입	1) 실물납입(투자자)→펀드 2) 현금납입(투자자)→주식매입→펀드
최소발행 · 환매 단위	• 1주도 가능	• 1CU 단위로 발행 · 환매 • 1CU는 5만주, 10만주 등 대량 단위로 구성
상 장	• 폐쇄형이 아닌 경우 상장 불필요 • 국내의 경우 폐쇄형 상장 의무화	• 상장 의무화
소액투자자 자금 회수	• 환매	• 시장 매각
환매 방법	• 현금 지급	• 실물 지급
비 용	• 추가 설정, 잦은 환매에 따른 주식 거래 등으로 비용 발생	• 바스켓 구성 후 종목 교체는 드물고, 추가 설정 또는 환매를 위한 주식 매입 · 매각이 없는 등 거래 비용 절감
수 수 료	• 운용수수료 • 선취수수료 • 판매수수료 • 주주서비스 수수료	• 운용수수료 • 매매수수료
시장 충격	• 펀드 설정 · 환매시 시장 충격 큼	• 환매에 따른 시장 충격 거의 없음

자료: 노희진(2007).

인덱스펀드는 코스피(KOSPI)지수와 KOSPI 200지수와 같이 지수를 대상으로 지수의 수익률만큼 수익을 얻을 수 있도록 설계된 펀드로 인덱스펀드와 ETF는 서로 동일한 수익구조와 위험구조를 갖고 있다. 그러나 인덱스펀드는 판매회사를 통해 가입과 환매가 이루어지는데 반하여, ETF는 투자자가 직접 증권회사를 통하여 거래소에서 가격과 수량을 정해서 주문을 내게 된다. 이로 인하여 인덱스펀드는 기준가가 주문일 향후 1~2일에 확정되는 반면, ETF는 매매체결 즉시 기준가가 확정된다. 또한 인덱스 펀드의 경우 순자산가치(NAV)가 기준가가 되어 가입과 환매가 이루어지지만, ETF는 NAV가 반드시 매매가격과 같게 되지는 않는다.[4] 인덱스펀드는 주식시장이 끝난 후 종가를 기준으로 주가지수를 따라 가지만 ETF는 장중에도 주가지수와 같이 움직이도록 설계되어 있다. 따라서 ETF는 주식거래와 같이 장중에도 펀드의 가격을 보고 매매할 수 있는 반면 인덱스펀드는 장이 끝난 후 당일 종가 또는 사흘 후 기준가 등으로 매수 및 매도가 이루어진다. ETF는 운용비용이 작고 대주수입이 있어 실질적 보수는 거의 0에

표 Ⅳ-3 ETF와 인덱스펀드와의 비교

항 목		E T F	인덱스펀드	
			개방형	폐쇄형
발행형태		• 주식현물 또는 현금 납입 • 발행단위의 배수로만 설정	• 현금납입 • 모집 규모만큼 발행	
추가발행		• 가능	• 가능	• 불가능
상 장		• 상장 전제	• 상장 불필요	• 상장 전제
환금	환매	• 발행 단위의 ETF로 환매 • 환매시 실물 증권을 지급	• 기준가격으로 현금 환매	• 환매 불가
	거래	• 주식과 동일하게 장중 거래	• 장중거래 불가	• 장중 거래
비 용		• 구성, 운용 및 거래비용 절감	• 비용이 상대적으로 높음	
A P		• 존재	• 없음	
추적오차		• 현물 설정 및 환매로 거래비용 최소화 • 지수구성과 거의 일치하도록 바스켓 구성하여 추적 오차 적음	• 펀드에서 주식거래비용 발생 • 지수추적을 위한 최소 바스켓을 구성하여 추적 오차 발생 소지 높음	
유 동 성		• 거래소에서 거래 • AP들이 차익거래 통하여 시장조성하므로 높은 유동성 존재	• 장외거래로 이루어져 일반적으로 실시간 거래 불가	
시장충격		• 환매시 현물로 지급하므로 시장충격 적음 • 환매수요도 차익거래로 제한적임	• 환매시 펀드에서의 주식 매도로 인하여 즉각적 시장 충격 발생	
투 명 성		• CU 단위의 자산 구성 내역 공시 • 장중 실시간 NAV 및 지수 공시	• 해당사항 없음	
공 통 점		• 위험 분산, 증권거래세 면제		

자료: 고광수·박기홍(2002) 재구성.

4) 시장이 매우 합리적이라면 ETF가격도 NAV와 동일하게 형성될 것임.

가까운 반면 매매수수료가 발생된다. 반면 인덱스펀드는 펀드의 운용수수료가 부과된다. 또한 ETF는 공매도와 같은 신용거래가 가능한 반면 인덱스펀드는 불가능하다. NAV나 주가지수, 거래가격 등이 실시간으로 공시돼 상대적으로 투명성이 높고 주식매매와 같이 거래할 수 있어 투자자가 쉽게 이용할 수 있다는 점도 ETF의 장점이다. 즉, 비용, 추적오차, 유동성, 시장충격, 투명성의 측면에서 ETF가 비교우위를 갖는다.

2. 해외 상장지수펀드의 시장현황 및 제도

(1) 해외 ETF 시장 현황

1) 해외 ETF 시장 규모

전세계적으로 ETF 시장의 규모는 급성장하여 21세기 최고의 상품으로 인식되며, 규모가 증가하고 있다. 2002년 이후 매년 평균 40%의 성장세를 보이며, 2007년말 기준 세계 ETF 시장의 순자산총액과 상품수는 각각 US$ 7,966억, 1,171개를 기록하였다. 이는 효율적인 분산투자수단으로 다양한 투자전략을 구사할 수 있는 ETF의 장점이 부각되면서 ETF 투자자의 수가 급증하고 있고, 상품(commodity) ETF, 레버리지 ETF, 리버스 ETF, 액티브(active) ETF 등 신종 ETF 및 ETF용 신규지수개발이 확대된 데에 주로 기인한 것으로 분석된다. 지역별 순자산 총액 비율은 미국이 73%, 유럽이 16%이며 일본은 아시아 지역에서 최대 규모를 보이고 있다.

표 Ⅳ-4 국가별 및 세계 ETF 시장 규모

(단위: US$, billion, 개)

		2001	2002	2003	2004	2005	2006	2007	2006년 대비 증가율
미국	순자산총액	84.6	102.28	150.71	227.74	299.38	406.81	580.71	43%
	상품수	101	113	117	152	201	343	601	75%
유럽	순자산총액	5.66	10.69	20.44	33.97	54.92	89.7	128.36	43%
	상품수	71	118	104	114	165	273	423	55%
일본	순자산총액	6.60	21.00	27.63	30.28	31.75	34.64	34.20	-1%
	상품수	8	18	18	15	13	13	16	23%
홍콩	순자산총액	3.60	3.10	4.00	5.24	5.77	9.55	13.08	37%
	상품수	4	4	5	7	10	11	19	73%
싱가포르	순자산총액	0.00	0.20	0.20	0.29	0.59	0.83	1.85	123%
	상품수	5	4	6	6	7	13	16	23%
한국	순자산총액	-	0.30	0.60	0.52	0.80	1.66	2.59	55%
	상품수	-	4	6	4	6	12	21	75%
세계	순자산총액	104.8	141.62	212.02	309.8	412.09	565.59	796.6	41%
	상품수	202	280	282	336	461	714	1,171	61%

자료: 증권선물거래소(2008).

특히, 미국 시장의 경우 2007년말 기준 전체 ETF 시장 자산 규모는 6,084억 2,200만달러 규모로 상품수는 629개이다. 상품 ETF는 2004년 등장하여 2007년말 기준 28개로 209억 8백만달러 규모이며, 채권 ETF 는 2002년 등장하여 2007년말 기준 49개로 346억 4,800만달러 규모이다. 하이브리드 ETF는 2007년 5개 상품이 출시되었으며, 그 규모는 1억 1,900만달러이다.

표 Ⅳ-5 미국 ETF 시장 현황

(단위: US 백만 달러, 개)

		1995	2000	2002	2004	2006	2007
자산 규모	국내주식형	1,052	63,544	92,904	184,045	276,142	365,047
	해외주식형	-	2,041	5,324	33,644	111,194	179,702
	상 품	-	-	-	1,335	14,699	28,906

	하이브리드	-	-	-	-	-	119
	채 권	-	-	3,915	8,516	20,514	34,648
	전 체	1,052	65,585	102,143	227,540	422,549	608,422
상품수	국내주식형	2	55	66	102	252	388
	해외주식형	-	25	39	43	85	159
	상 품	-	-	-	1	16	28
	하이브리드	-	-	-	-	-	5
	채 권	-	-	8	6	6	49
	전 체	2	80	113	152	359	629

미국, 유럽, 홍콩은 일평균거래대금이 각각 US$ 572.0억, US$ 15.5억, US$ 0.7억으로 2006년말 대비 각각 146%, 78%, 17%씩 증가하였다. 한국의 경우 일평균 거래량과 거래대금은 2007년말 현재 10억주, US$ 598억으로서 2006년말 대비 각각 97%, US$ 143억 증가하였다.

표 IV-6 해외 ETF시장 거래규모

(단위: 백만좌, US$ million)

구 분	2005.12월		2006.12월		2007.12월	
	거 래 량	거래대금	거 래 량	거래대금	거 래 량	거래대금
미 국	239.28	1,535	322.89	2,322	718.99	5,720
유 럽	16.48	49	22.60	87	38.27	155
일 본	6.98	18	4.02	11	5.43	11
홍 콩	3.26	1	6.67	6	15.27	7
세 계	478.46	1,621	508.45	2,454	1000.33	5,975

주: 1) 해당월 최근 20 거래일 거래규모 평균값.
자료: 증권선물거래소(2008).

ETF 자산 대비 거래대금의 경우 미국이 9.8%로 유동성이 가장 높으며, 일본은 0.3%로 한국(2.3%), 홍콩(0.6%) 보다 낮은 수준을 보이고 있다.

표 Ⅳ-7 주요국의 ETF 시장 유동성 비교

(단위: US$, Billion, %)

구 분	미 국	유 럽	한 국	홍 콩	일 본
자산규모(A)	581	128	2.6	13	34
거래대금(B)	57.2	1.6	0.1	0.1	0.1
B/A	9.8	1.3	2.3	0.6	0.3

주: 2007년 말 기준. 거래대금은 일평균거래대금.
자료: 증권선물거래소(2008).

또한 회전율을 비교해볼 때, 미국은 2,517%로 최고 수준의 유동성을 기록하고 있으며, 한국의 ETF 시장 회전율은 853%로 아시아 주요시장인 홍콩(167%)과 일본(91%)보다 각각 4.1배, 8.3배 높은 유동성으로 거래가 활발한 것으로 나타났다.

표 Ⅳ-8 세계 주요 ETF 시장의 회전율 비교

구 분	미 국	유 럽	일 본	홍 콩	한 국
회전율	2,517%	311%	91%	167%	853%

주: 2007년 9월말 직전 20거래일 일평균거래대금 기준.
자료 : 증권선물거래소(2008).

각 주요국의 대표적인 ETF 상품의 회전율을 비교하면, 미국 상품은 거래대금과 순자산총액뿐만 아니라 회전율도 가장 높은 편으로 나타났다. 국내 ETF 대표상품인 KODEX200의 유동성은 유럽시장 대표상품 대비 상위권이며, 아시아권에서는 가장 높은 수준인 것으로 나타나고 있다.

표 Ⅳ-9 주요국 대표 ETF 상품의 회전율 비교

(단위: US$, milllion)

국 가	ETF명	거래대금	순자산총액	연환산회전율
미 국	PowerShares QQQ Nasdaq 100	11,253	20,680	13,386%
	SPDR S&P 500	38,208	77,109	12,189%
독 일	iShares DAX	284	4,905	1,424%
한 국	KODEX200	57	1,262	1,103%
프랑스	Lyxor ETF CAC 40	126	4,764	651%
	Lyxor DJ Euro STOXX50	125	6,790	453%

영 국	iShares FTSE 100	84	3,555	581%
일 본	OSE NIKKEI225 ETF	71	8,302	210%
	TSE TOPIX ETF	38	8,304	113%
홍 콩	Tracker Fund HK	21	4,101	128%

주: 2007년 9월말 직전 20거래일 일평균거래규모 기준.
자료: 증권선물거래소(2008).

2) 신종 ETF의 출현

높은 시장성 및 투자자 보호체계 등 최고의 금융상품으로 평가받는 ETF는 기초자산 범위의 확대 및 운용 구조의 개발 등으로 상품다양성이 지속적으로 발전하고 있다.

초기에 추적대상지수는 자국지수에 국한되었으나, 기초자산의 범위가 농산물, 원자재를 비롯한 상품으로 확대되고 있으며, 추적대상의 지수 범위도 확대되고 있다. 초기 시장대표지수, 섹터지수 등 자국지수에 국한되었으나, 해외주식 포트폴리오에 기반한 해외지수, 선물, 옵션 및 스왑 등 파생상품에 투자하여 추적하거나 기초 자산 가격의 움직임에 연동된 채권에 투자하여 추적하는 형태 및 레버리지 또는 액티브 지수 운용에 이르기까지 그 범위가 확대되고 있다. 레버리지의 경우 파생상품의 레버리지를 이용하여 목표지수의 정배수 이상 연동되도록 설계되며, 액티브의 경우 시장의 베타 이상의 초과 수익을 목적으로 액티브하게 운용되는 구조를 지닌다.

전세계 ETF 상장 42개 거래소 중 11개 거래소가 환율 또는 상품가격 추적 ETF가 상장되어 있으며, 상품수는 92종목(교차상장 포함시 234종목), 자산규모 320억달러에 달하는 등 환율 또는 상품가격 ETF가 활용되고 있다. Morgan Stanley는 신종 ETF의 출현으로 2011년에는 전세계 ETF의 자산 규모가 약 2조달러에 이를 것이라고 추정하고 있다. 또한 전체 ETF 종목 953종목 중 약 15%인 140종목이 스왑 등을 이용한 합성복제방식인 것으로 추정되고, 유럽 및 아시아 주요 거래소에서 합성복제 ETF가 취급되는 등 세계적으로 신종 ETF가 출현하여 활용되고 있다.

표 Ⅳ-10 주요 상품 ETF와 외환 ETF 현황

구 분	지 역	상장상품수	주요 상장거래소
상품ETF	유 럽	158	Deutsche Boerse, London Stock Exchange, Euronext Paris, Euronext Amsterdam, Borsa Italiana, Swiss Exchange, Wiener Borese, Istanbul Stock Exchange
	미 국	88	NYSE, AMEX, NASDAQ
	기 타	31	멕시코(5), 호주(1), 캐나다(15), 홍콩(1), 인도(5), 싱가포르(2), 남아공(1), 일본(1)
외환ETF	미 국	48	NYSE, NASDAQ
	유 럽	4	Deutsche Boerse, London Stock Exchange

자료: ETF T/F(2008).

가) 자산범위의 확대

각 국가, 섹터 또는 투자 스타일을 혼합하여 주식을 기초자산으로 삼는 ETF의 경우 상이한 형태의 베타에 포트폴리오를 레버리지 하기 위해 ETF를 사용한다. 또한 자산 구성은 일반 주식, 채권, 상품 등 다양하게 이루어지고, 자산은 투자자의 연령, 금융필요성(financial needs), 투자자의 위험에 대한 인내도(risk tolerance) 등에 따라 상이하게 된다.

① 채권 ETF

채권 ETF가 개발되면 채권시장의 수요가 확대된다. 채권 ETF의 경우 채권은 현재 수익을 제공하고 포트폴리오의 변동성을 전반적으로 낮춰주는 도구로 이용되는데, 다양한 종류의 채권을 사용하는 ETF가 개발되지 않는 이유는 ETF 구조를 사용하는 채권형 포트폴리오를 운영하는 데 어려움이 있기 때문이다. 기간(duration)은 이자율 위험의 척도인데, 이자율이 오르면 장기 듀레이션의 지표를 벤치마크한 ETF는 단기 듀레이션 지표보다 하락할 것이며, 장기 duration은 더 많은 리스크를 내포하고 있으므로 더 높은 수익률을 기대할 수 있다. 신용위험은 이자율 위험보다 더 복잡한데, 신용위험이 클수록 파산(default) 위험이 크게 된다. 이러한 구조로 인하여 전통적 지수의 많은 채권들이 시장에서 접근하기 쉽지 않게 된다. The Lehman Aggregate Bond Index는 6,000개가 넘는 채권을 추적하는데, 많은 채권이 정기적으로 거래되지 않으므로 Lehman Aggregate Bond

Index와 같은 전통적 채권시장 지수의 완전 복제는 가능하지 않고 따라서 ETF 운용자는 추출 기술(sampling technique)에 의존하게 된다. 펀드 매니저는 유동성이 있는 증권의 포트폴리오를 구성하여 거래를 빈번하게 하여, 채권지수의 수익률과 위험의 특성을 복제한다. 추출 방법은 매우 복잡하여 산업, 발행크기, 신용등급(credit rating), 만기(maturity) 등을 이용하여 추출하게 되고, 펀드 매니저는 개별 영역에서 유동성이 많은 채권을 택하여 추출한다. 그 이후 추적오차를 검토하여 추적오차가 크면 포트폴리오를 변경한다. 성공적인 추출과 최적화(optimization) 전략에 있어서 용인할 수 있는 수준의 추적오차를 유지하기 위해서는 많은 채권이 필요하며, 기초 대상이 되는 채권은 적절한 유동성이 있어야 AP가 이를 거래할 수 있다. 최근 지방채, 국채, MBS, 회사채, 공공기관채, ABS 등을 이용한 ETF가 발매되고 있으며, 가장 발달한 분야는 국채와 회사채 분야로 다양한 만기, 회사채의 경우에는 다양한 신용도를 커버하며, 2007년 가을에 State Street, Barclays Global과 PoweerShares는 municipal funds를 발매하였다. Barclays의 ishares S&P National Municipal Fund(MUB)의 경우 자산 규모가 2억달러 이상으로 가장 큰 채권 ETF로 동 펀드는 S&P Municipal Bond Index를 추적하며, 주로 지방채로 구성되고 연방채는 제외하고 있다. 최근에는 회사채와 정부채를 혼합하여 포트폴리오를 구성한 ETF도 출시되고 있다. 또한 우선주와 high yield bond ETF는 채권 ETF에서 혁신적인 분야로 각광받고 있다.

② 상품 ETF

상품 ETF의 경우 증권에 상품을 더하여 포트폴리오를 구성함으로써 인플레이션 등을 헤지하고 동일한 리스크에 대하여 더 좋은 수익률을 제고한다. 이머징 마켓지수 또는 상품가격 추적의 경우 ETN(Exchange Traded Note) 또는 ETC (Exchange Traded Commodity) 형태로 분류하여 상장·거래되고 있다. ETC는 상품실물 편입·보관에 의한 자산담보부 성격의 증권으로 취급되며, ETN은 추적대상자산을 실물로 편입하기 어려운 경우 자산 가격에 연동하는 수익률 지급을 약속한 증권을 편입한 상품으로 쿠폰이자 지급이 없는 채권 형태에 가까운 구조를 지닌다. 특히 ETN은 senior, unsecured 채무 증권과 연계되어 대형은행이나 투자은행과 같은 발행자에게 designated index에 근거한 수익률을 지불할 의무를 지운다. 그러한 증권은 기초자산에 의해 담보를 제공받고 ETF처럼 거래소에서 매일 거래된다. ETN은 지수의 수익에 기초하여 수익률을 지불한다는 약속을 하는 발행자의 증서(note)를 소유하는 것으로 수익률은 상품의 수익률을 복제하는 것이나 실제로 근거 상품을 소유하는 것은 아니다. 더하여 투자자들은 ETN 매입 시에는 내재하는 신용위험을 알아야 하고, 1933년 증권법에 의해 등록된다. ETN은 채무증서이므로 발행자가 지불하지 않을 위험이 존재하며, 고정 만기를 지닌다. 최대 ETN은 iPath Dow Jones-AIG Commodity Index Total Return ETN(DJP)으로 Dow Jones-AIG Commodity Total Return Index에 근거한 실적을 제공하도록 구조화되었으며, 연간 0.75%의 수수료를 부과한다.

금의 경우 ETF와 ETN을 포함한 여러 선택이 가능한데, State Street는 StreetTRACKS Gold Trust(GLD)를 제공하고 있다. 동 신탁 약 US$ 10억에 이르는 금 가격에 기초하는 최대 상품으로, gold bullion의 가격을 약 1/10으로 반영하며, 연간 0.4%의 운영수수료를 부과한다. 또한 농산물의 전망가격(prospects)을 구체적으로 추적하도록 고안된 ETF가 있는데, 대표적인 상품으로 the PowerShares DB Agriculture Fund(DBA)가 있다.

최근에는 금, 농산물과 같은 실물에서 이전에는 접근하기 불가능했던 리스크 요인의 상이한 형태의 투자가 이루어지고 있다. 부동산 ETF(Real Estate Funds)의 경우 부동산이 금융시장과의 상관관계가 낮다는 점과 실체를 가진 자산으로 대표되지만 시간의 흐름에 따라 가치 하락이 크지 않다는 점 때문에 흥미로운 기초자산이 되며, 대표적으로 Vanguard REIT ETF(VNQ) 등 5종류가 있다.

③ 외환 ETF

외환 ETF의 경우 Rydex Investment는 2005년 12월에 NYSE에서 최초의 외환 ETF를 출시했다. 개별 ETF는 JPMorgan Chase Bank의 해외 지점에 상이한 해외 통화를 보유하고, Federal Reserve Noon Buying Rate에 근거하여 기초 대상 외환의 가격을 추적한다.

④ 대체자산 ETF

대체자산 영역(alternative asset classes)에서 헤지펀드의 알파 수익률은 시장 수익률과 상관관계가 낮기 때문에 헤지펀드와 private equity같은 상품을 기초자산으로 하는 ETF 상품 개발이 시도되고 있다. 예를 들면, the PowerShares Listed Private Equity Portfolio(PSP)의 경우 이는 Red Rocks Capital Listed Private Equity Index와 대응되며, 동 인덱스의 금융시장과의 상관관계는 0.7 이상으로 실제적인 수익률이 높고 변동성이 높아 베타가 1.35에 달하는 것으로 나타나고 있다.

나) 운용구조의 확대

실물설정·환매에서 현금설정·환매 허용과 같은 설정방법의 변화, 완전복제방법에서 대표 표본추출 방법 나아가 합성복제방법과 같은 다양한 지수추적방법의 이용, 파생상품을 이용한 레버리지 이용 등 운용구조의 다변화를 통하여 ETF의 진화가 이루어져 왔다. 최근에는 특정 지수를 추적하는 전통적인 ETF와는 달리 대상지수를 상회하는 수익률을 올릴 수 있도록 펀드 매니저의 판단에 근거하여 포트폴리오를 구성하고 매매시점을 선택할 수 있는 적극적으로 운용하는 액티브(actively managed) ETF 상품이나 지수성과와 반대로 움직이는 리버스(reverse) ETF 등이 개발되고 있다.

① 액티브(actively managed) ETF

액티브 ETF는 단순히 지수를 추적하는 것이 아니고 펀드 매니저가 주관적으로 선정하는 포트폴리오에 투자하여 인덱스 이상의 실적을 추구하는 펀드로 투자 skill로 인하여 더 높은 운영수수료를 요구한다. 액티브 ETF는 적극적인 전략을 이용하는 일반 인덱스 추구형 ETF와는 달리 추적하는 지수가 없고 펀드를 운영하는 회사가 증권을 직접 선정하여 투자하게 된다. 산업계에서는 지속적으로 액티브 ETF의 출시를 열망하였지만, 액티브 ETF와 관련한 포지션에 대한 일일 공시(daily reporting)와 장중 가격 및 가격 결정의 문제로 인하여 SEC가 상당기간 이를 보류하였다. 2008년 SEC에서 상장을 승인하였는데[5], SEC는 concept release "Actively Managed Exchange-Traded Funds"에서 액티브 ETF가 적극적으로 운용되는 과정에서 ETF 지수 및 자산 구성을 적극적으로 운용할 것이기 때문에 투자회사로 등록하도록 요구하였다. 단위형 투자신탁(Unit Investment Trust: UIT)으로 등록하게 되면 적극적인 운용이 불가하기 때문이다.

5) SEC(2008).

액티브 ETF의 장점은 다른 ETF의 지수성과를 능가한다는 것이지만, 인덱스 펀드에 비해 일부 액티브 개방형 펀드의 실적이 저조한 경우도 발생하고 있다. 그리고 액티브 ETF는 뮤추얼펀드와 같이 주식을 book-entry로 보관될 것이라는 가정하에 서비스 하부구조(infrastructure)를 유지할 필요가 없고, 고객서비스와 관리서비스 비용 및 자본이득세가 부과되지 않으므로 투자자들의 비용이 낮게 된다. 또한 액티브 ETF는 일중 거래가 가능하며 일반 지수추적형 ETF와 같이 세금 측면에서도 효율적이다. 반면 운용회사들은 액티브 ETF의 경우 ETF의 투자 내역(holding)을 공개할 필요가 있다. CU의 교환(turn in)을 위해 매일 펀드의 구성 내역을 공시해야 하는데, 이는 펀드 전략을 공개하는 것이므로 적극적 운용자와 SEC에 갈등 소지가 있다. 그리고 액티브 ETF는 변동성이 높은 경우 NAV 산정에 있어 할증(premium) 또는 할인(discount)을 가져올 우려가 있다. 또 다른 문제는 액티브 펀드의 거래 공지와 관련된다. 거래 이전 관련 정보를 공시하면 수동적 ETF(passive ETF)와 같은 프론트 러닝(front running)이 가능하므로 효율성이 저하된다. 또한 다른 거래자가 인덱스 펀드를 구성하는 종목의 매매를 사전적으로 아는 경우 역시 프론트 러닝이 가능하여 인덱스 펀드 지수를 재구성하는데 비용을 유발하게 된다. 따라서 일부에서는 펀드의 "silent indexes" 추적을 허용하거나 프런트 러닝으로 인한 거래비용을 회피하기 위해 펀드가 거래 이후 그 변화를 공시하는 것을 제안한다.

2007년 2월 Bear Sterns는 actively managed ETF의 공모안내서를 최초로 제출하였다. 이는 다양한 단기채에 투자하는 money market-type 펀드로 구조화되어 있다. Bear Sterns의 Current Yield Fund는 평균적 money market 계좌의 수익률을 초과하는 수익률을 올리기 위해 적극적 전략(active strategies)을 사용한다.

2007년 5월에 Vanguard Group은 두 번째 액티브 ETF로 Vanguard Inflation-Protected Securities Fund(symbol: VIPSX)를 출시하였으며, 이후 2007년 6월에 3개의 신종 액티브 ETF를 출시했다.

② 레버리지 ETF

레버리지 ETF는 구조상 특정 주가지수의 수익률을 추종하도록 구성된 통상적인 인덱스 ETF와 동일하나, 고수익을 실현하기 위해 현물 주식에 선물, 옵션,

스왑 등 파생금융 상품을 결합시킨 ETF이다. ProFunds Froup이 운용하고 있는 레버리지 ETF인 ProShare Ultra QQQ는 Apple, Microsoft, Qalcomm 등의 현물 주식에다가 스왑 및 선물 계약을 결합하였고, 그 외에 통상적인 인덱스 ETF와 마찬가지로 다우존스, S&P 500, Russel 2000 등 종합지수뿐만 아니라 ProShares Ultra Oil & Gas ETF와 같이 섹터 지수에 대한 레버리지 상품을 구성하기도 한다. Morgan Stanley 조사에 따르면 2008년 1월말 기준 미국에 약 60여 개의 레버리지 ETF가 출시되어 있으며, 2006년 6월 최초로 레버리지 ETF를 출시한 ProShares Advisor LLC가 현재 시장자산의 94%를 차지하는 것으로 보고하고 있다. 특히 섹터지수 레버리지 ETF는 전체 시장자산의 2%에 불과하여 투자자들의 수요 추이에 따라 다양한 업종지수를 추종하는 상품이 출시될 수 있을 것으로 전망하고 있다. 전통적인 뮤추얼펀드의 경우 30~35% 사이의 레버리지가 활용되고 있고, ProFunds Group과 Rydex Investments의 경우 최대 200%의 레버리지를 사용하고 있는데 향후 이같은 레버리지 ETF의 성장에 따라 레버리지 비율이 3배까지 확장한 상품도 출시될 것으로 전망된다.[6)]

다) 이슬람 ETF

2003년에 The National Commercial Bank와 Deutsche Bank는 분산투자, 투명성, 유동성 및 유연성을 제공하는 최초 이슬람 상품으로서 Islamic EquityBuilder Certificates를 출시했다. 이슬람 투자에 전문성이 있는 The National Commercial Bank와 포트폴리오 구성에 전문성을 지닌 Deutsche Bank가 출시한 The Islamic EquityBuilder Certificates는 The National Commercial Bank의 Shariah Board에 의해 승인을 얻었는데, 이는 Shariah 원칙(principles)에 부합하면서 합리적인 리스크 프로파일에 대해 월등한 수익률을 제공하는 것으로 나타났다. 이는 포트폴리오의 주식을 선정하는 과정은 완전히 공개하였으며, 분기별로 모니터링 되고 연간 운용수수료는 1.25%로 The National Commercial Bank가 동 상품을 점검하게 된다. 이는 이슬람의 원칙과 투자수익률을 동시에 추구하는 펀드로 프랑크푸르트 증권거래소에 상장되어 있어 쉽게 투자할 수 있다. 즉, 샤리아 지수를 개발하고 지수에 투자하는 ETF를 개발하면 이슬람 자금을 유인할 주요 수단으로 사용할 수 있다.

6) 한국금융연구원(2008a).

(2) 해외 ETF 제도 현황

1) 미 국

미국의 경우 ETF는 1940년 투자회사법 또는 1934년 증권거래법에 대한 예외 조항에 의거하여 자동으로 적용되거나 거래소 상장규정에 반영되어 있다. 투자자에게 불필요한 오해 방지 등 투자자 보호차원에서 펀드가 투자하는 상품과 그 펀드의 명칭이 부합하도록 해당 지수 또는 해당 산업에 80% 이상 투자할 의무를 부과하고 있는데, 특히, 1934년 증권거래법에 규정되어 있는 신규 상장에 부과되는 규제가 Rule 19b-4(e)에 의거하여 일정 요건을 만족하는 ETF에 대해서는 일정 면제 요건을 부여하고 있다.

표 Ⅳ-11 1934년 증권거래법 Rule 19b-4(e) 부여를 위한 ETF의 요건

종목 구성	• ETF는 20종목 이상의 종목 이상으로 구성 • 어떠한 종목도 ETF 총액의 25% 이상의 구성 금지 • 각 종목은 상장종목이어야 함
ETF 구성종목에 대한 요건	• 시가총액의 최소 85%에 해당하는 종목은 유동금액기준 15,000만 달러에 상당하고 ETF의 구성전 2개월 일평균거래량은 최소 1백만 달러에 상당하는 종목이어야 함 • 단, ETF가 200종목 이상으로 구성시 구성종목의 75%가 동 요건을 만족해야 함
CU 요건	• 펀드의 1CU는 5만주 이상 • 발행당시 1CU 금액은 1백만달러 이상이어야 함
추적지수 요건	• ETF는 소극적으로 운용되며, 특정 지수를 추적해야 함
공시요건	• ETF의 proxy value 및 벤치마크 지수의 가격 등 장중거래시간 동안 가격이 공시되어야 함

미국의 ETF는 1934년 증권거래법 Rule 19b-4(e)에 의거하여 일정 요건을 만족하는 ETF에 대하여 ETF 거래에 관한 정보의 고지 의무, 배당 및 주식분할 관련 고지 의무를 면제하고 있으며, 공개매수에 관련된 주식이 포함된 주식바스켓의 환매 등을 허용하고 있다.

표 Ⅳ-12 1934년 증권거래법 Rule 19b-4(e)에 의한 ETF에 대한 적용 면제 사항

구 분	내 용	ETF에 대한 적용 면제 이유	적용면제내용
Rule 10b-10	• 브로커나 딜러는 거래가 이루어지는 시점에 고객에게 종목명, 가격, 체결수량에 대한 내용을 문서로 고지 의무	• 설정과 환매에 필요한 주식바스켓 구성은 공개적으로 주식시장에 공시되므로 개별공시는 종복공시임 • ETF의 발행시장에서 브로커 딜러는 고객에게 설정과 환매시 주식바스켓에 포함되는 개별주식의 종목명, 수량, 가격 공시 면제	• ETF의 발행시장에서 브로커 딜러는 고객에게 설정과 환매시 설정단위(CU)수만 고지 • 단, 거래소 시장에서 ETF가 거래되는 경우 체결에 관한 정보는 고지 의무 존재
Rule 10b-17	• 상장되어 거래되는 증권의 발행자는 배당, 분할, 유상증자 등과 같은 내용 공시	• 주식바스켓을 구성하는 각각의 주식종목 비중은 미미하므로 배당 역시 미미함 • 배당에 대한 공시 강제시, 공시일에 발표되는 주당배당금액과 실제배당금액의 차이로 인하여 과소 또는 과대배당이 나타날 수 있음	• ETF 발행사는 주주에게 배당 및 주식 분할 등 고지 불필요
Rule 11d-2	• 증권의 신규발행에 참가한 브로커-딜러가 발행 직후 신용공여를 통한 부정소지 제거	• 일정기간 후 거래소시장에서 거래되는 ETF는 경제적 이익 측면에서 브로커와 고객의 관계는 일반주식과 같은 거래수수료만 존재하여 부정의 소지가 없음	• 신규발행증권의 분배에 관여한 시점으로부터 30일 후 브로커 딜러가 거래소 시장에 거래하는 고객에게 당해 증권에 대한 신용을 확대할 수 있음
Rule 14e-5	• 공개매수에 관련된 주식 거래 배제	• 공개매수에 관련된 주식을 ETF의 거래에 이용하여 매수할 수 있으나, ETF는 설정단위로 환매가 이루어져 환매가 어렵고 주식바스켓의 각 종목 구성 비중이 적어 환매를 통한 공개매수 주식을 매수하는 것은 실익이 적음	• ETF 펀드 매니저가 공개매수에 관련된 주식이 포함된 주식바스켓을 환매할 수 있으며 ETF 거래에 참가할 수 있음
Rule 14c1-5 and 15c1-6	• 브로커-딜러에 대한 통제가 있음을 알리고 브로커-딜러가 고객의 이익을 해하는 행위방지	• ETF의 투명성으로 인해 가격조작의 염려가 없기 때문에 이러한 공시는 운용사의 업무 과중을 초래함	• ETF 브로커-딜러는 고객과의 계약 또는 고객을 위한 계약 체결시 고객보호를 위해 브로커-딜러에 대한 통제와 브로커-딜러 행위를 서면으로 고지할 필요 없음
Rule 101 of Regulation M	• 증권배분에 참여자들이 유통시장에서 매수 또는 매도, 고객에게 매수 또는 매수의 강요는 불법 • 유통을 용이하게 하	• 동 규정은 주가 조작을 예방하기 위한 규정이나 개방형 투자회사로 환매 가능한 ETF는 시장에서 차익거래가 가능함 • 지수에 포함된 개별주식의 주가를 조작하기 위해서 ETF를 이	• ETF 설정후 배분에 참여자들이 유통시장에서 매수 도는 매도를 허용

	기 위하여 시장여건을 조성하는 것을 예방하는 것 • 분배에 참여하고 있거나 참여하기로 합의한 인수자, 브로커, 딜러, 기타 투자자에게 적용	용하기에는 주식바스켓 규모가 5백만 달러로 대규모임	
Rule 102 of Regulation M	• 유통되는 동안 주가조작을 예방하고 특정 증권에 대해 인위적으로 시장에 영향을 줄 수 있는 행위를 금지함으로써 offering process의 integrity를 보호	• ETF의 continuous offering 동안 Trust가 ETF를 설정 단위로 환매 허용 • Rule 102의 목적 내에서 조작 또는 기만적 관행이 되지 않고 각각의 펀드가 ETF의 continuous offering 중에 설정단위로 ETF를 환매하는 것을 허용하기 위해서는 동 조항을 면제받을 자격이 있음 • 환매거래와 ETF 유통시장 거래는 증권배분 중 ETF가 보유한 증권의 가격을 조작할 유용한 수단이 되지 못함	• 분배과정에서 발행자의 설정과 ETF 보유자의 매도 가능

SEC 및 ICI(미국 자산운용협회)는 자산운용업계 의견을 적극 수용하며 ETF 상품 개발을 독려하고 있다. SEC는 자본시장 경쟁력 강화 방안의 일환으로 기존 ETF 상품 검토 및 승인 소요 기간이 수개월에 달하여 혁신적 상품개발이 어렵다는 지적을 수용하여 2008년 3월 ETF 승인 절차 간소화를 위하여 규정 개정안을 확정하였다.[7] 2008년 3월 SEC는 ETF가 SEC의 개별 면제조항을 얻지 않고 SEC에 등록하고 운용할 수 있도록 1940년 투자회사법 상에 규정을 개정하고, ETF 관련 공시 규정을 개정하고 기존 뮤추얼펀드가 ETF에 투자하도록 조치하였다. 1940년 투자회사법에 따르면 ETF는 개방형투자회사(open end management investment companies)로 SEC에 등록해야 하며, 일반적으로 ETF는 1933년 증권법에 의하여 SEC에 등록해야 한다. 뮤추얼펀드와 달리 ETF는 CU 단위에 의해서 NAV로 판매·환매되고, 특정 지수를 추적하는 등의 특징을 지니므로 ETF는 1940년 투자회사법에 의하여 특정 요건 충족시 일부 규정 적용을 면제받는다.

구체적으로 ETF는 개방형펀드이므로 ETF는 신청을 통하여 ① Sections 2(a)

7) SEC(2008).

(32)와 5(a)(1) 규정 적용 배제로 ETF는 CU 단위로 환매할 수 있는 주식을 발행할 수 있고, ② Section 22(d)와 Rule 22c-1 규정 적용 배제로 개별 ETF 주식을 경쟁가격으로 유통시장에서 매매할 수 있으며, ③ Sections 17(a)(1)과 section (a)(2) 배제로 ETF에 관계된 투자자가 주식액면가의 5% 이상 CU 단위로 ETF를 매매하거나 환매할 수 있다.

또한 ETF는 1940년 투자회사법 Section 24(d)의 적용을 배제받아 투자설명서(prospectus) 대신 보다 짧은 상품설명서(product description)를 제공하더라도 유통시장에서 매매될 수 있다. 더불어 많은 ETF는 Section 12(d)(1) 적용 배제를 통하여 1940년법의 재간접펀드 제한(fund-of-funds limitations)을 초과하여 다른 투자회사가 ETF를 매입할 수 있다.

2008년 3월 제안된 1940년 투자회사법 Rule 6c-11에 의해서 일정 조건을 충족하는 ETF는 개별적으로 규정 적용 배제를 신청할 필요 없이 출시 이전에 적용 완화를 받게 된다. 이를 통하여 신규 ETF 설립시 비용을 감소시키고 과거 ETF 출시에 소요된 시간을 절약할 수 있으므로 창의적이고 혁신적인 ETF의 출시가 용이해질 것으로 전망된다.

1940년 투자회사법 Rule 6c-11는 일정 조건이 충족되는 ETF에 대하여 ① ETF 주식을 1940년법 Section 2(a)(32)상의 환매가능한 증권(redeemable securities)으로 간주하며, ② Section 22(d) and Rule 22c-1의 규정 적용을 완화하며 시장가격으로 유통시장에서 ETF 매매를 허용하고, ③ Sections 17(a)(1) and 17(a)(2)의 규정 적용을 완화하여 ETF 의결주(voting securitie)의 5% 이상 보유할 목적 또는 다른 투자회사의 의결주 5%이상을 보유하고 있는 ETF의 관계자(affiliated persons)인 투자자가 현금예탁(in-kind deposit and receipt)하는 것을 허용하는 것을 그 내용을 한다.

또한 동 규정은 ① 휴일로 인하여 적시의 주식거래(delivery)가 제한되거나, ② 등록서 상휴일로 인하여 적시의 주식거래 제한되거나 거래될 것으로 예상되는 최대 일수를 초과하여 주식거래가 제한될 것을 공지하거나, ③ 외국 주식이 ETF 주식의 환매 신청일 이후 12일을 초과해서 거래되는 경우에 한하여 환매 요구에 바스켓 자산에 포함된 외국 주식의 거래가 지연될 수 있다고 규정하고 있다.

제안된 Rule 6c-11에 의해서 완화된 규정을 적용받으려면 ① 1940년 주식거래법(the Securities Exchange Act of 1940)의 Section 12에 따라서 증권거래소에서 상장·거래가 승인되어 주식을 발행하고, ② 거래소에서 바스켓 자산의 신탁을 대가로 CU 단위로 발행 또는 환매되며, 매매당일 일정 간격으로 증권거래소에서 단위당 현재가치가 공표되며, ③ 판매 인쇄물에 ETF로 명시되며, ④ 매 영업일 웹사이트를 통하여 영업일의 순자산가치, 펀드 지분에 대한 종가, 순자산가치에 대한 퍼센트로 펀드 지분의 순자산가치에 대한 종가의 프리미엄 또는 할인을 공시해야 하며, ⑤ ETF가 보유하고 있는 주식과 기타 자산의 구성내역을 웹사이트에 공시하거나 추종하고 있는 특정 지수와 관련어 취득하게 되는 수익과 투자목적을 명시하는 개방형 투자회사라는 ETF 정의에 부합되어야 한다.

또한 Rule 6c-11에서는 액티브 ETF가 투명성 조건 및 일별 자산 내역의 공시조건을 충족하는 한 일반적인 인덱스 ETF와 큰 차이 없이 규제하고 있다. 다만, 추종 지수 성과 이상을 달성하기 위하여 자문업자가 사용하는 투자전략을 공개하는 것이 용이하지 않아 투명성 조건을 충족하지 못하는 경우, 해당 ETF가 규정 적용 면제를 받기 위해서는 개별적으로 신청하도록 규정하고 있다. 인덱스에 기반한 ETF는 자문업자 등이 추적 지수를 계산하고 산정하는 실체와 관계없음을 나타내도록 규정하였으나, Rule 6c-1에서는 인덱스 제공의 실체에 대하여 어떠한 사항도 규정하지 않는다.

Rule 6c-11에서는 매매 당일 일정 간격으로 ETF 바스켓의 가치를 공표할 것을 요구한다. 즉, 특정 간격 사이의 일중가치(intra-day values)를 공표할 필요가 없다. 증권거래소는 이러한 SEC의 요구를 승인하여 매 15초 단위로 ETF 가치를 공표하도록 규정하고 있다. 그러나 일중가치를 보다 탄력적으로 산정하는 것을 허용하지만, 일중가치가 바스켓 주식의 현재 가치에 의거해서 결정되도록 요구할 것으로 보인다.

규정상에는 판매 인쇄물에 ETF로 명시하도록 규정하고 있지만, 이것이 ETF가 뮤추얼펀드라는 용어를 사용하지 못하도록 규정하는 것은 아니므로 ETF에 뮤추얼펀드라는 명칭 사용 여부는 불확실하다. 본 규정은 ETF의 웹사이트에서 필요한 대부분의 정보가 게재되도록 규정하고 있지만, 일중가치는 상장 거래소에 공표하도록 규정되어 있고, 인덱스 제공자가 관련 지수의 구성 주식에 관한 정보를 웹사이트에 공표하도록 규정하고 있다. 공시와 관련하여 1940년 법에 의해 ETF는 개방형 투자회사로 등록하고, 그 주식을 1933년 증권법에 의해 등록할 때 요구되는 Form N-1A에 대한 개정안도 포함하고 있다.

ETF의 투자설명서는 ① 시장가격과 ETF의 NAV에 기초한 연평균 수익률표와 프리미엄 또는 디스카운트의 정도와 횟수에 대한 정보를 포함해야 하며, ② 설정과 환매 과정에 대한 공지사항을 생략할 수도 있다. 많은 ETF는 Section 12(d)(1) 규정[8] 적용 완화로 다른 투자회사가 재간접펀드 제한을 초과하여 ETF 주식을 매입할 수 있다. 상기 조치에 따라 이후 출시되는 대부분의 ETF 상품은 감독당국에 의한 검토 절차를 거치지 않고 시장에 출시·판매될 수 있으며, 이에 따라 ETF의 발행에 따른 시간 및 제반 비용이 절감될 것으로 기대되고 있다. 이는 미국 시장에서 상장되어 투자자들에게 매일 가격이 고시되는 ETF상품에만 적용되며, ETF 상품에 관한 공모안내서(prospectus) 대신 뮤추얼펀드와 같은 간이 설명서로 대체할 수 있게 된다.

표 Ⅳ-13 미국의 신종 ETF 상장 현황

구분	운용사	종목수	추적지수	AUM (US$, million)
레버리지 ETF	ProShare	23	Dow 30, Nasdaq 100, MidCap 400, Russel 1000, Russel 2000, Financial Healthcare, Consumer Service, MidCap Growth, MidCap Value 등	953
	Rydex	3	S&P 500, MidCap 400, Russel 2000	-
리버스 ETF	ProShare	35	Dow 30, S&P 500, Russel 1000, SmallCap 600, MidCap 400, Financial Healthcare, Consumer Service, MidCap Growth, MidCap Value, MSCI Emerging Market, MSCI Japan, MSCI EAFE 등	5,094
	Rydex	64 (예정 포함)	S&P 500, MidCap 400, Russel 2000, Russel 3000, S&P 500 Value, S&P MidCap 400, Russel 2000 Value, Consumer Staples 등	-

자료: ETF T/F(2008).

8) Section 12(d)(1)에서는 투자회사가 ① 투자회사의 의결주식 발행액(outstanding voting securities)의 3% 이상을 취득하거나, ② 어느 한 투자회사의 전체 자산의 5% 이상 투자하거나, ③ 자산의 10% 이상을 투자회사에 투자하는 것을 금지하고 있음.

한편 SEC가 레버리지 및 액티브 ETF 등 신종 ETF에 대한 'ETF 개념'을 발표한 이후 최근 액티브 ETF까지 승인·상장이 되고 있다. 2006년 레버리지·리버스 ETF의 상장으로 ETF의 범위가 확대되었으며, 2008년 액티브 ETF가 상장하게 되었다. 또한 금·은·원자재 등 상품 ETF로 ETF의 대상 자산 범위가 확대되었다. 지수추적 방법과 관련하여 초기에 완전복제 방법만 허용하였으나 이후 표본추출 방법을 허용하고 있으며, 금융상품의 조합에 의한 합성복제 방법을 허용하며, 일반적 상장기준을 충족하는 경우 거래소의 승인에 의해 상장된다.

아메리칸 증권거래소(AMEX)에서는 지수 성과를 초과(양 또는 음의 방향)

표 Ⅳ-14 AMEX의 상장규정

구 분	내 용
ETF 추적대상지수의 요건	• AMEX는 상기 면제조항 자격이 있는 ETF에 대하여 AMEX 규정상 지수구성상 일정 요건에 부합할 경우 상장 승인 - 지수의 90% 이상을 차지하는 구성종목은 시가총액 기준 최소 7,500만달러에 상당 - 지수비중의 90% 이상을 나타내는 종목의 최근 6개월 동안 월평균 거래량은 25만주 이상 - 가장 높은 비중을 차지하는 종목이 지수 또는 포트폴리오의 30%를 초과할 수 없으며, 상위 5종목이 지수 또는 포트폴리오의 65%를 초과할 수 없음 - 대상지수는 13종목 이상으로 구성 - 대상지수의 모든 종목은 거래소 상장 또는 나스닥시장에 상장되어 있어야 함
레버리지·리버스 ETF 상장 근거	• AMEX의 규정상 외국지수 또는 자국지수의 성과를 초과하거나 그 움직임과 반대의 성과를 목표로 하고, 이러한 투자목적 달성을 위하여 선물, 선물옵션, 선도거래상품 등 금융상품의 조합으로 구성하는 경우 상장 허용 • 다만, 이러한 ETF는 1934년 증권거래법 Rule 19b-4(e)에 의한 승인을 받을 수 없으므로 ETF에 대한 면제요건을 부여받지 못함 • 일반적인 ETF 상장기준과 다른 이러한 ETF의 경우 SEC의 19b-4에 따라 승인을 위한 서류를 제출해야 하며, SEC에 의한 승인 이전 상장 불가함
액티브 ETF 상장근거	• AMEX의 규정상 Managed Fund Share로 취급하며 펀드매니저에 의해 선정된 포트폴리오에 투자하는 펀드로서 CU 단위로 설정·환매되는 펀드 • 납입자산내역은 벤치마크와 관계없이 펀드매니저가 지정한 포트폴리오를 의미하며, 매일 1회 공시되어야 함 • 장중 추정 NAV는 15초 단위로 제공

자료: http://wallstreet.cch.com/AMEX/Rules/

하여 움직이는 레버리지 개념을 ETF에 포함시켜 레버리지 ETF를 허용하고 있으며, 투자목적 달성을 위하여 선물, 옵션, 선도거래 상품 등 금융상품의 조합으로 구성이 가능하다. 이러한 레버리지 ETF는 일반적 ETF 상장과 달리 SEC의 승인이 요구된다.

2) 유　　럽

ETF를 포함한 펀드는 공동법규(Undertaking for the Collective Investment of Transferable Securities: UCITS)[9]를 적용받게 되는데, ETF는 UCITS 상에서 펀드의 추적대상지수는 분산이 잘 되어 있어야 하며, 시장대표성 및 지수의 적절한 공표방법 등의 요건을 잘 갖추어야 한다는 지수구성 요건을 적용받는다. 즉, 포트폴리오 분산요건을 충족해야 하며, 지수추적 방법에 대한 규제가 없기 때문에 선물, 옵션 또는 스왑 등의 파생상품을 이용하여 추적이 가능하다. 또한 유럽 내 복수상장이 용이하여 시장 규모가 확대되고 있다.

영국, 독일, 프랑스 등 유럽 각국은 주가지수 외에 각종 기초자산을 추적하는 신종 ETF의 개발·상장에 대한 제약이 거의 없으며, 스왑 등 장외파생상품을 이용한 지수복제 등 다양한 운용기법을 허용하고 있다. 독일거래소는 LSE의 2배

표 Ⅳ-15　유럽의 신종 ETF 상장 현황

구　분	국　가	운용사	종목수	추적지수	AUM(US$, million)
레버리지 ETF	프랑스/독일	SGAM	4	CAC 40, DJ Euro Stoxx 50, FTSE Durofirst 80, Nasdaq 100	1,780
	프랑스/이태리/독일	Lyxor	1	DJ Euro Stoxx 50	61
리버스 ETF	룩셈부르크/이태리/스위스	Deutsche Bank	2	DAX, DJ Euro Stoxx 50	252

자료: ETF T/F(2008).

9) 유럽 내 다수 거래소에 펀드를 상장하기 위해서는 UCITS 요건을 준수하여야 함. 펀드가 동 요건을 충족하고 유럽연합의 특정회원국에 등록되면 타회원국에서도 자유로운 판매가 허용됨.

를 상회하는 304개의 ETF가 상장되어 있고, 운용자산 규모는 542억달러에 달하며, NYSE Euronext의 유럽 소재 거래소 역시 상장건수가 179개, 운용자산 421억달러로 유럽 내 ETF 시장간 경쟁이 이루어지고 있다.

최근 영국정부는 ETF 시장 육성을 위하여 다양한 정책적 노력을 기울임에 따라 런던증권거래소(LSE)에서의 ETF 거래는 빠르게 증가하고 있다. 2007년말 기준 LSE에 상장된 ETF 운용자산은 2006년말 114억파운드에서 82% 증가한 208억파운드(411억달러)를 기록하고 있으며, 상장건수 역시 49개에서 136개로 증가하였다. 영국정부의 비거주자에 대한 인지세 철폐(2006년말), 소액투자자 비중이 높은 이탈리아거래소의 인수합병(2007년 6월말) 등이 시장 활성화의 계기로 작용하였다. 이러한 가운데 LSE는 2008년 유럽 2위 ETF 시장으로 성장한 후 내년 말까지 세계 최대 ETF 시장으로 부상한다는 경영 목표를 제시하고 있다.

독일의 경우 연방금융감독청(BAFin)에 의한 간접투자자산 법(InvG)에 의거하여 인덱스 펀드가 규제되는데, 펀드를 규제하는 기본원칙에 따르면 유가증권의 종목선정이 인덱스와 관련되어 있을 겨우 추적대상 지수를 명시하고 펀드에 대한 투자한도[10]를 초과할 수 있다는 사실을 공지하도록 규정하고 있다. 독일 인덱스 펀드에 대한 규제로 펀드에 의해 매수대상 증권이 위험분산정책을 따르고 BAFin에 의해 인정된 특정 지수를 추적할 경우 운용회사는 인덱스 펀드 금액의 20%까지 동일 발행회사의 증권에 투자할 수 있다. 지수구성 요건으로 ① 지수구성종목은 적절히 분산되어야 하며, ② 지수는 시장에 대한 적절한 기준을 나타내어야 하며, ③ 적절한 방법으로 투자자에게 공표되어야 한다. 이러한 요건을 갖춘 지수의 상품성에 대하여 BAFin이 승인은 하게 되며, 상기 요건을 만족할 경우 펀드 금액의 35%까지 단일 발행자의 증권에 투자할 수 있다.

또한 독일의 ETF 및 관련 해외펀드에 대한 규제 근거와 관련해서 자국 및 해외 ETF에 대한 규제 근거는 별도로 분리하지 않고 인덱스 펀드로 동일하게 취급하며, 해외펀드의 경우 공개모집, 광고 및 마케팅 등 관련 판매에 대하여

10) 발행자의 투자한도(60조) 규정은 운용회사는 동일 방행자의 증권 및 단기금융상품에 펀드의 5% 이상 투자할 수 없으나, 펀드룰이 허용되는 한 발행자의 증권 및 단기금융상품 총액이 펀드의 40%를 초과하지 않으면 10%까지 투자할 수 있도록 규정함. 또한 운용회사는 펀드의 35%까지 채권에 투자할 수 있음.

포괄적으로 규제하고 있다. 거래소에서 거래되는 ETF에 대한 규제는 독일거래소의 상장요건에 따르며, 독일거래소 상장대상 펀드는 자국펀드 또는 외국펀드가 될 수 있으며, 펀드 구성종목을 자유롭게 결정할 수 있는 액티브 펀드도 가능하도록 규정하고 있다.

3) 일 본

일본은 최근 ETF 시장 육성 방침을 발표한 금융청 등의 지원에 따라 상품 다양화가 본격적으로 이루어지고 있다. 일본 금융청은 2007년 12월 '금융자본시장의 경쟁력 강화' 계획에 따라 상품 ETF, 해외 ETF 등 ETF 상품 다양화를 위한 제도 개선을 추진하고 있다.

특히 2008년 1월 도쿄증권거래소는 '상품ETF의 상장제도 정비' 관련 보고서 발표를 통하여 상품 ETF를 상장한다는 방침을 가지고 있으며, 주로 국내상품 ETF와 외국상품 ETF에 대한 규정 정비를 목적으로 발표되었다. 국내상품 ETF는 ① 소, 돼지, 말, ② 석유 및 석탄, ③ 금, 은, 동, 주석, 우라늄 등의 가격에 연동시킬 목적으로 이를 신탁재산으로 하는 수익증권발행신탁의 수익증권으로 정의하고 있으며, 상장제도와 관련해서 상장신청자, 상장심사기준, 상장관리, 실효성 확보 등을 규정하고 있다. 상장은 신탁재산 관리회사 및 신탁수탁자의 신청으로 이루어지는데, 상품 ETF의 ① 관리회사를 농산물과 임산물, 축산물이나 이를 원료나 재료로 제조 또는 가공하거나 ② 각종 광물이나 이를 제련 또는 정제하는 업자이고, 신탁수탁자는 신탁회사나 신탁업 인가를 얻은 금융기관으로 정의하고 있다. 이외의 매매제도는 주권 매매에 관한 제도를 준하고, 신용거래 대상으로 하고 있으며, 결제는 증권보관대체기구의 계좌대체를 통해 이루어지도록 규정한다.

도쿄증권거래소가 도입을 추진하고 있는 상품 ETF는 신탁법에 기초한 신탁 방식으로 주로 상품을 신탁재산으로 하는 수익증권발행신탁상의 수익증권으로, 이를 발행하는 신탁 방식은 2007년 9월 30일 신탁법 개정을 통하여 신탁행위에 있어 수익 증권을 발행하는 것으로 명시적으로 인정하게 되었다. 이에 비하여 오사카 증권거래소에 상장된 금 가격연동형 ETF는 현물투자형 상품 ETF와 달리 투자신탁법에 기초한 종래의 증권투자신탁의 일종으로 볼 수 있고, 이로 인하여 금 자체가 아닌 금 가격에 연동하는 사채권 등에 투자하는 방식으로 금 가격연동 ETF가 설정된다. 투자신탁법에서 투자신탁의 주 투자대상을 유가증권과 부동산 등으로 한정하고 실물은 인정하지 않으므로, 상품 ETF 조성의 활성화 차원에서 실물상품을 투자신탁의 주 투자대상으로 인정하는 방향으로 규제가 완화될 예정이다.

그리고 2008년 3월 금융·자본시장 경쟁력 강화를 위해 금융상품거래법 등 관계 법률의 개정안을 확정하였는바, 금융상품거래법을 개정하여 상품선물에 투자하는 투자신탁은 상품투자자문업 규제의 적용을 면제하고, 상품현물과 교환가능한 투자신탁을 도입하며, 증권거래소의 인가업무에 '(온난화 가스) 배출권거래'를 추가하는 등 ETF의 다양화를 추진할 계획이며 이는 2008년중 실시한 계획이다.

이에 따라 2007년 11월 TSE는 해외 ETF인 KODEX200 ETF를 상장하여 일본 투자자가 한국 주식시장에 투자할 수 있는 기회를 제공하였고, TSE는 상품 ETF, 일본주식예탁증서(japan depository receipts) 및 다양한 신규 파생상품에 투자할 수 있는 ETF 발행을 위하여 관련 규제를 완화하였다. 또한 2007년 12월에는 TOPIX 17 시리즈에 기초한 ETF를 상장함에 따라 산업 또는 섹터에 대한 정보를 제공하는 새로운 형태의 지수에 기반한 ETF를 발행하게 되었다. TOPIX 17 시리즈의 각 지수는 에너지, 원자재 및 화학섹터와 같은 영역에 기초하여 개별적으로 산정되며, 총 33개 지수로 구성된다. 더불어 TSE는 동년 12월 S&P/TOPIX 150에 기초한 ETF를 상장하였고, 이슬람 투자자를 겨냥하여 이슬람 법률에 부합되고 일본에서 거래되는 주식으로 지수를 구성하는 새로운 이슬람 ETF를 상장하였다.

TSE는 2010년까지 ETF 상품을 100여 개로 확대하여 아시아 최대 시장으로 육성한다는 중장기계획을 발표하였으며, 신속한 제도 개선을 통해 경쟁 거래소보다 금 ETF, 해외 ETF 등의 상품 다양화를 도모하고자 한다. ETF의 자산구성은 지수구성 종목수의 50% 이상, 시가총액 기준 지수의 95% 이상 편입하도록 규정하고 있다.

ETF 상장을 위해서는 기초 인덱스 추적의 완료성과 유동성이 충족되어야 한다. 상장되는 최소 거래단위 수는 10,000이며, 판매를 위하여 상장되는 해에 최소 1,000명의 수익자가 모집되어야 한다. 또한 월평균 거래량은 최소 10 거래단위가 유지되어야 하며, 추적지수와 관련하여 ETF는 시장가치를 기준으로 추적지수를 구성하고 있는 주식의 95% 이상을 포함해야 하며, NAV가 기초 자산의 0.9 이상을 유지해야 한다.

표 Ⅳ-16 일본의 ETF 상장 요건

구 분		내 용
적격성[1]		• 주식형태: 주식으로 설정(subscription) · 환매(redemption) • 현금형태: 주식으로 설정, 현금으로 환매
상품 관련	계약문서 포함내용	• 펀드운용정책은 특정 주식인덱스를 추적하여 수익 창출 • 펀드의 특정 유효기간 없음 • 투자자는 계약 기간 동안 설정을 취소할 수 없음 • 회계기간은 최소 6개월 이상
	지정참가자(designated participants)[2]	• 최소 2개 이상의 적격기관투자자(qualified institutional investors)
	자산 구성	• 펀드 자산은 시장가치 기준으로 추적하는 지수의 95% 이상 반영 • 단순평균지수의 경우 100% 커버
기 타	운용회사	• 일본의 투자신탁협회(Investment Trusts Association)의 멤버
	허위문구(false statement) 또는 사실에 대한 허위표시(unfair representation)[3]	• 지난 2년간 신청자의 주식보고서에 허위문구가 없어야 하며, 감사인에 의한 공정 평가
	확인서 양식	• TSE의 지정양식
	투자자 보호와 공익	• 공익과 투자자 보호에 적합해야 함

주: 1) 관련 투자신탁법 개정으로 현재 주식형태 ETF는 허용되었으나, 현금형태는 Nikkei 300 index에 대해서만 설정됨
2) 증권거래법에 따르면 증권회사, 은행 및 증권투자에 적합하고 경험 있는 기타 기구는 펀드를 운용할 수 있음
3) 반드시 과거 증권보고서로 신청

4) 홍 콩

홍콩은 199년 최초로 ETF가 도입되어 동년 4개의 ETF가 추가로 상장되었다. 홍콩은 현재 일본 다음의 최대 ETF 시장으로 총 26개의 ETF가 상장되어 있으며, 2008년 6월 30일 기준 시장규모는 HK$ 1,120억이다.

표 Ⅳ-17 홍콩 ETF 시장 규모

	수	규모 (HK mil달러)	거래대금 (trunover value: HK$ mil)	일평균거래 대금 (HK$ mil)
2003	3	30,498	13,311	53.67
2004	5	40,605	23,479	94.29
2005	8	54,134	20,696	83.79
2006	9	73,484	57,818	234.08
2007	17	105,623	160,566	652.71

홍콩은 2004년 11월 해외지수에 기초한 최초의 ETF인 A50 China Tracker를 시작으로 러시아, 인도 및 중국 본토와 같은 신흥시장을 포함한 단일 시장 및 지역에 기반한 다양한 해외 ETF를 보유하고 있고, 아시아 지역에서 최초로 2005년 채권 ETF를 상장하였으며, 2008년 7월말 홍콩 최초로 금 ETF가 상장하며 ETF의 다양화를 추구하고 있다.

홍콩은 ETF의 지수추적 방법에 관하여 규정하고 있는데, 지수구성 종목의 모든 종목을 각 증권의 비중에 따라 투자하여 지수를 추적하며, 지수구성 종목의 표본추출법에 의할 경우 지수의 모든 특징을 반영하도록 요구하고 있다. 또한 펀드가 지수의 특징에 부합하고 추적 방법이 추적오차의 감소에 필요하면 펀드의 구성종목이 지수구성 종목과 무관한 종목으로 선택이 가능하다. 그리고 펀드의 추적오차 감소 등 투자목적 달성을 위하여 파생상품 이용을 허용하고 있다. 26개 종목 중 11개 종목은 완전복제방식 또는 대표표본추출법을 사용하는 반면 15개 종목은 합성복제방식을 사용하고 있다.

표 Ⅳ-18 홍콩 ETF 종목현황

종 류	ETF	상 장 일	비 고
국내 주식형 (6)	Tracker Fund of Hong Kong	1999.11.12	
	iShares MSCI China Tracker	2001.11.28	
	Hang Seng H-Share Index ETF	2003.12.10	
	Hang Seng Index ETF	2004. 9.21	
	Hang Seng FTSE/Xinhua China 25 Index ETF	2005. 6. 8	
	WISE CSI HK 100 Tracker	2008. 5.14	
해외 주식형 (14)	iShares FTSE/Xinhua A50 China Tracker	2004.11.18	
	iShares BSE SENSEX India Tracker	2006.11. 2	
	Lyxor ETF MSCI World	2007. 4.18	
	Lyxor ETF MSCI AC Asia-Pacific ex Japan	2007. 4.18	
	Lyxor ETF MSCI India	2007. 4.26	
	Lyxor ETF MSCI Korea	2007. 4.26	
	Lyxor ETF NASDAQ-100	2007. 4.26	
	Lyxor ETF Russia	2007. 5.21	
	W.I.S.E. - CSI 300 China Tracker	2007. 7.17	
	Lyxor ETF FTSE RAFI US 1000	2008. 6. 2	
	Lyxor ETF FTSE RAFI Europe	2008. 6. 2	
	Lyxor ETF Japan (TOPIX)	2008. 6. 2	
	Lyxor ETF MSCI Emerging Markets	2008. 6. 2	
	Lyxor ETF MSCI Taiwan	2008. 6. 2	
상품형 (2)	Lyxor ETF Commodities CRB (Reuters/Jefferies CRB Index)	2007. 4.26	
	SPDR Gold Trust	2008. 7.31	
채권형 (2)	ABF Hong Kong Bond Index Fund	2005. 6.21	
	ABF Pan Asia Bond Index Fund	2005. 7. 7	
Pilot Programme 이용 ETF (2)	iShares MSCI South Korea Index Fund	2001. 5. 2	AMEX 상장
	iShares MSCI Taiwan Index Fund	2001. 5. 2	AMEX 상장

3. 국내 상장지수펀드 시장현황 및 제도

(1) 국내 ETF 시장 현황

국내 ETF 시장은 2002년 10월 증권거래소에 KOSPI200을 기초지수로 하는 KODEX200과 KOSEF200 등이 최초로 상장된 이후 양적·질적으로 확대되고 있다. 2002년 시장 개설시 ETF시장 순자산총액은 개설당시 3,444억원에 불과하였으나 2008년 10월말 현재 2조 8,304억원으로 8배 증가하였고, 상장좌수는 2억 7,671만좌로 2002년 대비 5.8배 증가하였다. 또한 상품의 다양성 측면에서 시장개설 초기에는 4개의 시장대표지수 ETF로 시작한 국내 ETF 시장은 2006년 섹터 ETF, 2007년 스타일 ETF와 해외 ETF의 상장으로 다양한 신규 ETF가 시장에 공급되어 2008년 10월말 기준 36개로 2002년 대비 9배 증가하였다.

표 Ⅳ-19 국내 ETF 시장 현황

(단위: 억원, 천좌)

연 도	2002.10	2003	2004	2005	2006	2007	2008.10
순자산총액	3,552	7,029	4,896	8,046	15,609	24,268	28,304
상장좌수	49,000	69,330	47,890	99,250	129,955	113,830	276,710
상 품 수	4	6	4	6	12	21	36

자료: 증권거래소(2008).

상품 유형별 현황을 살펴보면 시장대표지수 ETF로 출범한 국내 ETF시장은 2006년 섹터지수, 2007년 스타일지수 및 해외지수, 2008년 테마지수 등 다양한 기초자산을 대상으로 한 ETF가 상장됨으로써 상품다양화가 급속히 진전되었다. 순자산을 기준으로 ETF의 유형별 비중을 살펴보면 시장대표지수 ETF가 82.3%로 가장 높은 것으로 나타난다.

표 Ⅳ-20 유형별 상장종목수 현황

(단위: 개, 억원)

구　분	시장대표지수	섹터지수	스타일지수	해외지수	테마지수	합　계
상장종목수	7	10	8	5	6	36
순자산총액	23,300	856	351	1,731	2,066	28,304
자산비중(%)	82.3	3.0	1.3	6.1	7.3	100

주: 2008년 10월말 현재.

2007년말 기준 ETF 시장의 일평균 거래대금은 534억원으로 2006년 대비 2.3배 규모로 증가하였으며, 거래대금회전율은 761%로 주식시장(195%)에 비해 4배 정도 거래가 활발하게 이루어지고 있다. 이는 스타일 ETF와 해외 ETF 등 다양한 ETF 상품이 상장되고 거래세 면제 및 효율적 분산투자상품으로서 ETF의 장점이 부각된 것에 기인한다.11)

표 Ⅳ-21 국내 ETF시장 일평균 거래규모

(단위: 천좌, 백만원)

	2002년[1)]	2003년	2004년	2005년	2006년	2007년
거 래 량	3,825	2,470	1,040	816	1,744	2,333
거래대금	32,749	21,150	11,275	10,674	23,048	53,408
연환산회전율	2,038%	1,062%	491%	414%	581%	761%
주식시장전체	262%	253%	174%	221%	175%	195%

주: 1) 02년은 ETF 시장개설일인 10월 14일부터 연말까지의 평균값임.

상품별 거래추이를 보면 KODEX200, TIGER200, KOSEF 200 등 KOSPI200 대상 ETF 위주로 활발히 거래되고 있다. KOSPI200 대상 ETF는 활발한 차익거래와 더불어 유동성이 풍부한 효율적인 자산운용수단으로 각광받으면서 기관, 외국인은 물론 개인투자자가 장기투자상품으로 활용하고 있는 것으로 파악되며, KOSPI200 대상 ETF 이외에 지난 10월 상장된 KStar 5대그룹주 ETF가 활발히 거래되어 일평균거래대금이 38억원에 달하고 있으며, 삼성그룹주 ETF, China H, 브릭스 ETF 등이 10억원을 상회하는 일평균거래대금을 기록하며 활발히 거래되

11) 2008년 2분기 중 차익거래규모 감소 및 시장침체로 거래규모는 소폭 감소하였으나, ETF시장 전체의 시가총액 회전율은 577%(연환산)로 주식시장 전체(172%)의 약 3.4배 수준으로 활발한 거래가 지속된 것으로 나타나고 있음.

고 있다. 그러나 이외의 다른 ETF는 상품다양성 측면에서는 기여하였으나 투자자들의 참여부족으로 거래가 부진한 상태에 있다.

표 Ⅳ-22 ETF 종목별 일평균 거래대금(2008년 10월말 기준)

ETF명	일평균거래대금 (단위: 백만원)	비 고
KODEX200	47,224	
TIGER200	23,189	'08.4.3 상장
KOSEF200	20,949	
KINDEX200	2,829	'08.9.25 상장
TIGER KRX100	6,194	
KODEX KRX100	53	
KOSEF KRX100	80	'08.1.23 상장
대표지수ETF합계	90,988	
KODEX China H	1,901	
KODEX Japan	148	'08.2.20 상장
KODEX Brazil	25	'08.7.28 상장
TIGER 라틴	3	'08.8.27 상장
TIGER 브릭스	140	'08.8.27 상장
해외ETF합계	2,217	
KODEX조선	36	'08.5.29 상장
KODEX반도체	366	
TIGER반도체	181	
TIGER은행	180	
KODEX증권	27	'08.5.29 상장
KOSEF IT	87	
KODEX은행	84	
TIGER미디어통신	97	
KODEX자동차	43	
KOSEF Banks	27	
섹터ETF합계	1,129	
TREX중소형가치	60	

KODEX중대형성장	48	
TIGER순수가치	79	
TIGER중형가치	45	
KODEX중형가치	19	
KODEX중대형가치	105	
KOSEF중형순수가치	6	
KOSEF대형가치	3	
스타일ETF합계	364	
KODEX 삼성그룹	1,492	'08.5.21 상장
KOSEF 블루칩	18	'08.7.29 상장
KOSEF 고배당	27	'08.7.29 상장
KODEX 15	389	'08.9.25 상장
KINDEX F15	4	'08.9.25 상장
KStar 5대그룹주	3,857	'08.10.22 상장
기타ETF합계	1,600	
합 계	96,298	

투자자별 비중을 살펴보면 펀드와 외국인의 거래비중 대폭 증가하고 있다. 펀드의 ETF 시장 거래비중은 34.9%로 투자자중 ETF상품 활용도가 가장 높게 나타나고 있으며, 안정적이고 효율적인 투자수단으로서의 ETF의 장점이 부각되고 현·선 차익거래를 목적으로 ETF를 활용함에 따라 외국인의 거래비중은 2007년 29.1%에서 2008년 10월말 기준 32.1%로 증가하였다. 또한 외국인이 보유한 ETF평가금액도 2007년말 현재 5,486억원(시장전체대비 22.6%)으로 2006년말 977억원(시장전체대비 6.3%)에 비해 크게 증가하였다.

그러나 유동성 공급자(LP)의 거래비중은 2006년 38.4%에서 2007년 6.0%, 2008년 10월말 4.1%로 감소하였는데, 2006년의 경우 섹터 ETF 도입과 더불어 일시적으로 LP거래비중이 증가한 것으로 판단된다.

개인의 경우, 시장개설 초기 거래비중이 5~60%대를 기록하기도 하였으나 이후 10%대로 하락하였는데, 2002년 18.3%에서 2008년 10월 13.1%로 비중은 감소하고 있으나, 펀드를 통한 개인의 ETF 투자비중이 증가하고 개인투자자의 일평균거래대금은 2006년 42억원에서 2008년 126억원으로 매년 급증하고 있어 개인투자자 기반이 형성되어가고 있으나 그 비중은 하락하고 있는 것으로 볼 수 있다.

표 Ⅳ-23 국내 ETF 시장 투자자별 거래 규모

(단위: 백만원)

투자자 구분		일평균 거래대금 (비중)						
		2002년	2003년	2004년	2005년	2006년	2007년	'08.10월
기관투자자	증권	13,154 (40.2%)	7,499 (35.5%)	982 (8.7%)	1,272 (11.9%)	11,661 (50.6%)	8,286 (15.5%)	13,120 (13.6%)
	보험	352 (1.1%)	237 (1.1%)	227 (2.0%)	580 (5.4%)	1,343 (5.8%)	1,012 (1.9%)	1,710 (1.8%)
	펀드	6,128 (18.7%)	1,969 (9.3%)	1,532 (13.6%)	1,124 (10.5%)	2,441 (10.6%)	19,002 (35.6%)	33,597 (34.9%)
	은행	335 (1.0%)	483 (2.3%)	383 (3.4%)	82 (0.8%)	362 (1.6%)	388 (0.7%)	582 (0.6%)
	종금/저축은행	32 (0.1%)	22 (0.1%)	25 (0.2%)	12 (0.1%)	21 (0.1%)	41 (0.1%)	50 (0.1%)
	기금공제회	16 (0.0%)	236 (1.1%)	361 (3.2%)	1,367 (12.8%)	1,013 (4.4%)	777 (1.5%)	144 (0.1%)
	합계	20,018 (61.1%)	10,446 (49.4%)	3,511 (31.1%)	4,438 (41.6%)	16,840 (73.1%)	29,506 (55.2%)	51,535 (53.5%)
개 인		10,945 (33.4%)	9,487 (44.9%)	6,796 (60.3%)	5,369 (50.3%)	4,223 (18.3%)	7,798 (14.6%)	12,639 (13.1%)
외국인		1,405 (4.3%)	796 (3.8%)	760 (6.7%)	716 (6.7%)	1,778 (7.7%)	15,526 (29.1%)	30,936 (32.1%)
기 타		382 (1.2%)	421 (2.0%)	208 (1.8%)	152 (1.4%)	207 (0.9%)	578 (1.1%)	1,187 (1.2%)
총합계		32,749 (100.0%)	21,150 (100.0%)	11,275 (100.0%)	10,674 (100.0%)	23,048 (100.0%)	53,408 (100.0%)	96,298 (100.0%)

주: 2002년은 ETF시장개설일인 10.14부터 연말까지의 평균값.

(2) 국내 ETF 제도 현황

자본시장법 제234조 제1항에서는 ① 증권에 관하여 그 종류에 따라 다수 종목의 가격수준을 종합적으로 표시하는 지수 중 대통령령으로 정하는 요건을 갖춘 지수의 변화에 연동하여 운용하는 것을 목표로 하며, ② 수익증권 또는 투자회사 주식의 환매가 허용되며, ③ 수익증권 또는 투자회사 주식이 해당 투자신탁의 설정일 또는 투자회사의 설립일부터 30일 이내에 증권시장에 상장될 것을 요건으로 상장지수집합투자기구에 관하여 정의하고 있다. 이러한 상장지수집합투자기구에 한하여 대주주와의 거래 제한 규정,[12] 의결권 관련 규정,[13] 자산운용보고서의 보고 의무,[14] 주식 등의 대량보고 등의 보고 의무,[15] 내부자의 단기매매차익 반환 의무[16], 환매청구 및 방법에 관한 규정,[17] 환매가격 및 수수료 규정,[18] 환매의 연기 규정[19] 등의 적용을 배제하고 있다. 동법 제 2항에서는 상장지

12) 법 제34조에서는 금융투자업자가 담보권의 실행 등 권리행사를 위하여 필요한 경우, 시장조성을 하는 경우, 그 밖에 금융투자업자의 건전성을 해하지 아니하는 범위에서 금융투자업의 효율적 수행을 위하여 대통령령으로 정하는 경우를 제외하고는 금융투자업자의 대주주가 발행한 증권을 소유하는 행위 또는 그 금융투자업자의 특수관계인 대통령령으로 정하는 자가 발행한 주식, 채권 및 약속어음을 소유하는 행위를 금지하고 있음.

13) 법 제87조 제1항에서는 집합투자업자는 집합투자업자 및 그와 대통령령으로 정하는 이해관계가 있는 자 또는 집합투자업자에 대하여 사실상의 지배력을 행사하는 자로서 대통령령으로 정하는 자가 그 집합투자재산에 속하는 주식을 발행한 법인을 계열회사로 편입하기 위한 경우 또는 그 집합투자재산에 속하는 주식을 발행한 법인이 계열회사의 관계가 있거나 사실상의 지배력을 행사하는 관계로서 대통령령으로 정하는 관계가 있는 경우에 한하여 집합투자재산에 속하는 주식의 의결권을 행사함에 있어서 집합투자재산에 속하는 주식을 발행한 법인의 주주총회에 참석한 주주가 소유하는 주식 수에서 집합투자재산에 속하는 주식수를 뺀 주식수의 결의내용에 영향을 미치지 아니하도록 의결권을 행사하도록 규정하고 있음. 또한 동법 제 2항에서는 상호출자제한기업집단에 속하는 집합투자업자에게는 적용하지 않도록 규정하고 있음.

14) 법 제88조 제1항에서는 자산운용보고서를 작성하여 해당 집합투자재산을 보관·관리하는 신탁업자의 확인을 받아 3개월마다 1회 이상 해당 집합투자기구의 투자자에게 제공하여야 하도록 규정하고 있으며, 제 2항에서는 현재의 해당 집합투자기구의 자산·부채 및 집합투자증권의 기준가격 등을 포함하도록 규정하고 있음.

15) 법 제 제147조에서는 주권상장법인의 주식 등을 대량보유하게 된 자는 그 날부터 5일 이내에 그 보유상황, 보유 목적, 그 보유 주식 등에 관한 주요계약내용 등을 금융위원회와 거래소에 보고하여야 하며, 그 보유 주식 등의 수의 합계가 그 주식 등의 총수의 100분의 1 이상 변동된 경우 이를 금융위원회와 거래소에 보고하도록 규정하고 있음.

16) 법 제172조에서는 임원, 직원 또는 주요주주가 증권이나 증권예탁증권 등을 매수한 후 6개월 이내에 매도하거나 특정 증권 등을 매도한 후 6개월 이내에 매수하여 이익을 얻은 경우에는 그 법인은 그 임직원 또는 주요 주주에게 그 이익을 그 법인에게 반환할 것을 청구할 수 있도록 요구하고 있음.

17) 법 제235조 제1항에서는 투자자는 언제든지 집합투자증권의 환매를 청구할 수 있도록 규정하고 있으며, 제2항에서는 투자자는 집합투자증권의 환매를 청구하고자 하는 경우에는 그 집합투자증권을 판매한 투자매매업자 또는 투자중개업자에게 청구하도록 규정하고 있음.

18) 법 제236조 제1항에서는 집합투자업자 또는 투자회사 등은 집합투자증권을 환매하는 경우 환매청구일 후에 산정되는 기준가격으로 하도록 규정하고 있으며, 제2항에서는 집합투자증권을 환매하는 경우에 부과하는 환매수수료는 대통령령으로 정하는 방법에

수집합투자기구의 설정·설립을 위하여 자기 또는 타인의 계산으로 증권을 매매하는 경우에는 투자일임업을 영위하는 것으로 보지 아니한다고 규정하고 있으며, 제3항에서는 상장지수집합투자기구를 설정·추가설정 또는 설립·신주 발행하는 경우 금전 외의 증권으로 납입할 수 있도록 규정하고 있다.

또한 자본시장법 시행령 제252조 제1항에서는 상장지수집합투자기구의 경우 각 상장지수집합투자기구 자산총액의 100분의 30까지 동일 종목의 증권에 운용하거나 상장지수집합투자기구 자산총액으로 동일법인 등이 발행한 지분증권 총수의 100분의 20까지 운용할 수 있도록 운용 특례를 적용하고 있다.

ETF의 설정 및 환매는 지정판매회사를 통하여 이루어지는데 추적오차를 줄이고 환매시 단주 발생을 방지하기 위하여 현물 주식바스켓과 교환하는 증권블럭인 CU를 일정한 수량으로 정하게 된다.[20] 일반적인 펀드의 경우 펀드 설정시 금전에 의한 신청이 이루어지고 운용회사는 납입된 금전으로 운용주식을 매수하여 수익증권을 발행하게 되지만 ETF는 추적 주가지수를 구성하는 다수의 종목 즉, 주식바스켓을 납부함으로써 ETF 증권이 발행된다. 환매의 경우 일정수량의 ETF를 지정판매회사에 납부하고 현물 주식바스켓을 되돌려 받게 된다.

ETF가 주식시장에 상장되기 위해서는 유가증권시장상장규정 제42조 제2항에 의거하여 규모, 유동성, 지수 구성, 자산 구성 등의 요건을 충족해야한다. 자본금은 100억원 이상으로 발행주식 총수가 10만주 이상이 되어야 하며, AP가 2사 이상이되, AP 중 1사 이상과 유동성 공급계약을 체결해야한다. 그리고 지수구성 종목은 10종목 이상으로 그 비중이 정해져 있다. 또한 자산의 구성은 시가총액

따라 집합투자증권의 환매를 청구하는 해당 투자자가 부담하며, 투자자가 부담한 환매수수료는 집합투자재산에 귀속되도록 규정하고 있음.

19) 법 제237조에서는 집합투자업자 또는 투자회사 등은 집합투자재산인 자산의 처분이 불가능한 경우 등 집합투자규약에서 정한 환매일에 집합투자증권을 환매할 수 없게 된 경우에는 그 집합투자증권의 환매를 연기할 수 있으며, 집합투자자총회에서 집합투자증권의 환매에 관한 사항을 정하지 아니하거나 환매에 관하여 정한 사항의 실행이 불가능한 경우에는 계속하여 환매를 연기할 수 있도록 규정하고 있음.

20) ETF 설정 과정에서 투자자는 지정판매회사를 통해 주식바스켓과 배당상당액에 해당하는 소액의 현금을 납입하고 ETF 설정을 신청함. 투자자가 현금을 납입한 경우 지정판매회사는 투자자를 대신해 시장에서 해당 주식을 매입하여 주식바스켓을 구성할 수도 있으며, 지정판매회사는 주식바스켓(CU)을 구성하여 자산보관기관에 납입하고 운용회사에 ETF 발행을 청구함. 운용회사는 자산보관기관에 주식바스켓 납입을 확인한 후 ETF를 발행하고 발행된 ETF는 증권회사의 투자자계좌에 입고되며, 환매는 발행의 경우와 반대의 경로를 거쳐 ETF를 제출하고 주식바스켓과 소량의 현금을 환수함.

기준으로 지수구성종목의 95% 이상을 편입하고, 종목수 기준으로 지수구성종목의 50% 이상을 편입해야 한다.

표 Ⅳ-24 ETF의 신규 상장 및 폐지 요건

	상장 요건	상장 폐지 요건
규 모	• 자본금 100억원 이상 • 발행주식총수 10만주 이상	• 자본금 50억원 미만 3개월 지속 • 상장주식 수 5만주 미만 3개월 지속
유동성	• AP사 2사 이상 • AP사 중 1사 이상과 유동성 공급계약 체결	• 상장후 1년 경과후 - 주주수 100명 미만 • 유동성 공급 계약을 체결한 AP 1사 미만 • 괴리율[21] 3% 초과상태 10일간 지속 또는 최근 3개월간 20일 이상
지수구성	• 지수구성종목 10종목 이상 • 지수구성종목 비중 - 단일종목 30% 이상 - 시가총액순으로 85% 해당되는 종목의 시가총액 150억원 이상, 일평균거래대금 1억원 이상	-
자산구성	• 시가총액기준으로 지수구성종목의 95% 이상 편입 • 종목수기준으로 지수구성종목의 50% 이상 편입	• 추적오차율이 10% 이상으로 일정 기간 지속
투자정보 제공	• 지수가용계약 체결	-
기타	-	• 추적상지수를 산정할 수 없거나 이용할 수 없는 경우

설정 및 환매는 장종료 이전까지 전화 또는 규정된 통신수단으로 하며, 주문접수일에 결정되는 순자산가치에 기초하여 설정 및 환매가 이루어진다. 설정 및 환매를 위하여 운영회사는 매일 장종료 후 종가에 기초하여 익일의 발행 및 환매에 필요한 종목명단과 각 종목의 주식수, 소량의 현금이 기록된 PDF[22]를 익일 개장 전까지 산출하여 결제기관에 통보해야 한다. ETF의 결제는 주식과 같이

21) 괴리율은 ETF 종가와 NAV의 차이로서 ETF 가격이 ETF의 자산가치를 얼마나 충실히 따라가고 있는지를 나타내는 지표임. 괴리율={(종가-NAV)/NAV×100]으로 계산됨.

22) ETF 구성종목(PDF: Portfolio Deposit File)는 ETF의 1CU를 구성하는 종목명단과 각 종목의 주식수, 원화현금(배당상당액 등)이 기록된 파일로서 ETF 설정·환매를 위한 주식바스켓의 내역이라 할 수 있음.

거래성립일로부터 2일째 되는 날(T+2)에 이루어지며 ETF는 예탁기관에 전부 예탁되어 계좌대체를 통하여 인수도가 이루어진다. 또한 ETF는 주식바스켓에서 발생하는 배당 등의 수익에서 신탁수수료 및 운용에 필요한 경비를 공제한 후 분배금을 분기별로 ETF 투자자에게 지급된다. 즉, 증권회사의 주식거래계좌를 통하여 ETF를 매수·매도할 수 있으며 매매주문도 전화나 ARS, HTS를 이용하여 접수 가능하며, 매매시간, 상하한가(15%)제도, 매매체결 및 결제방법 등도 동일하다.

이러한 현행 제도에서 국내 ETF는 주가지수수익률을 추적하는 지수연동형으로 주식바스켓 납입에 의한 실물설정 및 실물환매 구조를 지니고, 완전복제방법 또는 표본추출방법에 의한 펀드 운용을 하며, 운용사의 자율적인 운용 결정 또는 판단의 범위가 제한되는 전통적 개념의 ETF 기본 규정에 충실하도록 규정되어 있다.23)

---

23) 2008년 11월 법 제 234조 1항의 개정을 통하여 ETF의 연동대상을 확대하는 안이 입법 예고됨.

증권에 관하여 그 종류에 따라 다수 종목의 가격수준을 종합적으로 표시하는 지수 중 대통령령으로 정하는 요건을 갖춘 지수의 변화에 연동하여 운용하는 것을 목표로 할 것	기초자산의 가격 또는 기초자산의 종류에 따라 다수 종목의 가격수준을 종합적으로 표시하는 지수의 변화에 연동하여 운용하는 것을 목표로 할 것. 이 경우 기초자산의 가격 또는 지수는 대통령령으로 정하는 요건을 갖추어야 한다.
③ 상장지수집합투자기구를 설정·추가설정 또는 설립·신주발행하는 경우 제188조제4항 및 제194조제7항(제196조제6항에서 준용하는 경우를 포함한다)에 불구하고 금전 외의 증권으로 납입할 수 있다.	③ -- 자산 ------------------.
④ 상장지수집합투자기구의 설정·설립, 집합투자증권의 판매 및 환매, 상장 및 상장폐지, 소유 재산의 공고, 그 밖에 필요한 사항은 대통령령으로 정한다.	④ ------------------------ 설정·추가설정·설립 및 신주발행 --.

4. 국내 상장지수펀드 시장의 발전방향

(1) 신종 ETF 도입의 필요성

1) 투자자의 편익 증진

신종 ETF를 이용할 경우 투자수단의 다양화가 가능하다. 다양한 투자 상품의 제공으로 우량 상품에 대한 투자 기회 확대가 가능하고, ETF를 통해 주가지수 뿐만 아니라 다양한 기초자산에 분산투자함으로써 자산운용전략 수립의 효율성을 제고할 수 있다.

개인투자자가 특정 해외주식 또는 해외펀드를 선택할 경우 정보부족 및 환율위험 등 노출될 위험이 존재하지만, 해외 ETF 투자시 개별 종목 또는 해외펀드에 대한 투자 대비 종목선택의 어려움 없이 해외시장에 대한 분산투자 및 인덱스 펀드의 장점 향유함으로써 해외시장에 국제분산투자 효과를 가질 수 있다. 기관투자자 측면에서는 일반펀드, 연기금, 특히 국민연금의 경우 해외시장에 분산투자를 원하는 경우 저렴한 거래비용으로 해외시장에 분산투자할 수 있는 수단을 확보하게 된다. 이를 통하여 국내 ETF로 포트폴리오의 핵심 부분을 구성하고, 해외 ETF에 적절히 가중치를 두는 핵심·주변전략(Core-Satellite Strategy)으로 수익제고를 꾀하거나 국내시장 흐름을 추적하는 순환적인 섹터투자와 투자전망이 좋은 해외업종 대상 집중 투자하는 섹터순환·집중화전략(Sector Rotation-Tilt Strategy)을 통하여 국가별 투자 비중의 적절한 배분이 가능하게 된다.

또한 투자자는 낮은 거래비용, 투자 편의성 및 신뢰성을 가진 우수한 투자수단을 확보할 수 있다. ETF 기초자산 범위를 확대하고 운용기법을 다양화함에 따라 일반 펀드 수준의 다양한 환경이 제공되면 투자자에게 거래 비용이 저렴한 상품이 제공될 수 있다. 농산물 및 원자재 등 상품가격 추적 펀드의 경우 총수수료비용이 1.35~2.86%에 이르나 ETF로 개발될 경우 0.52~0.75% 수준으로 비용이 절감된다. 또한 국내운용사의 해외지수 추적 ETF 및 외국운용사의 역외 ETF와 같은 해외지수 추적 ETF 의 경우 ETF의 특성상 해외투자펀드 또는 역외펀드 대비 운용수수료가 저렴하게 된다.[24] 해외 ETF의 외국시장을 통한 매매시 외화증권계좌를 이용하므로 국내증권사는 위탁중개수수료 및 외국증권사의 위탁수수료로 약 0.3%의 거래비용을 지불하게 되지만, 국내상장시 거래 비용이 축소될 수 있다. 그리고 상품·해외지수 추적펀드를 ETF화 할 경우 자중거래가 가능하여 유동성 확보가 신속하며, 환매기간도 단축되는 등 투자의 편의가 증대될 수 있다.[25]

2) 금융산업 측면

다양한 ETF의 개발은 국내 자산운용업계의 경쟁력을 제고시키고 나아가 시장의 질적 성장을 촉진하는 계기가 될 수 있다. 자산운용기법 선진화 및 첨단금융기법을 이용한 우량상품 개발 환경 마련으로 국내외 자산운용사 간 건전한 경쟁이 유도될 수 있으며, 이를 통하여 국내 자산운용업계의 경쟁력이 제고될 수 있다. 또한 투자자의 수요를 충족하는 다양한 ETF의 지속 공급시 국내 증권시장의 질적 성장이 촉진될 것이며, 이는 궁극적으로 국내 증시의 국제화 및 국내 경쟁력을 강화시킬 수 있다. 또한 이를 통하여 투자수요의 확보가 용이해져 다양한 투자수요를 충족하는 신종 ETF 개발을 통해 사업 영역을 확대할 수 있을 것으로 예상된다.

2002년도 ETF 도입 초기 국내 자산운용사의 ETF 운용능력에 대한 우려가 있었으나 해외 유수 자산운용사의 운용기법을 전수받는 등 적극적 대처가 있은 결과, 2007년 태국 ETF 시장 설립시 삼성투신의 인프라 제공 등 자문이 이루어지는 등 외국거래소에 ETF 상품 운용기법이 수출된 바 있다. 또한 2007년 11월 동경거래소에 KODEX 200 ETF 상장과 같이 해외거래소에 국내 자산운용사의

24) ETF T/F(2008).

25) 환매기간이 상품가격 추적 일반 펀드의 경우 4일이며, 해외지수추적 일반펀드의 경우 8~9일이 소요됨.

ETF 교차상장 등 우리 시장에서 운용능력 및 시장경험을 바탕으로 해외시장에 진출하는 단계에 이름에 따라 국내 자산운용사의 상품개발 능력 제고에 따른 운용능력 노하우 수출 등 해외시장 진출이 확대될 수 있고 이는 동북아 금융허브 구축에 기여할 것으로 예상할 수 있다.

3) 금융시장 측면

세계 ETF 시장은 2000년대비 상품수와 자산규모가 627%, 579% 성장, 21세기 최고의 금융상품으로 평가받고 있는 만큼, 다양한 투자상품이 공급될 수 있는 환경을 마련함으로써 아시아 지역의 대표 시장으로 입지를 확보하는 데 기여할 수 있다. 특히 2009년도 자본시장법 개정 등의 규제 완화로 다양한 형태의 신종 ETF 개발환경이 마련되면 2010년 ETF 시장규모가 15조원 및 상품수는 약 60여개로 확대될 것으로 예상된다. 따라서 역외 ETF 및 레버리지·리버스·액티브 ETF 등 신종 ETF 개발을 위한 규제완화는 국제 정합성 확보에 기여할 것이다.

더불어 일반펀드 또는 주식 대비 상품성이 우월한 신종 ETF의 도입으로 상장 상품의 국제 경쟁력이 증대될 것이다. 한국의 ETF 시장이 2007년말 기준 상품수 측면에서 아시아권에서 최고의 ETF 상품 다양성을 확보하였으나 최근 일본이 한국의 상품수를 추월하면서 상품다양화를 본격화하는 추세에 있다. 일본은 금융청의 금융자본시장의 경쟁력 강화 계획 발표 이후 2008년 6월말 금 실물편입 구조의 ETF 상장을 추진하는 등 현재 ETF가 35개 종목에 이른다. 따라서 ETF의 확대를 통하여 경쟁력 있는 우량상품의 상장을 통한 글로벌 거래소로서 상품 경쟁력을 확보할 필요가 있다.

(2) 신종 ETF 도입을 위한 현행 제도의 문제점

1) 자산구성 요건의 제약

자본시장법 시행령 제 252조 제 1항에서는 상장지수집합투자기구의 경우 각 상장지수집합투자기구 자산총액의 100분의 30까지 동일 종목의 증권에 운용하거나 상장지수집합투자기구 자산총액으로 동일법인 등이 발행한 지분증권 총수의 100분의 20까지 운용할 수 있도록 운용 특례를 적용하고 있다. 또한 유가증권시장상장규정 제 42조 제 2항에 의거하여 자본금은 100억원 이상으로 발행주식 총수가 10만주 이상이 되어야 하며, AP가 2사 이상이되, AP 중 1사 이상과 유동성 공급계약을 체결해야 한다. 그리고 지수구성종목은 10종목 이상으로, 시가총액 기준으로 지수구성종목의 95% 이상을 편입하고, 종목수 기준으로 지수구성종목의 50% 이상을 편입해야 한다.

이러한 자산구성 요건은 다양한 지수복제 방법의 개발 및 자산운용사의 자율적인 운용을 제한한다. 또한 현행 규정에서는 역외 ETF의 국내 상장 또는 퇴출요건이 미비하여 외국법령에 의해 발행된 역외 ETF가 국내 상장되기 어려우며, 외국에 이미 상장된 ETF를 국내에 상장하고자 할 때 국내 규정상의 ETF 자산구성 요건에 부합하지 않는 사례가 발생한다.

2) ETF 개념의 협소

자본시장법 제234조 제1항에서는 ETF를 증권에 관하여 그 종류에 따라 다수 종목의 가격수준을 종합적으로 표시하는 지수 중 대통령령으로 정하는 요건을 갖춘 지수의 변화에 연동하여 운용하는 것을 목표로 하는 것을 ETF로 정의하고 있다. '연동'의 개념을 일대일 정비례 관계로 설정할 경우 시장 지수의 변화 이상 또는 이하로 연동되는 다양한 수익률을 확보할 수 있는 ETF의 개발이 제한된다.

3) 추적대상 기초자산의 범위 제한

자본시장법 제234조 제1항에서는 ETF의 기초자산을 '증권에 관하여 그 종류에 따라 다수 종목의 가격수준을 종합적으로 표시하는 지수 중 대통령령이 정하는 요건을 갖춘 지수의 변화'라고 정의함에 따라서 추적대상 기초자산의 범위한 증권으로 제한되어 있다. 이로 인하여 상품, 채권 또는 외환 등 다양한 기초자산을 활용한 ETF 개발이 제한된다.

4) 운용구조의 제약

국내의 ETF는 지수에 연동하도록 추적대상지수 구성 종목에 해당하는 실물 바스켓을 편입하도록 규정하고 있는데, 유동성 부족, 보관비용 및 제도적 제약 등으로 해외 주식바스켓 구성이 어려운 경우 현행 규정으로는 지수 추적이 불가능하다. 그리고 레버리지 ETF의 경우 헤지수단을 제공하고 지수성과 이상의 수익률을 실현하기 위하여 레버리지를 이용하는 투자기법을 사용하는 만큼 투자자 측면에서 주식처럼 실시간 투자할 수 있는 장점을 보유하고 있는 만큼 레버리지·리버스·액티브형 운용구조를 수용하고 있으므로 다양한 운용구조를 가질 수 있도록 할 필요가 있다.

5) 현금 설정 불허

자통법 시행령 제248조 제2항에서는 상장지수집합투자기구의 설정·추가설정 또는 설립·신주발행을 요청하려는 경우에는 투자자가 직접 납부하거나 투자매매업자 또는 투자중개업자를 통하여 투자자가 납부한 납부금 등을 설정단위에 상당하는 자산으로 변경하도록 규정함에 따라서 ETF 설정시 투자증권으로 납입하고 환매시에도 투자증권으로 환매받도록 실물납입을 원칙으로 하고 있다.

그러나 ETF 개념의 확대에 따라 실물설정·환매가 어려운 경우가 발생한다. 파생상품으로만 운용하는 경우 실물설정 방식을 적용하기 어렵고, 해외지수 추적의 경우 해외주식의 보관·결제절차 및 제도적 차이 등으로 투자자의 현금설정에 의하여 펀드가 직접 실물바스켓 종목 편입해야 하는 경우가 발생하므로 다양한 ETF의 수용을 위하여 필요한 경우에 한하여 현금설정을 허용할 필요가 있다.

6) 과세상의 문제점

현행 유가증권에 투자하는 ETF의 경우 설정과 환매시 현물 납입과 현물인출이 발생하는데, 이러한 현물납입이나 현물인출이 세법상 양도거래[26]에 해당되는지 여부에 대한 문제가 발생한다. 만일 양도에 해당할 경우 현물납입 등은 소득세법이나 증권거래세법의 과세대상이 되는 반면, 양도로 보지 않고 신탁재산의 납입으로 볼 경우에는 과세대상이 되지 않는데, 이와 관련하여 소득세법이나 증권거래세법에는 명확히 규정하고 있지 않다.[27] 신종 ETF의 경우 증권거래세법은 주식과 지분증권을 과세대상물건으로 하고 있고, 소득세법은 주식과 지분증권 및 부동산을 과세대상으로 하고 있으나, 금이나 원자재 등은 소득세법 등에 의한 과세대상이 아니지만, 이러한 실물은 대체로 부가가치세법상 과세대상 물건에 해당된다.[28]

발행시장뿐만 아니라 ETF 유통시장에서 수익증권 매매시 또는 이익분배와 관련된 과세문제가 발생한다. ETF가 거래소를 통하여 매매되는데, 이러한 매매가 세법상 양도거래에 해당하는지 여부가 문제가 된다. 양도거래에 해당할 경우 증권거래세법에 의한 증권거래세와 수익증권 매도자에 대한 양도소득세 과세문제가 발생하게 된다. 현행 증권거래세법은 주식 등의 양도에 대하여 과세하고 있으므로 수익증권의 양도는 과세거래에 해당하지 아니한다. 또한 소득세법도 주식 등에 대한 양도에 대해서만 양도소득세를 과세하도록 하고 있으므로 양도소득세 과세문제도 발생하지 아니한다. 그런데 소득세법시행령 제102조[29]는 수익증권을 저축통장거래 이외의 방법으로 매매한 경우에는 이를 채권거래로 보아 채권 등 보유기간 과세제도를 적용하도록 하고 있다.

유가증권시장이나 코스닥시장에서 거래되는 수익증권은 그 매도자와 매수

---

26) 소득세법상 '양도'라 함은 자산에 대한 등기 또는 등록에 관계없이 매도, 교환, 법인에 대한 현물출자 등에 인하여 그 자산이 유상으로 사실상 이전되는 것을 말한다(소득세법 제88조 제1항).

27) 다만 국세청 예규는 이를 양도로 보지 않는다고 해석하고 있음. 재재산 46014-209, 2002.11.05.

28) ETF의 실물투자대상 자산을 크게 농산물과 원자재로 구분한다면 농산물은 부가가치세법상 기초생활필수품으로 분류되어 면세이다. 반면 금, 구리 등 원자재는 일정한 가공을 수반한 것으로 부가가치세법상 과세에 해당된다. 따라서 설정단계에서의 부가가치세는 원자재인 경우에 한함.

29) 소득세법시행령 제102조 (채권등의 범위등) ①법 제46조제1항에서 "대통령령이 정하는 것"이라 함은 이자 또는 할인액을 발생시키는 유가증권(다음 각 호의 증권을 포함하는 것으로 하되, 법률의 규정에 의하여 소득세가 면제된 채권등을 제외한다)을 말한다. 1.2. 생략 3.「간접투자자산 운용업법」에 의하여 자산운용회사가 발행한 투자신탁의 수익증권으로서 통장에 의하여 거래되지 아니하는 것.

자에 대한 정보가 서로 공유되지 않으므로 소득세법시행령에서 규정하는 원천징수의무자를 정하는 것이 원칙적으로 불가능하게 된다. 신종 ETF의 경우 금과 같은 원자재 자체에 대해서 실질과세의 원칙을 적용하게 되면 신종 ETF는 과세상 위험에 노출되어 있다. 또한 일반펀드는 통상 연1회 분배가 이루어지고 그 분배도 재투자특약에 의하여 원본에 전입되어 사실상 현금분배에 의한 유출이 발생하지 않는 반면 ETF는 ETF가 보유하고 있는 주식 등으로부터 발생하는 현금배당 등의 현금수익으로 인해 ETF의 추적대상지수의 수익률과 ETF의 수익률간에 괴리가 발생할 경우, 동 괴리를 최소화하기 위하여 통상 연 4회(1월, 4월, 7월, 10월)에 걸쳐 수익자에게 실질적으로 현금분배한다. 특히 파생상품에 투자하는 신종 ETF[30]의 경우 현행 세법은 증권시장에 상장된 주식이나 선물, 옵션에서 발생한 매매평가손익을 과세제외하도록 하고 있으므로 투자대상자산이 장외파생상품인 경우에는 그 매매평가손익은 모두 과세된다.

더불어 ETF 투자자별 과세문제가 발생한다. 교차상장된 역외 ETF의 경우 매매에 따르는 양도소득세와 증권거래세 그리고 분배에 따른 소득세문제가 발생하여, 역외 ETF로부터 받은 분배금은 그 법적 성격과 관계없이 모두 배당소득으로 과세되고,[31] 역외 ETF를 투자신탁을 통하여 간접적으로 취득한 경우 그 매매평가손익은 모두 과세대상소득이 된다[32]. 반면 한편 국내 ETF를 투자신탁을 통하여 간접투자하는 경우에는 그 매매평가손익은 과세제외되므로[33] 역외 ETF와 국내 ETF에 대하여 과세상 차별이 발생한다. 국내 ETF에 외국투자자가 투자한 경우 증권시장에서의 매매의 체결은 가격, 수량, 시간에 의하여 결정되며 거래당사자의 익명성이 요구되므로 납세의무자인 수익증권의 양도자를 파악하는 것이 불가능하다.

30) 레버리지ETF나 리버스ETF가 여기에 해당됨.
31) 소득세법 제17조 제1항 제5호 및 제6호 참조.
32) 소득세법시행령 제23조 제4항 제1호 나목.
33) 소득세법시행령 제23조 제5항.

(3) 신종 ETF 도입을 위한 제도 개선방안

1) 국내 ETF 발전 방안

국내의 경우 투자자 수요에 부응하는 다양한 ETF 상품을 도입하고 지속적인 제도 개선 및 투자자 교육을 시행함에 따라서 다양한 ETF 상품이 도입될 것으로 예상되며, 2010년 ETF시장규모 15조원 및 상품수는 50개를 초과할 것으로 예상된다.[34] 이를 위하여 다양한 지수를 대상으로 한 신규 ETF 상품이 도입될 수 있는 여건이 조성되어야 하며, 해외 ETF의 지속적인 개발 및 상장, 지속적인 투자자 교육으로 ETF시장 저변 확대가 필요할 것이다.

가) 자산구성 요건의 완화

해외지수를 추적하는 ETF 및 다양한 지수복제방법 허용을 위한 자산구성요건을 완화할 필요가 있다.

현행 거래소 상장 규정은 지수구성의 50% 이상 및 시가총액기준 지수구성비중의 95% 이상 구성 종목을 편입하도록 의무화하여 자산구성을 제약하고 있으므로 국내지수 및 해외지수 추적 ETF에 대한 지수구성 종목 편입 의무를 완화하고 현행 거래소 상장 규정의 자산구성요건 이외에 합성복제방식 허용 등의 새로운 요건을 신설하여 자산운용사의 운용능력의 자율성의 확대할 필요가 있다.

아울러 역외 ETF의 국내 상장시 상장·퇴출요건을 정비하고, 외국시장에서 외국법령에 의하여 발행된 역외 ETF의 도입근거를 마련하여 투자자에게 저비용의 안정적 해외투자상품을 제공할 필요가 있다.

나) ETF의 개념 확대

자통법 제 234조 제 1항에서 ETF는 '지수의 변화에 연동하여 운용하는 것을 목표로 할 것'으로 명시적으로 규정하고 있는데, 레버리지·리버스·액티브 ETF의 수용을 위해서는 '연동'의 의미를 확대할 필요가 있다. '연동'의 의미를 지수와

34) 증권선물거래소(2008).

일대일의 정비례 관계로 상정할 경우 지수 성과의 정수배 이상 또는 반대로 움직이는 레버리지·리버스 ETF 및 벤치마크 지수와 무관하게 시장수익률 대비 초과수익을 추구하는 액티브 ETF의 개발이 불가능하다. 따라서 '연동'의 의미에 대한 자통법 유권해석 또는 개정을 통해 ETF의 개념을 확대할 필요가 있다.

다) 추적대상 기초자산의 범위 확대

자본시장법은 ETF의 대상이 되는 자산의 범위를 주가지수 추적형만을 고려하여 마련된바, 자통법 제234조 제1항에서는 '증권에 관하여 그 종류에 따라 다수 종목의 가격 수준을 종합적으로 표시하는 지수 중 대통령령으로 정하는 요건을 갖춘 지수의 변화에 연동하여 운용하는 것을 목표로 할 것'으로 기초자산을 제한하고 있다. 이로 인하여 금, 원유 등 상품 ETF 및 외환 등 다양한 자산을 대상으로 하는 ETF의 도입이 불가능하다. 따라서 ETF 추적 대상 자산의 범위 확대를 위해 자통법 제234조 제1항 및 제3항의 개정을 통하여 ETF의 기초자산의 범위를 확대하고 기초자산의 범위를 상품, 외환 등 투자가능 자산을 포괄적으로 허용할 필요가 있다.[35)]

또한 법시행령 제 246조에서는 ETF 추적대상 자산으로서 지수의 자격요건을 정하고 있으며, 지수의 변화에 연동하여 운용하도록 정비례 추적을 목표로 하고 있으므로, 기초자산 범위 확대에 따라 ETF 추적대상 자산에 해당하는 금, 원 등 상품과 외환 등 단일 기초자산의 가격 요건과 레버리지·리버스·액티브 ETF의 수용을 위한 연동·운용의 범위에 대한 근거를 신설할 필요가 있다.

라) 다양한 운용구조 허용

기초자산 가격 추적에 필요한 다양한 자산운용방법 허용을 위하여 ETC 또는 ETN의 구조를 수용할 필요가 있다. 상품 실물편입에 의한 자산담보증권의 특징을 갖는 ETC 또는 상품가격에 연동하여 수익률 지급을 조건으로 하는 Note 편입에 의한 ETN의 개념을 수용하며, ETN의 경우 추적 오차 위험은 없으나 발행자의 신용위험이 있으므로 거래상대방에 대한 위험평가액 한도 관련 규제가

35) 2008년 11월 상장지수집합투자기구의 연동대상을 기초자산의 개별 가격 또는 종합지수로 확대하는 방안(안 제234조)이 마련되어 자본시장법의 일부 법률인 개정될 예정임.

완화되어야 할 것이다.

ETF 초기에는 지수구성종목의 완전복제방법 또는 대표표본추출법을 이용하였으나, 해외에서는 이미 첨단 ETF 개발을 위해 파생상품을 이용한 합성복제방식을 활발히 이용하고 있으므로, 지수 추적에 대한 기존 요건 적용 면제를 위한 일정 기준을 마련할 필요가 있다. 이를 위하여 법시행령 제80조에서 집합투자재산 운용시 동일 거래상대방과의 장외파생상품 매매에 따른 거래상대방 위험평가액을 10% 제한하는 규정을 ETF에 한하여 예외 인정 근거를 신설하는 방안이 검토될 필요가 있다.

마) 현금설정 허용

자통법 시행령 제248조 제2항에서는 ETF 설정시 투자증권으로 납입하고 환매시에도 투자증권으로 환매받도록 실물납입을 원칙으로 하고 있으나, 해외지수를 추적하거나 레버리지·인덱스 상품의 경우 주식바스켓 구성을 통한 지수추적이 어려우므로 파생상품을 이용해야 하는 경우가 발생한다. 이러한 경우 파생상품의 실물인수도가 불가능하므로 현금 설정에 의한 설정과 환매가 허용되어야 한다. 따라서 다양한 ETF의 개발 및 운용을 위해서는 일정 요건에 부합하는 경우 현금으로 납입할 수 있는 근거를 마련해야 할 것이다.

바) 세제문제의 명확화

현행 ETF 세제 및 향후 도입될 신종 ETF의 세제와 관련하여 ETF 설정과 환매시 발행시장에서 발생하는 현물인수도가 소득세법이나 증권거래세법상 양도거래에 해당하지 않는다는 명확한 규정을 마련하여 법적 안정성을 확보할 필요가 있다. 금과 같은 상품에 투자하는 ETF의 경우 부가가치세법상 금지금의 거래를 면제하는 규정을 신설할 필요가 있다.

또한 유통시장에서의 수익증권의 매매에 대하여 채권 등 보유기간과세대상거래에서 제외할 필요가 있다. 상장거래되는 수익증권에 대해서는 소득세법상 이를 주식으로 본다는 간주규정을 둘 필요가 있는 반면 증권거래세법은 현재 투자신탁의 수익증권에 대해서만 증권거래세를 과세하지 않고 있다. 투자신탁과의 과세형평을 고려하여 증권거래세법은 투자회사에 대해서도 그 주식이 상장거래되는 경우 과세하지 않는다는 특칙을 둘 필요가 있다. 그리고 파생상품에 투자하는 ETF의 경우에는 분배금에 대한 세법상 특별 조치로 ETF의 장외파생상품에서 발생한 소득은 직접투자와의 과세형평을 고려하여 비과세되는 방안을 검토할 필요가 있다.

2) 신종 ETF 도입시 문제점 검토 및 해결방안

상기와 같은 규제 완화시 우려되는 문제는 파생상품 편입에 따른 거래상대방 위험 및 다양한 구조의 ETF 허용에 따른 관련 위험의 증대이다.

거래상대방이 파산하거나 기타 사유에 의한 계약불이행의 경우 펀드의 가치가 훼손될 우려가 있는데, 스왑을 통한 합성복제방법 이용의 경우 지수수익률 제공자인 스왑 거래상대방이 계약을 불이행하면 펀드의 지수추적오차가 발생하게 된다. 또한 파생상품의 비중이 커질 경우 거래상대방에 대한 위험노출이 커지게 된다.

그리고 투자대상이 선물 등 파생상품인 경우 실물인수도가 불가능하고, 액티브 ETF의 경우 포트폴리오의 일별공시가 불가능하므로 현금설정·환매구조에 의해 운용되는데, 현금으로 설정하는 경우 주식거래에 따르는 비용을 펀드가 부담해야 하므로 실물설정·환매구조 대비 다소 높은 거래비용이 발생, 펀드의 NAV가 실물설정 구조에 비하여 낮아질 수 있다. 이러한 ETF가격과 NAV의 가격괴리시 차익거래가 효율적으로 수행되기 어려우므로 가격괴리 크게 발생할 가능성이 존재하며, 선물로 구성할 경우 롤오버 충격에 따른 가격괴리가 발생할 수 있다.

이러한 문제를 방지하기 위해서는 거래상대방의 신용도 등을 규제하고, 투자자에 대한 위험고지 의무를 강화하며, 거래소의 실질적 심사기능을 강화할 필요가 있다.

첫째, 거래상대방의 신용도 등에 대하여 규제될 필요가 있다. 거래상대방의 신용등급이 일정 수준 이상인 경우로 제한하여 파생상품 계약의 거래상대방 위험을 최소화하기 위한 장치로 활용할 수 있다.또한 신규상장요건으로서 신용등급이 일정 수준 이하인 경우 진입 제한하여 지수를 추적하는 안정적 상품으로서 특성 갖추도록 보완하여 거래상대방의 계약불이행이 투자자 손실로 이어질 수 있는 가능성을 최소화할 수 있다.

둘째, 투자자 보호를 위하여 사전에 위험내역을 공시하도록 하며, 거래상대방의 신용등급이 변경되는 경우 거래소에 그 내역을 공시하도록 하는 등 투자자에 대한 위험고지 의무를 강화한다.

셋째, 거래소는 지수추적을 위한 운용사의 위험관리시스템 등 내부통제절차 마련 등에 대하여 사전적으로 심사하고, 파생상품의 비중을 제한하며 거래소의 실질적 심사기능을 강화하도록 한다.

더불어 개인투자자를 대상으로 분산투자효과, 매매편의성, 운용의 투명성, 저렴한 운용보수 등의 ETF 장점을 홍보하고 투자자 교육을 통하여 투자수요의 기반을 확충할 필요가 있다. 그리고 유동성 공급자 제도개선 등을 통해 유동성공급자가 시장의 수요를 충족시킬 수 있는 LP호가를 제시할 수 있도록 하며, LP의 역할을 강화하는 방안이 마련되어야 할 것이다.

참고문헌

국내 문헌

강정미, 2007, 「사모투자전문회사(PEF)의 현황과 과제」, 한국은행 한은조사연구 2007-12.

고광수 · 박기홍, 2002, 펀드형 금융신상품 연구: ETFs, HOLDRs, PIPs, 한국증권연구원 Issue Paper 02-02.

고동수, "기업의 사회적 책임(CSR): 국제 논의 동향 및 우리의 대응방안," 산업연구원, Issue Paper 2006-198, 2006.

국가경쟁력강화위원회, 2008, 금융선진화과제 자료집.

금융감독원, 사모투자전문회사(PEF) 제도 도입 1년의 현황 및 평가, 보도자료, 2006 (1.4).

금융감독원, 사모투자전문회사(PEF) 제도 도입 2년의 성과분석 및 평가, 보도자료, 2006 (11.22).

금융감독원, PEF 최근 동향 및 사모M&A펀드 운용실태, 보도자료, 2007 (3.8).

김경원, 2006, 「사모펀드의 활성화를 위한 제도적 지원」, 국회법제실 법제현안 제 1006-19호(통권 제210호).

김철배 · 박정훈 · 박철영 · 서종균 · 안창국 · 영중식 · 장봉기 · 정철, 2005, 「간접투자해설」, 박영사.

노희진, 1998, 「헤지펀드의 특성과 규제」, 한국증권연구원 이슈페이퍼 98-11.

노희진, 2005, 사모펀드와 기관투자자의 관계, 「상장협연구」 춘계호 제 51호, 45-78.

노희진, 2007, 신종 ETF 도입을 위한 제도 개선방안 공청회, 한국증권연구원, 공청회자료집.

노희진, 기업의 사회적 책임과 사회책임투자, 상장협연구, 2008년 춘계호.

노희진, 해외 ETF 현황 및 국내 발전 방안, 증권선물, 2008.9.

노희진, 헤지펀드 주주행동주의의 영향, 기업지배구조리뷰 Vol. 39, 2008.7/8.

노희진, 헤지펀드를 통한 채권투자활성화 전략, 증권학회 정책심포지엄, 2008.11.

노희진, 헤지펀드의 국내 도입방안, Business/Finance/Law(서울 금융법센터), 2008년

3월호.
노희진, 헤지펀드의 국제동향 및 국내 도입방향, 상장, 2008호 1월호.
노희진, 헤지펀드의 영향과 프라임브로커의 역할 제고 방안, 증권금융, 2008.7.
노희진, 헤지펀드의 허용과 향후 발전 방향, 재무학회 증권연구원 공동 정책심포지엄, 2008.10.
노희진, ETF 시장의 현향과 발전방안(주요이슈분석), 한국증권연구원 자본시장포럼, 2008.11.
노희진 · 김규림, 헤지펀드의 국내 허용 방안, 한국증권연구원 연구보고서, 2008.3.
노희진 · 임대웅 · 김승길 · 김형남 · 류영재 · 박정현 · 안승광 · 안춘엽 · 유상현 · 유인금 · 전우종 · 전수영 · 채지식 · 한병욱, "사회책임투자의 원칙과 적용," 한국증권연구원사회책임투자연구회 Working Report 06-02, 2006.
노희진 · 임대웅 · 곽관훈 · 김형남 · 류영재 · 안승광 · 안수현 · 유상현 · 전우종 · 정수영 · 채지식, "사회책임투자의 해외제도 검토 및 국내 발전방향," 한국증권연구원 사회책임투자연구회 Working Report 07-02, 2007.
노희진 · 유영재 · 안수현 · 안승광 · 임대웅 · 장영옥 · 황은경, 사회책임투자를 위한 기업 정보공개, 한국증권연구원 사회책임투자연구회 Working Report 08-01, 2008
대한상공회의소 지속가능경영원, "우리나라 기업의 사회책임경영 현황 및 전망에 관한 보고서," 2006.
머니투데이, 거래 헤지펀드 '한국시장' 노린다, 2006 (5.29).
머니투데이, "SRI펀드, 변동성에 정말 강한가요?," 2007. 11. 12.
박승두, 2000, 미국 연방파산법상 자동정지제도와 채권자 보호제도, 한국산업은행 「산은조사월보」 536호, 84-105.
박정윤, "SRI펀드와 일반 주식형펀드의 투자성과 비교," 한국환경경영학회 2008 춘계 학술발표대회 자료집.
백흥기 · 정창수, 2006, 외국인 간접투자가, 과연 독인가, 현대경제연구원 「Global Management Insight」 06-03.
산은경제연구소 산업분석 2팀, "기업의 지속가능 경영을 위한 금융의 역할," 산업은행, 2007.
서정민 · 김남주, 2004, 최근 헤지펀드의 동향과 규제 논의, 한국은행 「외환국제금융리뷰」 제4호.
서종군, 2007, 우리나라 사모펀드의 현재와 미래, 자산운용협회 「투신」 제62호, 1-14.
성희활, 2003, 공매도 규제의 개선방안에 관한고찰-미국의 공매도 규제 개편동향을 중심으로, 증권거래소 「주식」 제145호, 3-39.
송종준, 2006, 미국의 헤지펀드 규제와 법적 시사점, 「증권법연구」 제 7권 제1호, 49-99.
신봉호 · 윤여진 · Bliss Paek, "사회적 책임투자(SRI) 활성화 방안," (사)뉴패러다임포럼, 연구용역 보고서, 2006.

안남기, 헤지펀드 Amaranth 대규모 투자손실 발생 및 영향, 국제금융센터 memorandum, 2006 (10.4).

안남기, 최근 헤지펀드로의 자금 유입 재차 증가세로 전환, 국제금융센터 memorandum, 2006 (9.14).

안남기, 최근 국제 헤지펀드 업계 동향 및 특징, 국제금융센터 memorandum, 2006 (1.16).

안병훈, "금융산업의 사회책임투자(SRI)와 경영(SRM)," KAIST 테크노경영대학원 금융공학연구센터금융포럼 시리즈 1004-03, 2003.

이병윤, 2005, 「외국자본진출 확대의 영향과 대응방안-배당 및 투자에 대한 영향과 적대적 M&A위협을 중심으로-」, 한국금융연구원 금융조사보고서 05-14.

이영우, 1998, 「헤지펀드 운용실태와 국별 환투기 사례분석」, 대외경제정책연구원 조사분석 98-04.

이호진 · 송원호 · 장국현 · 정삼영, 2006, 「헤지펀드에 대한 주요국 규제동향과 정책적 시사점」, 대외경제정책연구원 연구보고서 06-09.

임연하, 2005, 「우리나라 사모펀드의 운영 현황 및 건전한 발전 방안」, 금융감독원 조사연구리뷰 2005년 봄호.

임호열 · 박진호, 2006, 「헤지펀드의 최근 동향과 주요국의 정책대응」, 한국은행 조사연구 2006-6.

장근영, 2006, 미국의 투자자문업자법 상 헤지펀드 자문업자의 등록-Goldstein 판결과 관련하여, 자산운용협회 「투신」 제59호, 1-22.

재정경제부, 2006a, 「자본시장과 금융투자업에 관한 법률안」.

재정경제부, 「자본시장과 투자업에 관한 법률안」설명자료, 차관회의 설명자료, 2006b (12.28).

전승철 · 윤성훈 · 이병창 · 이대기 · 이현형, 2005, 「투기성 해외자본의 문제점과 정책과제」, 한국은행 금융경제연구 제213호.

정순섭, 2003,「장외파생금융상품거래의 도산절차상 취급에 관한 법제도 정비방안」, 한국법제연구원.

정순섭, 2005, 통합도산법상 금융거래의 특칙에 관한 연구-채무자 회생 및 파산에 관한 법률 제120조 제3항의 해석론을 중심으로, 「증권법연구」 제6권 2호.

주간조선, 스타 펀드운용자가 말하는 성공투자 전략, 심층리포트, 2007 (7.30).

증권선물거래소, 2006, ETF 투자가이드.

증권선물거래소, '07년 ETF 시장 동향, 보도자료, 2008 (1.10).

증권선물거래소, '08년 2분기 ETF 시장 동향, 보도자료, 2008 (7.8)

최흥식, 「금융산업의 구조 변화와 시사점」, 한국금융연구원 21C 금융비전포럼 조찬회 강연자료, 2006 (5.25).

한국금융연구원, 2008a, 미국의 레버리지 ETF 활성화 및 유의점, 국제금융이슈 17권

21호, pp. 22-23.
한국금융연구원, 2008b, 도교증권거래소의 상품 ETF 상장제도 정비 방향, 국제금융이 슈, 17권 8호, pp. 18-19.
한국표준협회, "지속가능경영과 GRI 리포팅," 2008.
헤지펀드 T/F, 2007, 「국내 헤지펀드 도입방안」, 한국증권연구원 공청회 자료.
ETF T/F, 2008, ETF 제도 개선 T/F 자료집.

외국 문헌

Ackermann, C., McEnally, R., Ravenscraft, D., 1999, The Performance of Hedge Funds: Risk, Return, and Incentives, Journal of Finance 54, 822-874.
Agarwal, V., Naik, N. Y., 2000a, On Taking the Alternative Route: Risk, Rewards, and Performance Persistence of Hedge Funds, Journal of Alternative Investment 2, 6-23.
Agarwal, V., Naik, N. Y., 2000b, Performance Evaluation of Hedge Funds with Option-based and Buy-and-Hold Strategies, EFA 0373; FA Working Paper No. 300.
Almazan, A., Brown. C. K., Carlson. M., Chapman, A. C., 2004, Why constrain your mutual fund manager?, Journal of Financial Economics 73, Issue 2, 289-321.
AMWG, "The Materiality of Social, Environment, and Corporate Governance Issues to Equity Pricing," 2004.
Anderson, J., Top Hedge Fund Managers Earn Over $240 Millions, New York Times, 2007 (April 24).
Anderson, J., Atop Hedge Funds, Richest of the Rich Get Even More So, New York Times, 2006 (May 26).
Armitstead, L., Saved by the Growing Power of Hedge Funds, Sunday Times, Business 14, 2005 (Mar. 13).
Bank of England, 2006a, Financial Stability Report.
Bank of England, 2006b, Hedge fund and Financial Stability.
Banks of New York, 2006, Institutional Demand for Hedge Funds 2, Thought Leadership Series White Paper.
Barber, Brad M. "Monitoring the Monitor: Evaluating CalPERS' Shareholder Activism," Working Paper, Graduate School of Management, UC Davis, 2006.
Bauer, Rob, Koedijk, Kees C.G. and Otten, Rog, "International Evidence on Ethical Mutual Fund Performance and Investment Style," CEPR Discussion Paper No. 3452, 2002.
Berman, M., 2007, Hedge funds and Prime Brokers, Riskbooks.
Bowen, Howard, "Social Responsibilities of the Businessman," Harper and Brothers, 1953.

Brown, S. J., Goetzmann, W. N., Ibbotson, R. G., 1999, Offshore hedge funds: survival and performance 1989-1995, Journal of Business 72, No. 1, 91-118.

Caglayan, M., Edwards, F., 2001, Hedge Fund Performance and Manager Skill, Journal of Futures Markets 21, No. 11, 1003-1028.

Carroll, A. B., "The pyramid of corporate. social responsibility: Toward the moral. management of organizational stakeholders," Business Horizons, Vol. 34(1991), pp. 39-48.

CESR, 2004, Public Statement The Seventh Meeting of the Market Participants Consultation, CESR/04-684.

Clair, C., A Growing Role: Institutional Investor Jumping Big into the Hedge fund Market, Pensions and Investments 2002 (Feb. 18).

CRMPG Ⅱ, 2005, Toward Greater Financial Stability: A Private Sector Perspective.

Danielsson, J., Zigrand, J.P., Taylor, A., Highwaymen or Heroes: Should Hedge Funds be Regulated?, FMG Discussion Papers dp518, Financial Markets Group.

Department of the Treasury, Board of Governors of the Federal Reserve System, Securities and Exchange Commission, Commodity Futures Trading Commission, 1999, Hedge Funds, Leverage, and the Lessons of Long-Term Capital Management, Report of The President's Working Group on Financial Markets.

Donaldson. H. W., 2004, Testimony Concerning Investor Protection and the Regulation of Hedge Fund Advisers.

Dowell Glen, Stuart Hart, and Bernard Yeung. "Do Corporate Environmental Standards Create or Destroy Market Value?" Management Science, Vol. 46, No. 8(2000), pp. 1059-1074.

Eisinger, J., Hedge-Fund Activism Wins Plaudits, But the Focus Is Really on Firms' Cash, Wall Street Journal, 2005 (Dec. 10).

Elisabeth Hehn, 2005, Exchange Traded Funds: Structure, Regulation and Application of a New Fund Class, Springer.

European Central Bank, 2005, Green Paper on the Enhancement of the EU Framework for Investment Funds.

Frederick, W.C. Frederick, "From CSR1 to CSR2: The maturing of business and society thought," University of Pittsburgh Graduate School of Business Working Paper 279, 1978.

FSA, 2002, Hedge Funds and the FSA.

FSA, 2005a, Wider range retail investment products: consumer protection in a rapidly changing world.

FSA, 2005b, Hedge funds: A discussion of risk and regulatory engagement.

FSA, 2006a, Hedge Funds: A discussion of risk and regulatory engagement Feedback on DP05/4.

FSA, Hedge funds, regulators, and emerging markets, Remarks by Hector Sants, Managing Director, wholesale & Instituional Markets, IOSCO Shanghai EMC Meeting, 2006b (Sep. 21).

FSA, Hedge funds; what should be the regulatory response?, Speech by Callum McCarthy, Chairman, SUERF(European Money & Finance Forum) 2006c (December 7).

Fung, W., Hsieh, A.D., 1997, Empirical Characteristics of Dynamic Trading Strategies: The Case of Hedge Funds, Review of Financial Studies 10, 275~302.

Fung, W., Hsieh, A.D., Naik, N., Ramadorai, T., 2006, Hedge Funds: Performance, Risk and Capital Formation, AFA 2007 Chicago Meetings Paper.

Frush, P. S., 2006, Understanding hedge funds, McGraw-Hill.

Gompers, Paul, Joy L. Ishii, Andrew Metrick. "Corporate Governance and Equity Prices," National Bureau of Economic Research, Working Paper 8449, 2001.

Guerard, John B. "Is There a Cost to Being Socially Responsible in Investing?" Journal of Investing, Vol. 16, Issue 7(1997), pp. 475-490.

Guenster, Nadja, Jeroen Derwall, Rob Bauer, and Kees Koedijk. "The Economic Value of Corporate Eco-Efficiency," Erasmus University Working Paper, Rotterdam, 2005.

Guizot, A., 2006, The Hedge fund compliance and risk management guide, Wiley Finance.

Hamilton, S., H. Jo, and M. Statman. "Doing Well While Doing Good? The Investment Performance of Socially Responsible Mutual Funds," Financial Analysts Journal, Vol. 49, No. 6(1993), pp. 62-66.

HedgeFund Intelligence, Fund of funds industry grows by 16% in six months, Press Relase, 2006a (Sep 11).

HedgeFund Intelligence, Global hedge fund assets surge to $1.5 trillion according to HedgeFund Intelligence research, Press Release, 2006b (Mar 27).

HedgeFund Intelligence, Asia-Pacific asset growth slows to 12% in the first half, Press Release, 2006c (July 19).

Hennessee Group LLC, Written Testimony of Charles J. Gradante, Hennessee release 8th annual, 2004 (July 15).

Hennessee Group LLC, Full Committee hearing on the regulation of the hedge fund industry?, 2005 (July 15).

Hennessee Group LLC, 2005, Hedge Fund Investor Survey.

Hennessee Group LLC, 2006, Hennessee Hedge Fund Review.

Hedgeweek, 2007, Asian Hedge Fund Services 2007.

Herbst-Bayliss, S., Failed Amaranth trader woos investors for new fund, Reuters, 2007

(Mar 23).

Horwitz, R., 2004, Hedge Fund Risk Fundamentals: solving the risk management and transparency challenge, Bloomberg.McFarland, D. E., Management and Society: An Institutional Framework, Englewood Cliffs, Prentice-Hall, 1982.

Ibbotson, Roger, G., Chen, P., 2005, Sources of Hedge Fund Returns: Alphas, Betas, and Costs, Yale ICF Working Paper No. 05-17, Yale University.

IFSL, 2007, City Business Series.

IMF, 2004, Global Financial Stability Report-Market Developments and Issues, 45-58.

IMF, 2005, Global Financial Stability Report-Market Developments and Issuers, 50-53.

Institutional Investor, 2002, The Hedge Fund 100, Institutional Investor, 43-52.

IOSCO, 2003, Regulatory and Investor Protection Issues Arising from the Participation by Retail Investors in (Funds-of) Hedge.

IOSCO, 2005, Best Practices Standards on Anti-Market Timing and Associated Issues for CIS.

IOSCO, 2006, The Regulatory Environment for Hedge Funds A servey and Comparison.

IOSCO, 2007, Consultaion Report: Principles for the valuation of Hedge fund portfolios.

Jagannathan, Ravi, Malakhov, A., Novikov, D., 2006. Do Hot Hands Persist Among Hedge Fund Managers? An Empirical Evaluation, NBER Working Paper No. W12015.

Klein, A., Zur, E., 2006, Hedge Fund Activism, ECGI Working Paper Series in Finance.

Kosowski, R., Naik. N. Y., Teo, M., 2005, Do Hedge Funds Deliver Alpha? A Bayesian and Bootstrap Analysis, forthcoming in Journal of Financial University. unpublished working paper, London Business school.

Kouwenberg, R. 2003, Do hedge funds add value to a passive portfolio? Correcting for non-normal returns and disappearing funds, Journal of Asset Management 3, No. 4, 361-382.

Lhabitant, F., 2002, Hedge funds: Myths and Limits, Wiley finance.

Liang, B., 1999, On the Performance of Hedge Funds, Financial Analysts Journal 55, 72-85.

Malkiel, B.G., 1995, Returns From Investing In Equity Mutual Funds 1971 To 1991, Journal of Finance 50, 549-572.

Mark St Giles, Ekaterina Alexeeva, Sally Buxton, 2003, Managing Collective Investment Funds, John Wiley & Sons.

McGuire, J. B., Sundgren, A. and Schneeweis, T., "Corporate SocialResponsibility and Firm Financial performance," Academy of Management Journal,Vol. 31, No. 4(1998), pp. 854-872.

McWilliams, A. & Siegel, D.(2001), "Corporate Social Responsibility: A Theory of Firm Perspective," Academy of Management Review, Vol. 26, No. 1(2001), pp. 117-127

MFA, 2005, 2005 sound Practives for Hedge Fund Managers.

Mohr, L.A., Webb, D. H., and Harris, K.E., "Do Consumers Expect Companiesto be Socially Responsible? The Impact of Corporate Social Responsibility on BuyingBehavior," The Journal of Consumer Affairs, Vol. 35, No.1(2001), pp. 45-72.

National Oceanic and Atmospheric Administration, 2004, Endangered and Threatened Species; Designation of Critical Habitat for Seven Evolutionarily Significant Units of Pacific Salmon(Oncorhynchus tshawytscha) and Steelhead(O. mykiss) in California; Proposed Rule. 50 CFR Part 226.

Orlitzky, Marc, Frank L. Schmidt, and Sara L. Rynes. "Corporate social and financial performance: A meta-analysis," Organization Studies, Vol. 24, No. 3(2003), pp. 403-441.

Porter, M.E and Kramer, M.R., "The competitive advantage of corporate philanthropy," Harvard Business Review, Vol. 80, No. 12(2002), pp. 56-68.

Philip L. Cochran, "The evolution of corporate social responsibility," Business Horizons, Vol. 50, Issue 6(2007), pp. 449-454.

PriceWaterhouseCoopers, 2006, The regulation, taxation and distribution of hedge funds in Europe Changes and Challenges, 4th Edition.

Repetto, Robert, and Duncan Austin, "Pure Profit: The Financial Implications of Environmental Performance," World Resources Institute, 2000.

Richard A. Ferri, 2008, The ETF Book, John Wiley & Sons.

Richards, Archie M., 2003, All About Exchange Traded Funds, McGraw-Hill.

Russ Koestreich, 2008, The ETF Strategist: Balancing Risk and Reward for Superior Returns, Portfolio published by the Penguin Group.

Russo, Michael V., and Paul A. Fouts. "A Resource-Based Perspective on Corporate Environmental Performance and Profitability," Academy of Management Journal, Vol. 30, No.3(1997), pp. 534-559.

SEC, 2003, Implications of the Growth of Hedge Funds.

SEC, 2004, Hedge Fund: Testimony Concerning Investor Protection and the Regulation of Hedge Fund Advisers.

SEC, 2004, SEC Concept Release: Actively Managed Exchange-Traded Funds, Release No. IC-25258; File No. S7-20-01.

SEC, 2008, Exchange-Traded Funds; Proposed Rule, Federal Register, Vol. 73, No. 53.

SFC, 2003, "Code of Unit Trusts and Mutual Funds," Chapter 8.7 Hedge Funds.

SFC, 2005, Consultation Conclusions on Consultation Paper on the Review of Chapter 8.7 of the Code of Unit Trusts and Mutual Funds.

Shartsis Friese LLP, Hammer, D.L. Reiser, C.S., Geoffrey Haynes, G.W., Haynes, Koren,

N.J., Koren, Caldwell, A.J., Frolik, J.J, Mickelson, C.E., Sacks, B.H., Milani, J.F., Dunn, H.E., 2005, U.S. Regulation of Hedge Fund, ABA Section of Business law.

SIF, 2005 Report on Socially Responsible Investing Trends in the United States, 10-Year Review, Social Investment Forum, 2006.

SIO, The Canadian Socially Responsible Investment Review, 2006.

Smith, R., Regulators Review Complaints About Hedge Funds, Wall Street Journal, 2003 (Jan. 22).

Stefanini, F., 2006, Investment strategies of hedge funds, Wiley Finance.

Stultz. M. R., 2007, Hedge Funds: Past, Present, and Future, Journal of Economic Perspectives 21 (2), 175-194.

The European Parliament, 2003, European Parliament resolution on the future of hedge funds and derivatives.

Todd Lofton, 2007, Getting Started in Exchange Traded Funds, John Wiley & Sons.

Tran, Q.V., 2005, Evaluating Hedge Fund Performance, Wilwy Finance.

Turban D.B and Greening D.W, "Corporate social performance and organizational attractiveness to prospective employees," Academy of Management Journal, Vol. 40, No. 3(1997), pp. 65-672.

UNEP Finance Initiative, A legal framework for the integration of environmental, social and governance issues into institutional investment, FRESHFIELDS BRUCKHAUS DERINGER, 2005.

Van Hedge Fund Advisors International LLC, 2005, Hedge Fund Demand and Capacity 2005-2015.

Verschoor, C. and Murphy. E., "The Financial Performance of Large US Firms and Those with Global Performance: How do the Best Corporate Citizen Rate?," Business and Society Review, Vol. 107, No. 3(2002), pp. 371-380.

Waddock, Sandra A., and Samuel B. Graves. "Finding the Link Between Stakeholder Relations and Quality of Management," Journal of Investing, Vol. 6, No. 4(1997), pp. 20-24.

Wu, M.L., "Corporate social performance, corporate financial performance, and firm size: A meta-analysis," Journal of American Academy of Business, Vol. 8, No. 1(2006), pp. 163-171.

日本金融庁(일본금융청), 2005, ヘジファンド調査の概要とヘジファンドをめぐる論点.

국문색인

영문색인

R

S

T

U

W

著者 略歷

Univ. of Georgia, 경영학 박사
서울대학교 대학원 경영학 석사
성균관대학교 무역학과 졸업

前 : 산업은행 국제투자부 조사역, 산업증권 국제업무실장, 뉴욕사무소장
성대 겸임교수, 동국대, 숭실대, 한성대, 서강대국제대학원 강사
자산운용 전문인력 및 재무위험관리사 자격시험 출제위원
한국 재무관리학회 편집위원 및 이사, 한국 금융학회 이사
헤지펀드 도입 T/F팀장, 재경부 정부소유주식매각산정 자문위원
대우증권 사외이사겸 감사위원장
World Bank Consultant

現 : 금융투자협회 시험관리위원, 투자자 교육 자문위원
증권선물 거래소 KRP 운영위원
증권예탁 결제원 자문위원
LG생활건강 사외이사겸 감사위원장
국토해양부 국민주택기금 여유자금운용위원
금융위원회 자금세탁방지정책 자문위원
사학연금공단 자금운용 자문위원
체육진흥공단 자금운용 자문위원
녹색성장위원회 T/F 녹색금융반장
자본시장연구원 선임연구위원겸 정책제도실장

著書 및 論文

Efficiencies From Horizontral Mergers, Pacific BasinCapital Markets Research: Volume II, University of Rhode Island(공저)
Linkages Between Cross-Listed Korean Stock Returns, E-Globalization and the Pacific Age, Proceedings of Pan-Pacific Conference XIX, 2002(공저)
한국경제의 인프라와 산업별 경쟁력, 나남출판사(공저)
헤지펀드의 국제 동향 및 국내 도입방향, 상장
헤지펀드의 국내 도입방안, Business/Finance/Law(서울대 금융법센터)
기업의 사회적 책임과 사회책임투자, 상장협연구
헤지펀드의 국내 허용 방안, 한국증권연구원 연구보고서(공저)
자통법 도입에 따른 자율규제 개선 방안, 증권
헤지펀드의 영향과 프라임브로커의 역할 제고 방안, 증권금융
자본시장 자율규제 선진화 연구보고서, 자율규제 선진화 T/F팀
헤지펀드 주주행동주의의 영향, 기업지배구조리뷰 Vol. 39

해외 ETF 현황 및 국내 발전 방안, 증권선물
헤지펀드의 허용과 향후 발전 방향, 재무학회 증권연구원 공동 정책심포지엄
헤지펀드를 통한 채권투자활성화 전략, 증권학회 정책심포지엄
ETF 시장의 현황과 발전방안, 한국증권연구원 자본시장포럼
Big Bang in Capital Market, Jimoondang(공저)
글로벌 금융위기와 자본시장, 한국증권연구원(공저)
외 다수

펀드경영론

2009年 8月 25日 初版印刷
2009年 8月 30日 初版發行

著 者 노 희 진
發行人 安 鍾 萬
發行處 (株) 博 英 社
서울特別市 鍾路區 平洞 13-31番地
電話 (733) 6771 FAX (736) 4818
登錄 1959. 3. 11. 제300-1959-1호(倫)

www.pakyoungsa.co.kr e-mail: pys@pakyoungsa.co.kr

定 價 25,000원 ISBN 978-89-7189-903-8